民國歷史與文化研究

十 三 編

第 **1** 冊

《十三編》總目
編 輯 部 編

抗戰建國與文化建國：抗戰時期知識分子思想研究

何 思 源 著

花木蘭文化事業有限公司

國家圖書館出版品預行編目資料

抗戰建國與文化建國：抗戰時期知識分子思想研究／何思源
著 -- 初版 -- 新北市：花木蘭文化事業有限公司，2021〔民
110 〕
目 2+260 面；19×26 公分
（民國歷史與文化研究 十三編；第 1 冊）
ISBN 978-986-518-474-2（精裝）
1. 學術思想 2. 知識分子 3. 中日戰爭
628.08 110010849

民國歷史與文化研究
十三編 第 一 冊 ISBN：978-986-518-474-2

抗戰建國與文化建國：抗戰時期知識分子思想研究

作 者 何思源
總 編 輯 杜潔祥
副總編輯 楊嘉樂
編 輯 許郁翎、張雅淋、潘玟靜 美術編輯 陳逸婷
出 版 花木蘭文化事業有限公司
發 行 人 高小娟
聯絡地址 235 新北市中和區中安街七二號十三樓
　　　　 電話：02-2923-1455 ／傳真：02-2923-1452
網 址 http://www.huamulan.tw 信箱 service@huamulans.com
印 刷 普羅文化出版廣告事業
初 版 2021 年 9 月
全書字數 254581 字
定 價 十三編 9 冊（精裝）台幣 25,000 元

《十三編》總目

編輯部 編

《民國歷史與文化研究》十三編　書目

《民國歷史與文化研究》十三編
各書作者簡介・提要・目次

第一冊　抗戰建國與文化建國：抗戰時期知識分子思想研究

作者簡介

何思源，山東東營人，1988 年出生。北京師範大學歷史學院畢業，獲歷史學碩士、博士學位。先後在北京航空航天大學馬克思主義學院和北京師範大學歷史學院從事科研與教學工作。目前的研究興趣集中於中國近現代知識分子、中國近代民族國家認同等領域。

提　要

抗日戰爭爆發之初，國民黨提出「抗戰建國」的戰時國策，呼籲國人在抵抗外敵侵略的同時不忘關注國家各方面的建設事業。知識分子重點從「文化建國」的角度，思考文化問題如何成為抗戰與建國的推動力。他們提醒政府與社會不能在戰時忽視文化發展，認為文化的高低不僅是決定抗戰勝敗的關鍵因素之一，還決定了中國能否在戰後自立於世界。他們對「文化建國」的具體思考，包括如何認識與規劃戰時的學術發展、如何定位知識分子自身的戰時角色以及如何看待中西文化關係等方面。在抗戰的危急時刻，知識分子對上述「文化建國」問題進行了深入思考，為中國在戰時及戰後的文化建設都提供了寶貴的思想資源。這些探索，既是對近代以來文化論爭的總結性

思考，同時也因抗戰的特殊歷史條件而增入了新的時代內容。然而這筆精神遺產卻並未被今人所重視。實際上，知識分子在抗戰期間討論的這些文化問題，不但是戰時實現「抗戰建國」所亟需解決的關鍵問題，對於當今中國社會正在發生的相關文化論爭也有積極的啟示。

目　次

第二冊　1949年前後大陸遷臺作家的故土想像

作者簡介

教鶴然，女，生於 1990 年，漢族，黑龍江哈爾濱人。北京師範大學文學院中國現當代文學專業博士，現為《文藝報》社評論部編輯。已在《魯迅研究月刊》《當代文壇》《華文文學》《名作欣賞》《文學自由談》、Journal of East-West Thought 等重要學術期刊發表十餘篇學術論文。主要研究興趣為中國現當代文學與文化、東北區域歷史與文學、臺灣、香港及華語語系文學等。

提　要

　　1949 年作為重要的時間節點被歷史銘記，該時間前後隨國民政府撤退臺灣的各界人士共同構成這一多面化文化遷徙現象的深刻內蘊，隨軍輾轉遷臺的作家群體及其寫作作為這一文化現象重要組成部分，一直以來卻在兩岸學界的研究視閾邊緣尷尬徘徊。遷臺作家作為浸染大陸五四文學傳統的外省人，在五十年代的島嶼異鄉佔據了文學話語權，儘管在事實上為臺灣本土文學加速復蘇而助力，仍被本土作家視為大陸文化侵略與威脅的重要表現。

　　本文主要以 1949 年前後大陸遷臺作家為關注對象，以文學家在作品中對故土的想像重建為線索，探討這一文化遷徙過程中的作家群體在文學作品中的懷鄉敘事寫作範式，嘗試重新尋找大陸遷臺作家及其文學創作的文學史價值。本研究第一部分以遷臺作家群體的顯性故土想像書寫為闡釋基礎，結合姜貴、陳紀瀅、王藍、田原等不同身份作家的差異性小說散文創作，從作家遷臺原鄉失落帶來的心理斷層、想像故土的情感性重建危機、作家主體的文化認同與歸屬選擇等幾個面向切入，觸摸故鄉的失落與重建過程中作家心態的流變脈動，以期在普遍意義上勾描遷臺作家懷鄉敘事群像。在此基礎上，本研究的第二、三部分進一步追問不能被普遍意義的表層懷鄉書寫所統攝的深層隱性懷鄉敘事模式，從遷臺作家同一作品在不同時期不同版本中的修改情況入手，尋找這種隱性懷鄉在長期以來被學者和作家遮蔽的狀態下，是如何發展其內部結構的。在遷臺作家隱性懷鄉敘事的深層結構中，筆者發現因赴臺前後作家身份與文學創作成熟情況差異而呈現出兩種不同的故土重塑方式，一是在赴臺之前已經以成熟作家身份在大陸文壇享有相當影響力的作家，在大陸經驗被臺灣化的作品修改過程中，表現為真實家國體驗與想像故土的融合，因此在本研究的第二部分中筆者以女兵作家謝冰瑩及其自傳性回憶散文《女兵自傳》為主要研究對象來探討此種故土想像方式；二是在去臺之後纔正式開始進行文學創作的作家，在臺灣進行想像故土的在地化寫作過程中，在修訂作品的時候流露出對故土的再度想像性重塑，因此在本研究的第二部分中筆者以作家潘人木及其帶有「反共」色彩的長篇小說《蓮漪表妹》為主要研究對象來探求此種故土想像方式。

　　筆者試圖通過前述努力，在研究中建構顯性與隱性懷鄉敘事模式的交互參照，觸摸根植於遷臺作家群體精神深處的普遍焦慮，展現 1949 年前後大陸遷臺作家群體對於故土的想像性建構的複雜面向，最終指向重新考量和反思這一文

化群體和文化現象被兩岸學界意識形態化研究眼光所遮蔽的文學史價值。

目　次

第三、四冊　胡懷琛生平及其著述敘錄

作者簡介

李瓊娟，福建省金門縣人。東吳大學中國文學系畢、中文系碩士在職專班畢，師從沈心慧教授指導南社文學與作家相關研究。

提　要

　　胡懷琛（1886～1938）為民國時期革命文學社團 「南社」 重要的骨幹成員， 他以詩人、 作家、報刊編輯、學者與教育家、小說家等多重身分，活躍於近代文學作家群中。其畢生研究範圍涵跨新文學、中國文學史、文學批評、哲學、佛學、詩歌、目錄學、考據學、修辭學、文字學與傳記、小說等領域，著述豐贍。然而其身後所遺留的宏富纂作，卻因長期乏人輯理正逐漸湮沒，本編乃以「胡懷琛生平及其著述敘錄」為主題，期能充分羅縷先生畢生精華，並敘列其家世學養與生平活動，俾使後學者緣識先生之創作成績與學術精見，並彰其對中國近代文壇之貢獻。全書共分九章：

　　第一章〈緒論〉。歸納與闡述歷來研究胡懷琛著作的文獻成果，從而制定本文的研究步驟，並提出資料梳理與分類敘錄方法。

　　第二章〈胡懷琛的家世及生平〉。茲以胡樸安所撰胡氏家譜《家乘》、胡道靜《序跋題記‧學事雜憶》、胡小靜〈胡懷琛〉、柳亞子〈亡友胡寄塵傳〉及胡懷琛自著、與友朋往來信札、同時代人物撰著等，抽絲剝繭，梳理胡懷琛之家世、性格、師承、成長、交遊與著述活動等資料，以求知人論世。

　　第三章〈胡懷琛詩作及詩論著述敘錄〉。乃就胡懷琛詩歌創作與詩學理論兩部分作品進行敘錄，考察其融通新舊的「新派詩」理論，及實踐「以中國文學為本位」的詩歌創作與詩學成就。

　　第四章〈胡懷琛散文寫作及編集著述敘錄〉。透過胡懷琛之散文、雜文創作與編集，見證其「以文寫實」，以文學觀照人生、啟迪與教化社會之功。

　　第五章 〈胡懷琛小說創作、 編譯與研究著述敘錄〉。胡懷琛長期探索小說， 在小說語言、體裁、主題內容和敘事手法上多有創見。本章衰理其創作、編輯、翻譯與理論諸作，以見其致力開拓小說視野、小說理論、小說史論等之成績。

　　第六章〈胡懷琛民間文學著述敘錄〉。本章敘錄胡懷琛所輯存與考辨的民間文學，包括方言俚諺、神話、傳說、故事、民歌、彈詞等，顯現了他對民間文學的探索熱情，為民間文學研究留下極珍貴的史料。

　　第七章〈胡懷琛語文教育著述敘錄〉。輯錄胡懷琛有關國語文教學指導、應用教材、兒童教育與閱讀教材等編纂，及教學主張、問題與建言等著述，以彰見胡懷琛在革新與推廣白話語文教育的用心和貢獻。

　　第八章〈胡懷琛其他學術著述敘錄〉。本章敘錄胡懷琛在經、史、子三部、

及集部的文學史、文學理論與批評、文學考辨等學術研究著述，以見其在近代新學思想影響下，蒐集與保存傳統文獻，致力融通中西的學術創見和治學成果。

　　第九章〈結論〉。總結胡懷琛之生平與創作及學術成果，略析其特色，藉以彰見胡懷琛在現代文學史及學術教育上的重要貢獻。

目　次
上　冊

第五冊　曾熙書法研究

作者簡介

　　王高升，1983 年生於河北衡水。2012 年畢業於首都師範大學美術學專業，獲碩士學位。2017 年畢業於中國人民大學美學專業，獲博士學位。現供職於中國國家博物館，主要從事近代書法史論、書法美學和博物館學研究，在《中國書法》《書法》等重要刊物發表學術論文二十餘篇。現為中國國家博物館副研究館員，中國書法家協會會員，中華詩詞學會會員，兼任榮寶齋出版社《中國書法全集》（曾熙、李瑞清、趙熙卷）主編。

提　要

　　該研究以曾熙書法為研究對象，圍繞其藝術成長環境及過程、書風特質、筆法特徵、理論觀念和後世影響等方面展開。

　　第一章，從社會學視角切入，還原曾熙作為末代士人在晚清民國交替之際的種種行蹤及其心路歷程，以揭櫫其走上職業鬻書之路的社會原因。

　　第二章，對曾熙書法創作的風格特點和觀念進行系統全面闡述。以作品

為例，對曾熙的篆、隸、楷、行、草各體特徵及其相互關係進行分析，並通過與同代書家的比較，揭示其創作特色及成就。

第三章，綜合運用文獻梳理和圖像分析法，探尋曾熙書法創作中的重要筆法特徵「顫筆」的形成機制、概念內涵和審美特質。

第四章，從書家論、書體論、風格論、審美論、創作論五個層面對曾熙書法理論思想進行系統解讀，以期明晰其對書法實踐的支撐作用。

第五章，揭示曾熙的創作和理論成就對其門人乃至整個近現代書法史產生的深刻影響，對「曾李同門會」的形成與發展過程進行了詳細披露。

此外，曾熙創作和審美理念對當今書法藝術實踐亦有積極意義，他既是重要的碑學書家，也是一位五體兼能、碑帖兼通的「全能型」書家和「文人型」書家，其書法藝術的研究價值還遠未被深入挖掘和全面認識，其卓越的藝術創造力和全新的藝術觀念值得後世借鑒承傳。

目　次

第六冊　《上海漫畫》研究（1928～1930）

作者簡介

　　楊若男，新聞學碩士，2020 年 6 月畢業於中國社會科學院研究生院。現為中國建設報編輯、記者。曾作為編委會成員參與方漢奇教授主持的《中國新聞事業編年史（第二版）》的編撰工作，發表新聞學論文十餘篇。

　　楊立新，新聞學、書法學雙博士，先後畢業於中國人民大學新聞學院、首都師範大學中國書法文化研究院，分別師從於方漢奇先生、歐陽中石先生。現為人民日報總編室一讀室主任，高級編輯；河北大學文學院客座教授。中國文字學會理事、中國作家協會會員、中國書法家協會會員、中國文藝評論家協會會員、中國紅樓夢學會會員、中國文物學會會員、中華美學會會員、中國語言學會會員、中國新聞史學會會員、中國編輯學會會員、中華詩詞學會會員、中國楹聯學會會員。出版有《錯字的尖叫》、《楊守敬書法思想研究》、《「左」傾錯誤時期的〈人民日報〉》、《習近平用典（第一輯）》（典故釋義作者）、《習近平用典（第二輯）》（典故釋義作者）等著作，發表各類學術論文四百餘篇。

提　要

　　《上海漫畫》創刊於 1928 年 4 月 21 日，是一本以漫畫為主，融攝影、美文、藝術信息為一體的都市消遣週刊，1930 年 6 月 7 日發行至 110 期後因與《時代畫報》合併而停刊。《上海漫畫》是中國近代漫畫大發展的重要標誌之一，通過大量圖像高度還原了 20 世紀二三十年代的上海社會和市民生活，反映了現代化進程中上海的文化走向和社會觀念的劇烈變遷，見證並參與了中國漫畫與漫畫刊物的現代性轉型。

　　本書從新聞史與美術史兩個視角對《上海漫畫》（1928 年 4 月 21 日～1930年 6 月 7 日）進行專題研究，探析其編輯方針、版面編排、內容取向及繪畫風格和特點，重點選取封面畫、新聞漫畫、社會風俗漫畫、長篇連環漫畫、時裝漫畫五種典型漫畫樣式進行分析研究，同時考察漫畫創作的視覺修辭方式，以期進一步確立《上海漫畫》在中國報刊史和中國漫畫史中的重要地位。

目　次

第七、八冊　京劇名票錄

作者簡介

　　李德生，1945 年出生，籍貫北京，現旅居加拿大，係加拿大文化更新研究中心研究員，致力於東方民俗文化和中國戲劇之研究。有如下著作出版：《煙畫三百六十行》（臺灣漢聲出版公司出版，2001 年）、《丑角》（中國百花文藝出版社出版，2007 年）、《京劇的搖籃──富連城》（中國山西人民出版社出版，2008 年）、《禁戲》（中國百花文藝出版社出版，2008 年）、《清宮戲畫》（中國百花文藝出版社出版，2011 年）、《梨花一枝春帶雨一說不完的旗裝戲》（中國人民日報出版社出版，2013 年）、《禁戲圖存》（中國社科出版社出版，2019 年）、《粉戲》（臺灣花木蘭文化事業有限公司，2021 年）、《血粉戲》（臺灣花木蘭文化事業有限公司，2021 年）、《束胸的歷史與禁革》（臺灣花木蘭文化事業有限公司，2021 年）。

提　要

　　在京劇藝術發展的歷史長河中，除了歷代專業藝術家們的辛苦創造外，遍及各地的票房和成千上萬的票友，對京劇浸注的無比熱情和在多方面、多角度的殷勤奉獻，更有著不可磨滅的功績。這些票友儘管身份不同、社會地

位各異，上及皇親國戚、豪紳巨賈，下至平民百姓、引車販漿者流，他們對京劇藝術的發展，則是：有權的使權、有智的奉智，有錢的出錢，有力的出力，能演的演、能寫的寫、能畫的畫，能幫的幫、能捧的捧。他們齊心協力，以堆沙成塔、積水成淵的精神，共同營造起京劇藝術的象牙之塔。票房、票友是京劇藝術的群眾基礎和堅固的基石，他們的貢獻是京劇發展史中不可忽視的重要篇章。筆者從現存的戲劇史料、舊典軼事的斷簡殘篇之中，集得清民時期各界京劇名票（以其出生於上世紀三十年代以前者）二百餘人，記其行述和貢獻，草成此書。以供戲劇愛好者和研究者們參用。

目　次
上　冊

代序：票房與票友

下　冊

第九冊　煙雲畫憶

作者簡介

　　李德生，加拿大文化更新研究中心研究員，自由撰稿人、日本《煙史研究》雜誌專欄作者。致力於東方民俗文化、煙文化，中國戲劇的研究。且收藏有中外煙草公司在清末民初在華出版的香煙畫片兩萬餘枚，在攝影和印刷尚不普及的時期，這些香煙畫片生動地展示了中國近代政治、經濟、風俗和人文歷史風貌。近年在國內外出版的著述如下：《煙畫三百六十行》（臺灣漢聲出版公司出版，2001 年）、《煙文化雜論》〔日〕川床邦夫譯（日本經濟研究所煙史雜誌連載，2006～2020 年）、《煙畫「四大名著」》（中國百花文藝出版社出版，2007 年）、《丑角》（中國百花文藝出版社出版，2007 年）、《昔日摩登》（中國江西教育出版社出版，2010 年）、《煙畫上的老風景》（中國文苑出版社出版，2011 年）、《抗戰星火》（中國江西教育出版社出版，2012 年）、《抗戰圖史——老煙畫的抗戰記憶》（中國山西人民出版社，2014 年）、《煙畫中國之五行八作》（中國江西教育出版社出版，2015 年）、《煙畫中國之吃喝玩樂》（中國江西教育出版社出版，2015 年）、《煙畫中國之市廛江湖》（中國江西教育出版社出版，2015 年）、《煙畫老北京三百六十行》（中國北京大學出版社出版，2015 年）。

提　要

　　香煙畫片是清末民初附在香煙包內的一種廣告性質的宣傳品。它在十九世紀末葉誕生於北美。1885 年，隨美製香煙進入中國。又隨著煙草大戰在華的爆起和煙民的激增，各種印製精美、內容包羅萬象的香煙畫片風靡一時。曾掀起舉國競相蒐集香煙畫片的「收藏熱」。

　　抗日戰爭勝利以後，煙草大戰終止，香煙畫片亦隨之淡出歷史舞臺。經過「十年浩劫」之後，而今存世甚少。作者承繼祖蔭有幸集有一萬餘枚，迄今熠熠有色。這些小小的畫片上積存著深厚的文化內涵，無一不銘刻著時代的烙印。綜而觀之，儼然是「一座手中的博物館」。作者對其來龍去脈及其商業、文化和政治宣傳功能，進行了較為深入的研究，草成此書，擬彌補俗文化史中被人淡忘了的一段記憶。

目　次

序：緣起——兒時的收藏

抗戰建國與文化建國：抗戰時期知識分子思想研究

何思源 著

作者簡介

何思源，山東東營人，1988 年出生。北京師範大學歷史學院畢業，獲歷史學碩士、博士學位。先後在北京航空航天大學馬克思主義學院和北京師範大學歷史學院從事科研與教學工作。目前的研究興趣集中於中國近現代知識分子、中國近代民族國家認同等領域。

提　　要

　　抗日戰爭爆發之初，國民黨提出「抗戰建國」的戰時國策，呼籲國人在抵抗外敵侵略的同時不忘關注國家各方面的建設事業。知識分子重點從「文化建國」的角度，思考文化問題如何成為抗戰與建國的推動力。他們提醒政府與社會不能在戰時忽視文化發展，認為文化的高低不僅是決定抗戰勝敗的關鍵因素之一，還決定了中國能否在戰後自立於世界。他們對「文化建國」的具體思考，包括如何認識與規劃戰時的學術發展、如何定位知識分子自身的戰時角色以及如何看待中西文化關係等方面。在抗戰的危急時刻，知識分子對上述「文化建國」問題進行了深入思考，為中國在戰時及戰後的文化建設都提供了寶貴的思想資源。這些探索，既是對近代以來文化論爭的總結性思考，同時也因抗戰的特殊歷史條件而增入了新的時代內容。然而這筆精神遺產卻並未被今人所重視。實際上，知識分子在抗戰期間討論的這些文化問題，不但是戰時實現「抗戰建國」所亟需解決的關鍵問題，對於當今中國社會正在發生的相關文化論爭也有積極的啟示。

目次

緒　論

第一節　研究對象與選題意義

　　1937 至 1945 年的中日戰爭在整個中國歷史上的意義，無論如何強調都不為過。中國近代以來面臨的最嚴重的一次亡國滅種危機，通過八年抗戰得到徹底克服；與此同時，抗戰期間國內各方勢力的權勢變動，成為戰後中國發展道路抉擇鬥爭的背景。針對這一「中國復興的樞紐」〔註1〕的研究，自抗戰勝利後的七十餘年來一直都是國內外歷史學界的熱點問題，新作新見層出不窮。然而相較戰時政治、軍事、經濟、外交等研究領域的長盛不衰，以及社會史視野下的抗戰史研究在近些年的異軍突起，有關抗戰時期的思想文化研究卻一直處於不溫不火的狀態，在研究深度與廣度上都難與上述領域相提並論。〔註2〕尤其對介於國共兩黨之間的知識分子的戰時思想，尚存許多研究空間。本書並非對戰時知識分子思想的綜合性研究，而是將目光聚焦在他們對若干重大文化問題的思考上。知識分子的這些思考，不僅直接服務於抗戰，更往深層面向了抗戰期中及戰後的建國事業。筆者試圖通過本項研究，進一步加深學界對抗日戰爭史與中國近代思想文化史的理解，並回答以下幾個問

〔註1〕劉大年：《抗日戰爭的歷史意義與民族精神》，《抗日戰爭研究》1994 年第 4 期。

〔註2〕這一趨向，從近十年來出版的與抗戰相關的研究論著以及最新研究動態綜述中有清楚的反映。參見曾業英主編《當代中國近代史研究（1949～2019）》（北京：中國社會科學出版社，2019 年）一書第二十一、二十五章等相關章節。

題：國民黨在抗戰之初提出的「抗戰建國」國策在知識界引起了怎樣的反響？知識分子對「抗戰」與「建國」兩大任務之間的關係如何認識？對於文化建設在抗戰建國中的作用，知識分子如何理解？發展學術如何成為知識分子在戰時的共識？對於學術獨立自由的精神，他們又有怎樣的思考？對於其自身群體在抗戰期中的使命，知識分子如何認知？他們與民眾之間，究竟誰是抗戰建國的領導者？對於戰時興起的文化民族主義思潮，知識分子有何種複雜的態度？他們如何理解西方文化中的科學？又如何在認識西方文化弊端的前提下，為中國的戰後文化建設指明道路？

　　本書以「文化建國」一詞概括抗戰時期知識分子對於上述文化問題的思索。對於這一概念的時代背景與基本意涵，在下文略作解說。

　　抗戰初期國民黨政府堅決抗戰的舉措，迎合了自「九一八」事變以來愈加強烈的民族主義浪潮，起到了迅速聚集人心的作用。國民黨於 1938 年 3 至 4 月召開臨時全國代表大會，在會上通過了《抗戰建國綱領》，並決定成立國民參政會。這些舉措都宣示了國民黨抗戰到底的決心，起到了動員大眾的作用。「抗戰建國」成為抗戰時期國民政府的中心戰略思想。

　　近代中國民族主義思想體現在兩個方面，其一為反抗外國侵略，其二就是現代民族國家的建設。建設現代國家，是許多近代中國知識分子畢生追求的夢想。陳獨秀曾總結西歐國家建國的四項任務，即「國家獨立與統一」、「確立憲法政治」、「發展工業」和「解放農民」。〔註3〕對於這四大問題，知識分子所寫就的文章不計其數，提出的解決之道也層出不窮。辛亥革命推翻皇權，建立民國，本應為建國的新起點，但卻為民初軍閥混戰所阻撓。孫中山再次發起革命，同時寫作《建國方略》等著作，全面闡釋國民黨的建國主張，成為此後國民黨國家建設方案的來源。抗戰爆發後，國民黨高層認識到，身為執政黨，國民黨不但要領導中國人民抵抗日本侵略者，還必須在抗戰的同時發展國家的政治、經濟、軍事、文化等各方面實力。抗戰與建國同時勝利，這是維持國民黨統治合法性的必要條件。〔註4〕基於這樣的考慮，1938 年國民黨臨時全國代表大會提出「抗戰建國」的目標，強調「必須於抗戰之中，集合全

<hr>

〔註3〕任建樹主編：《陳獨秀著作選編》（第5卷），上海：上海人民出版社，2010年，第244～245頁。

〔註4〕然而國民黨所擬定的這兩項任務，由於主觀和客觀條件的限制，在抗戰時期均未能貫徹施行。而這也成為國民黨最終在中國失敗的遠因。

國之人力物力，以同赴一的，深植建國之基礎。然後抗戰勝利之日，即建國
大業告成之日，亦即中國自由平等之日也。……非抗戰，則民族之生存獨立
且不可保，自無以遂建國大業之進行；而非建國，則自力不能充實，將何以
捍禦外侮，以求得最後之勝利。」〔註5〕這一號召，正迎合了知識界的抗敵熱
情和長久以來關於建國問題的思索，因此受到了眾多知識分子的擁護。抗戰
時期的大量出版物，都冠以「抗戰建國」的題目或以其為基本立場，對戰時
政治、軍事、外交、經濟、社會、教育、文化、精神動員等方方面面的問題加
以討論，為國家獻計獻策。這些文字有的言之有物、懇切在理，但也有內容
空洞、無益於抗戰的「抗戰八股」存在。知識界熱衷於談論「抗戰建國」諸問
題，已成為戰時社會上的一種文化現象。

　　在當時的「抗戰建國」討論中，有關文化的內容非常豐富。國民黨臨時全
國代表大會通過的《關於確定文化建設原則綱領案》，強調了戰時文化建設的重
要性：「文化建設之於建國工作，與國防建設、經濟建設同其重要。抗戰為建國
必經之過程，建國為抗戰最終之目的，故建國之文化政策，即所以策進抗戰之
力量。」〔註6〕文化問題，也是近代以來中國知識分子關注的核心問題之一。在
戰爭年代，人們的目光容易被更加實際的問題所吸引，如前線戰事、外交策略、
社會動員等；但對知識分子而言，文化問題始終是他們無法割捨的關懷。對於
中國近代知識分子的這一特質，許多學者都有指明。林毓生曾指出，中國近代
知識分子強調文化改革是社會、政治、經濟改革的前提，認為「要振興腐敗沒
落的中國，只能從徹底轉變中國人的世界觀和完全重建中國人的思想意識著手。
如果沒有能適應現代化的新的世界觀和新的思想意識，以前所實行的全部改革
終將徒勞無益，無濟於事。」他們的一個基本信念，就是「借思想文化以解決
問題」。〔註7〕張灝也認為，與傳統士大夫階層相比，現代中國的知識分子雖然
在政治上被邊緣化，在社會中處於「游離無根」的狀態，但在文化領域的影響
力，卻借助現代傳媒工具而較之前有所提升。〔註8〕抗戰時期知識分子的文化思

〔註5〕榮孟源主編：《中國國民黨歷次代表大會及中央全會資料》（下冊），北京：光
　　　　明日報出版社，1985年，第466頁。
〔註6〕中國第二歷史檔案館編：《中華民國史檔案資料彙編》（第五輯，第二編，文
　　　　化，一），南京：江蘇古籍出版社，1998年，第1頁。
〔註7〕〔美〕林毓生：《中國意識的危機》，貴陽：貴州人民出版社，1986年，第43頁。
〔註8〕張灝：《時代的探索》，臺北：中央研究院、聯經出版事業股份有限公司，2004
　　　　年，第43頁。

考，借助出版機構影響到國人，進而影響到整個抗戰建國事業。這不僅因為受新文化運動影響的「五四」和「後五四」兩代知識分子身上帶有的或多或少的「文化至上主義」，更在於在他們看來，如不解決文化上存留的若干關鍵問題，「抗戰建國」便無從談起。張申府在戰時便直截了當地聲稱，中國抗戰的目的，最根本之處就在於「新的國家，新的社會，新的文化的產生」。〔註9〕「新的文化」，從歷史的角度看，就是民族復興的文化，就是現代化的文化。其主旨雖明確，但一旦涉及具體路徑的討論，則言人人殊，因而形成了在戰時討論文化問題的濃烈氛圍。

抗戰時期的知識分子，對於「抗戰建國」的基本精神大多持支持態度，希望能「一面抗戰，一面建國」，在抗戰的同時推動現代國家的建設。這自然包括文化方面的努力。那麼，如何使文化建設成為推動國家現代化的動力呢？知識界對此有著豐富而深入的思考。這些思考，即構成了「文化建國」思想的內涵。本書選擇了三個與「文化建國」直接關聯的「根本性問題」〔註10〕展開討論，即知識分子對「文化建國」的核心──學術建國的思考、對自身在「文化建國」中角色的認知以及對中西文化的再審視。

文化是立國之基，但僅靠空談文化是無法完成建國大業的。抗戰時期的知識分子很清楚這一點。他們提出的實現「文化建國」的方案是「學術建國」。一時代有一時代之學術。中國近代學術史的發展歷程，也反映出近代以來政治、社會、文化的變動。抗戰時期知識分子提出的學術建國主張，正是時代需求在學術上的映像。錢穆在戰時說：「變亂之際，學尚創闢。其時學者，內本於性格之激盪，外感於時勢之需要，常能從自性自格創闢一種新學問，走

〔註9〕 張申府：《我相信中國》，孫照海、初小榮選編：《抗戰文獻類編》（文藝卷）第二冊，北京：國家圖書館出版社，2010年，第482頁。

〔註10〕 在美國學者孔飛力（Philip A. Kuhn）的著作《中國現代國家的起源》（北京：生活·讀書·新知三聯書店，2013年）中，譯者陳兼、陳之宏將原文 constitutional agenda 譯為「根本性議程」或「建制議程」。孔飛力認為，在考察中國現代國家演進時，不僅應關注20世紀後出現的若干成文憲法，同時還應關注那些沒有被正式頒布、但在社會中被更多人接受的「未成文的根本性大法」。這些「未成文的根本性大法」，產生於中國歷史文化的深層，往往在社會危機時被知識精英階層集中討論，並在與國家權力的博弈中形成解決當前問題的共識。（《中文版序言》，第4～7頁。）本書集中討論了三個「根本性問題」，即「政治參與的擴展與國家權力及其合法性的加強」、「政治競爭的展開與公共利益的維護和加強」、「國家的財政汲取能力同地方社會財政需求」。筆者在本選題中借鑒了這種設問方式。

上一條新路徑，以救時代之窮乏。」錢穆觀世界與中國大勢，得出「新學術」
必生發於此時的結論。這一「新學術」的特徵，在於向內不忘「自己誠實的痛
癢的真血性」，向外不忘「民族國家生死存亡的真問題」。〔註 11〕這正是學術
建國思想和方案提出的根本精神。學術建國有兩重含義：其一，研究高深學
問，將學術成果應用於國家物質與精神的抗戰；其二，「學術治國」，用科學
的方法治理國家，使得國家各項事業得以實現「邏輯的條理化，數學的嚴密
化，實驗科學、工程學的操作化」，同時培養人民的「愛智氣味」與「鬥士精
神」。〔註 12〕實現這兩重目的，在知識界看來，根本在於學校教育，尤其是大
學教育。對於戰時大學教育的角色、功能，知識分子多有討論，在教育的實
用性與求知性如何平衡這一問題上有著較大分歧。這種態度的分歧同樣影響
到知識分子自身的學術研究。

　　中國傳統士大夫身懷「治國平天下」的宏願，學與政不分是中國古代政
治文化的一大特徵。近代以來，知識分子在與西方文化接觸中，不斷反省這
種政學合一的傳統。「治學治事宜分兩途」，嚴復在清末便發出這樣的號召。
〔註 13〕民國成立後，現代學術體制初創，學術與政治的分野愈加明顯。然而
國家屢遭劫難，知識分子作為社會精英，又怎能枯坐書齋，完全不問世事？
民族危機的加深伴隨著民族主義的泛濫。知識分子在抗戰時期民族主義大潮
之中，一面對知識階層所特有的痼疾予以批判，強調應承擔起抗戰建國、文
化建國的責任；一面游離於學術與政治之間，以學術的力量作為向國家諫言
的依據。從整個抗戰八年來看，沒有一名知識分子能夠完全獨立於這一時代，
不受影響地從事學術研究。他們都或多或少地關注時局，就救國建國問題發
出自己的聲音。抗戰時期的書生論政，不是「忍不住」的「關懷」，而是知識
分子在戰爭年代明確的自我定位。〔註 14〕

　　如何認識中國文化與西方文化的關係，在兩次鴉片戰爭以後就成為知識
界討論的核心問題之一。經過較長時段的探討，尤其在新文化運動之後，知

〔註 11〕錢穆：《新時代與新學術》，載氏著《文化與教育》，收入《錢賓四先生全集》
　　　　（第 41 冊），臺北：聯經出版事業公司，1998 年，第 97、105 頁。
〔註 12〕賀麟：《抗戰建國與學術建國》，載氏著《文化與人生》，上海：上海人民出版
　　　　社，2010 年，第 29 頁。
〔註 13〕王栻主編：《嚴復集》（第一冊），北京：中華書局，1986 年，第 88～90 頁。
〔註 14〕「忍不住的關懷」一詞借用自楊奎松所著《忍不住的關懷：1949 年前後的書
　　　　生與政治》（桂林：廣西師範大學出版社，2013 年）。由於研究對象和時代背
　　　　景的不同，本處並不是對楊著論點的反駁。

識分子在討論東西文化時，逐漸擺脫了過往標籤化、對立化的認識取向。對於西方文化，他們不止停留在表象的瞭解，更能深入認識其歷史傳統；對於中國文化，則興起了以科學精神研究國故的文化運動，知識分子對「傳統」的態度不再趨於兩極化。抗戰爆發後，社會更加關注迫在眉睫的實際問題的解決，文化領域並沒有出現二、三十年代時發生的那種大規模論戰，但關於東西文化及其對建國的影響這一宏大問題的研究與討論卻從未中止過。一方面，知識分子被強勢的民族主義熱情所感召，肯定中國傳統文化永恆的價值，大力讚美這一傳統孕育出的不畏強敵、不怕犧牲的民族精神；另一方面，他們又始終不能忘懷五四以來形成的「啟蒙傳統」，勇於揭露抗戰所顯現出的文化缺陷和國民劣根性，繼續向民眾普及西方現代文化的優長之處。抗戰後期，國民黨顯露出越來越強的文化民族主義傾向，摒棄五四精神，全盤肯定傳統。對此，知識分子內部產生分化，各自態度亦趨於激烈。中國文化往何處去，這一問題是事關戰時及戰後國家建設的重中之重。

抗日戰爭是一場全民抗戰，在這場戰爭中，知識分子在思想與行動兩方面為國家、民族作出了重大貢獻。在實際的抗日救亡工作之外，知識分子在戰時不斷思考著國家與民族的出路，並提出一系列與時局相配合的思想主張，實現了個人思想與國家建設的互動。這些思考，是對近代以來中國知識分子思考中國前途命運的思想遺產的繼承與發展，並在戰時體現出強烈的時代特性，從而豐富了抗日戰爭的意涵。正如美國學者舒衡哲（Vera Schwarcz）所言：「如果沒有他們在思想領域作出的貢獻，民族主義者的熱情在抗戰期間以及以後，可能僅僅保持在反日、反政府的層次上，對中國未來的命運便會缺乏明晰的認識。由於知識分子的領導和支持，抗日戰爭既是民族救亡運動，也是國家復興運動。」〔註15〕知識分子的思考，包含著對戰時政治體制、經濟方針、社會建設等諸方面與抗戰直接相關的重要問題；其中有關文化建設的思考，也在戰時引起了社會的廣泛關注。上述三方面與「文化建國」直接相關的思想文化論題，正是知識分子討論戰時文化建設的重心所在。

在此，還需對本書所使用的「知識分子」概念加以界定。首先，不應當簡單以掌握「知識」的多少來判定其人是否屬於「知識分子」。出於社會學研究的方便，一部分社會學家傾向於以知識或學歷作為劃定「知識分子」與其

〔註15〕〔美〕舒衡哲：《中國啟蒙運動：知識分子與五四遺產》，劉京建譯，北京：新星出版社，2007年，第261頁。

他社會群體界限的標誌。例如鄭也夫便分別如此論述知識分子的「理論定義」和「操作定義」：「知識分子是這樣一些人，他們在其社會生活中，在其工作、交往和表達時，比其社會中多數成員更頻繁地使用符號象徵體系和『一般性』的概念、範疇，即運用一種特殊的『語言』。這種符號象徵體系可以是文字，可以是計算機語言，也可以是自然科學中的『公式語言』（如數字語言、物理學語言等等）。這些人頻繁地使用這類符號和一般性範疇，首先在於他們具有這種知識和能力，同時又是因為長期的個人興趣、專業學習及以後的職業要求所導致的，即一方面他們有這種知識和能力，另一方面又確實在經常地使用著它。」「現今的知識分子是受過高等教育（大學、大專）以及具有同等學力的人。」〔註16〕這種劃分方法固然清晰，但卻失之簡單、寬泛，給認識歷史的細節帶來很大難度。擁有足夠的「知識」固然是判定「知識分子」的必要條件，但並非充分條件。「知識分子」不是「知識」與「分子」的簡單相加，還應具備某些精神特質。

　　從詞源上分析，代表「知識分子」或「知識階層」的英文單詞 intellectual 和 intellingentsia，分別源自法語與俄語，並同時起源於拉丁語單詞 intelligere，含有「認識，理解，選擇」等涵義。〔註17〕從人的思維活動來看，這明顯比簡單地習得知識要更為複雜。而分析俄國、法國知識分子於十九世紀後半葉形成、發展的歷史，可知自西方「知識分子」概念產生之初，便強調作為一名知識分子，如何使用知識與如何獲取知識居於同等重要的地位，如果不是更重要的話。這也提示後代研究者在定義「知識分子」時，不僅強調知識分子所擁有的學識，更著重於研究他們對知識的運用。例如，殷海光對知識分子所應當具備的精神有如下認定：「第一，一個知識分子不止是一個讀書多的人。一個知識分子的心靈必須有獨立精神和原創能力。他必須為追求觀念而追求觀念。……第二，知識分子必須是他所在的社會之批評者，也是現有價值的反對者。批評他所在的社會而且反對現有的價值，乃是蘇格拉底式的任務。」〔註18〕余英時也曾綜合西方學術界的研究，對「知識分子」做出如下定義：「『知識分子』首先也必須是以某種知識技能為專業的人；他可以是教師、新

〔註16〕鄭也夫：《知識分子研究》，北京：中國青年出版社，2004年，第3～4頁。
〔註17〕方維規：《「Intellectual」的中國版本》，《中國社會科學》2006年第5期。另可參考王增進：《後現代與知識分子社會位置》，北京：中國社會科學出版社，2003年，第1～39頁。
〔註18〕殷海光：《中國文化的展望》，北京：商務印書館，2011年，第570頁。

聞工作者、律師、藝術家、文學家、工程師、科學家或任何其他行業的腦力勞動者。但是如果他的全部興趣始終限於職業範圍之內，那麼他仍然沒有具備『知識分子』的充足條件。根據西方學術界的一般理解，所謂『知識分子』，除了獻身於專業工作以外，同時還必須深切地關懷著國家、社會以至世界上一切有關公共利害之事，而且這種關懷又必須是超越於個人（包括個人所屬的小團體）的私利之上的。」〔註 19〕正如許紀霖所指出的，這一定義揭櫫了知識分子的雙重屬性：「超然性」與「介入性」：「所謂『超然』，即知識分子應該與整個社會保持一定的隔離狀態，在社會角色分工中有著一塊只屬於其本人的獨立營地，並憑藉各自的專業從事文化價值創造和操作性運用。所謂『介入』，即知識分子又必須關切和參與整個社會的公共事務，包括國家的最高政治決策，能夠在一個超個人功利的宏觀立場上領導輿論，批評時政，發揮社會良心的功用。」而其『介入』以『超然』為前提，即「其參與公共事務仍然不失其專業的陣地和人格的獨立。」〔註 20〕以上定義都強調了知識分子對現實社會應具有獨立性與批判精神。

與上文相類似的對「知識分子」的理解，在抗戰前的中國思想界便已形成。其中，張奚若的解讀最具代表性。與當代學者方維規在其上引論文中將英文 intellectual 譯作「智慧＋卓識＋學者的『智識者』」的論點相類似，在《中國今日之所謂智識階級》一文中，張奚若將 intellectual 譯作「理智者」或「理智階級」，並稱：「智識階級在歐洲原來叫作 intellectual class 或 intelligentzia，本來是很注意理智（intellect 或 intelligence）而不是專講智識（knowledge 或 learning）的。因有這個區別，所以凡屬理智階級的人不必一定有高深或專門的智識；反之，有高深或專門智識的人，例如大學教授等，也不必一定就能算是理智階級中的人。」他提出所謂的「智識階級」應具有以下四種特點：「增長智識」、「發展理性」、「提高思想」和「傳播美化」，而尤當以中間兩點為最要。〔註 21〕可見，在時人看來，「知識」的獲取僅僅是成為「知識分子」的初級門檻；真正的「知識分子」，尤須成為社會理性與正確思想的締造者與發揚者。而在戰前形成的依

〔註 19〕余英時：《引言——士在中國文化史上的地位》，載氏著《士與中國文化》，上海：上海人民出版社，2003 年，第 2 頁。

〔註 20〕許紀霖：《關於知識分子的斷想——讀余英時〈士與中國文化〉》，《讀書》1988 年第 6 期。

〔註 21〕張奚若：《中國今日之所謂智識階級》，《現代評論》1927 年，第二週年紀念增刊。

託於《現代評論》、《獨立評論》等雜誌的知識群體，更是將「知識分子」對於社會現實的「超然性」與「介入性」特點發揮得淋漓盡致。這都提示筆者在界定抗戰時期的「知識分子」群體時，注重那些分布於大學、研究所等機構，依託報刊雜誌等媒體向社會發出理性聲音的學者、書生。這也是過去那些研究戰時知識分子的論著中所重點強調的群體。例如聞黎明《抗日戰爭與中國知識分子——西南聯合大學的抗戰軌跡》（北京：社會科學文獻出版社，2009 年）與謝慧《知識分子的救亡努力：〈今日評論〉與抗戰時期中國政策的抉擇》（北京：社會科學文獻出版社，2010 年）兩書，標題中「知識分子」的範圍分別指向西南聯大師生群體和《今日評論》雜誌同人。

　　然而若僅對「知識分子」作如此界定，則或稍顯狹隘。西方學者在研究知識分子問題時，常將這一群體進行劃分，以此表露出對於知識分子的新認識。最為經典的研究，莫如葛蘭西及默頓的論述。意大利馬克思主義理論家葛蘭西（Antonio Gramsci）將知識分子區分為「傳統的」（traditional）和「有機的」（organic）兩類，而「有機的知識分子」正是現代知識分子的主流。他稱：「所有社會集團，既產生於歷來經濟生產基礎之上，也就同時有機地給自己造成一個或幾個知識界階層，這種階層使知識界不僅在經濟上、而且也在社會政治領域具有其自身作用的同一性和意識……每個新階級隨自身以創造並在自己逐步發展中形成的『有機的』知識界代表人物大部分是新階級使之出現的新社會型基本活動各方面領域中的『專家』。」〔註22〕葛蘭西指出，知識分子要實現其社會作用，就應當依賴於他們各自所屬的社會集團，以及基於特定社會集團成立的有組織的政黨。沒有加入政黨的知識分子對國家生活的參與是「軟弱無力」、「微不足道」的，而加入政黨的知識分子則能通過政黨的力量在更廣大的領域內實現自己的社會作用。政黨同時也要「培養自己的幹部、一定社會集團……分子，直到把他們變成熟練的政治知識分子、領導者、各種形式活動的組織者和整個社會……的執行者。」這種實現方式，「不僅是誇誇其談的，而且是提高到抽象—數學精神的作為建設者、組織者和實踐生活積極的溶合」。〔註23〕美國社會學家默頓（Robert K. Merton）在其

〔註22〕〔意〕安東尼奧・葛蘭西：《獄中箚記》，葆煦譯，北京：人民出版社，1983
　　　　年，第 418～419 頁。
〔註23〕〔意〕安東尼奧・葛蘭西：《獄中箚記》，葆煦譯，北京：人民出版社，1983
　　　　年，第 428、423 頁。

著作中研究了體制內與體制外的知識分子在社會政策方面發揮的不同功能。他將這兩類知識分子分別稱為「科層組織知識分子」和「獨立知識分子」，稱「獨立知識分子好比一隻牛虻，是公開評論現行政策的問題和後果的批評家，他只能很有限地影響決策的一般趨勢。然而，隨著大眾傳播媒介的發展，這種功能的重要性比過去突出了。另一方面，科層組織知識分子除了在少數情況下可以實實在在地界定政策外，主要局限於提出執行既定決策的更有效模式，並為即將採取的行動提出不違背科層組織價值觀的可供選擇的可能性。」〔註24〕無論是「有機知識分子」，還是「科層組織知識分子」，都形成於近百年來的現代社會。這些說法都對曼海姆（Karl Mannheim）關於現代知識分子在「社會意義上」「相對地自由漂浮」〔註25〕的特點的描述，有著糾正與擴展的作用。

這樣的分類，促使筆者思考抗戰時期的「知識分子」身分與政治意識形態之間的碰撞。中國知識界分裂為左、中、右三派，這一格局在五四運動之後的 1920 至 1930 年代便已奠定。抗戰爆發後，作為領導全民抗戰的主導力量的國共兩黨，其政黨組織與理論對當時具有一定知識水平的國民有著更加強大的吸引力。兩黨也借抗戰之機，在這些受教育的國民中發展起一大批新黨員，藉此擴大本黨在政界與思想界的影響力。筆者認為，相對於共產黨嚴密的政黨組織與完整的政黨理論，國民黨在這兩方面都遠為鬆散。作為一個「弱勢獨裁政黨」〔註26〕，信奉三民主義的國民黨在意識形態領域的獨佔性較之中共遠遜，因此在思想上難以對其黨員有強大的束縛力；加之戰時國民黨在組織上極力擴充黨員，大量吸收大學教師、學生入黨，致使其組織建設與思想教育無法跟上其黨員擴充的步伐，這也給了一部分有知識有思想的國民黨員以自由思考的空間。在打倒日本侵略者、建設現代國家的總目標以及對三民主義的總體認同兩方面，他們是與國民黨相一致的；但在具體的實施領域，他們又多能對國民黨的政策綱領提出不同意見。例如王世杰、翁文灝等人，他們雖都在國民黨內身居要職，但通過其日記等私密文件，仍可窺探

〔註24〕〔美〕默頓：《社會理論和社會結構》，唐少傑、齊心等譯，南京：譯林出版社，2006 年，第 376 頁。
〔註25〕參見方維規：《「Intellectual」的中國版本》，《中國社會科學》2006 年第 5 期。
〔註26〕此一說法，參見王奇生：《黨員、黨權與黨爭：1924～1949 年中國國民黨的組織形態》，北京：華文出版社，2010 年。

其個人在抗戰建國中的獨立思考。更不用說那些在戰時被鼓動加入國民黨的大學教師了。即使在戰時參加共產黨及其外圍組織的群體中，也不乏在黨章黨義之外進行批判性思考的人存在。因此，對於戰時身為政黨黨員，卻仍能在思想上保持一定獨立性與批判精神的人，也屬於本書所研究的知識分子群體。

　　單論加入國民黨的知識分子，其中一部分同時還是國民政府中的官員。「五四運動劃出了一個新時代。自由主義建築在自由職業和社會分工的基礎上。教員是自由職業者，不是官，也不是候補的官。學生也可以選擇多元的職業，不是只有做官一路。他們於是從統治階級獨立，不再是『士』或所謂『讀書人』，而變成了『知識分子』，集體的就是『知識階級』。」〔註27〕朱自清的這段文字，常被史家解讀為由傳統向現代轉化過程中知識分子與現實政治的疏離。的確，科舉廢除、新式教育興起，加之社會發展的多元化，知識分子不必再抱有「讀書做官」的心態。但在五四運動以後，進入政府工作的知識分子仍為數不少。南京國民政府實行的「專家治國」政策也吸引了不少知識分子投身政界。而在抗戰國難之時，知識界從政之風更達到鼎盛。單憑言論、教育等社會活動已不能滿足他們急切的報國之心，這促使知識分子選擇進入政府各級部門，用自己的專業知識直接為國效力。在中國知識分子觀念中本就不甚明晰的「國家」與「政府」之間的界限，在抗戰之時更加模糊不清了。儘管有些人曾與國民黨發生齟齬，甚至遭到迫害，但在抗戰建國的最高目標之下，他們選擇暫時拋開意見的不合，與中央政府合作。「國家是青山，青山倒了，我們的子子孫孫都得做奴隸了。」〔註28〕胡適的這句話很能代表當時許多加入國民政府的知識分子的心態。對於這一類身處「科層組織」內的知識分子，其行政工作需遵照上級管理者的指示；而他們對現實問題，卻仍保存著基於所學知識的獨立思考。

　　基於以上認識，筆者在研究中，除關注那些任職於大學、研究機構，並對現實的抗戰建國、尤其是「文化建國」相關問題有著深入思考的知識分子之外，還把戰時加入國共兩黨以及國民政府的部分知識分子也納入研究範圍。

〔註27〕朱喬森編：《朱自清全集》（第三卷），南京：江蘇教育出版社，1988 年，第153～154 頁。

〔註28〕致江冬秀，1939 年 9 月 21 日，耿雲志、歐陽哲生編：《胡適書信集》（中），北京：北京大學出版社，第 791 頁。

這些知識分子，大多屬於當時知識界、思想界中的精英人物，分布於學界、政界之中。他們在戰時對文化問題的思考，能夠代表當時中國社會中對這些問題較高的認識水平，並對戰時及戰後中國文化建設具有一定的影響力。

第二節　學術史回顧

一、知識分子研究

關於中國知識分子的研究成果浩如煙海，筆者無法全面掌握，只能就若干關鍵問題舉凡一二。

1. 中國古代知識分子

中國傳統文化綿延數千年，幾經危機，未曾斷絕。身兼文化的傳承者與創造者二重角色，近代知識分子身上既有傳統文化遺留的特質，又有時代浪潮中增添的新的要素。因此，對古代知識分子的瞭解，是研究近代知識分子的前提。

錢穆對中國古代知識分子曾做過整體而理想型的研究。他高度評價古代知識分子的歷史作用，稱之為「中國歷史一條有力的動脈」。在春秋戰國時期的社會劇變中，知識分子形成了「人文精神」的核心，並以宗教般的熱情將其文化理想傳播於社會大眾。在整個中國歷史上，知識分子以入世的精神熱心參政，但又不忘自身肩負的文化理想的超越性，故能在參政的同時又能超越政治，是為道統高於治統。〔註29〕在這些文章中，錢穆從大處著眼，點出古代知識分子的若干根本屬性。余英時則承繼錢穆提出的「超越」與「入世」、「道」與「勢」等命題，對中國古代各階段士人精神的特色分別加以專題研究。通過與西方知識分子的比較研究，余英時得出西方近代知識分子精神早已在中國古代士大夫身上得以體現的結論。〔註30〕錢、余二人的研究，開創了中國古代知識分子研究的典範，也成為瞭解近代知識分子的鑰匙。近代知識分子上承士大夫精神之餘緒，又在歐風美雨中有「破」有「立」。這兩方面影響都是不可忽略的。但是，錢、余二人對於研究對象過於「溫情與敬意」，研究不免片面，批判色彩較淡。研究歷史仍應保持適度的「距離感」，方不至於主觀。

〔註29〕錢穆：《國史新論》，收入《錢賓四先生全集》（第30冊），臺北：聯經出版事業公司，1998年，第153～234頁。

〔註30〕余英時：《士與中國文化》，上海：上海人民出版社，2003年。

　　閻步克的《士大夫政治演生史稿》一書，探討了中國古代政治文化中，士大夫所扮演的知識分子與官僚的「二重角色」。這「二重角色」，經歷了周代集中於貴族階層一身的「合」、秦代分屬學士與文吏兩個階層的「分」，最終於漢代重新合為一體，成為貫穿中華帝國時代的一種獨特而穩定的「士大夫政治」。其精義可以表述為「政統」、「親統」、「道統」三位一體，「吏道」、「父道」、「師道」互相維繫，以及「君」、「親」、「師」的精緻融合。儘管在歷史發展中，出現過政統與道統的分離、「學士」從「士大夫」中分離的現象，但「學士」的最終指向，仍是「治國之道」。〔註31〕學術與政治二者的合流，是中國古代政治文化的主流，並一直影響到近代知識分子的心態。儘管五四以後，知識界有強烈的學術獨立呼聲，但知識分子始終不能忘情於政治；尤其在國難之際，直接參政，或者退而求其次的「講學復議政」成為許多知識分子自覺不自覺的選擇。

2. 中國近代知識分子

　　儘管近年來學界常有對「一般思想史」〔註32〕等命題的討論，但目前的中國近代思想文化史，在很大程度上仍是一部中國近代知識分子史。〔註33〕根據許紀霖在其《都市空間視野中的知識分子研究》一文的提示，改革開放以後的中國近代知識分子的研究趨勢，大概有以下幾方面：知識分子的思想與人生如何從傳統走向現代，其中發生怎樣的衝突與曲折；知識分子在政治勢力壓迫下的應對行為及其政治命運的沉浮；知識分子如何繼承中國傳統學術，並推動其現代轉型；從社會史的角度考察知識分子社會身分在近代中國的變化，以及在社會中通過相互交往而形成的若干知識分子共同體。〔註34〕筆者對於中國近代

〔註31〕閻步克：《士大夫政治演生史稿》，北京：北京大學出版社，1996 年，第 1～28、464～513 頁。

〔註32〕參見葛兆光《中國思想史》（上海：復旦大學出版社，2013 年）第一卷的相關論述。

〔註33〕關於中國近代思想文化史的研究綜述，可參考以下論著：龔書鐸、董貴成：《50 年來的中國近代思想史研究》，《近代史研究》1999 年第 5 期；劉志琴：《50 年來的中國近代文化史研究》，《近代史研究》1999 年第 5 期；鄭大華、賈小葉：《20 世紀 90 年代以來中國近代思想史研究的回顧與展望》，《教學與研究》2005 年第 1 期；左玉河：《30 年來的中國近代思想文化史研究》，《安徽史學》2009 年第 1 期；歐陽哲生：《作為學科的中國近代思想史研究》（上、下），《社會科學論壇》2013 年第 6、7 期；鄭大華主編：《當代中國近代思想史研究》，北京：中國社會科學出版社，2019 年。

〔註34〕許紀霖：《都市空間視野中的知識分子研究》，《天津社會科學》2004 年第 3 期。

知識分子研究的回顧，主要從以下與本書直接相關的方面展開，以便於瞭解抗戰前後知識分子對以下文化問題的認識程度，並與抗戰期中形成參照。

　　知識分子的學術建設思想。當前學術研究對於蔡元培、王國維、胡適、顧頡剛、傅斯年等人的學術觀有一定的探討，內容包括對學術獨立思想的闡釋以及學術與救國之間的關係等。從群體研究的角度看，許紀霖將近代知識分子在學術與政治之間的選擇，劃分為四種類型，即「超然治學、學術救國、輿論干預、直接參政」，並分別就其特點及代表人物加以概述。〔註35〕李來容的兩篇論文，分別研究了清末至民國時期學術界對於「學術獨立」問題兩個面向的思考。其一，學術界受民族主義感染，要求學術研究應具有民族性，擺脫對西學的依賴，力爭中西學術平等交流；其二，學術發展應遵從其客觀規律，不能被政治決策所支配。〔註36〕李春萍也從現代性與民族性角度解讀中國近代的學術獨立問題。〔註37〕日本學者竹元規人以 1933～1934 年中研院史語所和社會科學研究所的合併糾紛和北大中文系改革風波為個案，探討牽涉這兩事件的蔡元培、胡適、傅斯年、蔣夢麟等人，他們在思想上鼓吹「學術獨立與自由」，但在改革學術制度時卻都或多或少存在傾軋異見學派的行為。〔註38〕至於學術與救國的關係，近代知識分子的相關論述很多，但較有學術價值的研究成果較少。盧建軍的一篇文章探討了《新潮》雜誌的「學術救國」主張，但其意旨主要在《新潮》對學術的提倡以及社會影響等方面。〔註39〕黃敏蘭所著《學術救國——知識分子歷史觀與中國政治》，研究重點在於探討民國時出現的五種歷史觀以及它們對政治、社會的影響。該書第一章導論中簡單探討了知識分子由政治救國到學術救國的思路轉變。〔註40〕此外，近年

〔註35〕許紀霖：《入世與出世：進退維谷的兩難困境》，載氏著《許紀霖自選集》，桂林：廣西師範大學出版社，1999 年，第 69～72 頁。

〔註36〕李來容：《歐化至本土化：清末民國時期學術獨立觀念的萌發與深化》，《學術研究》2011 年第 11 期；李來容：《學術與政治：民國時期學術獨立觀念的歷史考察》，《廣東社會科學》2010 年第 5 期。

〔註37〕李春萍：《學術獨立：現代性與民族性的雙重籲求》，《高等教育研究》2005 年第 5 期。

〔註38〕〔日〕竹元規人：《1930 年代前後中國關於「學術自由」、「學術社會」的思想與制度》，《學術研究》2010 年第 3 期。

〔註39〕盧建軍：《開啟另一種「文本」的閱讀空間——以〈新潮〉雜誌為例》，《江淮論壇》2006 年第 4 期。

〔註40〕黃敏蘭：《學術救國——知識分子歷史觀與中國政治》，鄭州：河南人民出版社，1995 年。

來學術界還重點關注中國近代以來面臨的學術轉型與現代學科建設等問題，因與本書研究內容相距較遠，其研究回顧在此從略。

　　知識分子的自我認同。近代以來，傳統士大夫在向現代知識分子轉變的過程中，迅速地由「四民之首」移到邊緣。余英時系統地論述了這一觀點。他認為知識分子的邊緣化體現在兩個方面。一是在政治上，1920 年代崛起的兩個蘇式政黨——國民黨與共產黨內部，均有許多因社會解體而產生的「邊緣人」。這些「邊緣人」倚靠「黨」的力量佔據政治中心，將本應發揮「治國平天下」作用的「士大夫」（在當時即為近代知識分子）擠到邊緣。二是在文化上，五四前後出現了「雙重文化邊緣化」，即一方面中國文化本身因受西方文化衝擊而退居邊緣，另一方面知識分子也不再認同傳統文化的核心，反而要將之打倒。〔註 41〕羅志田探討了知識分子「邊緣化」過程中的心態變化。科舉制的廢除推動了「四民社會」的解體，不能跳出舊學窠臼的士大夫被時代所拋棄，而講新學者則開始了由士大夫向知識分子的角色轉變。社會身分雖已轉變，但在思想上，知識分子仍承續了士大夫參政議政的熱情。然而由於清末民初社會的劇烈變動，原來處於邊緣的軍人與商人進入政治中心，形成新的權勢。知識分子則空有政治熱情而不見用，淪入政治邊緣。文中提出了「邊緣知識分子」的概念。邊緣知識分子由學生群體發展而來，他們在學問上屬於想趨新卻無力完全趨新的不中不西之人，在社會上則同時不為舊派與精英知識分子所接納，處於無權無勢的尷尬地位。但他們介於精英與大眾之間，在思想上比精英更能貼近大眾，又有強烈的政治參與意識，故能在五四前後借助兩方的力量，成長為新的政治與文化的力量。〔註 42〕楊念群同樣看重五四前後學生群體的重要性。五四運動爆發後知識界關注的中心問題，由國家到文化再到社會，這種更替是知識分子尋找身分認同的結果。新文化運動的核心群體，掌握著雄厚的社會與文化資本，形成了一個相對封閉的關係網絡。沒有這兩方面資本的學生群體（如毛澤東），無法進入新文化核心，將他們源於社會中下層的經驗傳播與大眾。毛的解決方法是通過利用湖南的地

〔註 41〕余英時：《中國知識分子的邊緣化》，《二十一世紀》網絡版 2003 年 6 月號，2003 年 6 月 30 日，http://www.cuhk.edu.hk/ics/21c/supplem/essay/9100057.htm，2014 年 12 月 11 日。

〔註 42〕羅志田：《近代中國社會權勢的轉移：知識分子的邊緣化與邊緣知識分子的興起》，載氏著《權勢轉移：近代中國的思想、社會與學術》，武漢：湖北人民出版社，1999 年，第 191～241 頁。

－15－

域認同，編織地區性的關係網絡，用其政治意識與踐履精神影響這一群體。因與社會中下層的密切程度不同，精英與邊緣知識分子在社會改造的路徑上也產生巨大的分歧。〔註43〕

王汎森從另一個角度重新解釋了余英時所說的「知識分子自我邊緣化」。晚清以降，知識分子之中存在一種「四民皆士」的觀念，即他們對於自身所掌握的經典知識（「規範知識」）的正當性產生懷疑，給予勞動人民掌握的「自然知識」平等地位。到五四時期，知識分子受世界潮流影響，在鼓吹「勞工神聖」的同時，還貶低知識的價值、知識分子的社會地位，並將中國社會弊病的根源歸咎於自身。當然，並不是所有知識分子都有這種近乎「反智」的認識。胡適、傅斯年等文化精英主義者就接受了士大夫的自我定位，認為知識分子應該領導大眾，並通過發展學術拯救國家。〔註44〕許紀霖便從精英知識分子的角度，研究其自我認知。近代西方國民觀念傳入，如何「開民智」成為問題。抱有精英主義的知識分子堅信責任在己，呼籲組成國家與社會的「中堅階級」，完成啟蒙大眾、引領國家前進的任務。同一時期出現的浪漫主義潛流，更將「英雄」與「庸眾」的對立推向極至。知識分子既接受新式教育，又繼承了古代士大夫的德性力量，坐擁「現代知識」與「道德人格」雙重資源，其自身地位的合法性得以保障。〔註45〕鄭師渠也強調知識分子的「邊緣化」並非近代社會的普遍現象。在五四運動及其後的一系列政治運動中，知識分子從未放棄指導民眾的責任，他們「對責任與使命的自我體認，超越了思想解放的範圍，開始與國民革命的實踐相聯繫，並進而浸成了以中國社會精神領袖自居，欲充當『一切政治運動社會運動的指導者』的更高的理想與抱負。」〔註46〕章清把《獨立評論》群體作為研究對象，考察他們如何通過推動學術事業以及參與公共事務樹立現代知識分子的「身分認同」，並以精英知識分子為中堅編織起一個足以影響中國學術

〔註43〕楊念群：《「五四」九十週年祭——一個「問題史」的回溯與反思》，北京：世界圖書出版公司，2009年，第81～99頁。

〔註44〕王汎森：《近代知識分子自我形象的轉變》，載氏著《中國近代思想與學術的系譜》，長春：吉林出版集團，2010年。

〔註45〕許紀霖：《「少數人的責任」：近代中國知識分子的士大夫意識》，《近代史研究》2010年第3期。

〔註46〕鄭師渠：《「五四」以後知識階級的自我體認（1920～1926）——以五卅運動和三一八運動為中心的考察》，《北京師範大學學報》（哲學社會科學版），2016年第6期。

與社會的「權勢網絡」。〔註47〕

　　知識分子的邊緣化與自我邊緣化、精英主義與平民意識、對國家的責任感與道德上的「原罪」感……這些看似矛盾的概念同時體現在近代知識分子身上。以上七位學者的研究勾勒出近代知識分子心態的複雜性，是筆者研究抗戰時期知識分子自我認同的重要依據。不可避免的是，由於篇幅的限制，部分研究存在著立論過宏、論證不足的缺憾，對於某些關鍵人物的矛盾思想沒有展開論述。〔註48〕上述論文還牽涉到知識分子對於「學術」與「政治」的態度問題，這是「知識分子的自我認同」下的一個子問題，研究成果亦極為豐富。

　　知識分子的中西文化觀。自1980年代中國近代文化史研究起步，有關中西文化論爭的研究成果不斷湧現。較為系統的研究為丁偉志所著《中國近代文化思潮》。本書分上卷《中西體用之間：晚清文化思潮述論》和下卷《裂變與新生：民國文化思潮述論》兩冊，分述晚清與民國知識分子的文化觀，基本涉及到這一時期全部重要的文化論爭。〔註49〕研究具體學派與人物的中西文化觀的論著更不計其數，這裡不一一列舉。

二、抗戰時期思想文化史研究

　　對抗日戰爭（1937～1945）這段歷史的研究，在抗戰進行之中，便已成為國內外學術界的熱點問題，迄今仍熱度不減。經典的研究著述，涉及政治、軍事、經濟、社會、思想文化等各個史學領域。然而，抗戰勝利後隨即爆發的國共內戰和美、蘇兩大陣營的冷戰，以及1949年後海峽兩岸的政治隔絕與意識形態對立，導致長期以來有關抗戰的學術研究被政治格局所束縛。直至最近四十餘年，由於學術研究的意識形態色彩的淡化，加之新史料的大量公布，有關抗戰的歷史研究在深度與廣度上都有極大提升。

　　從總的趨勢來看，抗戰時期思想文化史研究的發展與上述相一致。但與政治史、軍事史、經濟史等史學門類相比，思想文化史更側重於意義的闡發與文本的解釋，實證性較弱，因此更容易受到戰後國內外政治局勢與意識形

〔註47〕章清：《「學術社會」的建構與知識分子的「權勢網絡」——〈獨立評論〉群體及其角色與身分》，《歷史研究》2002年第4期。
〔註48〕例如梁啟超和中共早期領導人思想中同時存在的精英主義與平民主義，這些問題尚需參考微觀的人物研究。
〔註49〕丁偉志：《中國近代文化思潮》，北京：社會科學文獻出版社，2011年。

態的控制和扭曲。抗戰時期思想文化史的研究，目前仍處於新舊範式交替之際，缺乏深層次的分析，能貫通橫（政治、社會變動與思想界的互動）與縱（抗戰前後熱點思想文化命題的延續）兩方面的綜合研究成果尚屬罕見。較之晚清至五四一段的成熟，以及 1920 至 1930 年代的興起，抗戰時期思想文化史研究顯得較為沈寂。近年來發表的題目中帶有「1930 年代」、「1940 年代」等詞的論文，多逕直將抗戰八年排除在研究時段之外，而尤以討論知識界的論文為甚。這種對戰時思想文化有意無意的忽視是不合理的。

以下從三個方面對抗戰時期思想文化史研究進行學術史回顧。〔註 50〕

1. 綜合性研究

肖效欽、鍾興錦主編的《抗日戰爭文化史》一書，是筆者所見較早的一部比較全面地論述抗戰時期文化發展的著作。本書將抗戰時期的文化分為抗日民主根據地的文化、國統區的文化和淪陷區的文化，並分章節加以論述。從地域上看，本書以延安、重慶、桂林三個城市為研究重點，同時還囊括了邊疆地區、敵後根據地以及淪陷區大片國土上發生的文化活動，敘述內容包括新聞出版、文化社團、學校教育、文藝作品等文化現象。對於幾大城市的文化建設，本書還從時間上梳理其發展脈絡，分析其中的影響因素。〔註 51〕另一本較全面地探討抗戰文化問題的著作是戴知賢、李良志主編的《抗戰時期的文化教育》一書。與上書不同的是，本書在區域研究的同時，還加入了「『一二・九』運動與抗日文化運動」、「盧溝橋的炮聲，文化界的怒吼」、「高等院校的內遷」等專題研究的章節，對於香港、臺灣、海外華僑的文化活動也進行了突出的描寫。〔註 52〕以上兩本書的缺憾之處都在於，全書重點考察的是抗戰時期產出的文化成果，對於當時的文化論爭和文化思想缺乏研究。

劉大年等人指出，抗日戰爭是中國復興的樞紐。抗戰八年，中國第一次

〔註 50〕詳盡的學術史回顧可參考：馬勇：《50 年來的抗戰時期思想文化研究》，《抗日戰爭研究》1999 年第 3 期；鄧正兵：《近十年來抗戰文化研究述評》，塗文學、鄧正兵主編：《抗戰時期的中國文化》，北京：人民出版社，2006 年，第 649～664 頁；馮啟宏：《戰爭與文化：近十年抗戰時期文化史的研究回顧》，《中央研究院近代史研究所集刊》2006 年總第 53 期；唐正芒、高文學：《國內近十年抗戰文化研究：一個文獻綜述》，《重慶社會科學》2012 年第 9 期。

〔註 51〕肖效欽、鍾興錦主編：《抗日戰爭文化史》，北京：中共黨史出版社，1992 年。

〔註 52〕戴知賢、李良志主編：《抗戰時期的文化教育》，北京：北京出版社，1995 年。

取得了近代以來反侵略戰爭的勝利，也改變了國內政治力量的對比，因此抗
戰決定了民族獨立、國家近代化的中國未來的發展道路。從這一角度，《中國
復興樞紐：抗日戰爭的八年》一書對抗戰時期的中國文化進行了總結性研究。
書中認為這一時期的文化發展的靈魂，就是民族精神。無論文藝創作，還是
學術思想，抗戰時期知識分子思考的立足點都在於如何鼓舞民氣，抵抗侵略
者。書中對戰時文藝理論和中西文化優越性的論爭進行了初步的探討。〔註53〕
丁守和在《關於抗戰時期思想文化的若干問題》一文概括性地討論了文學藝
術、學校教育的發展，史學、哲學和文化研究等人文領域的論爭，蔣介石對
三民主義的解釋以及毛澤東、張聞天的新民主主義文化觀等問題，對筆者也
有一定啟發性。〔註54〕

　　在前人成果的基礎上，馮崇義、王同禮等人從各自的研究角度，對抗戰
文化的若干具體問題進行了深入的探討。在《國魂，在國難中掙扎——抗戰
時期的中國文化》一書中，作者馮崇義認為，與五四新文化運動時期的「世
界化」相對，抗戰時期思想文化呈現出「中國化」的特色。「中國化」雖起到
了攏聚人心、幫助國家克服國難危機的作用，但也為一些本土的病態文化提
供了生存空間，成為中國文化現代化的阻礙。從這一立場出發，作者對戰時
學術、文學、藝術與宗教、教育等方面的發展加以研究。〔註55〕王同禮的博
士論文《論抗日戰爭時期的文化思潮》，在篇首剖析了「文化力」在社會結構
中的作用。在這一理論前提下，作者就抗戰文化的四大特點：多元並存、中
國化傾向、現實主義道路和工農兵大眾文藝分設章節加以研究，並在篇末就
抗戰文化在中國文化史上的地位以及對後世的影響做出說明。〔註56〕兩本著
作各有新意，且都試圖就抗戰文化的特點加以解讀；但其缺點也很明顯，即
都沒有將抗戰文化的創造主體：知識分子群體的思想、心態等進行深入考察，
導致文中許多篇章缺乏歷史應有的複雜與厚度。

　　新世紀以來，出現了一批抗戰時期地方文化專題研究，較有代表性的著
作有：唐正芒：《「筆」血丹心——國統區抗戰文化運動史稿》（北京：中國文

〔註53〕劉大年、白介夫主編：《中國復興樞紐：抗日戰爭的八年》，北京：北京出版
　　　　社，1997年，第464～550頁。
〔註54〕丁守和：《關於抗戰時期思想文化的若干問題》，《東嶽論叢》1996年第1期。
〔註55〕馮崇義：《國魂，在國難中掙扎——抗戰時期的中國文化》，桂林：廣西師範
　　　　大學出版社，1995年。
〔註56〕王同禮：《論抗日戰爭時期的文化思潮》，博士學位論文，南開大學，2000年。

聯出版社，2001 年）；唐正芒等著：《中國西部抗戰文化史》（北京：中共黨史出版社，2004 年）；民革中央孫中山研究學會重慶分會編著：《重慶抗戰文化史》（北京：團結出版社，2005 年）；袁小倫：《粵港抗戰文化史論稿》（廣州：廣東人民出版社，2005 年）；魏華齡：《桂林抗戰文化史》（桂林：灕江出版社，2011 年）等。這些著作在資料的搜集使用、研究深度等方面，都超過了 1990 年代的作品，對一些文化理論問題也進行了初步的探討。如《中國西部抗戰文化史》一書對文藝整風、「與抗戰無關論」、文藝「民族形式」、胡風「主觀論」等論爭都加以說明。

另外，在上述論著中，對於抗戰時期國共兩黨的文化思想與文化政策都有所論述。相關主題的研究成果還有很多，例如張志偉的博士學位論文《抗戰時期國共兩黨文化政策研究》（東北師範大學，2012 年）、周毅的《抗戰時期文藝政策研究》（成都：四川大學出版社，2013 年），對當時國共兩黨在文化政策的指導思想、新聞政策、文藝政策、教育政策、知識分子政策等進行了比較研究。

抗戰對於中國現代化產生了重要影響。一方面，日軍的暴行打斷了中國現代化的進程；另一方面，抗戰期間國內又孕育出新的現代化因素。〔註 57〕關於抗戰與現代化二者關係的研究，目前尚集中在政治、經濟以及國家主權的收復等方面，對於文化的現代化問題並沒有給與足夠的重視。張注洪的《抗日戰爭時期中國文化現代化進程述要》〔註 58〕和虞和平《抗日戰爭時期中國新文化的新發展》〔註 59〕二文，對這一時期中國文化現代化的形式與內容等基本問題做了簡單的梳理，但總體而言，只是在視角上有所創新，研究的理論色彩與史料運用的廣度等都存在不足。

近年來有學者從近代民族復興思潮的視角，考察抗戰時期的文化建設。鄭師渠的《近代的文化危機、文化重建與民族復興》是有代表性的一篇論文。

〔註57〕關於抗戰與現代化的研究概述，可參考《抗日戰爭與中國現代化進程研究》一書（袁成毅、榮維木等著，北京：國家圖書館出版社，2008 年）所收《現代化視野中的抗日戰爭》與《怎樣以現代化的視角解讀抗日戰爭》二文（第 38～60 頁）。

〔註58〕中國抗日戰爭史學會、中國人民抗日戰爭紀念館編：《中華民族的抗爭與復興——第一、二屆海峽兩岸抗日戰爭史學術研討會論文集》，北京：團結出版社，2010 年，第 42～53 頁。

〔註59〕塗文學、鄧正兵主編：《抗戰時期的中國文化》，北京：人民出版社，2006 年，第 11～33 頁。

作者指出，近代以來外部的衝擊導致國人內部心態失衡，中國文化陷入危機。隨著新文化運動後民族主義、歐戰後對現代性的反思以及國人心態在進入民國後的變化等因素的影響，知識界在如何解決這一文化危機的問題上，超越了新文化運動前的「保存國粹」和全面接受西學兩種途徑，進一步提出了「民族文化復興」的目標。目標提出後，兩次重建民族文化的運動隨即出現。第一次是由胡適等人推動的、以「再造文明」為口號的「整理國故」運動。第二次就是抗戰時期，在「抗戰建國」中的「全國文化建設運動」。與前一次不同，抗戰時期的文化建設由國民政府上層推動，並受到社會各界的廣泛支持，稱得上「國家行為、民族意志」。這在近代以來的文化活動中尚屬首次。此次文化重建的成就主要體現在：第一，知識分子為全民抗戰服務，對國人進行文化普及，宣揚民族精神；第二，使國人意識到文化重建對實現民族復興的重要性；第三，產出大批學術成果。同樣不可忽略的是，經過二十多年的文化思想論爭，在抗戰時期，知識界就科學與民主、復興民族文化等文化重建的根本問題達成共識。只是在實現文化重建的道路選擇上，知識界仍存在著重大分歧。〔註 60〕本文對於筆者認識抗戰「文化建國」思想與民族復興思潮的關係有很大啟發。

另外，鄭大華、張可榮、危兆蓋等人，也分別對抗戰時期的民族復興與文化復興思潮進行研究。鄭大華的《文化復興與民族復興——抗戰時期知識界關於「中華民族復興」的討論》和《民族自信力與民族復興——近代知識界關於「中華民族復興」的討論之二》兩篇文章，均以廣義的抗日戰爭（1931～1945）為時間界限，探討知識界在這一時期的文化思想。前文著重說明了知識分子如何意識到文化復興是民族復興的一個必要步驟，以及他們對中國文化優越性的認識；後文則強調當時知識界通過闡揚中國文化來推動民族自信力的提升，同時不忘繼續批判傳統文化中的陰暗面，在兩面認識中推動民族復興的進程。〔註 61〕但從史料使用方面，這兩篇文章均更注重 1931～1937 年知識界的探討，對於 1937～1945 年間的相關言論使用

〔註 60〕鄭師渠：《近代的文化危機、文化重建與民族復興》，《近代史研究》2014 年第 4 期。

〔註 61〕鄭大華：《文化復興與民族復興——抗戰時期知識界關於「中華民族復興」的討論》，《廣東社會科學》2016 年第 1 期；鄭大華：《民族自信力與民族復興——近代知識界關於「中華民族復興」的討論之二》，《學術研究》2016 年第 1 期。

不足。張可榮指出，「全面抗戰時期的民族復興思潮是九一八事變以來民族復興思潮的持續開展與深化」，並重點分析了這一思潮中的文化因素，對其文化民族主義的特色與局限都有說明。〔註62〕危兆蓋在其博士論文中，也對 1930～1940 年代民族復興思潮中的民族文化復興思想進行研究。並指出其對抗戰勝利的重要意義。〔註63〕

2. 知識分子研究

較早從整體上梳理抗戰期間知識分子的研究論著是李侃所著《抗日戰爭與知識分子》一文。作者在文中高度評價了知識分子在抗戰期間所起的偉大作用。儘管在抗戰之前，中國的知識分子就不斷地探索著爭取獨立與富強的救國之路，但他們對於國情的認識還很膚淺，也沒有使他們的探索成為全民族共同參與的活動。但在日本侵略者的壓迫下，國家危機的空前嚴重激發了全民族的救亡自覺，知識分子能夠拋開學術、思想上的爭論，在抗日救亡的旗幟下團結起來，組成大大小小抗戰團體，向政府請願，向民眾宣傳，並在共產黨思想的影響下自覺與工農群眾聯合起來，為抗戰貢獻更大的力量。作者還評論了李澤厚「救亡壓倒啟蒙」的觀點，認為抗戰時期知識分子的活動表明，救亡與啟蒙不是對立的，而是互相促進的。抗戰救亡運動促進了民族覺醒，喚起群眾投身抗日救亡的實踐和民族民主的覺悟，這就是抗戰時期最根本的啟蒙。〔註64〕筆者同意啟蒙運動的成果促進了抗日救亡的進行，但戰時的啟蒙是否亦有其不足呢？

對於抗戰時期知識分子與啟蒙、救亡兩大主題的關係，還有兩本著作值得注意。一是初版於 1986 年、美國學者舒衡哲的《中國啟蒙運動——知識分子與「五四」遺產》。本書研究的時間範圍從五四新文化運動直到改革開放以後，研究對象主要是這一時期富有五四啟蒙精神的精英知識分子。作者認為，抗戰爆發後，身懷啟蒙熱情的知識分子不得不將啟蒙任務加以調整，以適應民族救亡的需要。在戰時強大的文化民族主義力量面前，堅持批判傳統的啟蒙者成為異類，不得不做出妥協。然而當「五四」的敵人向啟蒙

〔註62〕張可榮：《試論全面抗戰時期的民族復興思潮》，《長沙理工大學學報》（社會科學版），2008 年第 4 期。

〔註63〕危兆蓋：《20 世紀三四十年代民族復興思潮研究》，博士學位論文，北京師範大學，2012 年。

〔註64〕李侃：《抗日戰爭與知識分子》，《抗日戰爭研究》1993 年第 1 期。

運動發起越來越強烈的進攻時，部分「五四」老將發出了反擊的聲音。從整個 20 世紀中國歷史來看，「救亡與啟蒙之間長期存在著一種緊張關係。這種緊張關係迫使反封建的新文化倡導者，為了證明自己的愛國熱情，往往以背棄『五四』理想為代價。」〔註 65〕在啟蒙與救亡的關係上，作者與李澤厚的論點基本相同，但在分析上更加全面、深入。另外，本書對戰爭發展如何影響知識分子啟蒙心態、戰時如何紀念五四精神等問題的研究，也給予筆者不少啟發。對於抗戰時期發生的一些文化論爭，如國民性問題、「中國化」問題等，本書都有一定涉及。但其關注點，仍在上層知識分子，對數量上占大多數的中下層知識分子缺乏研究，在研究時段上也較少涉及抗戰中後期的歷史。

　　另一本著作是初版於 2006 年、澳大利亞學者馮兆基（Edmund Fung）的《尋求中國民主》一書。本書作者修正了李澤厚與舒衡哲的觀點。啟蒙不僅具有文化層面的意義，還有政治層面的意義。知識分子在民族救亡運動中尋求政治改革，正體現了啟蒙與救亡的結合。從本書的研究時段來看，從 1927 年南京國民政府成立，直到 1949 年，知識分子對自由、民主的思考以及對革新政治的呼籲，一直未曾中斷。抗戰時期，戰爭的進行更加促使知識分子對於戰時實行民主憲政的可能性、戰時政府權力等問題進行更深入的思考。作者最後得出的結論是：「民族救亡不僅僅需要對外的軍事抵抗，還需要對內進行必要的政治和法制變革。對於主導公民抗爭的精英而言，啟蒙並非關於中國傳統文化的破壞；毋寧說，它強調的是對於政治體制進行民主化的重組。因此，他們相信救亡和啟蒙與其說是相對立的，不如說是相一致的：啟蒙是救亡的必要條件，兩者並非互相抑制而是互為支撐。」〔註 66〕這一結論與上文李侃的觀點類同。然而本書沒有解決的問題是，抗戰時期民主政治思想的文化思想支撐是什麼？抗戰時期知識分子對於中西文化的討論，其中不少內容與自由、民主等政治主張直接相關。

　　抗戰時期，大量知識分子投身報業，用文字做抗戰建國的工作。關於戰時報刊及作者群體思想的研究，目前已有不少。最有代表性的成果是謝慧對

〔註 65〕〔美〕舒衡哲：《中國啟蒙運動：知識分子與五四遺產》，劉京建譯，北京：新星出版社，2007 年，第 341 頁。
〔註 66〕〔澳〕馮兆基：《尋求中國民主》，劉悦斌、徐碟譯，南京：江蘇人民出版社，第 324 頁。

《今日評論》的研究。作者以《今日評論》文章為主要文本，參考戰時其他報刊與相關知識分子的材料，重點研究了《今日評論》作者群的憲政思想、經濟建設思想與外交觀察。〔註67〕但本書最大缺失在於對該刊物所體現的知識分子的文化思想沒有加以研究。

關於某些特定知識分子群體及其思想的研究也有很多，如魏萬磊對「再生派」的思想研究，雖將時間重點放在1932～1937年間，較少分析抗戰爆發後該派學人的主張變化，但由於他們所討論的文化問題在戰時仍是知識界討論的焦點，故對本選題也有助益。本書通過分析「再生派」學人的種種民族復興話語背後的現代性追求，探討他們在民族與個人、自由與保守等概念中的彷徨。在文化思想方面，「再生派」學人提出的「文化立國」方案及其背後的「理性的文化民族主義」文化觀，這些思想在戰時都得到了更大範圍的討論與發展。「再生派」學人大多有留洋經歷，對西學有廣泛的涉獵，對世界局勢也有持續的關注。他們的思想，對內直指當前的國家建設問題，對外則反映了世界潮流（包括政治、經濟、文化等諸方面思想）的變動。作者在研究中對於這些問題都有很好的展現。〔註68〕

研究成果最多的知識分子群體是「戰國策」派和文化保守主義群體。近些年來，學界對「戰國策」派的研究，已基本擺脫了意識形態的批判，進入全面研究的正軌，研究方面涉及「戰國策」派的民族主義思想、民族復興思想、政治思想、美學思想、文學思想、文化思想、史學思想，以及代表性人物如陳銓、林同濟、雷海宗的個案研究等方方面面。綜合性的研究成果，可舉江沛的《戰國策派思潮研究》一書為例。〔註69〕另有幾篇文章能從比較研究的角度，將「戰國策」派學人與其他派別知識分子的思想加以對比，從相異相同之處尋找戰時中國思想界的特色。例如，黃嶺峻的文章將「戰國策」派與馮友蘭、賀麟、錢穆等人的民族主義思想進行比較，指出其中有助於抗戰的一面，但也應意識到「非理性」的民族主義帶來的危害；丁曉萍則對比了陳銓和李長之對「五四」的反思，指出二人的共同之處在於均不滿五四啟蒙所「破」者多於所「立」者，但在如何於戰時重建中國文化問題上，兩人的思路卻有

〔註67〕謝慧：《知識分子的救亡努力：〈今日評論〉與抗戰時期中國政策的抉擇》，北京：社會科學文獻出版社，2010年。

〔註68〕魏萬磊：《20世紀30年代「再生派」學人的民族復興話語》，北京：中國社會科學出版社，2011年。

〔註69〕江沛：《戰國策派思潮研究》，天津：天津人民出版社，2001年。

所不同。〔註 70〕對於文化保守主義知識分子，如馮友蘭、張君勱、熊十力、馬一浮、賀麟、錢穆等人的研究成果，近年來層出不窮，筆者在此限於篇幅，不再一一列舉。

　　戰時大學教育是近年來抗戰史研究的熱點。大學中的知識分子在極其惡劣的客觀條件下，在學術研究與教書育人兩方面都取得了巨大成就，並在戰時積極為國建言，實現了他們的社會責任。西南聯合大學，作為戰時大學的翹楚，一直以來備受教育史、文化史研究者關注。美國學者易社強（John Israel）的《戰爭與革命中的西南聯大》一書（英文版初版於 1999 年），以聯大師生為中心，對西南聯大進行了全景式的素描。本書的問題意識在於，通過研究聯大校史，展現抗戰時期知識分子的精神世界。書中有許多片段，描述了知識分子對於戰時教育、中西文化、國內政治等各方面問題的思考以及思想變化的軌跡。書中對於聯大知識分子在抗戰前期（1938～1941）與後期（1941～1945）的心態與認同感隨著戰局、政局的發展而演變的過程做了細緻的梳理，尤其關注了皖南事變、《中國之命運》出版及豫湘桂戰役等幾個重要節點。〔註 71〕聞黎明的著作《抗日戰爭與中國知識分子——西南聯合大學的抗戰軌跡》，分專題考察了聯大知識分子在戰爭中的活動與貢獻。〔註 72〕筆者重點關注的是第四章「反對妥協」、第五章「文人抗戰」與第六章「學術參戰」的內容。許紀霖對於戰時大學教授的思想變動也做了一系列個案研究。〔註 73〕謝泳提出「西南聯大知識分子群」的概念，對他們的生存狀況、精神世界以及歷史際遇等問題進行研究，發表了一批個案與群體研究成果。〔註 74〕另外，對於戰時其他大學，如中央大學、西北聯合大學等，學界也開始關注，並已產出一定量的成果。

〔註 70〕黃嶺峻：《試論抗戰時期兩種非理性的民族主義思潮——保守主義與「戰國策派」》，《抗日戰爭研究》1995 年第 2 期；丁曉萍：《抗戰語境下的文化重建構想——陳銓與李長之對「五四」的反思之比較》，《中國現代文學研究叢刊》2012 年第 3 期。

〔註 71〕〔美〕易社強．《戰爭與革命中的西南聯大》，饒佳榮譯，臺北：傳記文學出版社，2010 年。

〔註 72〕聞黎明：《抗日戰爭與中國知識分子——西南聯合大學的抗戰軌跡》，北京：社會科學文獻出版社，2009 年。

〔註 73〕許紀霖：《中國知識分子十論》，上海：復旦大學出版社，2003 年。許紀霖：《中國知識分子十論》（修訂版），上海：復旦大學出版社，2015 年。

〔註 74〕謝泳：《西南聯大與中國現代知識分子》，福州：福建教育出版社，2009 年。

3. 知識分子的文化思想

以上關於抗戰時期知識分子的論著，或多或少都涉及到戰時的文化思想。下文僅就選題提綱所列問題進行學術史梳理。

關於戰時知識界的文化論爭，近年來有一批成果出現。戰前的「全盤西化」與「本位文化」的論戰，在抗戰爆發後漸漸終止。趙立彬、劉集林等人就陳序經等持「全盤西化」觀點的知識分子在抗戰期間的思想以及圍繞「全盤西化」而引發的小範圍論戰進行研究，並分析抗戰前後其思想的變化之處。〔註 75〕李新宇在《硝煙中的迷失——抗戰時期的知識分子話語》一文中，討論了抗戰時期文學界對民族形式與大眾化等問題的論爭。作者認為，抗戰時期在國家權力話語與民間話語的強勢影響下，知識分子的思想被裹挾而去，屈服於「一切為抗戰服務」的文藝口號。他們在文藝創作中加入了太多民族主義與通俗化的內容，而忽略了文藝本身所必需的批判性與審美要求。因此，偉大的抗日戰爭，並沒有孕育出偉大的抗戰文學；甚而言之，抗戰文學拉低了整個中國現代文學的水平。知識分子為何如此輕易而不加批判地接受了抗戰文藝的綱領？本文作者認為，歸根結底在於「中國知識分子因為未能充分現代化而留存的人格弱點——一旦置身於潮流之中就失掉自我。」本文還提示筆者注意到，抗戰期間，堅持傳統文化的國家權威話語與民間話語拋開階級對立，聯合起來，共同打壓代表外來—西方文化的知識分子話語的現象。〔註 76〕

另外，關於思想界在 1943 年圍繞《中國之命運》一書展開的論戰，過往研究多從中共立場出發，對本書進行政治批判。近年的新成果對這一事件加以重評。在《蔣介石關於「中國之命運」的命題與國共的兩個口號》一文中，作者鄧野認為蔣介石試圖將廢除不平等條約這一外交成果加以政治化。《中國之命運》一書，將廢約歸功於國民黨，提出了「沒有國民黨就沒有中國」的口號，意圖與中共爭奪人民支持。中共對本書的反擊，也主要針對這一口號背後國民黨推行政治專制、否定共產黨存在的潛臺詞，並相應地提出了自己的

〔註 75〕趙立彬：《抗戰時期的文化論戰》，《學術研究》2002 年第 9 期；劉集林：《陳序經文化思想研究》，天津：天津人民出版社，2003 年；趙立彬：《民族立場與現代追求：20 世紀 20～40 年代的全盤西化思潮》，北京：生活·讀書·新知三聯書店，2005 年。

〔註 76〕李新宇：《硝煙中的迷失——抗戰時期的知識分子話語》，《中國現代文學研究叢刊》1999 年第 2 期。

口號：「沒有共產黨就沒有中國」。〔註77〕李楊在《蔣介石與〈中國之命運〉》一文中稱，1943年3月《中國之命運》一書的出版動機，並不是中共所宣稱的「反共輿論宣傳」，而是為了在與歐美列強廢除一切不平等條約後，繼續鼓動國人的民族主義情緒。中共開始全面批判《中國之命運》，是在 1943 年 7 月以後，其原因在於：一，1943 年 5 月共產國際解散後，國民黨發起政治攻勢，要求中共隨之一起解散；二，7 月起，蘇聯為安排戰後格局，開始批評國民政府；三，與其時開展的延安整風運動相配合。〔註78〕過去關於《中國之命運》引發的思想界論爭的研究，主要集中在國共兩黨的論戰；對兩黨之外知識分子態度的研究，也過於程式化，並在史料發掘上沒下工夫（例如，幾乎所有相關研究中都引用了費正清（John Fairbank）所記錄的金岳霖等聯大知識分子態度的史料〔註79〕）。隨著政治史學者對於《中國之命運》研究的新突破，新的思想文化史研究成果也開始湧現。例如郭金海所著《蔣介石〈中國之命運〉與中央研究院的回應》一文，就對中央研究院知識分子討論《中國之命運》書中提出的實業計劃為中心問題進行研究。〔註80〕

　　關於戰時的學術建國思想，學界的研究由過往集中於賀麟一人，擴展至陳之邁、張申府、胡秋原等人。研究者往往認為賀麟等人提出的「學術建國」，是對國民政府戰時文化政策的直接回應。這一口號中的「學術」不是現代意義上的純學術，而具有廣泛的文化意義。「學術建國」體現了戰時知識界文化民族主義的思想傾向，其根本要求是民族文化的復興與抗戰建國的實現。〔註81〕論者對於「學術建國」精神影響下的學術發展也多有注意，對戰時重慶的國學運動以及民族新文化與思想啟蒙等問題做了初步梳理。

〔註77〕鄧野：《蔣介石關於「中國之命運」的命題與國共的兩個口號》，《歷史研究》2008 年第 4 期。

〔註78〕李楊：《蔣介石與〈中國之命運〉》，《開放時代》2008 年第 6 期。

〔註79〕參見〔美〕費正清：《費正清對華回憶錄》，陸惠勤等譯，北京：知識出版社，1991 年，第 296～297 頁。

〔註80〕郭金海：《蔣介石〈中國之命運〉與中央研究院的回應》，《自然科學史研究》2012 年第 2 期。

〔註81〕相關研究成果參見：王志捷：《賀麟文化觀研究》，博士學位論文，中央民族大學，2005 年；王鵬：《賀麟學術救國思想研究》，碩士學位論文，湖北大學，2011 年；馬克鋒、張樹軍：《抗戰時期「學術建國」思想探析》，《甘肅理論學刊》2012 年第 1 期；吳仰湘：《賀麟對中西哲學的融貫創新及其學術建國論》，《湖南師範大學社會科學學報》2000 年第 4 期。

〔註 82〕王永義將「學術建國」作為西南聯大的核心價值觀之一進行解讀，稱學術建國包含兩層意義，即「西南聯大師生表現出的以高深學問為業，為學術而學術的學者人格」，以及「通過學術來延續中華文脈，發展國防科學，進而推進抗戰勝利、民族復興」。〔註 83〕楊立德對於抗戰時期西南聯大所體現的學術文化精神做了專題研究。他認為聯大之所以能取得輝煌的學術成果，是由於擁有以下學術文化：將大學作為國家文化中心；學術研究在大學中居於核心；追求學術自由；將學術與建國相聯繫；勇於建構自己的學術體系；教授治校；教育上知識與德育並重。〔註 84〕總之，對於學術建國思想，目前的研究都停留在「就事論事」的「述」的階段，缺乏對這一思想的時代背景與精神的深入解讀；使用的史料也較為單一，沒有超出目前出版的數本思想史史料集的範圍。

知識分子的政治態度隨著抗戰進行發生改變。抗戰之初他們大多支持國民政府、支持抗戰建國；而到了戰爭中後期，與政府的關係逐漸激化，最終組成與共產黨聯合、反對國民黨的政治力量。近年來，以西南聯大教授群體為中心，研究他們與國、共兩黨親疏關係的成果有許多，如聞黎明：《論抗日戰爭時期教授群體轉變的幾個因素——以國立西南聯合大學為例的個案研究》（《近代史研究》1994 年第 5 期）、王晴佳：《學潮與政治：抗戰前後政治與學術互動的一個考察》（《歷史研究》2005 年第 4 期）、王奇生：《戰時大學校園中的國民黨：以西南聯大為中心》（《歷史研究》2006 年第 4 期）等。較為突出的個案研究，如王汎森對傅斯年在抗戰時期的參政行為與其內心五四情懷間的衝突的研究〔註 85〕，以及許紀霖對朱自清、聞一多的戰時心態研究〔註 86〕等。另外，2013 年出版的楊奎松《忍不住的「關懷」：1949 年前後的

〔註 82〕張承鳳：《論國民政府抗戰時期的學術建國與國學運動的興盛》，《重慶師範大學學報》（哲學社會科學版），2010 年第 5 期；侯且岸：《從抗日戰爭時期的學術個案看全民族的思想啟蒙》，《教學與研究》2005 年第 8 期。

〔註 83〕王永義：《精神自由與學術建國：西南聯大的核心價值觀簡論》，《學海》2014 年第 6 期。

〔註 84〕楊立德：《西南聯大的學術文化芻議》，李建平、張中良主編：《抗戰文化研究》（第三輯），桂林：廣西師範大學出版社，2010 年。

〔註 85〕王汎森：《傅斯年：中國近代歷史與政治中的個體生命》，王曉冰譯，北京：生活・讀書・新知三聯書店，2012 年。

〔註 86〕許紀霖：《從象牙塔到十字街頭》、《激情的歸途》，《中國知識分子十論》，上海：復旦大學出版社，2003 年，第 155～186、205～239 頁。

書生與政治》一書，研究對象雖是 1949 年建國前後張東蓀、王芸生、潘光旦三位知識分子的政治關懷，但細讀其內容，不難發現，這三位知識分子對政治的「忍不住的『關懷』」，在抗戰期中便已有突出的展現。將本書以及美國學者胡素珊（Suzanne Pepper）《中國的內戰：1945～1949 年的政治鬥爭》（啟蒙編譯所譯，北京：當代中國出版社，2014 年）一書中對知識分子時局認識的研究加以研讀，或能對研究抗戰期間知識分子的心態有所助益。

第三節　研究方案

在強敵啟釁、國家生死存乎一線的危難之際，中國知識分子對國家民族的前途、對自身在這場神聖戰爭中應負的責任等問題都有深入思索。本選題的問題意識在於，戰爭所帶來的危機感，如何影響知識分子的心態、他們思考問題的角度及其報效國家的方式。尤其值得關注的是，近代以來的文化危機局面，在此「國難」之際如何引發知識分子新的思考；而危機中蘊含的文化復興的力量，又如何能在抗戰中興起、壯大，成為中華民族復興的巨大精神支撐。以上問題，不僅對於今人對抗日戰爭及其偉大意義的理解，甚而對中國文化在近代的危機與重建、乃至從人類文明史上看戰爭與知識分子的關係等更為宏大的問題的理解，都有所助益。

總的來說，本書試圖將知識分子的思考置於「抗戰建國」這一時代大背景之下，考察在戰爭所導致的政治、經濟、社會、思想等方方面面變動的影響下，知識分子如何思考「文化建國」的問題。具體分為三個大問題：一，如何實現文化建國，即對學術與教育的思考；二，如何認識文化建國的主導力量，即知識分子對自身角色的定位；三，如何選擇文化發展的道路，即中西文化關係問題。

現有關於抗戰時期思想文化史研究的成果，多集中於對若干知名歷史人物思想的解讀。然而欲全面認識抗戰思想界，必須要大力擴展研究對象。因此，在史料選取上，筆者力圖對戰時報刊及其他出版物中與研究主題相關的文章進行全面的搜集與梳理，在文章中呈現知識界的全貌。

歷史是一個連續的過程。不同歷史時段之間有其內在或外在的聯繫，人為地「畫地為牢」只能增加理解的滯礙。思想文化史上的問題，往往與人類的終極關懷相關，問題思考的時間往往超越政治史上的事件，因此刻板地套

用政治史的時段劃分，對於思想文化史研究不啻為自縛手腳。本選題所討論的若干問題，並不是在抗戰時期才產生的；若追溯其源流，往往要跨越百年。筆者雖無力做如此「宏大」之研究，但也儘量在研究時放寬視界，對於整個近代思想文化史、尤其是戰前與戰後十年知識界對文化問題的思考，有一個較為全面的掌握。

思想家提出和思考的問題，並不完全是抽象邏輯推演的產物，而是與時代互動的結果。對於中國近代知識分子而言，關注現實社會，更是傳統士大夫的精神遺產。思想文化既然受時代的影響，那麼從時代背景如何影響知識分子對文化問題的思考這一問題角度出發，便引出許多值得研究的問題。戰前知識分子的文化思想本就複雜多變，戰爭中又隨著政治、軍事等事件而發生變化。若不從內部理路與外部影響兩個視角加以考察，將很難深入理解知識分子在戰時的文化思想與個人心態。

何炳棣在晚年反思治史道路時，曾就「唯有思想史才能畫龍點睛」這一當代盛行的命題加以評論。他認為，「不畫龍身」，即不對歷史的其他分支有廣泛的研究與涉獵，又怎能畫好龍睛呢？「當代大多數思想史家所關心的，往往僅是對古人哲學觀念的現代詮釋，甚或『出脫』及『美化』，置兩千年政治制度、經濟、社會、深層意識的『阻力』於不顧。」〔註87〕何炳棣提出的問題，實際上是一個「如何評價思想」的問題。就抗戰時期的思想文化史而言，戰火中的思考，難免帶有非理性的色彩。抗戰作為一場事關民族存亡的戰爭，身處其中的知識分子在思考問題時必然會受到民族主義思想的影響，發出一些雖趨合時局、但並不完全理性的聲音。對於這些「非理性」的思考，史家常言「同情之理解」，用歷史的眼光看待其局限性。但是若只停留於此，不用當代的常識與理性對這些歷史的謬誤加以批判，後人又如何「以史為鑒」呢？

〔註87〕何炳棣：《讀史閱世六十年》，北京：中華書局，2012 年，第 466 頁。

第一章　抗戰建國與文化建國

　　「七七事變」爆發後，以國共合作為核心的抗日民族統一戰線在短時期內迅速確立。1938 年春，國民黨在臨時全國代表大會上公布了《抗戰建國綱領》，這是繼 1937 年 8 月中共提出的《抗日救國十大綱領》後，又一份指導全民族抗戰的綱領性文件。「抗戰建國」戰略因其內容的合理性，經國民黨的宣傳，成為抗戰期間一種強勢的政治話語，得到了包括共產黨和知識分子在內的廣大社會群體的認可。國民黨打著「一面抗戰，一面建國」的旗號，在戰時進行政治、經濟、軍事等各方面基礎建設；同時也不忘發展文化事業，發起一場以「重建民族文化」為宗旨的運動。後一點契合了知識分子自近代以來對於文化問題的深度思考。他們在抗戰期中，發出了「文化建國」的呼籲，在配合了國民政府政策的同時，也就文化建國中的重大問題開展了一系列深入探討。

第一節　「抗戰建國」戰略的提出

一、《抗戰建國綱領》與國民黨的宣傳

　　1938 年 3 月 29 日至 4 月 1 日，即全面抗戰爆發近九個月後，國民黨在重慶和武漢兩地召開臨時全國代表大會。〔註 1〕這次會議，是國民黨在「七七

〔註 1〕3 月 29 日上午，開幕式在重慶國民政府大禮堂舉行；是日晚，大會遷至武漢召開，直至 4 月 1 日閉會。《臨時全國代表大會之召集及會議經過》，載李雲漢主編，林泉編輯：《中國國民黨臨時全國代表大會史料專輯》（上），臺北：中國國民黨中央委員會黨史委員會，1991 年，第 2～4 頁。

事變」後召開的第一次全國代表大會，其目的就是在國民政府遷都重慶、抗戰轉入持久化之際，制定長期抗戰的基本國策，統一全黨乃至全國的思想認識。〔註2〕在此之前，由於國民黨對全面抗戰爆發的思想準備不足，短期內未能完成從相對和平時期到戰時的思想認識的統一，致使黨內決策混亂、人心浮動。以戰時政黨關係為例，當時國民黨內既有主張聯合中共等各黨派共同抗日的正確意見，也有以復興社賀衷寒、康澤等人為代表的對一黨獨裁的鼓吹〔註3〕，甚至還有部分國民黨人因抗戰初期的一系列失敗導致自信心喪失，私下議論「請毛澤東做行政院長，朱德做軍政部長」的否定國民黨領導的政府改組方案〔註4〕。與此同時，在1937年9月國民黨公布中共提交的《國共合作宣言》、抗日民族統一戰線正式形成之後，中共一直在宣傳上主張將《抗日救國十大綱領》作為國共合作、指導抗戰的綱領性文件。如在9月25日關於統一戰線形成後宣傳工作的指示文件中，中共決定對外宣傳時應注意說明「今後問題是澈底實現三民主義及與三民主義相符合的中共提出的十大綱領」。〔註5〕在同年11月1日中共向國民黨建議召集臨時國民大會的信函中，向國民黨提出「希望採取本黨提出的抗日救國十大綱領」作為「具體的國防綱領」。〔註6〕這樣的意見，是當時作為國內第一大黨、以抗戰領導者自居的國民黨所無法接受的。因此，國民黨亟需創立一套與共產黨救國主張有別的政治方案，以凸顯其領導地位，並與中共爭奪抗戰政治話語的主導權。因此，

〔註2〕 關於本次會議的最新研究成果，可參考李新總編，中國社會科學院近代史研究所中華民國史研究室編，吳景平、曹振威著：《中華民國史》（第九卷，1937～1941，上），北京：中華書局，2011年，第109～118頁；汪朝光：《抗戰與建國——國民黨臨時全國代表大會研究》，《抗日戰爭研究》2015年第3期。

〔註3〕 參見鄧元忠：《國民黨核心組織真相：力行社、復興社，暨所謂「藍衣社」的演變與成長》，臺北：聯經出版事業公司，2000年，第491～523頁；郭德宏編：《王明年譜》，北京：社會科學文獻出版社，2014年，第376～379頁。復興社在本次會議召開後不久，便被改組為三民主義青年團，因後者更能與抗戰形勢相配合。

〔註4〕 陳方正編：《陳克文日記》（1937～1952）（上冊），北京：社會科學文獻出版社，2014年，第147頁。

〔註5〕 《關於國共兩黨抗日民族統一戰線建成後宣傳內容的指示》，載中央檔案館編：《中共中央文件選集》（第十一冊），北京：中共中央黨校出版社，1991年，第348～349頁。

〔註6〕 《中國共產黨中央委員會對於召集臨時國民大會的提議》，載中央檔案館編：《中共中央文件選集》（第十一冊），北京：中共中央黨校出版社，1991年，第382頁。

此次國民黨臨時全國代表大會的召開有著團結與鬥爭的雙重任務，即一方面建立統一共識的抗戰國策，另一方面則要與共產黨爭奪領導抗戰的話語權。而直接體現這兩項意圖的成果，就是會議通過的《抗戰建國綱領》。

　　《抗戰建國綱領》強調將三民主義作為抗戰與建國的最高準繩，突出了國民黨與蔣介石在抗戰中的領導地位，並在外交、軍事、政治、經濟、民眾運動以及教育六大方面，提出共三十條綱領性方案。〔註7〕在這一提案的討論過程中，儘管有國民黨代表認為綱領內容空洞、不夠充實，但更多人意識到在戰時以簡單明瞭的語句向民眾宣傳抗戰精神與國策的重要性，並在修訂本綱領過程中將開篇部分大幅刪削，以配合宣傳的需要。〔註8〕本綱領中，第一次將「抗戰」與「建國」兩個任務合而為一，提出了「抗戰建國」這一新概念；這一口號，也成為本次國民黨臨時全國代表大會、乃至整個抗戰時期國民黨領導抗日與內外宣傳的思想旗幟。〔註9〕

　　在本次會議通過的宣言中，對於抗戰時期國家的任務，有如下說明：「此抗戰之目的，在於抵禦日本帝國主義之侵略，以救國家民族於垂亡；同時於抗戰之中，加緊工作，以完成建國之任務。」「抗戰」之目標，在於「為國家民族爭取生存與獨立」；「建國」之目標，在於「繼續不斷完成政治上、經濟上之建設，俾中國獲得自由平等於世界」。〔註10〕對於「抗戰」與「建國」兩大任務之間的關係，宣言也加以辨明：「吾人此次抗戰，固在救亡，尤在使建國

〔註7〕《抗戰建國綱領決議案》，載榮孟源主編：《中國國民黨歷次代表大會及中央全會資料》（下冊），北京：光明日報出版社，1985年，第484～488頁。

〔註8〕李雲漢主編，林泉編輯：《中國國民黨臨時全國代表大會史料專輯》（上），臺北：中國國民黨中央委員會黨史委員會，1991年，第346～358頁。

〔註9〕過往有關《抗戰建國綱領》的研究，多聚焦在其文本與意義的解讀上，或將該文件與中共提出的《抗日救國十大綱領》的內容進行比照，並指出其政治上進步與保守的二重性；或糾結於討論該文件是否為抗戰期間國共兩黨第二次合作的共同綱領。（參見杜世偉：《試析國民黨的〈抗戰建國綱領〉》，《史學月刊》1988年第5期；張勁：《國民黨〈抗戰建國綱領〉述評》，《信陽師範學院學報》（哲學社會科學版），1993年第2期；何雲庵、時廣東：《國民黨〈抗戰建國綱領〉評析》，《西南民族學院學報》（哲學社會科學版），1995年第5期；沈海波：《論第二次國共合作的共同綱領問題》，《抗日戰爭研究》1997年第2期；張勁：《再論國民黨〈抗戰建國綱領〉》，《同濟大學學報》（社會科學版），2015年第3期。）本節的研究，試圖對「建國」思想進行深入梳理，從一個新的角度解讀「抗戰建國」的意義。

〔註10〕《臨時全國代表大會宣言》，載榮孟源主編：《中國國民黨歷次代表大會及中央全會資料》（下冊），北京：光明日報出版社，1985年，第461～462頁。

大業不致中斷，且建國大業，必非俟抗戰勝利之後重行開始，乃在抗戰之中，為不斷的進行。吾人必須於抗戰之中，集合全國之人力物力，以同赴一的，深植建國之基礎。然後抗戰勝利之日，即建國大業告成之日，亦即中國自由平等之日也。世人於此有所未察，以為建國大業有俟於抗戰勝利之後，此不惟浪費中國之時間與精力，且不明抗戰與建國之關係。蓋非抗戰，則民族之生存獨立且不可保，自無以遂建國大業之進行；而非建國，則自力不能充實，將何以捍禦外侮，以求得最後之勝利。」〔註11〕嗣後，國民黨國防最高委員會又對「抗戰建國」做了更簡明的解釋：「為排除建國的障礙而抗戰；為增加抗戰的力量而建國。」〔註12〕宣言對「抗戰」與「建國」各自任務與相互關係做了簡潔有力的說明，對於「抗戰建國」戰略在國民黨內外的宣揚具有積極意義。「抗戰必勝，建國必成」、「一面抗戰，一面建國」的信念，由此次國民黨臨時全國代表大會開始，經過各種途徑（包括國民黨、共產黨以及中間知識分子所掌控的報刊、廣播等傳媒工具）的廣泛宣傳，傳達給了社會各個階層，尤其激起了各黨派與社會精英的熱烈擁護，直接造成了抗戰初期普遍擁護國民政府的團結景象。與此同時，在全面抗戰持續了三個季度、中國軍隊遭受多次失敗後，終於在本年春取得了臺兒莊戰役的勝利。這場戰役有力地鼓動起國內、國際輿論對國民政府的信心，為剛剛頒布的《抗戰建國綱領》做了一次戰場上的生動宣傳。〔註13〕體現《抗戰建國綱領》受歡迎度的一個最明顯的例子，是在1938年7月召開的國民參政會第一屆第一次大會上，三份由不同參議員群體提出的擁護《抗戰建國綱領》的提案同時提交大會，經合併為一項決議案後付之表決，並全票通過。當時報刊描述這一決議案表決時的會場情況，稱「全體一致，起立通過，掌聲雷動，歷數分鐘不止，此為國民參政會最有意義最有重要性之表示」，所體現的「愛國情緒為近年集會中所罕見」。〔註14〕

〔註11〕《臨時全國代表大會宣言》，載榮孟源主編：《中國國民黨歷次代表大會及中央全會資料》（下冊），北京：光明日報出版社，1985年，第466頁。

〔註12〕《抗戰建國綱領實施表解》，載李雲漢主編，林泉編輯：《中國國民黨臨時全國代表大會史料專輯》（上），臺北：中國國民黨中央委員會黨史委員會，1991年，第609～610頁。

〔註13〕〔英〕方德萬：《中國的民族主義和戰爭》（1925～1945），胡允桓譯，北京：生活・讀書・新知三聯書店，2007年，第311～314頁。

〔註14〕《擁護〈抗戰建國綱領〉決議案》，載孟廣涵主編：《國民參政會紀實》（上卷），重慶：重慶出版社，1985年，第192頁。三份提案，分別由鄭震宇等二十八

　　當時社會輿論，已逐漸認識到抗戰必將走向長期性，報刊上已有要求政府在抗戰過程中注意「一面抗戰一面建國」的聲音。〔註15〕因此，國民黨甫一提出「抗戰建國」的口號，便受到了社會各界的廣泛認同。尤其值得注意的是，抗戰初期接連不斷的失城陷地，並沒有觸發大多數社會精英亡國滅種的恐慌感。這種較為平和、樂觀的心態，使得他們在戰時，不止於關注當前的軍事、政治、經濟等與抗戰最直接相關的問題，而是將部分精力分配在與抗戰關係稍顯迂遠、但會深遠地影響到抗戰未來走勢乃至戰後國家命運的建國問題的思考。他們大多接受了這一觀點，即與建設現代化國家的宏大目標相比，抗擊日本侵略，畢竟只是為達成建國目的而需要跨過的許多障礙之一而已。因此，「抗戰」與「建國」並行不悖，正符合當時中國社會精英的這一心態。「抗戰建國」這一口號，在戰時基本得到了他們的認同。〔註16〕

人、陳紹禹等六十七人、王家楨等二十一人提出。具體內容見李雲漢主編，林泉編輯：《中國國民黨臨時全國代表大會史料專輯》（上），臺北：中國國民黨中央委員會黨史委員會，1991年，第545～548頁。又，國民參政會囊括了各黨派、文化團體及經濟團體、蒙、藏、僑等各界精英，是戰時具有較高獨立性的重要議政機構。

〔註15〕陳布雷：《陳布雷回憶錄》，臺北：傳記文學出版社，1967年，第129頁。

〔註16〕當時也存在少量反對的聲音。翁文灝在其日記中記載，1942年11月25日，黃紹竑在國民黨五屆十中全會上發言，稱「抗戰時不宜並建國，中央應省開支，新機關太多，民政、建設二廳無事可做」，道出了抗戰後期財政緊張情況下勉力進行建設事業的苦處，以及濫設行政機構導致的政府效能低下。黃紹竑的意見遭蔣介石嚴加斥責。（翁文灝著，李學通、劉萍、翁心鈞整理：《翁文灝日記》（下），北京：中華書局，2014年，第861頁。）從本次會議的宣言看，「抗戰與建國並舉」的大政方針並未動搖。另外，也有知識界人士對此提出商榷。如經濟學家陳岱孫直言，戰時的「建設熱」、試圖將若干建設事業在抗戰期中一蹴而就的心態與計劃是對抗戰不利的，因為過度的投資建設會導致政府財政赤字、通貨膨脹等後果。他認為戰時建設應有輕重緩急之分，「建國原不專以有利抗戰為目的，而至少戰時的建設是以有利抗戰為急為先，更絕不能直接的，或間接的，有害於抗戰。沒有裁制的建設，危險便在此。」（陳岱孫：《物價、財政、與建設》，《新經濟》1941年2月16日，第四卷第十期，第223～228頁。）但陳岱孫的意見，並不在根本反對抗戰與建國同時進行，而是要求對建設事業做出更合理的計劃。潘光旦亦稱，「建國誠然要緊，但我們不應當容許建國的企圖減低了抗戰的努力，轉移了對於抗戰的視線，漠視了抗戰期間前後方種種極複雜的問題。」潘光旦在此的用意，亦是就戰時不切實際的「建國」提案過多而論，並不是反對抗戰與建國並舉；他進而還在認為戰時現實問題的解決正是「建國的第一個步驟」。（《悠忽的罪過》，載氏著《自由之路》，上海：商務印書館，1946年，第117頁。原文作於1943年。）當然，賣身投靠的叛國者提出的「和平建國」口號，自不在考察範圍之內。

從國民黨的角度考察，在抗日戰爭如火如荼之時，它提出「抗戰」與「建國」兩大任務共同進行的戰略，既體現了其堅信「抗戰必勝」的自信一面，又反映出長久以來國民黨對建國問題的思考以及與思想界的互動。孫中山早在辛亥革命時期，便已開始對中國未來的國家建構提出一系列構想；但其建國思想的真正成熟，是在其生命的最後十年。在新文化運動所掀起的社會浪潮背後，經歷了民國初年理想破滅之頓挫的孫中山，埋首於新的國家建構理論的創制，即《建國方略》的寫作；1920 年代又受蘇俄革命影響，進一步在《建國大綱》與《三民主義》等文章中對中國未來發展道路加以描繪，進而豎起「革命建國」的大旗。研究者將其建國思想概括為「非常時期的革命與正常狀態的憲政」、「致力建國的政黨定位與建國既成狀態之下的憲政安排」、「國家權力的來源與政府權力的安排」、「國家哲學建構與國家制度設計」、「國家建構的物質基礎準備與國家現代心理建設」、「國家的制度架構設計與具體事務的處理程序設計」、「國家的自身建構與國際關係處置」等七個方面，可見其理論視域之宏大與繁雜。〔註 17〕以上三種著作構成了國民黨在掌握國家政權後進行國家建構的指導性文件。

值得注意的是，孫中山在 1924 年國民黨一大上的講話上稱，國民黨的首要任務是先「把國家再造一次」，鞏固民國的根基，在實現「建國」的基礎上再談「治國」。〔註 18〕當代政治學研究中，在討論現代國家建構這一概念時，認為它具有 state construction 和 state building 兩種不同涵義。概括地說，前者是指現代化的國家首要制度的建構，如「國家結構初創」以及「基本政體抉擇」等問題；後者則是在國家首要制度確立的前提下對次級制度，如「政府有效運作的中層或具體制度安排」的優化與修補。〔註 19〕孫中山所使用的「建國」與「治國」兩詞，恰正對應了上述 state construction 和 state building 的區別。考察孫中山晚年所作三大建國綱領性文件，亦可見他用力最深處，全在國家建構的 state construction 層面。

1927 年後，隨著國民革命的進程，國民黨由一個地方性政黨，發展為足

〔註 17〕任劍濤：《為建國立規——孫中山的建國理論與當代中國政治發展》，《武漢大學學報》（哲學社會科學版），2011 年第 5 期，第 23 頁。

〔註 18〕《中國國民黨第一次全國代表大會開幕詞》，中國社科院近代史所等編：《孫中山全集》（第九卷），北京：中華書局，2006 年，第 96～97 頁。

〔註 19〕參見任劍濤：《為建國立規——孫中山的建國理論與當代中國政治發展》，《武漢大學學報》（哲學社會科學版），2011 年第 5 期，第 12～13 頁。

以統攝、代表中國的全國性獨裁政黨。身分的進化決定了政黨任務的轉變。國民黨雖沒有完全放下「革命黨」的旗幟，但其政黨思維已不可避免地開始向「執政黨」轉變。〔註20〕在革命勝利後如何建設現代國家，成為當時國民黨人思考與激辯的根本問題。無論黨內政治鬥爭如何激烈，各派都始終以孫中山有關建國的文獻作為理論基石，這一共識也是1937年前國民黨內部逐漸趨於統一的思想基礎。〔註21〕從1928至1937年，在國民黨敘事話語中常被稱為「建國十年」、「十年教訓」時期。這十年間，國民黨依照孫中山的建國思想，確立了一黨獨裁的國家統治模式，以「訓政」的方式推進實施其各方面治國方針。五權政府、金融體系、國防建設、五五憲草的制定……在國難日殷的危急局勢下，南京國民政府的建國事業取得了一定成果。〔註22〕一個迥異於北洋時期的頗具現代國家建構思想的國家雛形初步建立了起來。〔註23〕在實幹的同時，國民黨亦始終不忘將「建國」作為宣傳教育的重點。除在報刊文章和學校教材中就當前的建國任務及歷史意義加以普及外，蔣介石等國民黨高層也頻頻就建國大業發表演說，提高黨內外對這一問題的認識。如在《建國的行政》一篇演說辭中，蔣介石強調在內憂外患中堅持實現建國大業。他將建國的基本要務歸納為「養」、「教」、「衛」、「管」四點，涉及經濟生產、財政、教育、國防、治安、法治、社會管理等諸方面具體問題，並指示了為實

〔註20〕這可以從1930年代國民黨對太平天國運動的複雜態度一見端倪。國民革命後的國民黨，一方面小心維護其革命身分，對於孫中山曾熱烈頌揚的洪秀全、楊秀清等農民領袖形象加以保護，並努力禁止污衊太平天國運動的言論；但另一方面，作為民族主義執政黨，國民黨又熱衷於以中國傳統文化的保護者和民族復興的建設者自居，在這兩方面立場上均與太平天國的死對頭──曾國藩、胡林翼等人有一致之處。參見劉浦江：《太平天國史觀的歷史語境解構──兼論國民黨與洪楊、曾胡之間的複雜糾葛》，《近代史研究》2014年第2期。

〔註21〕當然，國民黨各派間對於孫中山建國理論的解讀是有歧義的，並以己方的解讀作為攻擊異己的武器。參見舒文：《論國民黨主要黨派對孫中山建國思想的研究》，《清華大學學報》（哲學社會科學版），2002年第4期。

〔註22〕這十年間南京國民政府在國家建設上的成就，目前的研究成果已積累了許多。對這一問題的概括性研究，可參考〔美〕易勞逸：《1927～1937年國民黨統治下的中國流產的革命》，陳謙平、陳紅民等譯，北京：中國青年出版社，1992年。

〔註23〕南京國民政府確立的黨治國家模式，是對北洋政府統治模式的一種根本性顛覆，屬於state construction的範疇。進而言之，直到1949年撤出大陸，國民黨的國家建設始終停留在state construction的「建國」層面，沒能完成建國模式的現代化轉型，更不遑在「治國」問題上有所進展了。

現建國事業而需改進的若干政治工作。〔註 24〕在國民黨的層層包裝下，一整套有關「建國」的話語體系在抗戰前形成。一切國策，包括「攘外必先安內」、言論與出版統制等政策，都被披上了「建國」這一合法性外衣。

自 1938 年 4 月提出「抗戰建國」的戰時國策後，國民黨便發動其宣傳機器，從各種角度向社會各階層普及「抗戰建國」的精神與意涵。抗戰時期國民黨歷次中央全會宣言，都貫徹著抗戰與建國同時進行的基本精神，體現出國民黨高層對其國策的堅持。如在 1942 年底召開的五屆十中全會上，宣言中回顧了國民黨五十年來建國歷程，申明抗戰與建國的依存關係以及當下建國要務：「抗戰與建國本為一事而不可分，『建國於抗戰之中』不僅事半而功倍，亦為不易之定理。回溯吾全國志士仁人五十年來為國效命之經過，其第一階段為掃除復興之障礙，求得國家之統一，此事既由北伐成功而完成。其第二階段為解放民族之束縛，求得國家之獨立，此事今猶在吾人奮鬥之中，將隨抗戰勝利而迎刃以解。其緊接而至之問題，則為如何由救國而建國，造成中國為三民主義之現代國家，使民族主義實現之後，民權民生問題亦隨之而得圓滿之解決，而後中華民國乃能表裏充盈，永久適存於世界。」〔註 25〕是時正值抗戰處於焦灼局面，國內病症愈加凸顯，而恰在此時，中英、中美關於廢除在華不平等條約的談判取得重大進展。在本次會議宣言中，國民黨對廢約一事之於建國事業的重要意義予以闡明，並借機重申抗戰建國國策，號召全國軍民集中意志，完成既定的建國目標。

與此同時，國民黨還組織了一批學有專長、理論素養高的黨員，寫作並發表了大量較有深度的文章，對《抗戰建國綱領》的內容詳加解釋，作為向社會中具有一定文化水平的國民進行政策宣傳的方式。在當時由國民黨人主持的若干報刊，如《民意》、《血路》、《掃蕩報》、《政論》等刊物上，大量刊載葉溯中、劉百閔、潘公展、牟震西、童蒙聖、田炯錦、葉青、陶希聖等國民黨官員支持並解讀抗戰建國政策的文章。相關出版物，在戰時也發行了很多。其中較有影響力的包括由周佛海、陶希聖擔任主編的「抗戰建國綱領研究」叢書，就《抗戰建國綱領》的總則、外交、軍事、政治、經濟、民

〔註 24〕秦孝儀主編：《先總統蔣公思想言論總集》（卷十四），臺北：中國國民黨中央委員會黨史委員會，1984 年，第 278～308 頁。

〔註 25〕《第五屆中央執行委員會第十次全體會議宣言》，載榮孟源主編：《中國國民黨歷次代表大會及中央全會資料》（下冊），北京：光明日報出版社，1985 年，第 777 頁。

眾運動、教育七方面分別著書加以探討；〔註26〕以及潘公展、葉溯中、楊公達等國民黨高級幹部主編的「抗戰建國小叢書」，包括了《抗戰建國的歷史意義》、《一面抗戰一面建國》、《抗戰中之經濟建設》、《抗戰教育之改造》、《抗戰中的蒙古》等三十餘種書籍。由國民黨中央執行委員會宣傳部組織人員寫作的《抗戰建國綱領淺說》一書，代表了國民黨對《抗戰建國綱領》內容的官方見解，也是當時知識界瞭解「抗戰建國」國策的重要途徑。本書初版於 1938 年 10 月，由時任國民黨中央宣傳部代理部長的周佛海作序，作者包括陶希聖、周鯁生、徐培根、陳博生、陳豹隱、陶百川、葉溯中，分別負責撰寫其所擅長的部分。如徐培根是保定軍官學校第三期畢業，後又赴德國陸軍大學深造。他在其撰寫的「軍事篇」中，分析了日本的侵華思想及戰略，提出持久抗戰的應對辦法，並指出現代戰爭中國民愛國主義信念的重要性。又如陳博生早年就讀於日本早稻田大學政治經濟系，戰前曾擔任《晨報》總編輯及社長，對民國政治問題有深入觀察。在他撰寫的「政治篇」中，剖析了戰爭與政治不可分離的關係，並提出為確保抗戰勝利所應實施的政治改革方案。〔註27〕另外，國民黨還注意借鑒世界歷史上與中國同樣面臨抗戰與建國雙重任務、并均已達成的國家的經驗教訓，將其歷史編纂成書，以提高國人對當下抗戰建國任務的認識、信仰與決心。相關圖書包括了《美國抗戰建國史》、《意大利抗戰建國小史》、《法國革命史》、《新土耳其建國史》等。當時在中央政治學校任教務主任的劉振東，在自己的著作中指出，美國在獨立戰爭之初也面臨著與中國類似的諸多不利因素，但最終依靠華盛頓等領袖的領導，喚起了全國民眾，運用游擊戰、消耗戰的策略，並克服了內部的妥協主義與叛變等挫折，經八年抗戰，最終打敗英人，建立起獨立的國家。然而抗戰雖然成功，但美國之後的建國過程卻屢遇困難。尤其是奴隸制問題，成為破壞國家建設的最大阻力。最終在半個多世紀後才依靠林肯的犧牲，得以最終完成。他也以此提醒國人認識到建國任務的持

〔註26〕當時周、陶二人在武漢組織了「藝文研究會」，由陶主其事。研究會在武漢期間的最重要的出版工作，即出版「抗戰建國綱領研究」叢書（教育、經濟兩篇在重慶出版；經濟篇出版時，周、陶已叛逃，故將二人名字消去）。具體情況可參考方秋葦：《陶希聖與「低調俱樂部」、「藝文研究會」》，《民國檔案》1992 年第 3 期；何茲全：《老師陶希聖》，載氏著、寧欣編：《師道師說：何茲全卷》，北京：東方出版社，2013 年，第 21～26 頁。

〔註27〕中國國民黨中央執行委員會宣傳部編著：《抗戰建國綱領淺說》，重慶：正中書局，1938 年。

久性與困難程度。〔註 28〕以「抗戰建國」為主題的書籍與報刊文章，在抗戰之初，尤其是 1938 至 1940 三年間，出版數量極大。這些出版物中的一大部分都由國民黨組織撰寫，體現了執政黨對於自己提出的「抗戰建國」國策全面而深入的認識。〔註 29〕抗戰初期，全國國民、尤其是具有強烈民族意識的知識界，迫切需要瞭解當前的抗戰形勢與國家的應對策略等重大問題。這些問題在上述文章中得到了執政黨的權威解答。「抗戰建國」的口號因這些出版品的宣傳教育而流傳開來，國民黨也因此在抗戰之初聚攏起知識界的人心。

除上述宣傳手段之外，國民黨也注意採用其他宣傳形式，努力將這一國策傳播給工人、農民、商人、士兵等更廣大的民眾，喚起他們抗敵與建設國家的意識與熱情。例如，國民黨組織了許多宣傳隊深入邊疆、農村、部隊，使用粗淺易懂的文字、歌曲、圖片、影像等形式，傳播「抗戰必勝，建國必成」的精神。國民黨中央還通過決議，確立每年七月七日為「抗戰建國紀念日」。抗戰時期，每年的七月七日，國民黨在全國各地都組織舉行演講、遊行、祭奠、獻金等活動，鼓舞民氣，宣揚中央精神。在國民黨的引導下，「抗戰建國」一詞，頻頻出現在各種戲劇、歌曲、漫畫、詩歌等文藝作品之中，出現在集會的口號中、街道上的標語中，出現在各類節日的活動中，成為街頭巷尾、鴻儒白丁談論的關鍵詞。以「抗戰建國」為主題的大量戰時動員活動，在國統區營造出一種堅持抗戰、團結支持國民黨代表的中國政府的政治輿論。「抗戰建國」這一政治話語，由於在社會上的廣泛流行，成為一種足以影響人們思想意識以至政治行為的政治文化。〔註 30〕社會學家陳達在其戰後所寫回憶錄中，曾表示「我國在抗戰期間，所習聞的口號莫如『抗戰建

〔註 28〕劉振東編著：《美國抗戰建國史》，重慶：正中書局，1939 年。

〔註 29〕黃興濤也注意到，「全面抗戰爆發後，國民黨幾乎所有的軍政要員，都出版過以『民族復興』為題的為數眾多的宣傳著作，涉及抗戰建國的政治、經濟、文化等方方面面，內容豐富，不乏見識，且充滿愛國熱情。」(《民國各黨派與中華民族復興論》，《近代史研究》2014 年第 4 期，第 23 頁。)

〔註 30〕「抗戰建國」政治文化的流行，也迫使汪偽政權為確立起統治合法性，指責國民政府的抗戰建國目標是受了所謂「西方殖民主義文化」的毒害，稱「抗戰建國」等名詞為「誤國口號，害民名詞」，並硬造出符合「王道」的「和平建國」路線以與之抗衡。(《國人對於日軍佔領新島後之感想及希望、新加坡陷落為大東亞建設之樞紐論文集》1942 年，轉引自雷頤：《「洋涇浜學風」舉凡》，載氏著：《雷頤自選集》，桂林：廣西師範大學出版社，2000 年，第 282 ～283 頁。)

國』」。這為「抗戰建國」這一口號在戰時中國社會的大範圍傳播與應用作了一個恰當的注解。〔註31〕

二、各主要黨派的回應

國民黨發布的《抗戰建國綱領》，提出了將「抗戰」與「建國」兩大歷史任務畢其功於一役的戰時方針，反映出作為執政黨所應有的政治抱負。儘管其內容中仍保留了一黨獨裁的濃厚色彩（總則中規定了「全國抗戰力量應在本黨及蔣委員長領導之下」），並沒有在戰時實現從「訓政」走入「憲政」的明確規劃，但在本綱領中，畢竟將「組織國民參政機關」和保障「言論、出版、集會、結社」的自由等民主措施納入其中，給予其他黨派一定的政治參與空間。〔註32〕同時，蔣介石在臨時全國代表大會閉幕式上亦稱，「本黨同志要站在當政黨的地位，發揚這種固有的精神，寬宏大度，至公至正，在三民主義最高原則之下，來接納各黨派人士，感應全國國民，使共循革命正道。只要不違反三民主義，服從本黨政府法令，都應該推誠相與，使大家與我們團結一致，共同為抗戰建國來效命。」〔註33〕本著國難之中團結抗戰的共同願望，當時的共產黨、中國青年黨、國家社會黨等幾大反對黨，都對國民黨的戰時國策持支持態度。

1938年4月21日，在國民黨臨時全國代表大會閉幕後，中國青年黨代表左舜生致信蔣介石、汪精衛，對大會宣言及《抗戰建國綱領》內容表示認同，尤其對國民黨「在此非常時期，不忘國民參政機關之建立，國民言論、出版、集會、結社自由之保障」的承諾「表甚深之敬佩」，認為這反映了國民黨「建國必以憲政為指歸」的精神。〔註34〕隨後，蔣、汪覆函，對其「為抗戰建國而盡最善之努力」表示感謝，並表示願與青年黨團結合作。〔註35〕第一屆國民參政

〔註31〕陳達：《浪跡十年》，上海：商務印書館，1946年，第379頁。

〔註32〕《抗戰建國綱領決議案》，載榮孟源主編：《中國國民黨歷次代表大會及中央全會資料》（下冊），北京：光明日報出版社，1985年，第485～487頁。

〔註33〕《蔣介石致閉幕詞》，載榮孟源主編：《中國國民黨歷次代表大會及中央全會資料》（下冊），北京：光明日報出版社，1985年，第511頁。

〔註34〕《中國青年黨代表左舜生為表示擁護國民政府抗戰建國致蔣介石汪精衛函》，中國第二歷史檔案館編：《中國青年黨》，北京：檔案出版社，1988年，第197～198頁。

〔註35〕《蔣介石汪精衛為感謝青年黨表示擁護政府覆左舜生函》，中國第二歷史檔案館編：《中國青年黨》，北京：檔案出版社，1988年，第198～199頁。

會，邀請了六名青年黨黨員作為參政員參會，這是除國民黨、共產黨之外的第三大政黨團體。〔註36〕曾琦、左舜生在會議召開之前，均對國民參政會作為「準民意機關」所體現的民主政治的進步表示認可。〔註37〕在本年召開的第九次全國大會所公布的宣言中，中國青年黨明確表示願意放棄「一切關於枝節問題的意見，誠心誠意擁護政府抗戰」〔註38〕。宣言中所提出的政治主張，如全民動員、聯合各黨、肅清貪污等，也多在《抗戰建國綱領》的框架之內。然而其中「促進民主政治，完成各級民意機關」一條，與《抗戰建國綱領》中「組織國民參政機關，團結全國力量，集中全國之思慮與識見，以利國策之決定與推行」等有關政治改革的內容相比，向前推進了一大步。〔註39〕可見，在國民黨與青年黨團結合作的表面，兩黨就民主政治問題仍存在著巨大分歧，這也為抗戰中後期兩黨因民主憲政問題產生齟齬埋下了伏筆。

國家社會黨同樣表達了對國民黨戰時國策的認同。1938 年 4 月 13 日，作為國家社會黨領袖之一的張君勱致函蔣、汪二人，稱本黨所主張的「國家民族本位」、「修正的民主政治」以及「社會主義之實現」三大政綱，「與中山先生民族民權民生之三大義措詞容有不同，而精神則並無二致」，並充分認可了國民黨所頒布政綱體現的「民族性」精神。根據《抗戰建國綱領》中「在抗戰期不違反三民主義最高原則及法令範圍內，對於言論出版集會結社予以合法之充分保障」的規定，故而將本黨活動公開，並期待「本精誠團結共赴國難之意旨，與國民黨領導政局之事實，遇事商承，以期抗戰中言行之一致」，「使中華民國長保昔日之光榮，且得今後之自由發展」。信中還提到對國民政府「萬眾一心」、「一致擁護」。〔註40〕蔣、汪回函亦同樣表示願「秉持共信，

〔註36〕 參見鄒韜奮：《「來賓」中的各黨派人物》，載孟廣涵主編：《國民參政會紀實》（上卷），重慶：重慶出版社，1985 年，第 69～72 頁。

〔註37〕 《參議院曾琦、左舜生發表談話》，載孟廣涵主編：《國民參政會紀實》（上卷），重慶：重慶出版社，1985 年，第 87 頁。摘自《新華日報》1938 年 6 月 26、27 日。

〔註38〕 《中國青年黨第九次全國代表大會宣言》，中國第二歷史檔案館編：《中國青年黨》，北京：檔案出版社，1988 年，第 123 頁。

〔註39〕 《中國青年黨第九次全國代表大會宣言》，中國第二歷史檔案館編：《中國青年黨》，北京：檔案出版社，1988 年，第 123～124、126 頁。《抗戰建國綱領決議案》，載榮孟源主編：《中國國民黨歷次代表大會及中央全會資料》（下冊），北京：光明日報出版社，1985 年，第 486 頁。

〔註40〕 《國家社會黨代表張君勱致蔣介石汪精衛書》，中國第二歷史檔案館編：《中國民主社會黨》，北京：檔案出版社，1988 年，第 79～82 頁。

一致努力」。〔註41〕由此，中國青年黨、國家社會黨均得以由秘密轉入公開活動，為國民政府的抗戰建國事業獻言獻策。而當時國內及香港、新加坡等地報刊社論，也對兩黨主動與國民黨合作的態度表示肯定。如《大公報》社論稱：「讀最近國家社會黨、中國青年黨與國民黨領袖之往來信，坦率真誠，充分表現團結救國的精神。經此往來信之發表，可謂該兩黨已取得公開存在的地位，而同時則加強國民黨領導全國的立場，我們認這種趨勢，於抗戰建國前途甚有利益，對外對內，俱有良好影響。」〔註42〕《新華日報》亦表示，這意味著國民黨承認其他黨派的合法性，抗日黨派間的合作因此擴大，而抗日民族統一戰線也得以增強。〔註43〕

至於中共這一時期的態度，則較之上述兩黨遠為複雜。其中涉及到中共黨內在抗戰初期對待國民黨與統一戰線認識上的分歧問題。過往的中共黨史研究，很長時期以來，都依據延安整風期間毛澤東對王明的「右傾投降主義路線」的定性，對王明在主持中共長江局期間的工作持完全否定態度；對其個人，從思想到工作作風、再到具體行為，進行全面批判。近年來，隨著相關檔案的不斷公布，對於王明在武漢期間的工作有了更深入的評價。如代表了官方歷史認識的《中國共產黨歷史》一書，便已將長久以來壓在王明身上的「投降主義」罪名去除，改用「右傾錯誤」四字表述。〔註44〕還有研究者認為，當時毛澤東與王明就抗日民族統一戰線的認識並無根本分歧；王明的錯誤主要在於不尊重黨的組織原則，將個人凌駕於中央之上。〔註45〕筆者以下主要探討中共對國民黨臨時全國代表大會以及抗戰建國方針的具體態度。

在 1937 年 12 月的中共中央政治局會議上，基於南京失陷、國民黨統治

〔註41〕《蔣介石汪精衛覆張君勱書》，中國第二歷史檔案館編：《中國民主社會黨》，北京：檔案出版社，1988 年，第 82 頁。

〔註42〕《團結的增進》，《大公報》（漢口），1938 年 4 月 27 日。

〔註43〕《加強抗日各黨派的團結》，《新華日報》1938 年 4 月 29 日。另外，香港《探海燈》、新加坡《星洲日報》等刊物也對此做出積極評價。

〔註44〕中共中央黨史研究室：《中國共產黨歷史》第一卷（1921～1949）（下冊），北京：中共黨史出版社，2011 年，第 513～519 頁。金沖及在其《從十二月會議到六屆六中全會——抗戰初期中共黨內的一場風波》（《黨的文獻》2014 年第 4 期）一文中也採納了這一論斷。

〔註45〕參見田子渝：《抗戰初期中共中央長江局再研究》，《抗日戰爭研究》2004 年第 1 期。

中心遷往武漢的局勢，中共中央決定在武漢設立長江局，負責華中、東南、西南等地區的領導工作。隨後決定由王明任書記，周恩來任副書記。〔註46〕直到第二年10月武漢失守，長江局在下月召開的六屆六中全會上被撤銷。在這近一年時間裏，長江局在武漢地區近距離與國民黨展開合作與鬥爭，基本上體現了中共中央此時對國民黨的態度。

在1937年12月王明在武漢期間，代中共中央起草並發表的《中國共產黨對時局宣言》中，明確提出了要進一步增進國共兩黨團結的承諾，稱「共產黨不僅誠意在抗戰階段中與國民黨並肩攜手地共同救國，而且決心在抗戰勝利後與國民黨和衷共濟地共同建國。」〔註47〕同時在接受美國合眾社記者採訪時，王明又對外強調願與國民黨就救國與建國兩方面開展合作。〔註48〕在稍後的1938年2至3月間，毛澤東也對外明確表示，國共兩黨此次合作是具有永久性的，「現在及將來合作的目的是共同抗日與共同建國」〔註49〕，還呼籲國民黨盡早承認並執行一個「從共同抗戰到共同建國」的綱領。〔註50〕可見二人對於國共在戰時共同抗戰、戰後共同建國的意見是一致的；亦可知當時中共黨內意見，將抗戰與建國的任務分開考慮，同國民黨在其臨時全國代表大會上宣布的「抗戰與建國同時進行」的主張有所不同。

自1937年12月長江局成立直至1938年春國民黨公布《抗戰建國綱領》，王明、周恩來等長江局同志與國民黨高層多次商談，為其起草綱領提出了許多意見。1937年12月30日，由周恩來起草的《中國人民抗日救國綱領》完成，並提交國共「兩黨關係委員會」進行商討。〔註51〕本綱領包含「爭取抗

〔註46〕中共湖北省委黨史資料徵集編研委員會、中共武漢市委黨史資料徵集編研委員會編：《抗戰初期中共中央長江局》，武漢：湖北人民出版社，1991年，第1～3頁。

〔註47〕《中國共產黨對時局宣言》，載中央檔案館編：《中共中央文件選集》（第十一冊），北京：中共中央黨校出版社，1991年，第412頁。

〔註48〕《中國共產黨現階段的政策及對抗戰的各種主張》，《解放日報》1938年1月18日。

〔註49〕《同合眾社記者王公達的談話》，中共中央文獻研究室編：《毛澤東文集》（第二卷），北京：人民出版社，1993年，第101頁。

〔註50〕《給范長江的信》，中共中央文獻研究室編：《毛澤東文集》（第二卷），北京：人民出版社，1993年，第92頁。

〔註51〕中共中央文獻研究室編：《周恩來年譜》（修訂本），北京：中央文獻出版社，1998年，第404頁。關於此次會談，可參看當時王明、周恩來等致中共中央，以及中央書記處致共產國際的電文，分別載中共湖北省委黨史資料徵集編研

戰勝利綱領」和「初期建國綱領」兩部分。從其內容來看，該文件中既有為長期抗戰而擬定的戰時措施，又包含了抗戰同時進行「民族獨立」、「民權自由」和「民生改善」三大方面的建國主張。〔註52〕後來王明在六屆六中全會上的發言中，也談到「西安事變」以來，中共與國民黨多次進行共同綱領的討論；尤其在「七七事變」以後，更兩次提出綱領草案供國民黨參考。〔註53〕國民黨提出的《抗戰建國綱領》，「可以說實際上在基本原則方針方面，與兩黨負責同志過去一年多所再三交換過意見的綱領草案的內容，大致是一致的。」〔註54〕因此，在國民黨臨時全國代表大會宣言與《抗戰建國綱領》公布之後，中共立即表示支持，並連續幾天在《新華日報》上發表社論，對其抗戰到底的決心與建國事業的計劃表示贊同。但實際上，從此一時期中共中央與長江局之間的若干電文來看，二者在對本次會議成果的態度上是有分歧的。

國民黨臨時全國代表大會開幕前，中共中央和長江局分別擬就了致此次會議的建議書。其中，長江局的文件，由王明於3月1日擬定，未經中央同意，便於3月24日以中共中央的名義送交國民黨；而中共中央所擬電文所署日期為3月25日，據長江局4月2日回電，25日電文並未轉送給國民黨。〔註55〕比較兩封建議書的內容，可見以毛澤東為代表的中共中央同王明之間在對待國民黨的態度上有所不同。〔註56〕其一，在抗日民族統一戰線問題上，

委員會、中共武漢市委黨史資料徵集編研委員會編：《抗戰初期中共中央長江局》，武漢：湖北人民出版社，1991年，第115～116、121、132～133頁；中共中央文獻研究室、中央檔案館編：《建黨以來重要文獻選編》（1921～1949）（第十四冊），北京：中央文獻出版社，2011年，第772～773頁。

〔註52〕關於這一綱領的起草過程與具體內容，參見楊奎松：《抗戰前後國共談判實錄》（修訂版），北京：新星出版社，2013年，第106～108頁。

〔註53〕王明所說的兩份草案，其一當為《抗日救國十大綱領》，另一份待考，很有可能為上文提及的《中國人民抗日救國綱領》。

〔註54〕《目前抗戰形勢與如何堅持持久戰爭取最後勝利——在中共六中全會上的發言提綱》，載《王明言論選輯》，北京：人民出版社，1982年，第619頁。

〔註55〕《長江局關於對國民黨臨全大會建議問題致中央》，載中央檔案館編：《中共中央文件選集》（第十一冊），北京：中共中央黨校出版社，1991年，第484～485頁。無疑，王明的做法是嚴重違背黨的組織原則的。

〔註56〕中共中央與王明所擬文件，分別以《中共中央致國民黨臨時全國代表大會電》和《中共中央對國民黨臨時全國代表大會的提議》，收入中央檔案館編：《中共中央文件選集》（第十一冊），北京：中共中央黨校出版社，1991年，第481～484、485～488頁。前者似未在此時公布；後者曾在1938年4月29日的《新華日報》以《陳紹禹周恩來秦博古三先生答覆子健先生的一封公開信》為題刊出。

中央認為應遵照孫中山在第一次國共合作期間所秉持的聯共精神，建立各黨派共同參加的「民族解放同盟」，並堅決反對「任何其他取消一黨一派或一切黨派」的辦法；而王明電文中，雖亦對「只許一黨合法存在」和「取消現存一切黨派而合併為一黨組織」明確表示反對，但對於如何組織統一戰線，卻並未堅守第一次國共合作的方式：「統一戰線組織形成的方式，或採取各黨派各團體選派代表組織各級組織的方式，或恢復民國十三年至十六年第一次國共合作的方式，或擬定其他的辦法和方式，只要與團結抗戰有利，敝黨均願與諸同志共同計劃和執行。」其二，在改善政治機構的建議上，兩封電文均明確表明應當成立「真能代表全國民意」、「全權」的民意機關，「要真有不僅建議和備政府諮詢的作用，而且能有商討國是和謀劃內政外交的權力」，但中央電文中更進一步要求國民黨開放政府，「大量吸收全國人民中各黨派中富有民族意識，積極勇敢，急公好義的有威信有能力的愛國志士參加政府」。其三，中央電文中提出要求「頒布民族統一戰線總方針下，言論集會結社出版信仰自由的民主法令」，這是王明電文中未提及的。另外，王明還擅自向國民黨提出「派代表團列席貴黨臨時全國代表大會」，並「預請貴黨選派代表團將來出席敝黨第七次全國代表大會」。兩相比較，王明在致國民黨的文件中，很大程度上放棄了獨立自主的基本原則，一味強調以「兄弟之誼」的態度與國民黨團結合作，而不能堅持在自身權利上的合理要求。

然而在國民黨臨時全國代表大會閉幕後，在如何看待國民黨宣言與綱領上，中共中央改變了之前對國民黨團結中帶有批評的態度，而長江局則扮演起強調防範國民黨反動性的角色。4月18日，中央書記處向下級黨委發出指示，稱對待國民黨此次會議宣言與綱領，應採取以下五條宣傳措施：

　　甲、立在主動地位，取積極贊助與擁護的態度，指出其基本精神同我黨的主張是一致的。

　　乙、用一切方法推動其具體實施，並自己提出實施的具體辦法，表示出我們是實施綱領的最積極的力量。

　　丙、發揮其中一切進步的東西，並根據之以回答及反駁一切對於我們之攻擊。

　　丁、關於其中反對階級鬥爭與反對國際主義的理論以及其他缺點，應給以側面的適宜的解釋。

　　　　戊、贊助國民黨的進步與擴大及三民主義青年團的成立。〔註57〕

　　對此，長江局有兩點不同意見。22日，王明、周恩來等長江局負責人致電中央，稱：「（甲）認為此綱領宣言的基本精神同我黨主張是一致的說法似稍嫌籠統。我們以為抗戰建國綱領若作為抗戰時期的一般施政方針，我們願意在基本上加以贊助並幫助其實施，但若以此綱領同時作為戰後建國綱領則不僅與共產黨所希望者相去甚遠，即對三民主義實現方式亦大感不足。」（乙）三民主義青年團還未成立，其領導者確〔卻〕用它來作為孤立和反對共產黨的工具……如照現狀成立且有變成新的特務機關的趨勢，似此現在我們即表示贊助青年團的成立，似嫌太早，且政治上不利。」〔註58〕27日中央的回電，重點從統一戰線團結與鬥爭的策略上指示長江局，稱國民黨綱領是向著堅持抗戰這一大方向的，從這一方面看與中共綱領精神一致；中共應借擁護這一綱領的立場，聯合同樣支持此綱領的全國大多數人民、包括國民黨內進步分子，打擊國民黨頑固派。中央還指出，目前的中心策略，是要主動幫助國民黨實施這一綱領；至於未來更高綱領的提出，則要建立在現有綱領實現的基礎上。在對待三青團的態度問題上，中央仍堅持採取擁護態度，以便團結人民和國民黨內進步分子，努力推動國民党進步。〔註59〕此後一個多月，中共中央與長江局之間又圍繞三青團問題多次致電，其核心分歧在於，後者看到三青團蛻變為國民黨消融各黨派、培植自身勢力、鞏固一黨專制的工具的危險，而前者則強調中共可利用三青團爭取青年、改造國民黨並擴大抗日統一戰線。〔註60〕總的來說，中共中央主張以靈活的策略對待國民黨的主張，利用其中一切可以為我所用者，領導實現民族最大程度的團結；而長江局則更為警惕國民黨有墮落、反動的危險。從此後的歷史進程來看，國民黨也確實

〔註57〕　《中央關於對國民黨臨全大會宣言與綱領立場的指示》，載中央檔案館編：《中共中央文件選集》（第十一冊），北京：中共中央黨校出版社，1991年，第491頁。

〔註58〕　郭德宏編：《王明年譜》，北京：社會科學文獻出版社，2014年，第396～397頁。

〔註59〕　《中央書記處關於國民黨臨全大會後的策略問題致陳紹禹周恩來博古凱豐》，載中央檔案館編：《中共中央文件選集》（第十一冊），北京：中共中央黨校出版社，1991年，第508～510頁。

〔註60〕　中共中央與長江局專門討論三青團問題的電文有四件，載於中共湖北省委黨史資料徵集編研委員會、中共武漢市委黨史資料徵集編研委員會編：《抗戰初期中共中央長江局》，武漢：湖北人民出版社，1991年，第230～231、232～233、241～242、247～248頁。

沒有信守它在此次會議宣言及《抗戰建國綱領》中的承諾，三青團也在不久後墮落為又一個復興社性質的團體。

在同中共中央進行了深入交流後，長江局在武漢的宣傳策略得以與中央保持一致。1938 年 6 月，王明、周恩來、博古三人發表《我們對於保衛武漢與第三期抗戰問題底意見》，立於《抗戰建國綱領》基礎上，在軍事、政治、經濟三大方面提出若干具體的計劃，並反駁了共產黨「陰謀反對國民黨和國民政府」的謠言。〔註 61〕第一屆國民參政會開幕前，在由長江局以毛澤東等七位參加國民參政會的共產黨人的名義起草的意見書中，中共表示，雖然國民參政會「還不是盡如人意的全權的人民代表機關」，但卻不能掩蓋其「團結全國各種力量為抗戰救國而努力」和「使全國政治生活走向真正民主化」的重大作用。中共代表願積極地參加國民參政會的工作，與其他參議員共同商討「一切有利於抗戰必勝、建國必成的具體辦法和實施方案」。文中還提出了一系列保衛武漢及爭取抗戰勝利的建議。〔註 62〕會上，王明代表共產黨提出《擁護國民政府實施〈抗戰建國綱領〉提案》，獲得了來自各黨各派和無黨無派共 67 位參議員的連署，「突破本會一切議案連署人數量和範圍的記錄」，顯示了中共在堅持抗日統一戰線精神下的領導力。王明在說明中重點強調了《抗戰建國綱領》的進步性，號召全國軍民「在蔣委員長領導之下，積極幫助政府，為實現全部《抗戰建國綱領》而努力奮鬥」，並明確表示「中國共產黨真誠擁護《抗戰建國綱領》，認為其基本方針與本黨在抗戰時期的政策方針是共同的，並願努力幫助國民黨和國民政府實施《抗戰建國綱領》」；但同時他還強調了中共的獨立自主性，即「中國共產黨還有它自己的整個為共產主義而奮鬥的綱領」。〔註 63〕以上只是長江局在武漢保衛戰時期的一小部分宣傳言論，但確能以其對抗戰建國的積極有為的態度，在社會上起到聚攏人心、強化統一戰線的作用。

〔註 61〕 《我們對於保衛武漢與第三期抗戰問題底意見》，載中央檔案館編：《中共中央文件選集》（第十一冊），北京：中共中央黨校出版社，1991 年，第 854～884 頁。

〔註 62〕 《我們對於國民參政會的意見》，載中央檔案館編：《中共中央文件選集》（第十一冊），北京：中共中央黨校出版社，1991 年，第 528～529 頁。

〔註 63〕 陳紹禹：關於《擁護國民政府實施〈抗戰建國綱領〉提案》的說明，載孟廣涵主編：《國民參政會紀實》（上卷），重慶：重慶出版社，1985 年，第 189～190 頁。

　　抗戰時期，中共在對國民黨臨時全國代表大會宣言及《抗戰建國綱領》的宣傳上，基本遵循著長江局時期定下的策略。中共認為，「國民黨的一切進步的設施，都包含有同我黨爭取領導權孤立我黨的一面在內。我們贊助他們的一切進步的東西，即使口頭上的允諾與企圖也好，不但不使自己孤立，而正是替自己開闢更有利的場所。」〔註64〕因此，對於《抗戰建國綱領》這一有其進步一面的文件，中共也不斷在對內對外宣傳上加以讚揚，以此達到統戰目的，贏取更多人的同情與支持。毛澤東在六屆六中全會的講話中便再三聲明「抗戰建國」精神的正確性，對國民黨積極地實行抗戰與建國舉措表示支持，稱只要堅持《抗戰建國綱領》，堅持統一戰線的政策，國民黨的前途是光明的。〔註65〕中共也願「在三民主義和抗戰建國綱領的政治基礎上」，與國民黨開展親密、長期的合作。〔註66〕但在面對國民黨蓄意破壞統一戰線、強化一黨專制與思想統制政策時，中共也適時舉出《抗戰建國綱領》作為反擊的武器。1938年6月，一部分國民黨頑固分子企圖以反共代替抗日，主張對日妥協。毛澤東在指示中說，應「在各地利用機會動員群眾，給頑固分子以相當打擊，指出他們違反中央意志，違反抗戰建國綱領，使之孤立。」〔註67〕任弼時在抗戰中期也曾刊文，回顧《抗戰建國綱領》的議定過程，強調其進步性，並指出在全國範圍內，「只有八路軍新四軍活動的區域，是認真地為著這一綱領的實現而奮鬥」，「今後也還是要為徹底實現抗戰建國綱領和一切進步設施而鬥爭」。他還指責國民黨蓄意製造摩擦、畏懼動員人民、過度依賴外援的政策均違背了《抗戰建國綱領》中的規定，諷刺其「宣布自己的主張而不去忠實地執行，只有喪失自己的威信」。〔註68〕

〔註64〕《中央書記處關於國民黨臨全大會後的策略問題致陳紹禹周恩來博古凱豐》，載中央檔案館編：《中共中央文件選集》（第十一冊），北京：中共中央黨校出版社，1991年，第510頁。

〔註65〕毛澤東：《論新階段》，載中央檔案館編：《中共中央文件選集》（第十一冊），北京：中共中央黨校出版社，1991年，第595～598頁。

〔註66〕《中共擴大的六屆六中全會致蔣介石電》，載中共中央文獻研究室、中央檔案館編：《建黨以來重要文獻選編》（1921～1949）（第十五冊），北京：中央文獻出版社，2011年，第730頁。

〔註67〕中共中央文獻研究室編：《毛澤東年譜》（1893～1949）（修訂本）（中卷），北京：中央文獻出版社，2013年，第80頁。

〔註68〕任弼時：《為徹底實現抗戰建國綱領而鬥爭》，載中共中央文獻研究室、中央檔案館編：《建黨以來重要文獻選編》（1921～1949）（第十七冊），北京：中央文獻出版社，2011年，第401～403頁。

自「抗戰建國」口號提出以來，中共第一時間便開始使用「抗戰建國」的政治話語，用來宣傳自己的政治主張並打擊反共頑固分子。然而隨著中共革命理論逐步成熟，尤其在《新民主主義論》提出、各根據地有了一定建設經驗的積纍之後，中共所使用的「建國」口號，便已脫出了國民黨在《抗戰建國綱領》中所設定的範圍，而進到新民主主義國家建設的語境中去。

第二節　知識分子對「建國」問題的思考

一、知識分子與「抗戰建國」戰略

傳統中國的士大夫，秉持的是由「格物」、「致知」到「治國」、「平天下」的政治與學術相結合的理念，「學而優則仕」是其文化基因。近代以來，隨著學術專門化與學術獨立思想的發展，尤其是以現代教育機構（大學、研究所等）與報刊為中心的公共空間形成之後，知識分子有了以「知識」自力更生的資本，也不必再去擠「入仕」這一實現人生價值的獨木橋。然而，「身在江海之上，心居魏闕之下」，民國時期的知識分子在國運衰微、民族危亡之際，激於千年文明遺傳下的「士大夫」使命感與現代民族主義思想，不可能完全與政治相絕。錢穆在 1950 年代回顧民國歷史時，反問道：「試問這四十年來的智識分子，那一個能忘情政治？那一個肯畢生埋頭在學術界？」〔註 69〕這是歷史事實。當政局發生變動時，知識分子總是首先做出反應。尤其在民國成立後內戰連連、統一竟成奢望的社會背景下，當 1920 年代國民黨以嶄新的面貌出現在中國政治舞臺、并承擔起統一與建設的重任後，它對於知識分子的吸引力是巨大的。

國民黨通過北伐達成國家形式上的統一，結束了北洋軍閥的混亂統治，也因其異於前者的政治理念而吸引了一大批具有民族主義情結、盼望國家統一與復興的精英知識分子。這種強烈的民族主義情感，甚至抵消了他們對明顯有違自由主義精神的「清黨」事件帶來的對國民黨的惡感。而作為執掌中國政局的國民黨，雖本著訓政精神，不願過度開放政權，吸收黨外人士

〔註 69〕錢穆：《中國智識分子》，載氏著《國史新論》，收入《錢賓四先生全集》（第 30 冊），臺北：聯經出版事業公司，1998 年，第 189 頁。錢穆在隨後舉了王國維和歐陽竟無作為「畢生埋頭在學術界」的個例。但此一論斷顯然並不符實。

參政議政；但五四以來爭民主呼聲的不斷高漲，以及日本步步緊逼導致國人對現實國策的不滿情緒，終究促使國民黨有限地引入黨外知識分子參與到各方面建國事業中來。〔註70〕更何況在高度專業化的外交、經濟等領域，缺少了經過專業訓練、掌握核心知識的知識分子的參與，根本無法實現宏偉的建國目標。因此，為達成建設現代化國家的共同願望，雙方各自做了一些讓步，在特定領域建立起合作，從而在小範圍內開啟了更有效率的「專家治國」政治模式。雖然據胡適在上海的近距離觀察，1928 年，南京國民政府實施嚴格的新聞管制，「上海的報紙都死了，被革命政府壓死了」，連「一點點自由」也不願給知識分子；但儘管如此，仍有王世杰、錢端升、張奚若、周鯁生等一班知識分子，在二次北伐尚未結束時，便響應國民黨號召，赴南京做起政府的智囊。至於胡適，雖對國民黨的專制政策有種種不滿，但在一年之前便已提議與新生的國民政府合作，聯合各界精英，共同「為國家大政立一根本計劃」。〔註71〕隨著「九一八事變」的爆發，時局促使胡適進一步靠近國民政府。他雖未擔任政府官職，但以國家與政府的「諍臣」、「諍友」自居，希望能以獨立的姿態「為國家說幾句有力的公道話」，使政府受益。〔註72〕觀其在《新月》和《獨立評論》兩刊發表的文章，明顯可見胡適對國民黨的態度由激烈地批評轉為提出中肯的建議。他在《建國問題引論》一文中，明確表明了自己的態度。他認為，當時一些有關現代化問題的討論，不足以解決最根本的建國問題，即「建設起一個站得住的中國，使她在這個現代世界裏可以占一個安全平等的地位」。歐洲各國有餘力討論社會問題，是因為其國家早已建立，沒有在國際上生存之危機；而在中國，國家生存與政府捍衛國家的能力問題不解決，其他諸如社會、生產、分配等問題更無討論的餘地。〔註73〕他將民族主義由低到高分為三個層次，即「最淺的是排外，其次是擁護本國固有的文化，最高又最艱難的是努力建立一個民族的國

〔註70〕 參見高華：《南京國民政府權威的建立與困境》，載氏著：《革命年代》，廣州：廣東人民出版社，2010 年，第 35～37 頁。
〔註71〕 《日記》（1928～1930），收入季羨林主編：《胡適全集》（第 31 卷），合肥：安徽教育出版社，2003 年，第 106、112、109～110、67 頁。
〔註72〕 《書信》（1929～1943），收入季羨林主編：《胡適全集》（第 24 卷），合肥：安徽教育出版社，2003 年，第 144～145 頁。關於胡適在北伐前後與國民黨關係的詳細梳理，參見羅志田：《再造文明之夢：胡適傳》（修訂本），北京：社會科學文獻出版社，2015 年，第 309～346 頁。
〔註73〕 胡適：《建國問題引論》，《獨立評論》1933 年 11 月 19 日，第 77 號。

家」。〔註 74〕同時，蔣廷黻也指出，「各國的政治史都分為兩個階段，第一是建國，第二步才是用國來謀幸福」，同樣認為目下最要緊的是討論「建國」問題。〔註 75〕胡、蔣二人所討論的「建國」問題，與前述孫中山、蔣介石所論建國之意涵相一致，均考慮優先解決國家首要制度的建構（state construction），以增強國家的生存能力。當時一批有著類似思考的知識分子，主動與政府接近，運用其專業知識，輔助國民政府制訂並實施各類建國計劃。1932 年成立的國防設計委員會，便吸引了錢昌照、翁文灝、胡適、丁文江、曾昭掄、孫越崎、王守競等一批受過西方高等教育的知識分子加入其中，從事經濟、科技、教育等各方面的調查研究工作。1935 年，國防設計委員會改組為資源委員會，其職能集中在工業建設上，其日常的資源調查、計劃制定、工廠創辦等事業，仍有賴於一批具有專業素養的高學歷知識分子。〔註 76〕尤其到了中日矛盾即將達到臨界點的 1936 年底至 1937 年初，國民黨對日日趨強硬，對內則較好地解決了國內統一問題、並在國家建設上取得一定成就。這種民族主義的內政外交措施，進一步緩和了知識分子與政府間的對立，並使之對蔣介石領導下的國民黨持擁護態度。〔註 77〕是否有利於「建國」大業的完成，已成為許多知識分子思考國內外問題的出發點和選擇職業時的參考標準。因此，當國民黨在 1938 年初提出「抗戰建國」的戰時國策時，他們自然而然地接受了這一套政治話語，並為之搖旗吶喊、拼命宣傳。

實際上，在國民黨正式提出「抗戰建國」的口號之前，一部分思維活躍的知識分子已開始思考迫在眉睫的抗戰需求與國家長遠的建國任務之間的關係問題。在平津淪陷、上海戰事打響後，中國抗戰的長期化已不可避免。為支持長期抗戰，必須繼續施行並改進戰前的建設事業，從物質、精神等各個方面為抗戰提供後援。鄒韜奮此時提出，應改變戰前鬆懈、拖沓的建國精神，迅速制定「戰時狀態」的國防經濟建設計劃，動員國民在後方以更緊張的精

〔註 74〕胡適：《個人自由與社會進步——再談五四運動》，《獨立評論》1935 年 5 月 20 日，第 150 號。

〔註 75〕蔣廷黻：《革命與專制》，《獨立評論》1933 年 12 月 10 日，第 80 號。

〔註 76〕關於戰前資源委員會的研究，可參閱薛毅：《國民政府資源委員會研究》，北京：社會科學文獻出版社，2005 年，第 41～207 頁。

〔註 77〕〔美〕易勞逸：《1927～1937 年國民黨統治下的中國流產的革命》，陳謙平、陳紅民等譯，北京：中國青年出版社，1992 年，第 301～328 頁。

神狀態，從事工業、農業、交通、宣傳等工作。文末他號召國人要有在抗戰中實現建國的決心：「我們不要把抗戰看作完全破壞的性質。我們要注意在抗戰過程中同時把艱苦的建國事業擔負起來。」〔註78〕還有人認為正應利用抗戰這一機會，對「頹廢懶散」、不知為國犧牲的國民性格加以反省與改造，以促成國家的建設。〔註79〕1937年9月，蔣介石發表談話，承認共產黨的合法地位，國共統一戰線正式形成。對此，張季鸞發表社論稱，國共兩黨軍隊的作戰，「不只是消極拼命抗敵，並且積極的燃燒著建國理想」，這一「建國理想」便是「三民主義的新中國」。中國目前雖處在軍情緊急的時代，但「中國的建國方針，斷不因戰爭而變更，反而因敵人之破壞而促進。」〔註80〕他還進一步呼籲青年學生不僅要為抗戰而奮鬥，還要「負擔起建國的任務」。〔註81〕張申府在抗戰初期深入探討了革新教育以適應抗戰建國需要的問題。他認為，「目前抗戰，也不僅只要打退一個帝國主義的侵略而已，尤要因戰時需要與方便，因戰時種種形勢須有所更張，順應其勢，而準備新時代新社會的建設。」為達到這一目的，必須要認清戰時教育的功用。教育是百年大計，戰時教育不僅要顧及戰時需要，更不能忽略了「未來建設的人才」的培養。〔註82〕他提出要反省目前「頭疼醫頭，腳疼醫腳」、只管現在而不顧未來發展的臨時性教育政策，努力制定一個有長遠眼光的計劃。〔註83〕以上討論，均反映出知識分子對於長期抗戰中國家建設事業重要性的體認，這也與後來國民黨提出的「一面抗戰，一面建國」的戰時國策相契合。

　　在1938年國民黨提出「抗戰建國」這一口號後，知識分子的反應是積極的。「愛國家，愛民族，擁護國民政府，支持抗戰建國的國策，時至今日，早已成為全國人共通的意志。」〔註84〕潘光旦在1940年說的這句話，雖略顯誇

〔註78〕韜奮：《抗戰與建國》，《抗戰三日刊》1937年8月23日，第2號。
〔註79〕張詩則：《抗戰與建國》，《中華週刊》1937年9月18日，第590期。
〔註80〕《讀蔣委員長談話》，《大公報》（漢口），1937年9月25日。
〔註81〕《中國青年》，《大公報》（漢口），1938年2月8日；《勉中國學生界》，《大公報》（漢口），1938年3月25日。
〔註82〕張申府：《戰時教育綱領》，《時事類編》（特刊）1937年12月10日，第六期。
〔註83〕張申府：《一二·九運動在教育上的使命》，《張申府文集》（第一卷），石家莊：河北人民出版社，2005年，第209頁。原文載於《戰鬥旬刊》1937年12月8日，第一卷第九期。
〔註84〕潘光旦：《所謂教師的思想問題》，《今日評論》1940年5月19日，第三卷第二十期。

張，但也大概反映出抗戰初期知識分子對國民黨的向心力。他們認可了國民黨「建國在抗戰之中」的政治計劃，在其文字中主動開始使用「抗戰建國」這一政治話語，並對其內涵進行闡釋。〔註85〕賀麟在《抗戰建國與學術建國》一文中對「抗戰建國」國策提出的時代意義有這樣的論述：

> 中國多年來內政外交的病根，就在缺乏一個可以集中力量，統一人心，指定趨向，可以實施有效，使全國國民皆可熱烈參加工作的國策。而月前中國國民黨，臨時全國代表大會，卻正式公布了這樣的偉大的中心國策。這國策就是『抗戰建國』。抗戰建國就是中華民國當今集中力量，統一人心，指定趨向的中心國策或國是。這國策不是空言，不是理想。它是已經在實施著，而且已經實施得有效可驗。在這偉大的國策指導之下，全國國民已經熱烈奮發地參與著，或正在準備參與著。這個國策從遠看可以說是積民國成立以來二三十年的經驗與教訓。從近看可以說是積盧溝橋事變以來幾個月堅苦支持，死中求活，敗中求勝的經驗與教訓，而逐漸形成的至當無二的國策。

賀麟認為，「抗戰建國」口號的提出，是吸取了民國成立以來對內妄用武力、「內戰建國」，對外在交涉與抵抗之間進退失據的教訓，而逐漸形成的一套團結一致的、有步驟有規劃的國策。他還列舉了世界歷史上發生過的「抗戰建國」的案例，指出「對外抗戰，實為任何一個內部分裂的國家，建立成為自由獨立統一的近代國家；任何被壓迫的民族，打倒異族的侵凌，發皇光大復興起來所必經的途徑」。中國當前的「抗戰建國」，「是歷史的命運，也是民族復興的契機」。〔註86〕

馮友蘭同樣將「抗戰」與「建國」視為近代中國不可避免的命運。他認為中國近代以來所面臨的挑戰，就是由「鄉下人」成為「城里人」，即脫離殖民地地位的任務。在這一過程中，勢必會遭到先於中國成為「城里人」的東亞近鄰——日本的反對。當下中日之戰既是不可避免的，又是實現「中國的成為城里

〔註85〕除發表言論外，許多知識分子還通過加入國民黨或國民政府的實際行動，表示對國民黨抗戰建國計劃的支持。在此限於篇幅，不再詳說。關於大學校園內知識分子與國民黨的複雜關係，可參考以下研究：王晴佳：《學潮與教授：抗戰前後政治與學術互動的一個考察》，《歷史研究》2005年第4期；王奇生：《戰時大學校園中的國民黨：以西南聯大為中心》，《歷史研究》2006年第4期；桑兵：《國民黨在大學校園的派系爭鬥》，《史學月刊》2010年第12期。

〔註86〕賀麟：《抗戰建國與學術建國》，《新動向》1938年7月15日，第1卷第3期。

人的過程中的一個階段」。因此，「所謂抗戰與建國，並不是兩件事情，而只是一件事情的兩方面。在這個階段中，我們發現了一個真理，此即是：一面抗戰，一面建國。」他由此反對將「抗戰」與「建國」在時間上劃分為兩個階段，「一個是非常時底工作，一個是常時底工作」，而應以「且戰且走」，即在抗戰的同時以不斷前進的姿態來實現近代中國的歷史任務。〔註87〕曾在北大任教的程希孟，也將《抗戰建國綱領》置於近代中國的歷史背景之下，稱它既是「中國民族革命的偉大產兒」，又是「三民主義在抗日戰爭中的具體應用」；「它的出現為現代的中國立下了一個具體的輪廓，而它的實行也將為中華民族展開一個燦爛的前途。」當下的抗戰作為「民族革命的戰爭」，就不僅意味著「單純的犧牲或破壞」，而將會從其「革命性」與「解放性」的特質出發，「使消耗與創造，使抗戰與建國同時並進」。〔註88〕到了抗戰中期，隨著戰局的逐漸明朗，更多知識分子意識到「抗戰」事業之成功已不在話下，當下更應注重「建國」問題的討論。被譽為「中國行政學之父」的張金鑑，便稱「抗戰只是完成建國目的時所用之手段」；建國問題「艱苦之程度實有甚於抗戰者千百倍」。「所謂建國，非指我今日之中國尚未具備國家之資格或實質，而憑空創立一新起之國家，乃指就已具備國家資格與實質之中國再加進一步之建設，充實其力量，提高其地位，使之成為完全獨立真正自由現代化之國家。」〔註89〕

　　雖然在抗戰時期，知識分子與國民黨宣傳家均紛紛在「抗戰建國」框架下發表言論，但與後者不同的是，知識分子對「抗戰建國」的闡發，並不是奉《抗戰建國綱領》為真理，或僅僅圍繞「抗戰」與「建國」的關係、抗戰建國與三民主義、蔣介石等國民黨領袖的言論等幾個主題，作簡單的抄撮或「八股」式的注解。實際上，抗戰初期國民政府雖極力宣傳「抗戰建國」國策，但據時人觀察，「左傾之書、浮妄之著」仍在國統區暢銷，使許多青年「醉心所謂『文化人』之宣傳」，「急遽左傾」。〔註90〕這種現象的出現，一方面得益於共產黨與左傾知識分子在國民黨審查壓力下卓有成效的宣傳工作，另一方面

〔註87〕馮友蘭：《論抗建（新事論之十‧）》，《新動向》1939年4月，第2卷第7期。
〔註88〕程希孟：《抗戰建國綱領與民主前途》，《時事類編》（特刊）1939年，第30期。
〔註89〕張金鑑：《中國建國因素之檢討與展望》，《精神動員》1941年4月1日，第二卷第一期。
〔註90〕傅斯年致朱家驊（1939年1月16日）、傅斯年致蔣介石（1939年），王汎森、潘光哲、吳政上主編：《傅斯年遺札》（第二卷），北京：社會科學文獻出版社，2014年，第720、799頁。

亦反映出國民黨內優秀寫手的缺乏。時任國民政府行政院參事的陳克文，在 1938 年 4 月寫於武漢的日記中記錄道：「欲購三民主義一書，遍歷諸書店而不可得。……三民主義之宣傳工作實太不足矣。」〔註91〕在「保衛大武漢」的口號甚囂塵上之時，市面上居然找不到論述三民主義的書籍，可見國民黨政治宣傳工作的無能及宣傳人員的缺乏。這一情形也為國統區自由知識分子發揮其思辨能力、向政府與社會提出有關抗戰建國的深度思考，提供了巨大的思想空間。他們更多地利用自己的專業知識，指出抗戰過程中可能遇到的問題、或《抗戰建國綱領》中不完善的措施，並給出解決意見。

　　例如，《抗戰建國綱領》中規定了設立國民參政會及實施地方自治等政治措施，作為實施憲政的準備。當時的政治學、法學專家，對這些條文在戰時的實施情況抱有極大的關注。梅汝璈在第一屆國民參政會召開之前，便就參政員的選任，向國民黨建議，「對於黨外的俊賢，尤當廣事延羅」，並建議參政員中的一部分「必須來自民間，至少參加過鄉村工作或洞悉勞農大眾的疾苦」，以使參政會成為「真正代表全國各區域、各職業、各階層的民意機關」，而不至於退化為類似「元老院」或「通儒院」的機構。〔註92〕王贛愚在《所望於國民參政會者》一文中，稱未來中國政治的路向是民主政治，而抗戰時期正是「扶植民治根基的絕好時機」。國民參政會的存在，正具有「集思廣益」和「替國家樹立民主政治的規模」的雙重目的，很大程度上決定了我國未來政制的演變。因此，他提議應對會議議事規程、參議員職權及提案內容等方面加以改良，以促進民主勢力的培植和議會習慣的養成。〔註93〕針對抗戰中期反對設立地方參議會、鼓吹政治集權的聲音，王贛愚又明確加以反對，稱「為抗戰要實行『集權』，為建國要促進『民主』，這中間存著絕對的聯繫性，絲毫沒有衝突。戰時需要強有力的政府，而強有力的政府，又不能不有人民力量為其後盾」，「集權」與「民主」在戰時是可以「相輔而行」的。〔註94〕徐義生更進一步指出，《抗戰建國綱領》中關於動員民眾抗戰的規程能否實現，

〔註91〕1938 年 4 月 26 日日記，陳方正編：《陳克文日記》（1937～1952），北京：社會科學文獻出版社，2014 年，第 208 頁。
〔註92〕梅汝璈：《論國民參政會》，《時事類編》（特刊）1938 年 5 月 1 日，第 14 期。
〔註93〕王贛愚：《所望於國民參政會者》，《今日評論》1939 年 2 月 5 日，第一卷第六期。
〔註94〕王贛愚：《集權與民主：一年來國內政治的動向》，《今日評論》1940 年 1 月 7 日，第三卷第一期。

是與地方自治等民主活動息息相關的。他觀察到抗戰中人民不瞭解抗戰的意義是為了全民族的幸福，故而對戰時政府的一些措施不能理解，甚至加以抵制。「民眾與政府缺乏連繫，軍民的不合作」使得抗戰受到額外的阻礙與損失，而改善這一狀況的唯一辦法就是在地方組織民治機關，提高民眾的政治興趣。地方自治不僅是「民族抗戰在客觀上的需要」，更是「建立現代國家的重要政治基礎」，影響到「抗戰建國的最後命運」。〔註95〕

除政治外，對於抗戰建國的其他方面，諸如外交政策、經濟建設、教育方針、心理建設、政黨發展等，知識分子都有廣泛發言。〔註96〕在此不能一一評述。總觀這些文章，知識分子的愛國心躍然紙上。他們時時留心於時局，向國民政府提出具體實施《抗戰建國綱領》的建議；或就不利於抗戰建國、以及面對新的局勢所當做出改變的政策，一一指明。他們的一些論點，不僅得到國民黨的重視，還吸引了更多民眾關注當前的抗戰與建設事業，並從中受到鼓舞與教育。抗戰勝利與期間國家建設的成就，知識分子在其中發揮了重要的歷史作用。

國民黨在抗戰初期承諾的「抗戰與建國同時完成」的宏偉圖景，使得一大批知識分子受其吸引，在「坐而言」與「起而行」兩方面積極支持著國民政府的建國事業。然而國民黨雖有美好的構想，但其自身並無實現其理想的能力，再加上抗戰中後期客觀條件的惡化，國家建設停滯不前，「抗戰建國」這一口號終於淪為一種政治上空洞的宣傳。〔註97〕理想與現實的巨大反差，激

〔註95〕徐義生：《抗戰建國與地方自治》，《今日評論》1939 年 4 月 9 日，第一卷第十五期。

〔註96〕相關文章極多，在此僅舉數例：周鯁生：《抗戰與外交綱領》，《民意週刊》1938 年 5 月 11 日，第 22 期；樓桐孫：《抗戰建國綱領之經濟中心觀》，《時事類編》（特刊）1938 年 5 月 16 日，第 15 期；顧毓琇：《抗戰建國綱領下的教育》，《時事類編》（特刊）1938 年 8 月 1 日，第 18、19 期；鄧公玄：《抗戰建國與國民心理之改造》，《時事類編》（特刊）1938 年 6 月 1 日，第 16 期；何茲全：《國民黨與中國革命》，《政論》1938 年 5 月 15 日，第 1 卷第 11 期。

〔註97〕實際上，考察《抗戰建國綱領》的具體內容，亦可見其中一些條款，如開發礦產與發展重工業等，以當時的人力、財力而論，即使在和平時期亦難以實現，更何況在各方面條件都捉襟見肘的戰時。陳岱孫在抗戰初期便提醒政府，應將有限的財力合理分配，將實現衣、食等基本生活用品及部分必需軍用物資的保障置於首要地位，對耗時長、見效慢、用資巨的重工業應暫緩發展。（陳岱孫：《計劃後方經濟建設方針擬議》，《新經濟》1938 年 11 月 16 日，第一卷第一期。）以後人眼光觀察，這一提議是明智的。

起了知識分子心理上的強烈不滿。他們在抗戰後期斥責國民政府在建國事業上的虛情假意、毫無作為，以致引發了一系列動搖國本的社會問題。他們進而跳出國民黨建國綱領的束縛，提出獨立的建國方案，或轉而支持共產黨等黨派的計劃，對國民黨意識形態領域的統製造成巨大衝擊。立意虛高的建國方略，最終化為了傷害自身的利刃，這是國民黨在抗戰之初提出「抗戰建國」戰略時所始料未及的。

二、「文化建國」的提出

國民黨的《抗戰建國綱領》中，並未將「文化」專列為一個部分，只在「教育」一節，提到「注重於國民道德之修養」與「提高科學的研究」〔註98〕。大會宣言中，就此兩方面略作說明，稱道德修養應注重以「仁愛」為本，躬行「禮義廉恥」，以培養國民的民族、國家精神；科學運動的目的在於使國民生活「充實向上」，「使技術與社會制度相貫通，物質與精神相貫通，理智與感情相貫通」，達到「心力」與「物力」的同時充實。〔註99〕本次大會雖未在綱領與宣言中將文化建設作為抗戰時期至關重要的內容〔註100〕，但依舊通過了陳果夫等提出的「關於確定文化建設原則綱領」的提案，作為「建國」的補充內容。本綱領的內容，是根據1936年張道藩等人所在的國民黨中央文化事業計劃委員會制訂的《中央文化事業計劃綱要》整理而成。〔註101〕綱領中對於文化在抗戰建國中的意義有如下說明：

> 文化建設之於建國工作，與國防建設、經濟建設同其重要。抗戰為建國必經之過程，建國為抗戰最終之目的，故建國之文化政策，即所以策進抗戰之力量。我國文化工作之總目標，為三民主義文化之建設，而現階段之中心設施，則尤應以民族國家為本位。所謂民族國家本位之文化，有三方面之意義，一為發揚我固有之文化，一為文化工作應為民族國家而努力，一為抵禦不適合國情之文化侵略。

〔註98〕《抗戰建國綱領決議案》，載榮孟源主編：《中國國民黨歷次代表大會及中央全會資料》（下冊），北京：光明日報出版社，1985年，第487頁。

〔註99〕《臨時全國代表大會宣言》，載榮孟源主編：《中國國民黨歷次代表大會及中央全會資料》（下冊），北京：光明日報出版社，1985年，第474～475頁。

〔註100〕這一點，從戰時國民黨推廣宣傳的「軍事第一、抗戰第一」的口號亦可得知。

〔註101〕趙友培執筆：《文壇先進張道藩》，臺北：重光文藝出版社，1974年，第145頁。

綱領中確定了戰時文化建設的三大原則，即：

　　一、根據總理「保持吾民族獨立地位，發揚我固有文化，並吸收世界文化而光大之」之遺訓，以建設中華民族之新文化。

　　二、以文化力量，發揚民族精神，恢復民族自信，加強全國民眾之精神國防，以達民族復興之目的。

　　三、對於一切文化事業，盡保育扶持之責，以督促、指導、獎勵及取締方法，促成全國協同一致之發展。〔註102〕

在這三原則基礎上，制訂了共二十二條準則，事無鉅細，既有對合乎民族主義精神的道德、習俗、禮制、教育、學術、宗教、文藝等宏大課題的提倡，又包含了「本國人相互間不得使用外國語言文字」這種瑣碎的規定。總的來說，這一綱領所體現的文化建設精神，就是試圖通過政府提供的正面與負面的激勵機制，將文化發展引導到以傳統文化為核心的民族國家本位的方向上來。一個最顯著的表現，就是本綱領中能體現「總理遺訓」中「吸收世界文化」之精神的條款，僅有「本『迎頭趕上』之精神，採取世界各國科學生產之方法，以增進國力、發展民生」一項；並且嚴格看來，這種對西方科學的學習，也只在「致用」方面，而對其科學文化之精髓──「追求真理」的精神毫不涉及。

國民黨的這份文化建設綱領，與其戰前文化政策的精神一脈相承。1935年，由陳果夫、陳立夫等國民黨高層發起、成立的中國文化建設協會，開展了一場「中國本位文化建設運動」。該運動的精神綱領，即王新命、陶希聖、何炳松等十教授聯名發表的《中國本位文化建設運動宣言》以及《我們的總答覆》二文。其主要意旨，在於既反對「復」中國文化之「古」和盲從西方文化，又反對中體西用的精神與物質文明二分論，而應當以「此時此地的需要」，對中外文化加以選擇性繼承與吸收，從而創造一種「中國本位的文化」，恢復中國在文化領域的光榮。〔註103〕這樣的原則似乎是「允執厥中」之意見，但細考其文本，則並非如是。文中強調「文化的領域」已「沒有了中國」，並稱國民革命後的中國已成為三種西方「文化侵略」模式的「血戰之場」，這是對

〔註102〕《國民黨臨時全國代表會議通過陳果夫等關於確定文化建設原則綱領的提案》，中國第二歷史檔案館編：《中華民國史檔案資料彙編》（第五輯，第二編，文化，一），南京：江蘇古籍出版社，1998年，第1頁。

〔註103〕馬芳若編：《中國文化建設討論集》，上海：經緯書局，1936年，上編，第1～6頁，中編，第180～183頁。

西方文化明顯的貶低。文中還認為吸收西方文化的標準，在於「現代中國的需要」，而「需要」與否的評判尺度卻統制於國民黨意識形態之手。至 1936 年國民黨頒行的《中央文化事業計劃綱要》中，便已明確了為「救亡圖存」的總目標而「抵禦外來之文化侵略」的原則，對文化的各個方面都強調「民族化」與「民族性」；唯一能入其「法眼」的西方文化，只剩「科學之發明」一項而已。〔註 104〕1938 年國民黨臨時全國代表大會陳果夫的提案中，不僅延續了戰前文化綱領的重要原則，同時還強化了黨化文化的色彩，專門提出「建立三民主義的哲學、文藝及社會科學之理論體系」。〔註 105〕在國民黨看來，抗戰建國時期的「國家建設實以文化建設為其基礎及前驅」，而「文化建設之要領」，在於「以迎頭趕上之精神，從事於現代科學之研究與發明」和「抱從根救起之決心，就道德智能各方面發揚中國固有之文化」兩大方面。〔註 106〕1943 年國民黨又通過了《文化運動綱領案》，以民生哲學為思想基礎，從心理、倫理、社會、政治與經濟五方面進行民族文化的建設。〔註 107〕

　　從抗戰爆發後國民黨制訂的「文化建國」政策的內容來看，其缺陷是明顯的。首先，國民黨威權式的統治模式，決定其文化發展走的是官方主導、恩威並施的封閉式發展道路。應當承認，對於處在戰爭狀態下的國家，威權統治便於調動資源、集中意志，以確保戰爭勝利；此時實行一定程度的文化統制，也有助於禁絕侵略者和叛國者的反動文化宣傳。但考察國民黨戰時的禁燬書刊細目可知，其文化審查制度的施行，主要還是為了確保其意識形態領域的至高無上地位；尤其到了抗戰中後期，更是一味用嚴厲而粗暴的手段打壓左翼、自由主義等文化「異端」。這不僅違背了《抗戰建國綱領》中對於保障人民自由權利的承諾，更加扼殺了文化自由發展、自由選擇的可能。更

〔註 104〕 《國民黨中央文化事業建設綱要》，中國第二歷史檔案館編：《中華民國史檔案資料彙編》（第五輯，第一編，文化，一），南京：江蘇古籍出版社，1994年，第 28～30 頁。

〔註 105〕 《國民黨臨時全國代表會議通過陳果夫等關於確定文化建設原則綱領的提案》，中國第二歷史檔案館編：《中華民國史檔案資料彙編》（第五輯，第二編，文化，一），南京：江蘇古籍出版社，1998 年，第 2 頁。

〔註 106〕 《國民黨中央宣傳部文化運動委員會工作綱領》，中國第二歷史檔案館編：《中華民國史檔案資料彙編》（第五輯，第二編，文化，一），南京：江蘇古籍出版社，1998 年，第 12 頁。

〔註 107〕 《文化運動綱領案》，中國第二歷史檔案館編：《中華民國史檔案資料彙編》（第五輯，第二編，文化，一），南京：江蘇古籍出版社，1998 年，第 27～32 頁。

不用說實施審查者為避免責任而主觀升高審查標準，以及文化創作者基於規避風險而對其作品進行「自我審查」所帶來的文化壓抑。由此帶來的，是低劣的政治宣傳流行於世、而真正的文化成果與創作者則備受打壓這一「劣幣驅逐良幣」現象的產生。其次，國民黨文化保守主義的心態，導致其不能正確看待傳統文化與外來文化的關係。孫中山的三民主義思想，既有崇揚傳統的一面，又有擁抱世界的一面。而戰時國民黨高層只繼承了前者，拋棄了後者，形成一套帶有極端民族主義色彩的「民生哲學」，宣揚「民生之外無文化，文化之外無民生」的文化理念。為提升戰時民族自信力與凝聚力，弘揚傳統文化是一條便捷而有效的方式。但國民黨在宣揚民族主義的同時，卻不能吸收世界文化的優秀成果。對於西方文化，國民黨只認可它在科學技術方面的優勢，並大力引進；而對其科學發展背後的科學精神、社會與制度文化則貶低之〔註108〕，甚至有「以各種便利，介紹民主國家學者指點西洋文化危機之論著，使文化界認識西洋文化之短處與流弊，且恰為中國文化之所長，以啟迪其對於中國文化之信心」〔註109〕這種荒謬的意見在國民黨高層內流傳。這種思路，實際上又重蹈晚清洋務派「中體西用」觀點的覆轍，根本上阻礙了現代文化的建設。

儘管在文化建設的理論與政策上有諸多缺陷，但國民黨在「抗戰建國」期中不忘重視文化的作用，並能在全國範圍內發動起一場重建民族文化的運動，仍具有深遠的歷史意義。抗戰期間，中國文化非但未被戰爭所拖垮，反而在普及民族精神、喚起民眾對文化建設的關注以及各領域的學術研究等方面取得豐碩成果。這也是近代以來中國文化在危機之中重建與復興的起點。〔註110〕而這一場「文化建國」運動之所以能有此成就，是與知識分子的支持和參與分不開的。

知識分子在戰時關注的目光，不僅在政治、軍事、經濟、社會等與抗戰建國直接相關的領域，至於與抗戰關係看似不直接相關的文化問題的重要性，

〔註108〕 最著名的一例，是《中國之命運》一書中所反映的盲目排外的極端民族主義思想。

〔註109〕 《當前之文化政策與宣傳》，中國第二歷史檔案館編：《中華民國史檔案資料彙編》（第五輯，第二編，文化，一），南京：江蘇古籍出版社，1998年，第18頁。注，本文為蔣介石轉發給教育部、宣傳部及三青團中央團部的文件，稱文中所擬措施「不為無見」，並認為本文所引條款「可採行」。

〔註110〕 詳見鄭師渠：《近代的文化危機、文化重建與民族復興》，《近代史研究》2014年第4期，第26～32頁。

他們也有清醒的認識。自中國古代士大夫階級誕生以來，他們便與文化事業有著密不可分的關係，並時時將「文化和思想的傳承與創新」上升至「道統」的高度，作為其中心任務，引領一個時代的文化發展潮流。〔註111〕晚清以來，尤其在進入二十世紀後，隨著科舉制度的瓦解及西方式社會與學術體制在中國漸具雛形，傳統士大夫階級雖趨於消散，但其重視文化的社會作用的精神被新的知識階級所繼承。尤其隨著近代中西文化交流的加深與碰撞的加劇，中國的知識分子在西方文化這一外來文化所帶來的壓力下，從未停止對中國文化未來發展走向的思考。〔註112〕有論者稱，近代以來知識分子對於文化的認識，先是從文化的「物質外層」、「制度中層」到「心理深層」，完成了將文化作為一個「孤立自足」的「文化現象」的完整考察；五四後又開始將文化作為一個「社會現象」，對文化在空間上因社會人群而形成的「民族性」與時間上因社會變遷而形成的「時代性」兩大社會屬性進行認識。〔註113〕抗戰期間，知識分子延續了抗戰前二三十年文化討論中對文化的「社會屬性」的重視，對現代民族國家建設過程中文化的作用力進行了深入思考。

抗戰爆發後，在國民政府宣揚「軍事第一，勝利第一」口號的同時，知識界卻有另一種認識，即認為文化發展水平決定了國力的強弱，進而影響到戰爭的勝敗。〔註114〕王芸生直截了當地宣稱：「國家力量的大小，乃在文化的總和。」中日國力之所以在近代發生懸殊之別，就因為日本在「吸收西洋文化」方面做得比中國出色。目前的抗戰只是近百年以來中日衝突的縮影。國

〔註111〕 《引言》，余英時：《士與中國文化》，上海：上海人民出版社，2003年，第1頁。

〔註112〕 許紀霖曾將20世紀前半段的中國知識分子分為三代，分別活躍於清末十年、新文化運動及30～40年代三個時期。這三代知識分子的人生關懷，分別側重於社會（政治）關懷、文化（價值）關懷以及知識（專業）關懷。（許紀霖：《20世紀中國的六代知識分子》，載氏著：《中國知識分子十論》，上海：復旦大學出版社，2003年，第82～86頁。）筆者認為，抗戰時期的知識分子，雖取得了諸多學術研究的成果，但從其言其行中觀察，他們之中確有人能自我隔絕於政治，但對文化的關懷卻是始終無法割棄的。事實上，抗戰時期知識分子對文化問題的討論，雖因處於全民抗戰的大時代而稍顯黯淡，但其內容仍是極為豐富的。

〔註113〕 龐樸：《知識分子與文化認識》，載氏著：《文化的民族性與時代性》，北京：中國和平出版社，1988年，第197～205頁。

〔註114〕 「文化為國力所繫」這一觀念在抗戰以前便已有雛形，當時多特指科學文化方面。參見羅厚立：《物質的興起：二十世紀中國文化的一個傾向》，《開放時代》2001年第3期。

人若想「復興民族再造國家」，在「長程的近代化賽跑中」超過日本，「根本解決」中日問題，則其關鍵「不僅在於這次戰爭的結果，實繫於今後的文化建設」。〔註115〕因此，《大公報》向國民政府呼籲，要在戰時「正確的認識現代文化的主流」，從而「確定一條建國的路線」，並以教育的手段實現之。「抗戰的現階段，正是我們民族國家的嚴重試煉關頭，就目前說，要從各方面來支撐軍事，眼光放遠些，更須從根本上來充實我們的文化。」〔註116〕所謂「現代文化的主流」，在黃文山看來，就是指「科學文化」與「民族文化」。他說：「文化乃國力之總體，而民族國家問題之基幹，到底在文化。」而當下文化的重要問題正在於「如何從新估量文化之價值，如何建立科學文化之基礎，如何開拓民族文化之新生命，質言之，如何在現階段民族革命的過程中，建立三民主義之文化體系」，認為現時提倡文化研究有其重要價值。〔註117〕

　　然而抗戰時期文化建設的成果，畢竟不能直接地體現在戰場之上。知識分子在鼓吹「文化建國」時，有策略地對文化做了更加實用性的解釋，以此減輕政府和民眾對文化之於戰爭「緩不濟急」的憂慮。羅家倫稱：「近代的戰爭，大家都知道，不是單純的武力戰爭，而是文化的戰爭。要看一國的勝敗，不只是看他兵力的強弱，而且要看他國內文化水準的高下。」文化是一個有機體，具有整個性，無論「文法教理工農醫商」，都是文化的分支，都是「支配整個國家民族命運的一部分」，因而都應在科學的精神下發展，以達到充實文化、救國建國的目的。時任中央大學校長的他，特以本校所設八大學院、三十二系為例，將各學院各系的發展對於抗戰的有利影響詳加說明。〔註118〕專研中國古典文學的羅根澤，則把發展軍事也包含在廣義的文化建設之中，以此減輕民眾對戰時提倡文化建設的「迂闊而遠於事情」的非議：「我們在抗戰中進行建國，最重要的工作當然是『建軍』；『建軍』之外就是『建文』。——就是文化建設。本來軍也是『文化』的一環，所以『建軍』也包括於『建文』。但因為現在是對日抗戰的時期，無軍不能以抗敵，

〔註115〕王芸生，《學生界的責任》，《告全國青年》，載氏著《由統一到抗戰（芸生文存第一集）》，上海：大公報館，1937年，第282～285、340～343頁。

〔註116〕《今後的國家教育》，《大公報》（漢口），1938年1月15日。

〔註117〕黃文山：《〈文化學論文集〉自序》，收入趙立彬編：《中國近代思想家文庫·黃文山卷》，北京：中國人民大學出版社，2015年，第304～305頁。原載黃文山：《文化學論文集》，廣州：中國文化學學會，1938年。

〔註118〕羅家倫：《抗戰的國力與文化的整個性》，《新民族》1938年，第一卷第七、九、十、十一期。

所以文化一環的軍應首先建設，然後再建設其他的文化。」儘管他也承認「建軍」在文化建設中的優先地位，但他同時又警告國人，若不重視文化建設，中國則有贏了戰爭、卻輸了整個國家之虞：「就抗戰而言，文化建設似不十分急需；就建國而言，文化建設則是刻不容緩。否則，儘管打敗敵人，也要因了缺乏建國的文化，不能建設富強的現代國家。阿比西尼亞在一八九六年打敗了意大利，但因了缺乏建國的文化，竟於前年為意大利所滅。這便是一個明顯的怵目驚心的實例。」〔註 119〕在全面抗戰爆發一週年之際，有知識分子回顧過去一年抗戰建國的實績，認為「文化工作之未能在整個的統一的計劃之下，發揮最大效能」，是目前抗戰的重要缺陷。作者認為，「現代戰爭的勝負，不僅要取決於武力強弱的對比，而且要取決於文化高低的競賽」；「軍事工作的策動與文化工作的努力」，具有同等重要性，因為文化工作的開展是「喚起全國民眾，竭其心力體力物力財力，完成總動員的任務，共同參加抗戰建國」的關鍵。〔註 120〕這些都是對文化建設之於抗戰建國的一種實用性的解讀。

　　抗戰初期的張申府，也是大力鼓吹在戰時進行「文化建國」的代表人物。作為戰前興起的「新啟蒙運動」的重要領導者，他重視思想文化的啟蒙對於改造社會、重建國家的意義。〔註 121〕抗戰爆發後，張申府敏銳地意識到文化對於奪取抗戰勝利的至關重要的作用。他在抗戰初期發表了多篇有關文化建設的文章，建構起一套完整的文化建設方略；同時還在陳誠等國民黨要員的資助下，在漢口創辦了《戰時文化》期刊，作為知識分子討論文化問題的一個重要平臺。〔註 122〕張申府在其文化理論中，將戰爭作為刺激文化發展的一個有利因素。他說：「戰時本不是宜於文化活動的時候。因為人的生活不安定。但戰時也是適於推進文化的時候。因為特別有其需要。戰時要人動，要人緊張。文化就是使人動，使人緊張的一種助力。」按照張申府對文化的定義，即「人的跳出現狀的，即進步的，也即活的力量的發揚，

〔註 119〕羅根澤：《建國期中的文化建設》，《學生月刊》1940 年 12 月 15 日，第 1 卷第 12 期。

〔註 120〕柳建：《抗戰建國與文化工作》，《民力週刊》1938 年，第 18 期。

〔註 121〕關於新啟蒙運動的研究，可參考李亮：《揚棄「五四」：新啟蒙運動研究》，上海：上海三聯書店，2012 年；〔美〕舒衡哲：《中國啟蒙運動——知識分子與「五四」遺產》，劉京建譯，北京：新星出版社，2007 年，第 229～284 頁。

〔註 122〕張申府：《所憶——張申府憶舊文選》，北京：中國文史出版社，1993 年，第113 頁。

以及其一切成果」，那麼當下的中日戰爭，正是刺激國人活動起來，創造新文化的契機。〔註123〕在武漢失守、戰爭局勢進入長期化階段後，張申府進一步提出「文化的從軍」口號，要求「文化應該以軍事為中心」。文化工作者應在前線、在後方、在淪陷區，提供精神食糧，動員並促進民眾「生活行動，思想心理」的「軍事化」，以此促進「戰時文化的再開展」。〔註124〕他對「抗戰建國文化」提出一個總的精神，就是「實」的哲學〔註125〕。這種哲學，是「切實、沉著與無恐」的「理性與狂熱」精神的合一〔註126〕，是「理性」與「以理性為基礎為主宰的情感」的合一〔註127〕，是客觀的「解釋世界」與主觀的「變革世界」的合一〔註128〕。在這一哲學精神指導下，他提出了戰時文化發展的九項原則，即「抗戰的，奮鬥的，革命的」；「踏實的，積極的，進步的」；「動的，人定勝天的，理性情感合一的」；「民族的，民眾的，民主的」；「自覺的，自主的，自由的」；「統一的，統制的，系統的」；「反迷信，反盲從，反奴化」；「反獨斷，反武斷，反壟斷」；「反成見，反偏見，反私見」。〔註129〕這些羅列的名詞，規定了張申府所要建立的三民主義的、新啟蒙運動的建國文化的主要特徵。

抗戰初期，許多對中國傳統文化有深入研究的學者型知識分子，從整個中國文化傳承與演進的角度，思考戰時文化建設的意義。雷海宗在抗戰爆發前，便形成了「中國文化兩周論」的觀點，認為古代中國經歷了自商周至兩晉、自南北朝至明清兩個文化從興起到衰落的發展週期。現在的中國，處於文化第二周即將結束的時代；但作者在當時，還未能肯定中國文化是否有開

〔註123〕《戰時文化的推進》，張申府：《我相信中國》，漢口：上海雜誌公司，1938年，第48～49頁。

〔註124〕張申府：《戰時文化應該怎樣再開展——文化的從軍》，《戰時文化》1939年1月10日，第二卷第一期。

〔註125〕張申府：《抗戰建國文化的建立發端》，《戰時文化》1938年5月25日，第一卷第一期。

〔註126〕《實！》，《張申府文集》（第一卷），石家莊：河北人民出版社，2005年，第196頁。原載於《北平新報》1937年7月25日。

〔註127〕《戰時生活·戰時教育·新啟蒙運動·新的青年運動》，《時事類編》（特刊）1937年12月10日，第六期。

〔註128〕張申府：《抗戰建國文化的建立發端》，《戰時文化》1938年5月25日，第一卷第一期。

〔註129〕張申府：《抗戰建國文化的建立發端》，《戰時文化》1938年5月25日，第一卷第一期。

啟第三週期的可能。〔註130〕然而在抗戰爆發後，目睹了國民以不亞於「正在盛期的歐美」的「智力與魄力」，以「二千年來養成的元氣，今日全部拿出，作為民族文化保衛戰的力量」，雷海宗得出明確結論，將當下的抗戰比作開啟第二期中國文化的淝水之戰，中國文化「第二周的結束與第三周的開幕，全都在此一戰」〔註131〕；「只看目前，我們是在抗戰中建國。但若把眼光放得遠大些，我們今日顯然的是正在結束第二周的傳統文化，建設第三周的嶄新文化。從任何方面看，舊的文化已沒有繼續維持的可能，新的文化有必須建設的趨勢，此次抗戰不過加速這種遲早必定實現的過程而已。」〔註132〕可見，雷海宗將當下的抗戰，賦予其在整個中國文化史上至高的意義，並對經此一戰而開闢中國新一周的光輝文化充滿信心。

與雷海宗有類似思考的，還有同為史學家的錢穆。在寫於1938至1939年間的《國史大綱》中，受篇幅所限，錢穆雖未就中國文化之內容這一專題展開論述，但仍在書中強調了文化之於民族與國家的重要性。他認為，一個民族、一個國家的形成與消亡，根本原因都在於文化。「人類苟負有某一種文化演進之使命，則必摶成一民族焉，創建一國家焉，夫而後其背後之文化，始得有所憑依而發揚光大。若其所負文化演進之使命既中輟，則國家可以消失，民族可以離散。」而中國「民族命運之悠久」、「國家規模之偉大」，「絕出寡儔，獨步於古今」，正是「我先民所負文化使命價值之真憑實據」。中國過去未能實現建國目標，是因為「今日國人之不肖，文化之墮落」；而當前能夠在抗戰中同時追求建國的目標，卻也體現了「我先民文化傳統猶未全息絕」。〔註133〕「所謂『民族爭存』，底裏便是一種『文化爭存』。所謂『民族力量』，底裏便是一種『文化力量』。」「目前的抗戰，便是我民族文化的潛在力量依然旺盛的表現。」〔註134〕

〔註130〕 雷海宗：《斷代問題與中國歷史的分期》，《社會科學》1936年10月，第二卷第一期。後以《中國文化的兩周》為題名，收入1940年由商務印書館出版的《中國文化與中國的兵》一書中。

〔註131〕 雷海宗：《此次抗戰在歷史上的地位》，載氏著：《中國文化與中國的兵》，重慶：商務印書館，1940年，第212～213頁。原文載於《掃蕩報》1938年2月13日。

〔註132〕《建國——在望的第三周文化》，載氏著：《中國文化與中國的兵》，重慶：商務印書館，1940年，第214頁。

〔註133〕 錢穆：《引論》，《國史大綱》（上冊），上海：國立編譯館，1947年，第27～28頁。

〔註134〕 錢穆：《革命教育與國史教育》，載氏著《文化與教育》，收入《錢賓四先生

因此，錢穆在戰時所作文章與演講中，不斷地向大眾宣傳傳統文化在抗戰中的力量，「以中華文化民族意識為中心論旨，激勵民族感情，振奮軍民士氣」〔註135〕。他認為當下中國所要實現的文化建國目標，就是要復興傳統文化精神，「於我先民文化所貽自身內部獲得其生機」〔註136〕。

　　郭沫若作為抗戰時期中國文化界的領軍人物，自戰爭伊始，便號召「一方面要打倒敵人，為真正的人類和平而戰鬥；同時我們還要把遺留下來的歷史文化社會組織和民族本性，在這民族革命的聖火中重新熔煉，重新鑄造一個嶄新的國家。」〔註137〕無論抗戰，還是重建國家，都需要文化的力量。他代表文化界發出宣言，稱「我們的文化任務與政治任務一樣，不僅要完成文化抗戰的工作，而且要完成文化建國的工作。」〔註138〕作為在抗戰前期擔任國民黨軍事委員會政治部第三廳廳長、專門負責戰時文化工作的郭沫若，他的態度能夠代表當時一大批知識分子的意見。在抗戰期中建國，在「文化抗戰」的同時不忘「文化建國」，戰時知識分子的思考，是傳統士大夫「文化本位」傳統的延續，又是建設現代國家的必需。

　　　　全集》（第41冊），臺北：聯經出版事業公司，1998年，第280頁。原文刊於《大公報》（重慶），1941年9月7日。

〔註135〕嚴耕望：《錢穆賓四先生與我》，載氏著《治史三書》，上海：上海人民出版社，2011年，第226頁。

〔註136〕錢穆：《引論》，《國史大綱》（上冊），上海：國立編譯館，1947年，第28頁。

〔註137〕《告四川青年書》，王錦厚、伍加倫、肖斌如編：《郭沫若佚文集》（上冊），成都：四川大學出版社，1988年，第326頁。本文寫於1938年6月，刊《四川月報》第13卷第12期。

〔註138〕《四年來之文化抗戰與抗戰文化》，王錦厚、伍加倫、肖斌如編：《郭沫若佚文集》（上冊），成都：四川大學出版社，1988年，第401頁。原文載於國民黨軍事委員會政治部編：《抗戰四年》1941年。

第二章　文化建國的核心──
「學術建國」

　　在中國傳統士大夫向近代知識分子的身分轉變過程中，西式的近代大學教育成為其催化劑。青年學生因考入大學、接受學術訓練而獲得「知識分子」這一身分認同。在其學業終了之後，仍有一批知識分子選擇以從事學術研究作為職業。抗戰爆發後，這批掌握著先進學術知識的知識分子，不甘於繼續埋首於象牙塔中的研究工作，而是基於對民族前途命運、對「抗戰建國」這一時代問題的思考，向社會發出了「學術建國」的呼籲。他們要求在戰時尊重學術、發展學術，以學術的精神改造國家，改造社會。他們對學術之於國家意義的思考、對於學術自由獨立精神的闡釋，仍能引起當今學術界的共鳴。

第一節　「學術是建立國家的鋼筋水泥」

　　在中國古代，「學」與「術」二字含義有別。古時「學」與「教」為一字，因此「學」被引申為講學、學問、學說等義；而「術」則被解為道路，後引申為技藝、方法，但在一些經典中又能表示學說之義。〔註1〕後世士大夫常將兩字連用，以「學術」指代學問。此意在明末清初黃宗羲、李顒等大儒筆下已多有闡明。〔註2〕作為中國傳統學術支柱的儒學，其本身包含了價值系統、知識

─────────────────

〔註1〕張立文：《總序》，張立文主編，周桂鈿、李祥俊著：《中國學術通史》（秦漢卷），北京：人民出版社，2004年，第4～5頁。
〔註2〕參見史革新：《略論清初的學術史編寫》，《史學史研究》2003年第4期。梁啟超在《學與術》一文中，將《禮記‧鄉飲酒義》中「古之學術道者」視為古代

─69─

系統與意識形態三方面內容，並與士大夫「修身齊家治國平天下」的淑世精神相結合，呈現出「天人合一」、「內聖外王」的面貌。〔註3〕

　　十九世紀以來，中國傳統學術面臨一個重大轉變之契機；這一契機的發生，來自於內外兩方面壓力。一方面，清中期以降愈發嚴重的社會危機，以及考據學在乾嘉時期的爛熟，促使士大夫從對儒學經典的考據中走出，重新思考學術如何「經世致用」。今文經學與理學思考再度興起，而諸子學、佛學與史學也成為士大夫新的思想資源。另一方面，西學攜船堅炮利之勢進入中國，帶來一套迥異於傳統的、以科學為最明顯特徵的新學術。國人認識到西學乃是西方富強的根本，隨即在救亡圖存的時代主題下，喊出了「學戰」的口號。〔註4〕「學戰」之義，並非以中學對抗西學，而是要「中體西用」，將西學容納於中學之中，作為對抗外來侵略、實現國家富強的工具。然而隨著西學之「體」與「用」的不斷輸入，其體大思精之體系已不是傳統中國學術所能包涵。中國學術被迫進行現代轉型，在接納西學與改造中學兩方面加以構建；新的學術運動由此在十九、二十世紀之交時興起。而 1920 至 1930 年代中國現代學術機構與學術共同體的不斷完善以及「整理國故」運動的發生，正是中國現代學術形成的重大推力。到了 1937 年全面抗戰爆發之前，中國的現代學術建設已初具規模。

　　從知識分子的角度來看，他們對學術發展之於建國、救國的重大意義，

　　　　「學術」一詞的出處（《梁啟超全集》，北京：北京出版社，1999 年，第 2351 頁），今日學者也有沿用此說者。然據孔穎達疏，此處應解為「古之人學此才藝之道也」，並不具有近代以來常用的「學術」一詞的含義。

〔註3〕參見許紀霖、陳達凱主編：《中國現代化史》（第一卷，1800～1949），上海：學林出版社，2006 年，第 21～22 頁。又及，儒學這種「三位一體」的架構，也直接導致了近代以來的學術史研究，往往陷入與思想史相混淆的境地。一個最顯著的例子，便是梁啟超與錢穆先後所作的《中國近三百年學術史》同名著作。兩書雖都以學術史為名，但其內容中都包含了大量思想史研究的痕跡，尤以錢著最為明顯。參見周國棟：《兩種不同的學術史範式——梁啟超、錢穆〈中國近三百年學術史〉之比較》，《史學月刊》2000 年第 4 期；胡文生：《梁啟超、錢穆同名作〈中國近三百年學術史〉之比較》，《中州學刊》2005 年第 1 期。

〔註4〕關於晚清「學戰」觀念，參見王爾敏：《中國近代思想史論》，北京：社會科學文獻出版社，2003 年，第 207～210 頁；黃興濤、胡文生：《論戊戌維新時期中國學術現代轉型的整體萌發——兼談清末民初學術轉型的內涵和動力問題》，《清史研究》2005 年第 4 期；羅志田：《權勢轉移：近代中國的思想與社會》（修訂版），北京：北京師範大學出版社，2014 年，第 2～24 頁。

在戰前已有深切體悟。顧頡剛曾號召知識界起來「造成一個『研究的運動』」，以「求真知的精神，在中國建設一個學術社會」。這一學術社會的研究對象，包含了生活中「修身、齊家、治國、平天下」的全部事宜，其根本上是為了「智識上思想上的一種澈底的改革」。〔註5〕胡適亦稱，國家的建設事業是「專門學術的事」。執政者在進行具體建設之前應先聽取學界的調查與計劃，而不能抱著將建設作為「政治的途徑」、「裝點門面的排場」的心態，這樣只會造成「盲目與害民」的後果。〔註6〕當前的建設，應重視學術人才的力量。他為「有為的建設」訂下三條標準：「第一，有了專家計劃，又有了實行的技術人才，這樣的建設可以舉辦。第二，凡沒有專門學術人才可以計劃執行的事業，都應該先用全力培養人才。第三，在創辦新事業之前，應該充分利用專門技術人才，改革已有的建設事業，使他們技術化，使他們增加效率。」〔註7〕顧毓琇更加直接地強調，為使學術達到救國的目的，執政者必須善於利用學術專家，與之共同治理國家，繼續推行「專家政治」的主張。〔註8〕這種聲音，已不僅僅強調知識分子發展學術的天職，還將他們與現實政治的關係加以勾勒。以上這些討論，均體現了知識分子要求政府和社會尊重學術與知識的主張。而一個由知識分子為社會重心、重建學術與知識的尊嚴的「學術社會」的建構，成為當時知識分子共同的夢想。〔註9〕

戰前形成的「學術社會」的雛形，並未因戰爭而受致命的破壞，反而在經歷短暫的頓挫後，重新煥發生機。作為學術研究最重要場所的大學與研究所，在抗戰時期遭日寇蓄意破壞，損失難以估量；但經過三次大規模內遷後，

〔註5〕顧頡剛：《中山大學語言歷史研究所年報序》，載氏著：《寶樹園文存》（卷一），北京：中華書局，2011 年，第 309～311 頁。原文為 1929 年作。

〔註6〕胡適：《建設與無為》，收入季羨林主編：《胡適全集》（第 22 卷），合肥：安徽教育出版社，2003 年，第 62～67 頁。原文載於《獨立評論》1934 年 4 月 1 日，第 94 號。

〔註7〕胡適：《今日可做的建設事業》，收入季羨林主編：《胡適全集》（第 22 卷），合肥：安徽教育出版社，2003 年，第 69 頁。原文載於《獨立評論》1934 年 4 月 8 日，第 95 號。

〔註8〕顧毓琇：《學術與救國》，《獨立評論》1935 年 1 月 6 日，第 134 號。

〔註9〕對此，可參考章清：《「學術社會」的建構與知識分子的「權勢網絡」──〈獨立評論〉群體及其角色與身分》，《歷史研究》2002 年第 4 期；章清：《「國難」與中國現代學術的成長──以〈獨立評論〉為中心的考察》，中國社會科學院近代史研究所民國史研究室、四川師範大學歷史文化學院編：《一九三〇年代的中國》（下卷），北京：社會科學文獻出版社，2006 年，第 571～590 頁。

大部分國立、私立高校以及中央、北平兩研究院，均得以在西北、西南大後方繼續開展學術研究工作。〔註 10〕而作為「學術社會」的領導者——大學教師，除極少數附逆者之外，大多數仍繼續從事於國家建設的事業。他們或留在高校、研究所內，研究高深學問的同時，也不時向社會發聲；或直接加入政府，以其知識、學養影響國家政策。緊張的抗戰局勢、貧乏的物質生活，更加反襯出戰時知識分子學術研究的精神及其產出成果之寶貴。而欲以學術指導並建設國家的渴望，也在抗戰時期得以進一步生發。賀麟於 1938 年發表的《抗戰建國與學術建國》一文，明確地提出了「學術建國」的口號，並對其精神加以解說。

本文最初發表於 1938 年 5 月《雲南日報》，後又轉載於當年的《新動向》半月刊與《蜀風月刊》等雜誌，對於大後方思想界產生一定影響。本文寫作的時代背景，正如篇首所言，是在《抗戰建國綱領》頒布後不久。賀麟有感於這一能夠「集中力量，統一人心，指定趨向」的抗戰國策的公布，認為它是全面抗戰爆發以來逐漸形成的「和平建國」國策的具體化，改變了此前幾年「交涉無要領，抵抗無決心，無全盤計劃」的窘況，為中國歷史開一「新紀元」。在這種思想認識下，賀麟提出以「學術建國」作為抗戰建國國策的補充。他認為中國近代以來的國勢衰落，根本原因在於「學術文化不如人」；而中國得以抵抗外敵、謀求民族復興，也是近些年來「學習西洋新學術，接受西洋近代化的結果」。〔註 11〕當下的抗戰建國運動，必然也將繼續著戰前的良好態勢，以學術發展作為建國的基礎，「不是義和團式的不學無術的抗戰，不是袁世凱式的不學無術的建國」，而是「建築在對於新文化新學術各方面各部門的研究，把握，創造，發展，應用上」，先在學術上達到

〔註 10〕 詳參徐國利：《關於「抗戰時期高校內遷」的幾個問題》，《抗日戰爭研究》1998年第 2 期；金以林：《近代中國大學研究》，北京：中央文獻出版社，2000 年，第 226～289 頁。

〔註 11〕 賀麟在本文中，常將「學術」與「文化」二詞並列，組成「學術文化」、「文化學術」等詞彙。這種用法，在民國知識分子的言論中頗為常見。錢穆曾說：「欲考較一國家一民族之文化，上層首當注意其『學術』，下層則當注意其『風俗』。學術為文化導先路。苟非有學術領導，則文化將無嚮往。非停滯不前，則迷惑失途。」（錢穆：《序》，載氏著《中國學術通義》，收入《錢賓四先生全集》（第 25 冊），臺北：聯經出版事業公司，1998 年，第 3 頁。）賀麟等人的理解，也是將「學術」視為「文化」之上層與領導力量。這也與中國傳統士大夫的文化觀相合。

世界一等國地位，然後才能保障國家在政治上有獨立平等之地位。至於抗戰
與學術的關係，賀麟更有如下表述：「抗戰不忘學術，庶不僅是五分鐘熱血
的抗戰，而是理智支持情感，學術鍛鍊意志的長期抗戰。學術不忘抗戰，庶
不是死氣沉沉的學術，而是擔負民族使命，建立自由國家，洋溢著精神力量
的學術。」賀麟將「學術建國」的關鍵認定為國家與民族的「學術化」，即
「力求邏輯的條理化，數學的嚴密化，實驗科學工程學的操作化」，同時培
養國人「崇尚真理尊重學術的愛智氣味」和「為民族的獨立自由而鬥爭」的
「鬥士精神」。〔註12〕賀麟在戰時發表的另外一篇討論學術建國的文章中又
稱：「任何建國運動，最後必然是學術建國運動。離開學術而言建國，則國
家無異建築在沙上。學術是建立國家的鋼筋水泥，政治上所謂真正的健康的
『法治』或是儒家所提倡的『禮治』『德治』本質上皆應是一種『學治』。『開
明的政洽（治）』就是『學治的政治』。離開學術而講法治就是急功好利殘民
以逞的申韓之術；離開學術而談德治，就是束縛個性不近人情不識時務的迂
儒之見；離開學術而談禮治，就是粉飾太平虛有其表抹煞性靈的繁文縟節與
典章制度。」〔註13〕這裡可以看出，賀麟所論「學術建國」，已不僅僅就一
般意義上學術研究的重要性加以強調，還闡發了它在改良民族精神、培育重
視學術的社會文化風氣這一層面的意義。「學術建國」，其本質仍屬於「文化
建國」，但較「文化建國」的其他領域更加高深。

　　賀麟在此時提出「學術建國」，其另一目的是要以此為尺度，衡量作為敵
國的日本在建國模式上的失調。日本是戰時知識分子討論建國問題時所常用
的「參照物」。〔註14〕他認為日本的近代化，只熱衷於模仿西方實用性的政治
及軍事，而不能在自身學術文化上有「創進與發揚」；並且，「日本學術界對
人民生活，國家政策並不居領導地位」。「以文化學術在世界上列於第三等國
的日本，政治軍事一躍而居一等強國之列。先天不足，本末倒置，實為日本
的根本危機。」日本實行「迷信的武力，軍權高於一切的『力治』」、「急功好

〔註12〕賀麟：《抗戰建國與學術建國》，《新動向》1938 年 7 月 15 日，第一卷第三期。
〔註13〕賀麟：《學術與政治》，《當代評論》1941 年 10 月 20 日，第一卷第十六期。
〔註14〕例如胡適在戰時便就中日現代化道路加以比較，用來向美國民眾說明，相較
　　　　日本文化保守主義的現代化模式，中國的現代化更加開放與全面，在物質與
　　　　精神兩方面都更貼近於西方。胡適：《中國和日本的西化》、《中國與日本的現
　　　　代化運動——文化衝突的比較研究》，分別載於歐陽哲生編：《胡適文集》（11）、
　　　　（12），北京：北京大學出版社，1998 年，第 784～791、767～772 頁。

利富國強兵」的「舊式法治」以及「詭辯無恥的冒牌的假德治」，正是其不重視學術的具體體現；真正現代意義的「力治」、「法治」與「德治」，都必須以學術的知識，即「學治」為基礎。〔註15〕在賀麟看來，不尊重學術、僅憑武力立國的日本，必將走上「一蹶不復振」的不歸路。從軍事到法律，再到道德，國家的各方面建設，無不需要學術發展作為根本的依託；而學術發展的動力，源自從政府到社會，自上而下的自覺與參與。

除以日本作為立論之「靶」外，賀麟還為中國的「學術建國」尋找到一個現實的榜樣——德國。當時的德國雖早已走向法西斯道路，但在賀麟看來，它能夠走出一戰後的泥潭，重新成為世界一等強國，其原因正在於學術文化之力量。「因學術文化，所以培植精神自由的基礎。一個精神自由的民族，軍事政治方面必不會久居人下。」〔註16〕實際上，從蔡元培、張君勱到賀麟、宗白華，受近代德國文化影響、試圖以德國崛起之路作為中國建國之榜樣的知識分子有很多。宗白華在抗戰之初，就將德國作為建國的榜樣：「一百三十年前德國所處的境遇，何其像我們的現在？他們六年的艱苦奮鬥，驅敵人於國外，不但國家統一強盛，漸成歐洲一等強國，而文化學術光芒萬丈，也是民族復興的原因。」〔註17〕不過他所取的歷史事件，是十九世紀初普魯士反抗拿破崙統治一事。他們所共同看重的，是德國政府與國民對於「學術建國」的一致認同。

賀麟之外，戰時知識界對於「學術建國」精神的重要性有著相當多的思考。政治學家張金鑑在《學術與建國》一文中，將「學術事業之推進建設與發揚光大」視為建國大業的基本工作。學術水平決定了國力的高低、國勢的興衰。近代西歐因文藝復興以來培根、牛頓、瓦特、達爾文、亞當斯密等一批第一流學問家的湧現，造成其國產業革命與資本主義制度的建立，進一步將其國勢推至世界最高點。而日本一國之學術徒以抄襲為尚，不重獨立發明與創造；以其二三流之學術，卻欲在軍事上充當一等強國，因而在中國戰場上愈陷愈深，自取滅亡。〔註18〕竺可楨亦稱：「一個國家的工業發達與否，

〔註15〕賀麟：《抗戰建國與學術建國》，《新動向》1938 年 7 月 15 日，第一卷第三期。
〔註16〕賀麟：《抗戰建國與學術建國》，《新動向》1938 年 7 月 15 日，第一卷第三期。
〔註17〕宗白華：《〈亞里士多德及其文學批評〉等編輯後語》，《宗白華全集》（第二卷），合肥：安徽教育出版社，1994 年，第 190 頁。原文載於《時事新報‧學燈》1938 年 9 月 4 日。
〔註18〕張金鑑：《學術與建國》，《民意週刊》1941 年，第 146 期。

科學進步與否,則全繫於學術研究之精神而定。學問之道,不進則退,如不繼續研究,必不能隨世界文化而日益進步。」〔註19〕張申府更進一步討論了「學術建國」的具體內容:「一、必須維持專門的學術研究,不但不能聽令中斷,更應力加擴充。二、使一切學術都發生國防的意義。應用一切學術於抗敵建國上,使一切學術都與抗敵建國密切相關。三、盡力推廣科學。普及現代科學常識於一般人民,並籍此打擊流行的迷信。」〔註20〕社會學家胡鑑民回顧了中國近代以來的救國主張,稱:「我國自從康梁變法運動到現在,新式舊式的救國方案不謂不多。曾經喊出的救國口號更是難以計數。人類社會是一種很複雜的現象,要從事改造固需要各方面的推動。所以一切救國運動都是需要的。不過在這一切救國運動中,須得認清個聯繫與先後本末。在比較基本的重要的問題上應多用些力;並且應首先推動,繼續不斷地努力。」而學術建設,正是他認為目前「最基本最重要的救國運動」。「一切政治的經濟的社會的文化的建設,都要受學術建設的支配;都要從學術建設這個總源頭裏面流出,輕視學術建設,或甚至捨學術建設而不談,而只從事於一切所謂『實際』的運動,其結果必然是浪費,罔效,膚淺,皮毛,令人生厭。」將建國事業託付給輕視學術的國民,實在是「把國計民生視為兒戲」。〔註21〕從教育背景來看,戰時絕大多數的知識分子,都曾進入現代的西方式大學(無論在國內還是國外),接受過正規的現代學術訓練;尤其是一批在報刊上頻頻發聲的知識分子,其工作單位即多為大學和研究所等學術研究機構。對他們而言,提倡「學術建國」,強調學術研究對於國家建設的指導作用,是其最自然的選擇。〔註22〕而正是他們在炮火紛飛中對學術、對真理不變的追

〔註19〕 竺可楨:《報告赴渝出席全國學術審議會情況》,《竺可楨全集》(第2卷),上海:上海科技教育出版社,2004年,第537頁。原文發表於《國立浙江大學校刊》復刊第89期,1941年4月26日。
〔註20〕 張申府:《關於文化政策》,《全民週刊》1938年3月26日,第一卷第十六號。
〔註21〕 胡鑑民:《泛論進化與學術救國》,《讀書通訊》1941年6月1日,第26期。
〔註22〕 然而在戰時提倡學術研究,並不是思想界的一致認識。尤其對於思想左傾的知識分子而言,學者更不應以學術研究作為不關心現實政治與社會的藉口。1944年7月在西南聯大舉行的抗戰七週年時事座談會上,聞一多批駁了時任雲南大學校長熊慶來在演講中所說「大學應專注於學術研究,以此解救中國貧弱」的觀點,號召重新思考學術研究的實用性,並要求大學師生起來為現實政治與生活問題而鬥爭。(參見王康:《聞一多傳》,武漢:湖北人民出版社,1979年,第304～305頁;顏浩考釋:《聞一多:新文藝和文學遺產》,濟南:山東文藝出版社,2006年,第123～125頁。)在戰後的回憶中,他又對國

求，塑造了戰時中國學術發展的「神話」。1946 年出版的《中國戰時學術》一書，分章總結了自然科學、哲學、政治學、心理學、歷史學等各主要學科在戰時取得的重大成就。張道藩在序言中不無驕傲地寫道：「在一般人的想像裏，我國抗戰了七八年，因交通的阻塞，印刷的困難，國外資料的難於獲得，學術上必將退步，然事實恰與此相反……我國的各種學術，不但沒有退步，而且有長足的進步，較之數十年來的學術進展有過之無不及。」〔註 23〕抗戰中發展的中國學術，不僅為抗戰事業貢獻甚巨，並且為戰時及戰後的建國提供了強有力的支撐。

　　然而，學術建國事業固然需要知識分子這種「泰山崩於前而色不改」的執著精神，但還需要有來自國家與社會的各方面支持。上文張道藩所說戰時發展學術事業的客觀困難是存在的。有形的客觀困難，顯而易見，也容易克服；而國人在主觀上對學術的輕視、國家在制度上對學術發展的掣肘，更值得深思與糾正，方能使學術建國大業不致中輟。胡鑑民對此有如下評說：

> 我們中國的輕視學術卻是不可否認的事實，最高學府的設備那麼不完整；教育方法那麼重量而不重質；國家的用人又那麼講人的關係而輕視學術能力；至於專門學術研究組織又那麼稀少；經費那麼支拙；學術界工作者的生活又那麼不安定；待遇那麼菲薄；一般社會心理又那麼看不起學府或研究機關的人，而崇拜升官發財的人。因風氣所趨，致使一般學術界的人自己也失了自尊心與自信心而以宦途亨通為幸運！

　　胡鑑民將中國這種自上而下對學術的輕視歸結為兩點原因：其一，未能認識到學術在西方現代化過程中的巨大推動力，以及對中國當下與未來的立國建國事業的重要價值；其二，中國傳統學術過重修身與治國等實際問題，導致國人在接觸西學時也往往只見其實用方面，而忽視其實用技術背後的理

民黨戰時制訂的與抗戰脫節的教育政策及知識分子對學術研究的過度熱衷進行批評。（《八年的回憶與感想》，載孫黨伯、袁謇正主編：《聞一多全集》（2），武漢：湖北人民出版社，1993 年，第 427～432 頁。）而在中共看來，政治與生產勞動教育才應是學術界教育界最該重視的問題；強調學校正規化、系統知識的傳授、「百年樹人」、「培養建國人才」等觀點，都被視為「教條主義」的錯誤加以批判。（參見高華：《革命大眾主義的政治動員和社會改革：抗戰時期根據地的教育》，載氏著：《革命年代》，廣州：廣東人民出版社，2010 年，第 174～176 頁。）

〔註 23〕張道藩：《序》，《中國戰時學術》，上海：正中書局，1946 年，第 1 頁。

論支撐。〔註24〕對於「純粹科學」與「應用科學」關係的討論，在全面抗戰爆發前的 1930 年代，便已成為知識界討論的熱點。〔註25〕而在戰時，民族危機趨於頂點，國人救亡圖存的心理也急劇迫切起來。「抗戰」與「建國」雖在輿論宣傳中被視為並行之兩輪，但在其實際運作中，「一切以抗戰為中心」仍是一般國人的心態。理論科學的研究，因其緩不濟急，不及實用科學更能吸引國人尤其是青年學生的關注；而象牙塔中的學術研究，更不如直接奔赴戰場殺敵對國家的貢獻大。從抗戰初期的全民抗戰動員，到 1944 年的「知識青年從軍運動」，直接為軍隊服務的青年學生為數甚多。據後人研究，1944 年西南聯大的大部分畢業生，都響應了國民政府號召知識青年投筆從戎的政策〔註26〕；而這總計近十萬人的青年軍中，學歷程度為專科以上者佔了 10%，加上持高中文憑者，總共約占整個軍隊人數的三分之一。〔註27〕這在高等教育極不普及、全國教育水平整體低下的當時，更加反襯出知識青年投軍救國的熱忱。至於大學生在選擇專業時重理輕文、重實用輕理論的趨向也非常明顯。據潘光旦觀察，1938 年全國國立大學經過統一招考錄取的 5460 人中，報考工、農、醫、理等實科的學生共計 2942 人，而包括文、法、商科在內的文科學生只有 1427 人；而實科學生之中，工、農、醫三科總計 2317 人，而作為三科建立之基礎的理科，其學生僅為 625 人，只占整個實科人數的五分之一。昆明考區的負責人說：「應考的人報考航空，機械，土木，電機，農藝，醫學等系者實繁有徒，而準備專攻數理化與生物、地質者真寥寥無幾」。〔註28〕到了 1939 年，理科學生所佔實科錄取人數的比例下降到 15%，而整個實科錄取人數上升為文科的 2.5 倍。〔註29〕朱自清也觀察到，「年來

〔註24〕 胡鑑民：《泛論進化與學術救國》，《讀書通訊》1941 年 6 月 1 日，第 26 期。
〔註25〕 參見朱華：《近代中國科學救國思潮研究》，北京：人民出版社，2010 年，第 138～151 頁。
〔註26〕 參見〔美〕易社強：《戰爭與革命中的西南聯大》，饒佳榮譯，臺北：傳記文學出版社，2010 年，第 429 頁。
〔註27〕 參見陳曼玲：《抗戰與知識青年從軍運動》，軍史研究編纂委員會編：《抗戰勝利四十週年論文集》（上冊），臺北：黎明文化事業股份有限公司，1986 年，第 876 頁。
〔註28〕 潘光旦：《統一招生》，載潘乃穆、潘乃和編：《潘光旦文集》（第九卷），北京：北京大學出版社，2000 年，第 523 頁。原載《益世報》1939 年 8 月 11 日。
〔註29〕 教育部編：《第二次中國教育年鑒》，上海：商務印書館，1948 年，第 534 頁。轉引自金以林：《近代中國大學研究》，北京：中央文獻出版社，2000 年，第 273 頁。

因為種種原因，大學生更只擁擠在工學院和經濟系裏。」〔註30〕戰時社會對實用學科的偏重，從這些例子可見一斑。

　　針對這樣的社會風氣，許多知識分子、尤其是大學教師，都發出呼籲，期望學生能認識到學術研究之於抗戰建國的重要性。「教授大都與政府的看法相同：認為我們應該努力研究，以待將來建國之用，何況學生受了訓，不見得比大兵打得更好，因為那時的中國軍隊確乎打得不壞。」〔註31〕聞一多的回憶，確能代表當時一些知識分子的看法。「戰時應作平時看」，這是國民黨戰時教育政策的基本精神；也正因其對戰時學術研究和大學教育的強調，故而得到許多持同樣觀點的知識分子的支持。〔註32〕陶希聖便認為，抗戰初期學生離開校園直接參加抗戰，「拋棄多年來所求得的學識而不去繼續研討，去參加一種普通人能夠做的普通工作。雖然是對於抗戰有益，但未免總有些可惜，而且不合算。」「一般青年要求參加戰事直接有關的工作，這是很好的。但是青年們不要忘記了戰爭以後還有社會的存在。……學術的生命的延續，對於國家社會的價值，並不小於直接的戰事工作。」〔註33〕錢穆亦稱，學生欲做國家棟樑，當先從安心讀書做起，努力把自己培養成人才，以待國家徵用。〔註34〕他還為此作《病與艾》一文，以「七年之病，求三年之艾」的古訓，勸學生作長遠的打算，不要盲目奔赴前線。〔註35〕竺可楨也通過介紹一

〔註30〕朱自清：《論大學共同必修科目》，朱喬森編：《朱自清全集》（第八卷），南京：江蘇教育出版社，1993年，第431～432頁。作於1941年9月。

〔註31〕聞一多：《八年的回憶與感想》，載孫黨伯、袁謇正主編：《聞一多全集》（2），武漢：湖北人民出版社，1993年，第429頁。

〔註32〕關於國民黨戰時大學教育政策及社會輿論，可參考金以林：《戰時大學教育的恢復和發展》，《抗日戰爭研究》1998年第2期。當然，正如當時中共及左傾知識分子所批評的，國民黨的這種教育政策，也反映了其不願發動全民抗戰、擔憂學生思想左傾化的心態。

〔註33〕陶希聖：《目前青年的思想，工作，與讀書問題》，陳峰編：《中國近代思想家文庫·陶希聖卷》，北京：中國人民大學出版社，2014年，第505～506頁。原載《青年前線》1938年1月，第1卷第2、3期。

〔註34〕錢穆：《八十憶雙親師友雜憶合刊》，收入《錢賓四先生全集》（第51冊），臺北：聯經出版事業公司，1998年，第217～218頁。

〔註35〕錢穆：《病與艾》，載氏著《文化與教育》，收入《錢賓四先生全集》（第41冊），臺北：聯經出版事業公司，1998年，第179～182頁。原文載《今日評論》1939年1月15日，第一卷第三期。然而在抗戰後期的「知識青年從軍運動」中，錢穆改變了之前的態度。他專門寫作《知識青年從軍的歷史先例》一文發表在《大公報》上，文中例舉中國歷史上書生治軍的史實，以此鼓勵學生參軍。實際上，這次「知識青年從軍運動」得到了西南聯大教師群體高度一

戰時英美等國徵召大學生入伍導致嚴重的人才損失的教訓，認為大學生應意
識到其身負戰後建國重任，不應貿然上前線。〔註36〕這樣的見解與態度，在
戰時知識界是極普遍的。

　　至於戰時重理輕文、重實用輕理論的風氣，不少知識分子也借機發言試
圖糾正。錢端升在《大學往何處去》一文中，檢討了戰時大學教育的諸多失
策之處。他開宗明義地指出：「大學應研究學術，而更應提倡研究學術的精神。
大學的基本目的是求知，而不是實用。如果大學教育能同時發生實用，那是
一種副作用，而不是原始目的。」當前教育政策，混淆大學教育與專門教育，
導致學術不能發達，而實用技術的發展也受到干擾。今後的大學教育，應回
歸學術研究的正途，對理論與實用、文科與理科等各學科一視同仁。「真正的
大學決不能對於『實』『不實』的科目之間有輕重之分。科學是重要的，但科
學之中，純粹科學與實用科學有同樣的重要，專重實用科學而輕視純粹科學，
則科學永不能昌明。同時，文史哲，法政經，也與科學有同樣的重要。從學術
立場上，有科學而無文法已好像是食而不飲；如果只有實用科學而沒有其他
的一切，則所食者更像抽去了維他命似的。」〔註37〕張蔭麟從中西文化比較
的角度考慮，認為近代以來國人首先接觸到西方先進的物質文明，遂誤認為
西方文明的本質為功利主義，而不知西方文明發達的原因，其關鍵在於他們
對於看似無用的「純粹的活動」、「無實用的真理」的熱衷。「純粹科學是應用
科學的必要條件。沒有發達的純粹科學，也決不會有高明的實用的發明。」
〔註38〕雷海宗批評戰時留學政策的急功近利，「專送實科工科的學生，送時又
不得其法，以致實用的人才未見增加，而文法與純粹科學的人才已經大鬧恐
慌。」他提出，技術性人才大可聘用外人，而「大學文理法科的基本人才，卻

　　　　致的贊同，馮友蘭、潘光旦、陳友松等人均在報章上著文，對學生進行動員。
　　　　（參見聞黎明：《西南聯合大學的中國青年遠征軍》，《日本侵華史研究》2014
　　　　年第1期。）這一態度的轉變，反映出知識分子在抗戰後期政治參與意識的
　　　　增長，以及對當時戰局憂慮的加深。

〔註36〕竺可楨：《大學生與抗戰建國》，《竺可楨全集》（第2卷），上海：上海科技教
　　　　育出版社，2004年，第551～552頁。原文載於《星期評論》第39期，1941
　　　　年10月24日。但到了1944年7月，他對大學生參軍的態度與錢穆一樣，
　　　　發生了一百八十度轉變。（《反攻時期之大學教育》，《竺可楨全集》（第2卷），
　　　　上海：上海科技教育出版社，2004年，第614～616頁。）

〔註37〕錢端升：《大學往何處去》，《今日評論》1940年6月16日，第三卷第二十四
　　　　期。

〔註38〕張蔭麟：《論中西文化的差異》，《思想與時代》1942年6月1日，第十一期。

非以自己的人為主不可，因為這是與國家民族的整個文化政策與文化行動有關的。」〔註39〕賀昌群首先對將學問分為純粹與實用二種進行批判，認為二者之間並沒有截然的區分。「一切所謂應用之學，無不出於純粹學問之中。」「有了學問自然會有功利，自然可以致用。」大學應以「教授高深學術，養成碩學宏才」為目的；但近年來的大學教育，在學術研究上不能達標，只可算「高級中學的延長」。而校內風氣更隨著社會風氣轉移，「一天一天的趨向於技術化，已不重學理的研求，大學生自己亦時刻不忘的尋求『出路』，這種趨勢雖是自然的，在今日國家需材孔急的時候原也不必厚非，但我們不可一味『醫得眼前瘡，挖卻心頭肉』，只圖逐末，不顧國家學術之大本。」〔註40〕

正如賀昌群上文所說，由於戰時國家的需要，其教育政策傾向於培養技術性人才是可以理解的。當時固然有一些知識分子從純學理的角度，為文科及理論科學的不受重視鳴不平；但更多人試圖平衡「務虛」與「務實」的學科，將它們同時視為實現抗戰與建國的時代任務所不可或缺的學術基礎。抗戰爆發後加入國民政府、在教育部任職的顧毓琇，專門著文評論大學教育的任務。他說：「大學教育應為研究高深學術，培養能治學、治事、治人、創業之通才與專才之教育。其農工商醫等專門學院，應施行高深專門技術教育，養成高級技術人才，以國家物質建設之需要為施教之對象。其文理法等學院，應注重基本學問之研究，養成能治學、治事、治人之技能，以國家文化建設、經濟建設、社會建設之需要為施教之對象。」〔註41〕在此，他將農工商醫與文理法兩類學科區別看待，分別以「專」與「通」的精神培養人才；而兩類人才都為國家建設所急需，不存在輕重之別。潘光旦的看法與顧毓琇有所不同。他認為大學培養的工科人才，固然要有一技之長，但卻不能因此而滿足。國家的工業化，需要兼備「工業理論」、「工業組織」和「工業技術」三方面知識的人才。工業理論水平的高低，關係到中國的工業化能否擺脫仰人鼻息之窘境，走出一條獨立自主的道路；而組織能力，則決定了能夠統籌全局（包括物力與人力兩方面）的工業化領袖人才的育成。這兩項知識的學習，需要開設更多有關自然科學及人文社會科學的課程，但在當前尚未受到足夠的重視。

〔註39〕雷海宗：《戰後世界與戰後中國》，《當代評論》1942 年 7 月 24 日，第二卷第五期。

〔註40〕賀昌群：《學問之道》，《星期評論》1941 年 5 月 2 日，第 22 期。

〔註41〕顧毓琇：《抗戰建國綱領下的教育》，《時事類編》（特刊）1938 年 8 月 1 日，第十八、十九期合刊。

大學工學院今後的發展模式，應以造就全面掌握上述知識的「工業通才」為旨歸。〔註 42〕在他的這種教育理念中，文、理等基礎學科也被賦予了與工科同等重要的實用性。竺可楨對於科學在戰時的應用價值加以強調，稱「研究科學之目的，固在探求真理，並非專重應用。但應用科學方法，利用厚生，致國家於富強之境，固亦不可忽視。況值此國家存亡繫於一髮之際，每一國民實應盡其全力為國效命，不宜好高騖遠，視民族之存亡於個人事業漠不相關也。」〔註 43〕這是西方各國在戰時發展科學的通例。同時，他還試圖糾正國人認為「自然科學與國防漠不相關」的謬誤。「國防的範圍非常廣泛，與各類應用科學關係固極重要，而與自然科學的關係亦極密切，不可忽視。」例如，與國防相關的彈道學與大氣力學需要高深的數學知識；而飛機在二戰中的改進，物理學家的風洞試驗也立下大功。晚清洋務運動的失敗，正因執政者沒有認識到自然科學對於國防建設的重要價值。因此，他呼籲國家在獎勵應用科學新發明的同時，還應對理論科學的進步予以支持。〔註 44〕對當下抗戰建國任務的功利作用，成為知識分子強調戰時發展自然科學與人文社會科學所常用的辯詞。抗戰期中，相較追求永恆真理這一學術發展的最高目的，致用與厚生成為戰時學術研究的合法性的最高來源，也是國家與社會理解學術的最主要面向。

受這種重視學術實用性的社會心態影響，戰時許多本以學術研究為志業的知識分子，也開始對其深居象牙塔中的工作方式進行反思。尤其對於那些難以將其所研究學問與現實致用直接關聯的人來說，其愛國救國的使命感與一無所長的無力感交織在一起，導致他們暫時放棄其學術研究，而採取更實際、具體的救國方式。顧頡剛在戰前戰中的思想變化便是一個極好的案例。他在 1935 年致胡適的書信中，回顧了自己近年來的心路歷程。他說：「在民國二十年以前，我毫無『用世』之心。我覺得像我這樣只會捧著幾本書的人，正該『為學問而學問』，不必談致用；只要做得好，數十年或數百年後自會發生影響。至於國家大事，自有賢者能者擔當，我不必拿不適合的才能加入這

〔註 42〕潘光旦：《工業教育與工業人才》，載氏著《自由之路》，上海：商務印書館，1946 年，第 259～269 頁。原文作於 1943 年。

〔註 43〕竺可楨：《抗戰建國與地理》，《竺可楨全集》（第 2 卷），上海：上海科技教育出版社，2004 年，第 549 頁。原載《地理》1941 年 12 月 1 日，第一卷第四期。

〔註 44〕竺可楨：《科學與國防》，《竺可楨全集》（第 2 卷），上海：上海科技教育出版社，2004 年，第 576～577 頁。原刊於《大公報》（重慶），1943 年 6 月 13 日。

漩渦，弄得於世無益，於己有害。」〔註45〕然而隨著1930年代內外國事的陵夷，顧頡剛的日常工作開始在學術與救亡之間不斷徘徊。一方面，他在學術工作中發掘出致用性，如稱其古史研究「非消極也，非玩物喪志也，蓋欲使古書只成為古書而不成現代之倫理，古人只成為古人而不成現代之思想權威，為國民心理祛除其毒腐耳」〔註46〕，稱《禹貢》雜誌的發行、歷史地理學與民族史的研究是為了「興起讀者們收復故土的觀念，為民族主義的鼓吹打一堅實的基礎」〔註47〕。另一方面，他也開始從事專門的救國工作，如在1933年發起成立通俗讀物編刊社，向平民百姓推銷唱本、畫片等印刷品，以此「喚起民族的意識，鼓勵抵抗的精神，激發向上的意志，灌輸現代的常識」〔註48〕。到「七七事變」以後，他除繼續支撐通俗讀物的發行工作外，還積極奔走於西北、西南地區，發起邊疆研究，努力喚起社會對邊疆問題的關注。為使其社會工作能夠得到更多支持，顧頡剛一改過去不參與政黨政治的舊習，頻頻出席教育部、中央組織部等部門召開的會議，擔任國民黨主辦的《文史雜誌》主編，並與朱家驊、顧孟餘等國民黨要員建立起良好的關係，儼然成為當時學界炙手可熱的「政治明星」。學術研究因面向社會、面向救亡而在戰時被賦予價值；而其影響力之擴大，則端賴政治力之推動。這是顧頡剛在抗戰期間的行事邏輯。然而在一些知識分子看來，他的所作所為，已遠離了學術研究的軌道。其弟子楊向奎便曾致信對此表達不滿，稱：「年來先生似致力實用之學，於純學術不甚關心，生頗不以為然。」為消除誤解，顧頡剛不得不去函，就戰時學術與致用的關係加以解釋。知識分子在戰時學術研究與救國建國工作之間的矛盾心態，在此信中可見一斑：

> 自九一八以來，剛感於知識分子責任之重大，不敢諉救亡建國之責，故從事於通俗讀物及邊疆工作。剛深覺此二事之重要，提倡之不

〔註45〕《致胡適》（1935年9月4日），顧頡剛：《顧頡剛書信集》（卷一），北京：中華書局，2011年，第490頁。

〔註46〕《致羅家倫》（1932年2月13日），顧頡剛：《顧頡剛書信集》（卷一），北京：中華書局，2011年，第255頁。同樣的意思，可見其1933年為《古史辨》第四冊所作序言。

〔註47〕《致傅斯年》（1935年10月23日），顧頡剛：《顧頡剛書信集》（卷一），北京：中華書局，2011年，第211頁。

〔註48〕《致徐炳昶》（1933年7月18日），顧頡剛：《顧頡剛書信集》（卷二），北京：中華書局，2011年，第570頁。

容緩，思竭力以赴之。而為生計所壓迫，不能不任職大學，一任教席
則純學術方面仍不能不做。此譬之一手畫方，一手畫圓，終必兩傷，
以此苦悶之甚。然我對於從事純學術而不求實用者依然欽敬，蓋以人
非萬能，為一事而善固已有不朽之價值，亦足提高國家民族之地位，
不必強盡人為直接之救國事業也。兄從我多年，當知我之痛苦，而不
當以此生不滿之心。須知知識分子從事救亡工作者之少實為知識界
之恥辱，在許多知識分子中尚有顧頡剛等數人不忘此義，在萬分無奈
之中勉負此責，損己以利人，即此已大堪同情。至於一班知識分子，
擴張自我，漠視國家，對於有心救國者之一舉一動胥以升官發財之背
景推測之，使人束縛而不敢有為，此乃至可鄙也。昔宰我欲改三年之
喪，孔子曰：「食夫稻，衣夫錦，於汝安乎？」宰我曰：「安。」孔子
曰；「汝安則為之。……予也有三年之愛於其父母乎？」今我套此話
頭而曰：「在此疆土半淪，戰士喋血，人民宛轉求死不得之際，而汝
猶不聞不見，於汝之心安乎？汝乃生長於無國家之地乎？」不知兄亦
將答以「安」乎？故兄欲研究純學術，剛之所願也。兄以研究純學術
自恃，而薄致力於實用之學者，此在太平之世由兄為之，若在今日極
亂之世則剛之所不能許也。〔註49〕

　　在許多知識分子看來，學術之所以能在戰時成為抗戰建國的力量，正由
於它對於改造現實的有效性。這種改造，無論物質層面，還是精神層面，都
是戰時中國所亟需的。時人所稱賞的經世學者，其側重實用性的「學問之與
人格才智，成一貫之體，是以學問陶冶人格才智，又以人格才智推進學問於
實際應用之域」，正是「救國救世必不可少者也」。〔註50〕可見，抱著經世
致用的目的研究學術，無論對人格精神的培養與實際的國家建設都有益處。
國民政府所訂的學術發展政策，更加鼓勵了學術研究在實用方面的發展。
在 1938 年教育部制訂的《戰時各級教育實施方案》中，就學術發展提出三
點要求：「對於吾國固有文史哲藝，以科學方法從根救起，以立民族之自信」；
「對於自然科學，依據需要，迎頭趕上，以應國防與生產之急需」；「對於社
會科學，取人之長，補己之短，整理創造，以適國情」。研究院作為「創造

〔註49〕　《致楊向奎》（1942 年 2 月 9 日），顧頡剛：《顧頡剛書信集》（卷三），北京：
　　　　　中華書局，2011 年，第 109～110 頁。
〔註50〕　羅正緯：《新時代與新學術》，《時代精神》1941 年 9 月 20 日，第四卷第六期。

發明整理學術之機關」，「純粹學術及應用學術之創造發明，應顧及國家需要，分別緩急先後，其應用學術之研究，應與主管教育機關及事業機關相聯繫，而以實際問題為對象。」〔註 51〕在這份戰時國家教育發展的綱領性文件中，對於學術研究目的的說明，皆從抗戰建國之需出發，而無一語論及學術的真精神，即對真理的無盡追尋。另外，國民政府還鼓勵政府機關將與抗戰建國實際相關的問題委託給大學研究，「使建國事業與學術研究發生密切聯繫」。〔註 52〕蔣介石在戰時講話中，也常常強調學術對於建國的重要意義。今後建國之中心在於學術，這是他對「學術建國」的明確表達。學術發明在軍事上的應用，更大有裨益於抗戰局勢的改善：「國於大地，非學胡立。唯國家在敵國外患之中，斯學人更當勵雪恥自強之志，抗戰建國，無時無事不賴學術之發揚與專家之繼起，學術界研究工作上之殫精竭力，論其功績，決不下於疆場將士之浴血犧牲，以言發明創造之所極，常為軍事決勝之所資。往往造端甚微，收效至遠，一事一理之發明，足以挽回整個之戰局，亦且轉變人類生活之將來。」〔註 53〕以上材料，均體現了國民黨在戰時對學術致用性的理解。

然若僅知此，則不免有片面之嫌。戰時國民政府與知識界之間聯繫之密切，為戰前所無。部分知識分子對於學術研究側重「求知」的態度，也影響到國民政府的學術發展政策。例如，抗戰期間成立的教育部學術審議委員會中，吸納了不少知識界的領導人物，如馮友蘭、傅斯年、竺可楨、周鯁生、茅以升等在各自專業領域執牛耳者，均位列其中。在這一批知識分子的影響下，學術審議委員會在戰時進行的學術評獎活動，除對政治干預學術的勢力進行有力抵制外，還能在當時注重應用性研究的普遍風氣中，有意拔擢純學術研究成果，試圖以此舉塑造戰時中國社會的學術研究風氣。抗戰期間所評出的前五屆獲獎作品中，一等獎有十五件。其中應用科學類成果僅有兩項，自然科學類則有七項之多，其餘六項分散在哲學、社會科學、古代經籍研究和美術

〔註51〕中國第二歷史檔案館編：《中華民國史檔案資料彙編》（第五輯，第二編，教育，一），南京：江蘇古籍出版社，1997 年，第 21～22、24 頁。

〔註52〕《政府機關委託大學教授從事研究辦法大綱》，中國第二歷史檔案館編：《中華民國史檔案資料彙編》（第五輯，第二編，教育，一），南京：江蘇古籍出版社，1997 年，第 724 頁。

〔註53〕《中央研究院評議會第三次會議閉幕》，《教育通訊》1939 年 3 月 25 日，第二卷第十二期。

四類。陳寅恪的《唐代政治史述論稿》與劉節的《中國古代宗族移殖史論》，均是歷史學著作，在評獎中被列入社會科學一類。除去現今一般視為創作、而不屬於學術範圍的美術類一等獎作品一件外，剩餘的十四項一等獎作品中，自然與人文科學的純粹學術研究成果佔了十二項。〔註 54〕可見在與國民政府提倡的應用類學術研究風氣的糾葛中，代表知識分子意見的純學術研究在戰時評獎中獲得了更多青睞。〔註 55〕

　　總的來說，知識分子對戰時學術發展方向的認識雖略有差異，但對於以學術建設作為抗戰建國之基石這一「學術建國」的理想，其認同是一致的。「抗戰是一個有力量的偉大現實。它一面賦予我們以一個建設學術的機會，一面也派定我們以一個建設學術的責任。我們愈感時代之偉大，乃愈覺這種機會之難得，愈感這種任務之艱鉅。」〔註 56〕他們一方面熱衷於在社會上發聲，就學術建設的大政方針發表意見，並借機教育國民，培養尊重學術、發展學術的社會氛圍；另一方面，克服戰時不利的物質條件，在其專長的學術領域進行不懈地研究，切實提高了國家的學術水平。〔註 57〕國內這一思潮甚至影響到國外留學界。1942 年 6 月，在國民政府支持下，留美中國學生戰時學術計劃委員會成立，其一大任務為引導並支持留學生在美國進行與抗戰建國相關的學術研究。學術建國討論會亦隨之成立，並在一年後開設了三十三處分會，分布遍及全美。抗戰期間，學術建國討論會在各地組織學術討論、

〔註 54〕具體獲獎情況，載於北京大學、清華大學、南開大學、雲南師範大學編：《國立西南聯合大學史料》（三，教學、科研卷），昆明：雲南教育出版社，1998年，第 755〜769 頁。

〔註 55〕關於戰時學術審議委員會的研究，可參考張瑾：《抗戰時期教育部學術審議委員會述論》，《近代史研究》1998 年第 2 期；張劍：《良知彌補規則　學術超越政治──國民政府教育部學術審議委員會學術評獎活動述評》，《近代史研究》2014 年第 2 期。

〔註 56〕林同濟：《民族主義與二十世紀──一個歷史形態的看法》，《大公報》（重慶），1942 年 6 月 17 日。

〔註 57〕關於戰時具體的學術研究成果，可參考上引學術審議委員會頒發的獎勵名單，以及由國民黨中央文化運動委員會組織各專業名家編寫的《中國戰時學術》（初版於 1945 年抗戰結束之前）一書。後一書從哲學、文學、教育學、社會學、政治學、法律學、經濟學、歷史學、地理學、心理學、自然科學等方面對中國戰時所取得的學術成果進行總結。另可參考馮崇義：《國魂，在國難中掙扎──抗戰時期的中國文化》第三章「抗戰時期的中國學術」，桂林：廣西師範大學出版社，1995 年；程雨辰主編：《抗戰時期重慶的科學技術》，重慶：重慶出版社，1995 年。

邀請學者講演，並出版了一系列研討實際問題的學術書刊，內容涉及國內工程建設、國民健康及中美關係等方面。海外留學生雖身在國外，但心繫祖國，並自覺將所學知識與國家建設相結合。〔註58〕

　　但是直到抗戰後期，學術對於建國事業所發揮的指導作用，仍未能讓知識分子滿意。社會對學術的漠視、尤其國人學術精神的匱乏，更讓知識分子擔憂。「所謂文化學術，還沒有為一般人所重視，學術尚未影響到人生。腐敗的社會，仍然是舊日的貪污風氣，仍然充滿著趨炎附勢的升官發財思想。試問這樣怎能建國呢？」「文明的國家無不重視學術，尊崇專家，皆憑他們的學術，改變他們的生活。中國則不然，數十年來雖有進步，但仍未能走到以學術領導人生的地步。為今之計，亟當改良教育，獎勵學術，保障專家，使學術影響到人生，影響到國家前途，則建國事業可收事半功倍之效。」〔註59〕於是，關於「學術建國」的討論，在抗戰甫一結束便又掀起波瀾。「我們要建國，建設一個理想的現代化的民主的新中國，必須要靠學術。沒有學術的力量，一切的建設是無法使它根深蒂固的。」「世界的學術，日新月異；而日新月異的學術，確有力量將世界的面目不斷革新。故我們要使古老的中國，返老還童，現代化和新春化，亦非靠學術的力量不可。」〔註60〕「如何提高學術研究，更如何使學術研究和建國工作密切配合」〔註61〕，這一問題再度引發知識分子討論的熱潮。作為學術思想界領袖的胡適，在其回國後提出的《爭取學術獨立的十年計劃》〔註62〕，便是知識分子在戰後討論「學術建國」問題的代表性主張。然而，隨著國共內戰的爆發，國家的政治出路問題壓倒了知識界對學術建設的討論。「學術建國」這一現代化建設的有力主張，因其不合時宜而被暫時擱置了起來。

〔註58〕具體可參考 1943 年 6 月留美中國學生戰時學術計劃委員會書記孟治撰寫的工作報告。《留美中國學生戰時學術計劃委員會工作概要》，《近代史資料》編輯部編：《近代史資料》（總 115 號），北京：中國社會科學出版社，2007 年，第 149～158 頁。

〔註59〕林：《學術與建國》，《文化先鋒》1944 年 3 月 21 日，第三卷第十二期。

〔註60〕華：《學術建國偃武修文》，《國訊》1945 年 10 月 30 日，第 402 期。

〔註61〕高邁：《打開學術研究之門》，《中央週刊》1945 年 11 月 24 日，第 7 卷第 46、47 期合刊。

〔註62〕收入季羨林主編：《胡適全集》（第 20 卷），合肥：安徽教育出版社，2003 年，第 226～230 頁。原文發表於《中央日報》1947 年 9 月 28 日。

第二節　學術的自由與獨立：「學術建國」的精神訴求

　　學術是有力的，是塑造一個時代物質與精神文化的重要、甚至是決定性力量；借助於學術的進步，世界的面貌能夠徹底改變，人類自身的價值也因此得以體現。但學術同時又是脆弱的。在人類歷史上，學術研究受到了無數次來自政治、軍事、宗教、經濟等社會各方面的干涉與摧殘。然而，每當學術遭受外部勢力摧殘之時，國家與社會往往陷於發展停滯的窘境，危機也隨之到來。學術的重要性，逐漸為世人所瞭解；學術自由與獨立精神的提倡，也因之孕育而生。在西方歷史上，現代意義的學術自由，出現於 19 世紀的德國大學，而光大於 20 世紀的美國大學。〔註63〕這一觀念也迅即被介紹入近代中國，成為中國知識分子精神訴求的重要方面。〔註64〕

　　學術獨立自由的思想，在中國傳統學術史中並未得到彰顯。錢穆曾總結中國學問的三大系統，即「人統」，「以如何做一理想有價值的人」為目的；「事統」，「學以致用」，其為學動機在「對社會人群有用，有貢獻」；以及「學統」，即將學問視為一客觀的存在，將其與人與事分離，也就是「為學問而學問」精神。最後一種系統，在古代中國人的觀念中並不被看重。〔註65〕直到近代以來，學者才開始借西方的學術自由觀念，批判傳統學術將知識與道德、知識與政治相結合的學術觀，賦予學術以獨立的價值，以追求真理作為學術研究的最高目標。這一思潮，始於清末。嚴復號召將學問與政治進行分工，「治學之材與治事之材」應各自從事其所長之事業，「惟其或不相侵，故能彼此相助」。〔註66〕王國維在嚴復「學術獨立於政治」的觀點上，又提出「學術之所爭，只有是非、真偽之別耳。」「學術之發達，存於其獨立而已。」學術

〔註63〕參見謝俊：《大學的學術自由及其限度》，重慶：重慶大學出版社，2012 年，第 57～77 頁。

〔註64〕二十世紀初美國教育學者提出大學的「三 A」原則，即學術自由（Academic Freedom）、學術自治（Academic Autonomy）以及學術中立（Academic Neutrality）。其中，學術自治即相當於本書所論「學術獨立」。而學術自由與學術自治兩概念之間有著千絲萬縷的聯繫，已為眾多教育學家所指明；揆諸中國近代歷史，這兩個概念更多被混用。本書為研究方便起見，亦不作分別。

〔註65〕錢穆：《有關學問之系統》，載《中國學術通義》，收入《錢賓四先生全集》（第25 冊），臺北：聯經出版事業公司，1998 年，第 279～280 頁。

〔註66〕嚴復：《論治學治事宜分兩途》，載王栻主編：《嚴復集》（第一冊），北京：中華書局，1986 年，第 89 頁。

的價值在求真，應以其自身發展為目的，而不應成為「政論之手段」。〔註67〕
這些呼籲雖切中學術發展之關鍵，但在當時卻聽者藐藐。直至民國成立以後，
隨著接受西式高等教育的學生人數的迅速增加，以及蔡元培、胡適、傅斯年、
顧頡剛等一輩新文化運動「主將」的推動，學術發展所必需的獨立與自由精
神才得以在中國的土壤生根，並借著學術研究物質條件與制度平臺建設的愈
加完善而產出一大批優秀的成果。〔註68〕尤其是大學制度的不斷完善，使大
學成為保衛學術獨立自由精神的堡壘，也成為知識分子精神自由的庇護所。
錢穆曾回憶抗戰爆發前在北平與陳垣、馬衡、吳承仕、蕭公權、聞一多等學
人共研學術的情景，稱：「要之，皆學有專長，意有專情。世局雖艱，而安和
毗勉，各自埋首，著述有成，趣味無倦。果使戰禍不起，積之歲月，中國學術
界終必有一新面貌出現。」〔註69〕可見，在抗戰爆發之前，這種以自由精神
研究學問、以求真理作為學術發展之終極價值的精神，已經在中國學術界蔚
然成風。

　　然而，正如錢穆所說，抗戰的爆發中斷了中國學術正常發展的進程。它
對於學術研究的影響，粗略地說，有以下三方面。其一，在物質方面，戰爭破
壞了當時原本就十分薄弱的學術研究的物質條件，書籍、儀器等學術研究的
設備，先經日本人掠奪、破壞，後又在大學西遷途中遭受損失，再加上與國
外交流的不暢，大後方學術研究的條件較戰前下降了不少；另外，學者較為
優渥的生活條件也深受戰爭影響，這也迫使他們在學術研究之餘更多地考慮
謀生問題。其二，在制度方面，統治地域的縮小與資源的緊缺，便利了國民
黨對大學的控制，「黨化教育」的推廣、側重國防建設的研究制度的制訂，都
侵蝕著大學自由研究的理想。其三，在精神方面，受民族主義影響的知識分
子，不得不在學術研究中於追求真理與救國致用之間進行權衡，對於學校教
育與社會實用的脫節加以反思。主、客觀環境的變化，使得戰前培植起來的
學術獨立與自由的精神一度萎縮。而這也引起部分知識分子的關注。他們在

〔註67〕王國維：《論近年之學術界》，謝維揚、房鑫亮主編：《王國維全集》（第一卷），
　　　　杭州：浙江教育出版社、廣州：廣東教育出版社，2009年，第125頁。
〔註68〕有關抗戰爆發前十年中國學術發展的思想與制度的描述，日本學者竹元規人
　　　　在其《1930年前後中國關於「學術自由」、「學術社會」的思想與制度》（《學
　　　　術研究》2010年第3期）一文中，對代表性的人物與制度有著詳盡研究。
〔註69〕錢穆：《八十憶雙親師友雜憶合刊》，收入《錢賓四先生全集》（第51冊），臺
　　　　北：聯經出版事業公司，1998年，第186頁。

提倡「學術建國」之時，也不斷鼓吹學術自由對於學術發展的重要性，試圖喚起政府與社會對此問題的關注。

一、「學術是一個自主新王國」

有學者指出：「近代中國的思想世界，始終有兩股巨大的力量在競爭，一股是傾向於自由、解放的思潮，另一股是信仰的、統制的、定一切於一途，希望建造一個強大國家的思潮。這兩種勢力有時互相交織，因緣為用，但大部分時候是爭執、對抗的狀態。」〔註70〕共和國成立前的一百年裏，剛剛獨立出來的新知識階級，其心態中還保留著較多傳統士大夫情節，其知識體系也多停留在新舊雜糅的狀態，故而學術界與思想界的活躍分子在很大程度上出現重合。因此，上述關於思想界的論斷，也大致適用於近代的學術界。尤其在 1920 年代以後，馬列主義與三民主義這兩種意識形態色彩濃厚的思想學說成為思想界主流，進而影響到學術研究的開展。北伐之後，國民黨在全國範圍內建立起較為穩固的統治，以三民主義、黨義來規訓大學、研究所內的學術研究成為鞏固其政權的重要手段。國家對原屬於學術界自治範圍的高等教育領域的侵蝕，自然引發了一批堅信學術獨立原則的自由知識分子的反對。他們對於學術獨立與自由精神的思考與堅持，貫穿於整個民國時期，即使在炮火紛飛的抗戰年代也未曾中斷。

實際上，自北伐之後，國民黨政權便開始對大學教育與學術研究事業加緊控制，試圖打造以現實國防需要為導向、以三民主義為精神內核的高等教育體系。全面抗戰的爆發使國民黨的統制教育思想與制度更進一步深入高校。不少戰時教育措施都打著統一思想、團結抗戰的幌子，行使對大學與學術研究獨立性的侵蝕。〔註71〕蔣介石在 1939 年召開的第三次全國教育會議上說：「今天我們再不能附和過去誤解了許久的教育獨立的口號，使教育者自居於國家法令和國家所賦予的責任以外，而成為孤立的一群，我以為到今

〔註70〕王汎森：《「主義」與「學問」：一九二〇年代中國思想界的分裂》，載何炳棣、勞思光等著，劉翠溶主編：《四分溪論學集：慶祝李遠哲先生七十壽辰》，臺北：允晨文化實業股份有限公司，2006 年，第 123 頁。

〔註71〕王晴佳曾對此問題做過一個精彩的個案研究。他在《學潮與教授：抗戰前後政治與學術互動的一個考察》（《歷史研究》2005 年第 4 期）一文中對昆明高校的教授在抗戰中後期與國民黨的合作與分歧情況，有許多細節的描述。

天我們來談教育，應該使教育和軍事政治社會經濟一切事業相貫通。」教育界不能「以不受任命為清高，以尊重法令為卑損人格」，「對於立國最高原則，決不可陽奉陰違，決不可形式上是接受了而實際上還是各逞所見，各行其是」，而是應當「齊一趨向，集中目標，確確實實為實現三民主義而努力」。〔註72〕在這種思想下，國民黨頒布政令，在大學推動「訓導制」與「導師制」，向學生灌輸三民主義的精神教育。國民黨與三青團還大肆在大學裏建立分部，發展甚至脅迫大學教師、學生入黨、入團。以「黨化教育」打壓大學校園內的自由思想，干涉學術研究的獨立性，成為國民政府戰時大學教育政策的方針之一。

國民黨的這些舉措，顯然同學界在戰前便已形成的濃厚的「為學術而學術」的「學術社會」精神相背離。還在「七七事變」爆發後不到一月的廬山談話會上，作為代表參會的胡適發言稱，戰爭期間的國防教育仍應以「常態」視之，其辦學原則應堅持自由主義的教育理念。對於教育獨立問題，他提出三點要求：「現任官吏不得作公私立大學校長、董事長；更不得濫用政治勢力以國家公款津貼所長的學校。」「政治的勢力（黨的勢力）不得侵入教育。中小學校長的選擇與中小學教員的任聘，皆不得受黨的勢力的影響。」「中央應禁止無知疆吏用他的偏見干涉教育，如提倡小學讀經之類。」〔註73〕可見，在抗戰爆發之初，作為國民黨「諍臣」與「諍友」的胡適就提醒國民政府不要借抗戰的名義統制教育、阻撓學術自由發展。但這一建議並未為國民黨所採納。戰時政治勢力對於教育領域的持續侵入，愈發激起自由知識分子的非議。1938 年 12 月，四川大學教授朱光潛等人為反對國民政府指派政府官員程天放擔任川大校長一事，發起「拒程運動」，並在《新民報》上刊發川大教授聯合署名的《川大教授文化宣言》及《四川大學教授啟事》等文，明確宣稱反對「以政治之需要而犧牲學術之獨立」。〔註74〕這便是一起抗戰

〔註72〕《今後教育的基本方針》，秦孝儀主編：《先總統蔣公思想言論總集》（卷十六），臺北：中國國民黨中央委員會黨史委員會，1984 年，第 131～133 頁。

〔註73〕日記（1937 年 7 月 20 日），收入季羨林主編：《胡適全集》（第 32 卷），合肥：安徽教育出版社，2003 年，第 652 頁。

〔註74〕《川大教授文化宣言》、《四川大學教授啟事》，載中共成都市委黨史研究室編：《八年抗戰在蓉城》，成都：成都出版社，1994 年，第 571～577 頁。詳盡研究可參見王東傑：《國家與學術的地方互動：四川大學國立化進程（1925～1939）》，北京：生活‧讀書‧新知三聯書店，2005 年，第 255～290 頁。

初期爆發的知識分子反對政治干預、要求學術自由的群體性事件。而到了抗戰中後期，這種關於學術自由獨立的爭論愈發密集，成為知識分子攻擊政府的主要議題之一。

1940年成為戰時知識界大規模地公開討論學術自由獨立問題的關鍵時間節點。當年三月，蔡元培在香港逝世。許多知識分子在悼文中借追述蔡元培在教育與學術研究領域的卓越貢獻，呼籲恢復新文化運動時期「思想自由，兼容並包」的大學精神。顧頡剛總評蔡元培一生功業，只強調了三件事，即「民元任教育總長」、「民六任北京大學校長」及「民十八任中央研究院院長」。至於其政治上的作為則一筆帶過。這是當時知識分子所寫悼文中一個普遍的特點。顧頡剛在文中寫道：「（蔡元培）無論在教育上，在學術研究上，都是開風氣、奠基礎的工作。先生站在崇高的地位，懷著熱烈的情感和真實的見解，指導青年向前走，可以說這二十九年來的知識分子沒有不受著他的影響的。」這種影響，顧頡剛從思想的角度總結為：「他希望人家發展個性，他鼓勵人家自由思想，他唯恐別人不知天地之大，他又唯恐別人成見之深，他要人多看，多想，多討論，多工作，使得社會一天比一天進步，人生一天比一天快樂。」〔註75〕顧頡剛在文中所懷念的蔡元培掌校時的北大風氣，其突出體現正是學術自由的精神。

心理學家汪敬熙在悼文中稱，世人稱讚蔡元培任北大校長時對各式學者兼容並蓄，體現了他廣博的度量；但實際上，他的這種做法有更深層的原因，即對學術自由的篤信：

> 蔡先生是一生以維護學術自由為己任的。他為了這個目的，而使種種不同的互相衝突的意見都能在大學內自由發展。學術自由是歐洲學者歷來擁護的。在我國雖從來沒有這個名詞，但是我國學者一向是主張真理重視氣節的。蔡先生本著我國學者之傳統的精神，和深受德法兩國大學尊重學術自由的影響，一生為求學術自由而奮鬥。現在歐美自共產到法西斯國家無一不直接或間接統制學術。德國把第一流學者幾乎完全趕出學術機關到他國去了。義國也做到同樣的地步。英美的學者也感到呼籲學術自由的必要。

〔註75〕余毅（即顧頡剛）：《悼念蔡元培先生》，載陳平原、鄭勇編：《追憶蔡元培》（增訂本），北京：生活·讀書·新知三聯書店，2009年，第134、137～138頁。原文載《責善》1940年3月16日，第一卷第一期。

　　在這種情形之下，更使我們感到蔡先生在擁護學術自由一點上，就有極偉大的人格。為促進我國新興學術起見，為求世界的光明前途起見，從事學術事業的人們，必須以蔡先生為模範，繼續為學術自由而奮鬥。〔註76〕

　　關於蔡元培的學術自由思想，通過一些紀念文章可概括為兩點。其一，關於大學的管理：「始終抱定人才主義，對於各種學理學說的研究，極力主張破除流俗的門戶見解，仿世界大學的通例，循『思想自由』的原則，持『兼容並包』的主義。」其二，關於學術與大學教育的社會作用：「學問是濟世治事之本，也就是人們的終身大事，大學應該是一個純粹研究高深學問的機關，不是替一般求做官想發財的人們製造資格的場所，更不是販賣智識的場合。」〔註77〕蔣夢麟在悼文中將蔡元培「不朽之精神」總結為四點，其中包括了「學術自由之精神」和「科學求真之精神」，均是對他主持北京大學期間倡導學術自由與學術求真風氣的頌揚。〔註78〕這也分別體現了上述兩點思想。馬寅初稱他最欽佩蔡元培的地方在於「主持北大時對於思想言論，力主自由」，對於學術各派能夠兼容並包，使「各派對於學術，均能自由研究，而鮮摩擦，學風丕變，蔚成巨觀。」並號召當今從事教育事業者傚仿蔡元培對學術自由精神的倡導。〔註79〕丁則良則發揮了蔡元培「學術獨立於政治」的觀念，以他作為反抗國民黨黨化教育的武器：「蔡元培先生的靈魂離開我們應該不遠，我們紀念這位新教育的手創者，正該繼續發揮他那寬容博大，發揚學術，尊重思想的精神。他本人盡可入某黨派，作某主張，但他決無為學生的黨籍和信仰負責的意念。我們今日如果對這點精神有所隕越，則不特中國的學術自由將由此而斬，抑且愧對老師，不配作蔡先生的弟子門人。」〔註80〕

〔註76〕汪敬熙：《蔡先生與學術自由》，《中央日報》1940年3月24日。

〔註77〕陳良猷：《追悼蔡先生我們應有的認識》，載陳平原、鄭勇編：《追憶蔡元培》（增訂本），北京：生活・讀書・新知三聯書店，2009年，第367頁。原刊於《東方雜誌》1940年4月16日，第三十七卷第八號。

〔註78〕蔣夢麟：《蔡先生不朽》，載陳平原、鄭勇編：《追憶蔡元培》（增訂本），北京：生活・讀書・新知三聯書店，2009年，第416～417頁。原刊於《掃蕩報》1940年3月24日。

〔註79〕馬寅初：《蔡先生思想之寬大》，《中央日報》1940年3月24日。

〔註80〕丁則良：《關於教師思想問題》，《今日評論》1940年6月9日，第三卷第二十三期。

　　另外，在戰時自由知識分子活躍的一個主要刊物——《今日評論》上，本年也爆發了一次規模不小的爭取學術自由的討論。這場討論的發起者為潘光旦。他在本年第三期《今日評論》上發表了一篇題為《蘇俄政治與人才淘汰》的文章，討論美國記者 Eugene Lyons 的《出勤在烏托邦中》（*Assignment in Utopia*）一書。這本書記述了作者在蘇聯的所見所聞，揭露了蘇聯對其國內情況的美化宣傳，其中對蘇聯在學術與思想文化領域對知識分子的鉗制多有著墨。潘光旦在文末稱，國內許多青年受了蘇聯宣傳的影響，但對於其國內情況到底如何，仍需參照不同立場的著作。「這是一個以宣傳替代教育而以偏蔽為能事的世界，唯一可以信託的，恐怕還是我們自己的一些判斷和折衷的力量。」〔註81〕此後，他又專門寫作了《宣傳不是教育》一文，稱宣傳的目的在灌輸思想，教育的目的在啟發智慧。人們接受過多宣傳有被蒙蔽被利用的危險。〔註82〕這篇文章引起國民黨的注意。在一週後的《中央日報》上刊發了題為《教育家的大責重任》的社論，宣稱宣傳就是教育，並以三民主義的宣傳作為教育的重心。為駁此論，潘光旦再作《再論宣傳不是教育》一文，除重申立場外，還明確斥責了「宣傳借了政治的力量，完全把教育排擠出去」這一危險趨向，「非把學術自由，思想自由的學校環境變換作宣傳家鉤心鬥角，出奇制勝的場合不可。」〔註83〕隨後，針對國民黨宣傳部門官員潘公展鼓吹的以三民主義統一教師思想、鼓動教師加入國民黨的主張，潘光旦又接連寫了《所謂教師的思想問題》和《學生入黨問題》兩篇文章，反對以黨義統制校園內的學術思想，反對國民黨將三民主義「宗教化」的企圖。〔註84〕上述文字反映出潘光旦對國民黨在戰時干涉大學自由、施行思想學術統制的反感與批判。

　　潘光旦之外，錢端升和鄒文海也在同一年的《今日評論》上發表文章，批判學術統制，呼籲學術自由。錢端升說：

〔註81〕潘光旦：《蘇俄政治與人才淘汰》，《今日評論》1940 年 1 月 21 日，第三卷第三期。

〔註82〕潘光旦：《宣傳不是教育》，《今日評論》1940 年 2 月 25 日，第二卷第八期。

〔註83〕《教育家的大責重任》，《中央日報》1940 年 3 月 2 日；潘光旦：《再論宣傳不是教育》，《今日評論》1940 年 4 月 7 日，第三卷第十四期。

〔註84〕潘光旦：《所謂教師的思想問題》，《今日評論》1940 年 5 月 19 日，第三卷第二十期。潘光旦：《學生入黨問題》，《今日評論》1940 年 6 月 23 日，第三卷第二十五期。

培植大學之道，第一須養成自由為學的學風，而不可稍加統制。我們須時時刻刻記著，我們希望中國成為三民主義的國家。在這樣的一個國家，個人的人格應該是十分尊嚴的，而不是國家之下的一個小小工具，好像在德意志似的。要個人能自尊，且被人所尊，思想便要自由。要思想自由，則大學須有自由的學風，教授自由教，學生自由學，教授學生俱自由做學問。只有在自由的空氣之下，何者是真，何者是偽，何種人生哲學合於中國民族，何種不合，何種政治經濟制度可以實現三民主義，何種不能，可因切磋而得著一個正確的答覆。如果政府事事要統制，課程要統制，教材要統制，教授學生的思想要統制，無論統制之人在知識上是否能比得上被統制的人，即使夠資格統制的話，也徒然使大學成為一所工廠，或則成為反對分子的秘密活動場所而已。〔註85〕

政治學家鄒文海警告國民黨，對於學術研究的束縛、對知識的統制會阻礙社會的進步。因為這種做法，將會造成國民對在統制範圍內的知識與思想的「消極的服從」，而對統制範圍之外的新的知識與文化失卻接觸與認知的動力。而從歷史上看，不能及時接受新文化新知識的民族是沒有未來的。「智識的統制，思想的統一，不過故步自封的別名而已。」他還特意指出，當前思想界由於德國的勝利而對自由主義的懷疑是不恰當的。德國的強盛源於其學術與思想的發達，而這是由宗教改革以來學術自由之風所醞釀，絕不是希特勒思想統制的結果。〔註86〕

1940 年後，知識分子對於學術自由問題討論的熱度不斷升溫，並一直持續到抗戰結束之後。其討論的深度與廣度也隨之增加。由潘光旦執筆、以梅貽琦的名義刊發的《大學一解》一文中，引宋代儒者胡瑗「無所不思，無所不言」來類比「學術自由」的概念。文中重點強調學術自由為「新民之需要」：

新民之大業，非旦夕可期也，既非旦夕可期，則與此種事業最有關係之大學教育，與從事於此種教育之人，其所以自處之地

〔註85〕錢端升：《大學往何處去》，《今日評論》1940 年 6 月 16 日，第三卷第二十四期。
〔註86〕鄒文海：《知識統制與社會進步》，《今日評論》1940 年 7 月 14 日，第四卷第二期。

位，勢不能不超越幾分現實，其注意之所集中，勢不能為一時一
地之所限止，其所期望之成就，勢不能為若干可以計日而待之近
功。職是之故，其「無所不思」之中，必有一部分為不合時宜之
思，其「無所不言」之中，亦必有一部分為不合時宜之言；亦正
惟其所思所言，不盡合時宜，乃或有合於將來，而新文化之因素
胥於是生，進步之機緣，胥於是啟，而新民之大業，亦胥於是奠
其基矣。〔註87〕

這段文字強調了學術研究的超越時代性；正因其超越時代，故能對未來
的「新民大業」及「新文化之誕生」有所助力。也因其對未來社會的功用，當
下社會有必要以寬容之心待之。這是從功利主義的角度解讀學術自由的意義。
相比之下，賀麟也極力贊同學術獨立自由，但他論證的角度與上文不同。他
認為，學術的自由，不僅是其本質屬性中不可侵犯的一部分，更是無數學術
先輩向世俗勢力拼爭而得來的尊嚴：

一談到學術，我們必須先要承認，學術在本質上必然是獨立
自由的，不能獨立自由的學術，根本上不能算是學術。學術是一
個自主新王國，它有它的大經大法，它有它神聖的使命，它有它
特殊的廣大的範圍和領域，別人不能侵犯。每一門學術都有每一
門學術的負荷者或代表人物，這一些人，一個個都抱「鞠躬盡瘁，
死而後已」的態度，忠於其職，貢獻其心血，以保持學術的獨立
自由和尊嚴。在必要時，犧牲性命，亦所不惜。因為一個學者爭
取學術的自由獨立和尊嚴，同時也就是爭取他自己人格的自由獨
立和尊嚴。假如一種學術，只是政治的工具，文明的粉飾，或者
為經濟所左右，完全為被動的產物，那麼這一種學術，就不是真
正的學術。因為真正的學術是人類理智和自由精神最高的表現。
它是主動的，不是被動的，它是獨立的，不是依賴的。它的自由
獨立，是許多有精神修養忠貞不貳的學術界的先進，竭力奮鬥爭
取得來的基業。學術失掉了獨立自由就等於學術喪失了它的本質
和它偉大的神聖使命。〔註88〕

〔註87〕梅貽琦：《大學一解》，《清華學報》1941年4月，第十三卷第一期。
〔註88〕賀麟：《學術與政治》，《當代評論》1941年10月20日，第一卷第十六期。

　　賀麟的這種論證學術自由之必要性的方式，得到一部分知識分子的認同。柳無忌說：「真理的獲得，學業的進步，不在思想的統制，而在思想的自由開放，自由發展。凡一切主義的真諦，經過坦白的探討辯論後始能光芒輝露。……大學之所以為最高學府，就在它能有自由研究的權利與義務，不依附，不盲從，也因為有這自由，大學教師尚能保持其些微尊嚴，沒有隨著世俗的潮流自墮人格。」〔註89〕張君勱在 1943 年為張東蓀新著《思想與社會》一書所寫的序言中，同樣認為學術的發展，是人類以理性獲取真理的過程。而在十九世紀興起的反理智主義哲學影響下，人類依靠理性獲取的知識都被歸於虛無。西方反理智主義的泛濫，成為納粹主義的思想源頭。當前德國納粹黨人所主張的「客觀性云云，事實研究云云，乃為過去時代之物，為西歐之錯誤思想」，正是反理智主義哲學影響於學術的表現。因其反理智，「學術上自由研究之風氣消滅，視一道同風為至善之歸」。「夫歐洲文藝復興以降之開明時代與理性主義時代，其學術之所以昌盛，政治之所以赴於民主，皆以尊重理性與理智之故，今則學術自由受壓迫，人民基本權利受蹂躪，是理智與理性之衰落也。」〔註90〕在這篇文章中，張君勱對影響其思想至深的以柏格森、倭鏗為代表的反理智主義哲學加以反思，可見德國納粹的反理性行為及對學術自由的殘害對其思想衝擊之巨。

　　政治不得妨礙學術的自由發展，這是戰時一部分知識分子達成的共識。然而，除政治影響之外，學術能否實現獨立自由，還要看學術研究的主體——學者、知識分子是否具有這樣的思想認識。戰時對於知識分子的許多批評聲音中，有一類文章，專就知識分子讀書、求學的不純目的予以斥責。在一篇比較中國古代士大夫與現代知識分子的文章中，作者稱士大夫讀書的目的不是求得真知，而是為了「發大財、娶美人、做大官」。今日知識分子也存在這一缺陷，利己心過重。〔註91〕李樹青認為，「現在知識分子的對於學術的態度，便完全當著一種噉飯的工具，與西洋學者的愛護真理，以及古代碩學大儒的『朝聞道夕死可矣』的精神，大異其趣。所以在我們的學者間，有些人是朝秦暮楚，有些人是亦左亦右。學術理論用作逢迎的工具，雖古今中外都難

〔註89〕柳無忌：《問題筆談：學術統制與自由》，《讀書通訊》1942 年 1 月 16 日，第 34 期。

〔註90〕張君勱：《張東蓀〈思想與社會〉序》，《東方雜誌》1944 年 9 月 15 日，第四十卷第十七號。

〔註91〕露天：《知識分子與士大夫》，《自修》1942 年 3 月 3 日，第 208 期。

避免，卻似乎是以目前中國的知識分子最為徹底。」〔註92〕學術獨立自由的
爭取，還應喚起知識分子「為學術而學術」的精神。正如錢基博所說：「思想
為成功之母，知識乃國家之光。自覺的國家，必先存自覺的民眾，無知識無
思想的民眾，決不能創造有權能有組織的國家。……有自覺的民眾，乃能建
立自覺的國家，如欲復興民族，振我漢聲，還得培養思想，振興學術。我們知
識階級，應得自覺自重，國家應得負責以促知識階級的自覺自重，這是我中
心的哀吁，也是民族復興急進的需要。」〔註93〕

　　1944年《大學月刊》第五、六期合刊中，刊登了一組討論學術、思想自
由問題的文章，包括署名「愚公」（文內署名「凱若」）的《學術自由的本質和
體現》、陳覺玄《春秋戰國時代的學術自由》、孫次舟《六朝至宋的思想自由》、
沈鑒《五四時代的思想自由》和劉唯公《試談中國學術文化的自立自主》。這
五篇文章從理論到實踐，從歷史到當下，對中國的學術思想自由問題進行研
究，並支持了知識界關於學術獨立自由的訴求。其中，《學術自由的本質和體
現》一文，對「學術自由」的內容與作用作了較為縝密的研究。作者在文章開
頭首先指出學術自由與思想自由的關係：「學術自由，是民主主義，民權自由
的一種，包括於思想自由之內。其與一般思想自由不同的地方，即所謂學術，
指的是哲學思想、科學思想、藝術思想或政治思想、經濟思想、文化思想等
思想領域中，已經成為學問的流派或思想的系別，比較一般所謂思想，要深
化些，要有系統些。」「學術自由，因其代表人類高級智識活動的自由，所以
就是思想自由之高度的表現。沒有學術自由，即學術受到統治的地方，根本
就不會有思想的自由。」因此，從屬於思想自由的學術自由，便是民主政治
的標誌，更是「開拓民主道路的先導」。「民主社會是學術自由最適宜的壤土，
學術自由又是以其反作用而使民主的發展加速前進。」當下倡導學術自由的
時代意義，經過作者的梳理而凸顯出來。

　　作者接下來論述了學術自由的本質。第一，「學術自由是探討真理的自
由」。學術研究是人類高級的智識活動，其研究對象是自然界與人類社會的
全部，其目的是找尋真理。發現真理才能促進人類生活的進步，其實現的前
提就是學術自由。學術自由得到保障，學術研究才能不受拘束地進行，並取

〔註92〕李樹青：《論知識分子》，《東方雜誌》1944年9月15日，第四十卷第十七號。
〔註93〕錢基博：《論焚書坑儒並剠知識階級》，《正氣月刊》1942年1月1日，第五
　　　卷第一期。

得豐富的收穫；如果學術自由受到束縛，則將導致荒謬的成見統治人類的思想，真理的探求必然會停滯不前。第二，「學術自由是促進認識的自由」。學術自由促進了真理的發見，也就促進了人類對於真理的認識。而如果對真理認識的自由受到封鎖和蒙蔽，那麼人類將會沉淪於錯誤的認知之中，真理的繼續發見也將不具備主觀條件。第三，「學術自由是改善生活的自由」。學術研究所獲得的對真理的認識，就是人類用來改造並改善自然環境與社會環境的最有力武器。「要是沒有這些科學的認識，則人類對於生活環境便不會有真切的理解。缺乏理解而與自然和社會鬥爭，斷乎不會有成功。」作者由此得出結論：「學術的自由，不特為學術思想發展進步，即人類社會精神文明的進步之所必需，而且是改造環境改善生活促使人類社會物質文明的進步所不可少。」

然而，學術自由既能促進社會之進步，為何考諸歷史，只有民主國家才會有學術自由呢？其原因在於，獨裁社會的統治者懼怕真理，尤其懼怕人民認識到現實社會現象的真理，而這是對其獨裁統治極端不利的。「為了掩蓋一切現實的真況，為了愚弄人民，不得不屬行思想的統治，不得不屬行學術的統治，不得不仇視於己不利的真理，所以也就一律排斥學術的自由。」而在民主制度下，人民是國家的主人。為追求生活的改善，就必須在對真理的認識上不斷進步，也就必須首先打破「學術思想的統治專斷」。「民主的實質越擴大，人民的支配權力越雄厚支配越徹底，則學術上的自由也就越充分實在」。因此，抗戰建國中的中國，為建設真正的民主，就必須要爭取實現以學說並存的自由、研究的自由、批判的自由、講學的自由、出版的自由等五個方面為具體內容的學術自由。「在政治上無論如何需要徹底的民主，在學術上即無論如何需要徹底的自由。」學術上爭自由，與政治上爭民主具有同等重要性。〔註94〕

據上文所述，學術的自由獨立，直接關係到思想自由，更與政治民主化的追尋密不可分。正如戰時《大公報》社論所稱：「學校與實際政治劃開，教育不牽涉政治，政治也不妨礙自由研究的風氣，這種學術獨立的精神，實為國家教育進步的先決條件，也是民主政治所必具的重要條件。」〔註95〕爭取學術獨立，因此也成為知識分子支持戰時爆發的憲政運動的武器。丁則良稱：「大學是一

〔註94〕凱若：《學術自由的本質和體現》，《大學月刊》1944年，第三卷第五、六期合刊。
〔註95〕《教育應該改革了》，《大公報》（重慶），1944年12月15日。

國最高學府，在國家方在準備推行憲政的時期，應該容許理性的發展，思想的
自由。辦教育的是為國家培植人才而來，不是為一黨搜羅群眾而來；是為研究
學問，提高文化而來，不是為宣傳主義而來；是為提供問題而來，不是為鼓吹
結論而來。」〔註96〕蕭公權在抗戰末期寫作的《學術獨立的真諦》一文中，讚
賞國民黨第六屆全國代表大會上提出的學校不設黨部、國民黨退出學校的決
議，稱之為實行憲政的表現，也是「『黨化』教育的終止，『學術獨立』的開端」。
他進而提醒學校中的學者也要在學術與政治之間劃清界限，認清作為教育者
「作育人才及研治學術」的主要職責：「倘使一個學人把學校用為政治活動的
地盤，把學生用為政治勢力的工具，把學術用為政治企圖的幌子，他這樣地就
把學術當做了政治的附庸而毀滅了學術的尊嚴獨立。」「一個教學者應當是一
個忠實於學術的學人而不是戴學術面具的政客。」他的這通學術獨立的發言，
不僅針對國民黨而言，更是向其他黨派的建言。他在文末呼籲：「我們應當要求
一切政黨不要在國民黨退出學校以後，企圖在學校中推行政治，來作政爭。」
學術與教育的獨立，在蕭公權看來，正是「民主憲政的最後精神基礎」。〔註97〕

關於學術發展與民主憲政的關係，張申府從另一方面進行解讀。他認為
當前的學術發展應注重「思想的自由與自由的思想」、「文化的民主與民主的
文化」兩個方向。即，一方面，容許學術「異端」的存在，保障思想與學術的
自由；另一方面，應「力祛不平等的特權思想」，「不但求學術的日益高深，也
要求學術的日益廣大普及」，使廣大人民能夠利用學術的成果以致用。〔註98〕
這種觀點，在強調學術的「提高」一面之外，又重視其「普及」的重要性。這
是同作者追求民主與全民族啟蒙的政治觀點相配合的。到抗戰後期，張申府
多次在《新華日報》刊文，呼籲學術發展既要有足夠的自由度，又不能忽視
人為的設計、組織，以使學術研究更有效率，更能與國家進步相配合。〔註99〕

〔註96〕丁則良：《關於教師思想問題》，《今日評論》1940 年 6 月 9 日，第三卷第二
　　　　十三期。
〔註97〕蕭公權：《學術獨立的真諦》，載張允起編：《中國近代思想家文庫‧蕭公權卷》，
　　　　北京：中國人民大學出版社，2015 年，第 373～376 頁。原文刊登在《華西
　　　　日報》1945 年 7 月 29 日。
〔註98〕張申府：《獨立與民主》，《張申府文集》（第一卷），石家莊：河北人民出版社，
　　　　2005 年，第 367～368 頁。原載於《南洋商報》1941 年 5 月 5 日。
〔註99〕張申府：《為國防科學宣傳》、《我們為什麼要民主與自由》，《張申府文集》（第
　　　　一卷），石家莊：河北人民出版社，2005 年，第 477～478、501 頁。分別載
　　　　於《新華日報》1943 年 10 月 10 日、1944 年 9 月 12 日。

以上可見，隨著戰爭中後期國民黨學術和思想統制政策的不斷推出，知識分子所發出的抗議聲也逐漸加強，並借著憲政運動的興起，引起社會對學術自由獨立與憲政實施關係的思考。

如果說，戰爭狀態給予國民黨統制大學發展以一定合理性，那麼在抗戰結束之後，改變這種對學術發展的束縛、以自由放任的精神管理大學成為學界知識分子普遍的籲求。竺可楨在抗戰結束當月便在《大公報》上著文討論戰後大學的發展路徑。他認為應當改變戰時的「國家至上，民族至上」精神，而回歸以人民幸福為終極目標的三民主義的立國信念。在這種精神之下，原先那種將大學視為國家發展的工具、「如同車之有輪，機件之有螺釘」，「大學要標準化，課程要一律，思想要統制，大學教育要完全配合國家當時的需要」的辦學方針亟應改變，而代之以「學術自由」之政策。以國家政策、社會風氣為風向標的功利主義教育之風當告終止，而培養起大學生追求真理與知識的職志。「大學的最大目標是在蘄求真理，要蘄求真理，必得鍛鍊思想，使人人能辨別真偽是非。」〔註100〕穆超也在戰後強調，功利主義是學術研究與真理的敵人。「學術研究應以發見真理滿足知識的欲望為目的，至真理發見，知識的欲望滿足之後，自當對於國家社會有直接利益的。所以研究工作的目的，無他，就是為研究而研究，為追求真理而研學，為滿足知識的欲望而研究。」〔註101〕馮友蘭亦提出，戰後國家應以建設「大大學」為大學建設之重。他認為「大大學」的任務有三重，即傳授知識、研究新知識及做國家的智囊團，擔負起建國事業的指導責任。他特意點出學術研究在建國途中所應當扮演的重要角色，並呼籲政府投入大量資金發展；但同時他還強調應以非功利的、不干涉的態度對待學術研究。「學問越進步，分工越細密。對於每一門學問，只有研究那一門底專家有發言權。」大學與學術同行的評判是對學術成果與學者水準進行評定的唯一標準，政府與社會不應當扮演起審判官的角色。他主張學術研究應以指導建國事業為己任，而不當受政治勢力的制約。〔註102〕知識分子在戰時受到壓抑的追求學術研究自由的心靈，透過這些抗戰結束當年

〔註100〕 竺可楨：《我國大學教育之前途》，《大公報》（重慶），1945 年 9 月 23 日。
〔註101〕 穆超：《如何從事學術研究》，《中央週刊》1945 年 11 月 24 日，第七卷第四十六、四十七期合刊。
〔註102〕 馮友蘭：《大學與學術獨立》，載氏著《三松堂全集》（第 5 卷），鄭州：河南人民出版社，2001 年，第 456～459 頁。文章寫於 1945 年 9 月。

所發表的文字表現出來。他們希望國民政府能在戰後盡快廢除學術統制制度，改變功利主義的教育政策，重建大學秩序與精神，使大學重新成為一方學術自由研究的淨土。

二、學術自由的多重面向

學術獨立於政治，政府不得干預學術自由，這是戰時許多知識分子的共同願望。但這只是問題的一面。從另一面來講，學術對於政治，負有何種責任？對此，錢穆在戰時有著深入的思考。他認為，一方面，學術獨立於政治是學術發展必不可缺的條件；另一方面，學術又必須與現實政治發生聯繫，以實現它對於國家、民族的價值。這兩點是並行不悖的。

在本書第三章，將就錢穆對學術與政治之關係這一問題的看法進行述論。與錢穆懷有同樣觀點的，還有賀麟。賀麟認為，學術為「體」，政治為「用」，學術是政治的「命脈」。「學術的空氣，學術的陶養必須要彌漫貫穿於所有政治工作人員的生活之中，就是說每一個政治工作人員都曾經多少受過學術的洗禮，並且繼續不斷地以求學的態度、精神從事政治，以求學養的增加、人格的擴大。政治是學術理想在社會人生的應用，組織，和實現。」中國歷史上的士大夫每每將「學統」、「道統」看得比「政統」還要重，正是由於「學術是政治的根本，政治的源泉」。〔註103〕另外，劉振東、楊玉清等人也在戰時發表文章，指出「學術的盛衰為政治隆污的根本」這一論點。〔註104〕實際上，「學術領導政治」的觀點，正是「學術建國」的一方面內容；這種觀念恰與傳統文化中的政統、道統觀向配合，成為一部分知識分子的學術與政治理想。

在戰時提倡學術獨立的一輩學人中，他們在強調學術獨立於政治、反抗國民黨對大學教育與學術研究的統制之外，還發掘出學術獨立自由的另一種意義，即使中國學術在國際上取得獨立的地位。張君勱認為，當今的時代思潮為「西方思想輸入後，吾國學術建立時期獨立自主時期」。其學術建設的方法，在於無差別地吸收西方各派學術思想，同時不忘自身傳統，結合二者作為學術建立之基礎。〔註105〕羅根澤批評了中國學術界「對外國學術止有歌頌，

〔註103〕賀麟：《學術與政治》，《當代評論》1941 年 10 月 20 日，第一卷第十六期。
〔註104〕劉振東：《學術與政治》，《新政治》1939 年 11 月 15 日，第三卷第一期；楊玉清：《學術與政治》，《新民族》1938 年 5 月 2 日，第一卷第十期。
〔註105〕張君勱：《胡適思想界路線評論》，載氏著，程文熙編：《中西印哲學文集》（下冊），臺北：臺灣學生書局，1981 年，第 1015 頁。原文載於《再生》

對中國學術止有唾棄」的思想傾向，「盲目的稱讚他人貶損自己，不惟無補於自己的研究，自己的創造，而且無形中削滅了民族自信，又相隨的削滅了民族意識與國家觀念。」學術的不獨立，甚至影響到了民族與國家的自信心。〔註106〕政治學者劉唯公亦稱，學術文化不能自立於世界，則中國依靠抗戰而取得的政治上的自立自主亦是徒有虛名。為求學術獨立，除在擴充學術機關、培養學術人才、尊重學術自由三方面努力外，還需社會改變對於留學的盲目熱衷與崇拜，「一掃過去不光榮的殖民地文化風氣和意識，造成一個真正自立自主的中華民國。」另外值得注意的是，作者所提倡的學術獨立自主與張君勱不同，並不是從文化民族主義的立場要求發揚中國固有學術文化，而是贊同當時思想界對文化復古的批判、對民族性格缺陷的改造。〔註107〕

歷史學者楊人楩亦在戰時著文，從民族性的角度討論學術獨立。他以探討戰時留學政策為切入點，稱中國推行留學政策已達半世紀之久，在學術上仍處於「次等地位」；尤其對比日本「學術已能從模仿西人漸次獨立」，中國留學政策之失敗更需加以檢討。「為謀學術獨立計，留學生之責任，不徒在知識與技術之獲得，尤須具有敏銳之觀察力與接受性，以期體驗出研究之方法，治學之態度及對學問之精神。」但真能肩負起如此重大責任、又能在回國後培植一方學術風氣的留學生少之又少。為今之計，不如放棄留學政策，改而致力於國內學術環境的改善，引導學生樹立起「學術應為終身事業」的理想，以期學術獨立於將來。他認為學術環境的建設應從以下三方面入手：第一，國家應將現代學術發展所需的各項資源集中分配，尤其應重點建設少數高質量的大學作為學術中心；第二，應造成學者專心學術的精神環境，即講求學術超越政治和學術自由的精神；第三，學術機構的組織應民主化，政府不能予以干預，而應尊重學術界之公意。學術環境既已建成，中國學術擺脫西方影響而獨立亦指日可待。〔註108〕

另外，在戰時知識分子眼中，學術自由自然不是無限度的。「夫自由主義

1940 年第 51 期。

〔註106〕羅根澤：《學術救國與救國學術》，《精誠半月刊》1939 年 4 月 20 日，第六期。

〔註107〕劉唯公：《試談中國學術文化底自立自主》，《大學月刊》1944 年，第三卷第五、六期合刊。

〔註108〕楊人楩：《論留學政策與學術獨立之途徑》，《大公報》（重慶），1941 年 6 月 29 日。

（Liberalism）與蕩放主義（Libertinism）不同，自由主義與個人主義，或樂利的個人主義，亦截然不為一事。」〔註109〕錢端升說：「我這裡所謂自由，當然不是放蕩與荒唐之謂。教授可以自由教，這並不是說教授可以隨隨便便不負責任。學生可以自由學，這並不是說學生可以罷考不上課。學術自由，學說自由，這並不是說可以提倡荒誕不經，或謀叛作亂。不負責任的教授，大學自身應有且能有制裁之道。違法亂紀的言行，國法應有且已有嚴厲的制裁。自由與放蕩不同。」〔註110〕蕭公權也強調，「學術獨立不是要違抗教令，不遵法紀，放棄國民的職責，而只是要在求學的過程中劃分政治與學術的界限。」〔註111〕但是，他們所說的學術自由的界限卻並不明晰。他們一直在避免將作為黨義的三民主義當作劃定學術自由界限的標準，而是選擇使用大而化之、具有概念邊界模糊性的「責任」、「法紀」等詞。

　　然而這樣模糊的對學術自由的限定，並不令支持國民黨學術統制政策的知識分子滿意。針對許多知識分子在 1940 年借紀念蔡元培逝世一事而提出的「恢復五四時期北大思想自由、兼容並包的風氣」的意見，當時在國民黨中央宣傳部任職的劉炳藜著文稱，蔡元培在五四時期所提倡的學術自由，是為了反抗北洋軍閥對學術思想進步的阻礙，以及破除千年封建思想統治的需要，是「反軍閥，反封建之革命行為，而為三民主義革命過程中應有之進展」。「現在不是對內反軍閥，反封建的時候，而是對外反抗強暴，爭取民族獨立自由的時候。在這個時候，倘仍施用反軍閥，反封建之故技，則自由，散漫放浪之結果，必至意志不能集中，力量不能集中，而意志集中與力量集中，是目前反抗強暴，爭取勝利的兩個大因素或目標。」因此，對於思想學術自由施以必要的限制是必要且必須的。為集中力量，為抗戰勝利，學術研究就必須以三民主義為界限，以利於戰爭為目的。況且，三民主義本來就是新文化運動學術思想自由發展的最重要產物；當下的思想若脫出了三民主義的範圍，便是否認新文化運動時期學術思想自由運動的合理性。〔註112〕更有人直接宣

〔註109〕梅貽琦：《大學‧解》，《清華學報》1941 年 4 月，第十三卷第一期。
〔註110〕錢端升：《大學往何處去》，《今日評論》1940 年 6 月 16 日，第二卷第二｜四期。
〔註111〕蕭公權：《學術獨立的真諦》，張允起編：《中國近代思想家文庫‧蕭公權卷》，北京：中國人民大學出版社，2015 年，第 375 頁。
〔註112〕劉炳藜：《論戰時思想學術自由之界限》，《中央週刊》1940 年 4 月 13 日，第二卷第三十七期。

稱，大學教授主張的「學術研究自由」，就是反對三民主義，鼓吹思想分裂。「現階段中國所需要的決不是自由，而是統制，加緊的統制。」〔註 113〕

以上這種言論，是用國民黨官方政治話語來反駁知識界的學術自由主張，且語帶威脅之意，很容易引起知識分子的反感。當時還有一些知識分子以學理的、溫和的態度為國民黨的大學教育與學術發展政策進行辯護。張其昀認為，學術思想的自由必須貢獻於國家民族的自由，國家自由的實現決定於三民主義思想的實施。在校學生不能只片面地追求學術自由，而忽視國家的現實問題。「大學應在思想上對民族國家有所貢獻。思想的自由必須與民族的自由相連繫，方為有生命有價值。……我們對學術須求真是真非，對國事須求公是公非。諸君若僅知求學術上的真是，而置『國是』於不問，諸君僅為一好學生，而未必為一好公民。三民主義即為中華民國的『公是』。……各種科學上的真理，在大學裏乃由分院分系的去研究，而三民主義的研究，則為全體同學所應為之事。」〔註 114〕心理學家郭任遠則稱，從當今學術強國的現狀來看，實行學術統制政策、對國家的學術事業進行通盤的規劃，是未來世界學術發展的潮流。學術的統制與計劃，還有利於合理調整分配中國本就匱乏的人力、財力、物力資源，以減少浪費，並增快學術進步的速率。中國的立國精神為三民主義，施行的學術統制也應以三民主義為出發點。但中國的學術統制絕不能仿傚德國、蘇聯式的學術統制。「統制學術不是鉗制言論，束縛自由的思想，在良善的統制制度下，只要不妨礙國家之建設和社會之安寧，一切言論思想都應有充分之自由。統制是對於學術實行有計劃的指導與鼓勵而增加其進步之速率，並不是消極的鉗制。若惟以取締思想言論為能事，而對於學術的發展沒有積極的，遠大的，和有歷史眼光的計劃，那只可以說是『鉗制』，配不上『統制』這兩個字了。」因此，「我們要根據三民主義來建設一個新中國，並不是要把三民主義來替代一切學術思想。所以在不攻擊三民主義或間接中傷民眾對於三民主義之信仰之範圍內，無論何種學術的理論與思想，應予以極端的自由。」〔註 115〕作者在這裡對於學術統制與自由，採取的仍是一種調和的態度。他一方面對國民黨實施學術統制辯護，認可其意義；但另

〔註 113〕朝云：《學術研究自由？》，《革命理論》1941 年，第 4 期。
〔註 114〕張其昀：《問題筆談：學術統制與自由》，《讀書通訊》1942 年 1 月 16 日，第 34 期。
〔註 115〕郭任遠：《學術統制與思想自由》，《學風》1941 年 10 月 15 日，第二卷第三期。

一方面則指出學術統制與學術鉗制的區別，對於後者予以反對。

　　教育學家金澍榮在《學術自由與大學教育的國家化》一文中，研究分析了西方大學學術自由傳統形成的歷史過程，以及一戰以來西方國家在學術統制與自由間的不同立場，並試圖在二者之間找出一條調和之路。他認為學術自由應在「與立國理想和民族利益不相違背的範圍內的自由」。「從消極的方面來看，大學既然是國家社會範圍內的組織，受著國家的培植與維護，它無論如何不應危害國家的生存與民族的利益。從積極的方面來看，學術的使命既然是以它的收穫來幫助人類把握命運，來增進人類的幸福，而在近代，人類最重要的集體生活單位是由民族構成的國家，因此幫助國家把握自己的命運和增進全國人民的福利，實為現代每一個國家的大學所應有的當前任務。」從這個角度看，國家對學術施以一定政策上的導引，也是大學實現對於國家的貢獻的必要。而這種限制是否會妨礙學術的進步，則要看國家自身理想的性質：「假如一個國家的立國理想是廣大的，廣大到以人類全體生活的增進為最高目的，對內無階級的偏私，對外無侵略的企圖；那麼學術只要滿足了國家的要求，同時也就完成了它對全人類的使命。」「假如國家的理想完全建築在真理的基礎上，並沒有顛倒事實，偽造真理的地方，那麼即使將這種理想來規範學術，決無礙於學術的求真作用。」「假如國家所企求的是人類生活理想上一種高超的境界，為謀這種理想境地的實現不能不集中學術的力量，在這種情形之下，國家的理想本身便是一種進步的動力。若根據這種立場來統一學術的方向，只會因目標的一直而使社會的進步加速，決不致妨礙學術的進展。」他在這裡雖未點明三民主義思想是符合上述三點立國理想的，但其隱含的指向十分明確，即國家遵循三民主義的理想，對學術施以統制政策是合理的，也是利於學術自身價值實現的。〔註116〕

　　總覽知識分子在抗戰時期的學術自由思想，可見同其他自由主義思想一樣，「自由」的限度受到了戰爭的制約。儘管「一面抗戰，一面建國」的口號，給予了知識分子在戰時討論自由問題的一部分合法性，但這種「討論自由的自由」不僅常常被政府以「統一思想，集中意志」的號令打斷，即使知識分子自身，也不時反省自由的言論思想是否有助於抗戰的進行。回到本書討論的學術自由問題上來，學術研究不受政治勢力侵擾，這一句話雖自近代以來便

〔註116〕金澍榮：《學術自由與大學教育的國家化》，《讀書雜志》1943 年 12 月 15 日，第一卷第二期。

被中國許多知識分子奉為信條，但在戰爭的狀態下，知識分子對學術自由的態度卻不時表現出兩面性。以下以傅斯年的事蹟和思想為例。

抗戰時期國民黨對於學術的統制，體現在具有官方背景的學術機構的創辦上。這些新設立的學術機構直接反映出政府對於未來學術發展方向的期待。通過國家意志限定學術的自由探索，並用資金、人員等戰時稀缺資源作為利誘。對此，傅斯年是持抵制態度的。他作為中央研究院歷史語言研究所所長，同國民政府原本就關係密切，與朱家驊、翁文灝等政學雙棲的國民黨要員更是互為摯友。但他對於學術獨立理念的堅持，並不亞於遠離官場、深居象牙塔內的知識人，甚而多次利用其特殊身分，直接向政府爭取學術獨立的權利。1942 年前後，時任國民黨中央組織部長、中研院代理院長的朱家驊，因與教育部長陳立夫爭奪邊疆問題的話語權，向傅斯年徵求在中研院內設立邊疆研究所的意見。傅斯年直截了當地提出「上策是不辦」的意見，認為此所與政治現實過於接近，會「破壞我們學院立場之清淨法門」；同時，他還從程序上出發，要求將此事在院務會議上正式提出並討論，充分聽取院中同事的意見。〔註117〕另外，對於教育部組織成立的史地教育委員會，試圖統制一切史學機關和學術活動（史語所亦在其內），以及戴季陶欲安排私人進入史語所工作等事，傅斯年均加以抵制。〔註118〕他在覆函立法院有關中研院組織法相關問題時，一再強調其學術獨立的地位，稱本院「直隸於國民政府，為中華民國最高學術研究機關」，與教育部沒有統屬關係，對於政府各機關僅負「學術上之輔助」作用，而非行政機關。〔註119〕作為一名學界領袖，傅斯年因其個人與

〔註117〕 傅斯年致朱家驊（1942 年 2 月 15 日），王汎森、潘光哲、吳政上主編：《傅斯年遺札》（第三卷），北京：社會科學文獻出版社，2014 年，第 930 頁。補注：傅斯年並不認為學術研究與現實政治毫無關係，否則他也不會因民族研究一事與吳文藻、費孝通等人發生齟齬（下詳）。他在此信中還說：「中央研究院以後固必盡其對於政府之學術、技術上之幫助，但終以去政治不太近為宜耳。」在學術與政治之距離的把握上，傅斯年內心自有其標準。

〔註118〕 傅斯年致黎東方（1942 年 4 月 30 日），傅斯年致劉次簫（1942 年 8 月 7 日），傅斯年致朱家驊（1942 年 8 月 10 日），傅斯年致朱家驊（1942 年 8 月 25 日），王汎森、潘光哲、吳政上主編：《傅斯年遺札》（第三卷），北京：社會科學文獻出版社，2014 年，第 954～955、983～984、986～987、994～995 頁。

〔註119〕 中央研究院致立法院法制委員會（1943 年 10 月），王汎森、潘光哲、吳政上主編：《傅斯年遺札》（第三卷），北京：社會科學文獻出版社，2014 年，第 1098～1100 頁。

政府的緊密聯繫而為中研院爭取到更多的資源，但他並沒有因此放棄作為一名知識分子和學者，特別是作為一名「五四青年」〔註120〕的操守，堅持學術獨立的信條，為中研院守住一方學術的淨土。

然而戰時發生的另一件事，卻反映出在民族救亡的大業面前，傅斯年所堅持的學術自由發生了扭曲。1938年12月，顧頡剛在昆明復刊的《益世報》創辦《邊疆》週刊。對此，傅斯年深為憂慮，親自致書顧頡剛，勸他慎用「邊疆」、「民族」這兩個可能激起雲南等地區民族對立情感的詞語，並對投遞稿件中有違「中華民族是一個」宗旨、誇大漢族與雲南土著民族對立的內容嚴加注意。他在信中說：「至於閉戶作學問，以其結果刊為不能流行之學術刊物，更或供政治之參考，自當一秉事實，無所顧慮，然不當使其民眾化也。」〔註121〕此封信中，傅斯年的態度尚屬溫和，仍承認學術研究的客觀價值，僅就學術成果與民眾教育之關係這一問題與顧頡剛提出商榷。而顧頡剛也與傅斯年有同樣的憂慮，接連在《益世報》上刊出《「中國本部」一名亟應廢棄》和《中華民族是一個》二文，申明自己反對民族分裂的立場，並廣而告之於一般民眾。〔註122〕傅斯年隨後亦認可了顧頡剛的努力，稱二文「立意甚為正大，實是今日政治上對民族一問題惟一之立場」。〔註123〕然而針對此後吳文藻在雲南大辦民族學會及費孝通著《關於民族問題的討論》一文、反對「中華民族是一個」等事，傅斯年則予以疾風驟雨般的申斥，稱之為「拾取『帝國主義在殖民地發達之科學』之牙慧」，並不惜以中央研究院史語所所長的身分通知朱家驊、杭立武等人，要求中英庚款董事會將吳文藻調離雲南，並停止對二人的資助。他說：「今中原避難之『學者』，來此後大在報屁股上做文，說這些地方是玀玀，這些地方是樊夷⋯⋯，更說中華民族不是一個，這些都是『民族』，有自決權，漢族不能抹視此等少數民族。更有高調，為學問作學問，不管政

〔註120〕此處借用王汎森用語，見氏著《傅斯年：中國近代歷史與政治中的個體生命》，王曉冰譯，北京：生活讀書新知三聯書店，2012年。

〔註121〕傅斯年致顧頡剛（1939年2月1日），王汎森、潘光哲、吳政上主編：《傅斯年遺札》（第二卷），北京：社會科學文獻出版社，2014年，第721～722頁。

〔註122〕顧潮編著：《顧頡剛年譜》（增訂本），北京：中華書局，2011年，第330、332～333頁。

〔註123〕傅斯年致朱家驊、杭立武（1939年7月7日），王汎森、潘光哲、吳政上主編：《傅斯年遺札》（第二卷），北京：社會科學文獻出版社，2014年，第767頁。

治……。弟以為最可痛恨此也。此地正在同化中，來了此輩『學者』，不特以此等議論對同化加以打擊，而且專刺激國族分化之意識，增加部落意識。蓋此等同化之人本諱言其淵源，今言之不已，輕則使之生氣，重則使之有分離漢人之意識，此何為者哉？夫學問不應多受政治之支配，固然矣。然若以一種無聊之學問，其惡影響及於政治，自當在取締之例。」〔註124〕一向反對政治統制學術、提倡學術獨立與自由精神的傅斯年，在面對有可能危及抗戰大局的學術問題時，主動放棄其自由主義立場，轉而批判「為學問而學問」的純學術立場。學術與現實間的糾葛，在傅斯年一人身上體現得至為明顯。

〔註124〕傅斯年致朱家驊、杭立武（1939 年 7 月 7 日），王汎森、潘光哲、吳政上主編：《傅斯年遺札》（第二卷），北京：社會科學文獻出版社，2014 年，第 765～770 頁。此事之後續，可參考傅斯年致杭立武（1939 年 8 月 11 日），同上書，第 777 頁。

第三章 文化建國的主導力量——
知識分子的戰時角色

　　在抗戰建國、文化建國之中，知識分子應當扮演什麼樣的社會角色？對於這一問題，應將其放到整個中國近代史上知識分子自我形象的轉變之中加以觀察。據今日學者的研究，在近代中國士大夫向知識分子轉變的過程中，存在以下兩種相反相成的變化趨勢：其一，由於西方平等觀念的傳入以及中國儒家精神合法性的低落，士大夫階級由「四民之首」跌落，知識分子或被其他新興群體擠壓至社會邊緣，或自我邊緣化，由歷史傳統形成的精英意識由此低落；其二，整個近代社會雖趨於平等和去特權化，但在傳統影響之下，知識分子心中仍存留著以天下為己任、將自身階級視為領導大眾的社會重心的心態。〔註1〕這兩種趨勢，均影響到抗戰時期知識分子的自我認同，從而在抗戰這一特殊的歷史時期，觸發了一場對此問題的多維度討論。

第一節　戰時知識分子的自我認知

　　從今日回看抗戰，學界一般認為當時的知識分子廣泛地投入到抗日救亡運動當中，體現出因外敵入侵而喚起的強烈愛國意識與救國熱情。與抗戰之前的中國近代變革與革命的歷史相比較，抗戰時期親身參與到抗戰建國洪流

〔註1〕對此可分別參見王汎森：《近代知識分子自我形象的轉變》，載氏著：《中國近代思想與學術的系譜》，長春：吉林出版集團責任有限公司，2011年，第277～304頁；許紀霖：《「少數人的責任」：近代中國知識分子的士大夫意識》，《近代史研究》2010年第3期。

之中的知識分子，從人數和參與程度等方面都有了很大程度的提升。〔註2〕事實也的確如此。無論在前線還是在後方，處處都能見到知識分子抗敵救國的身影。他們在戰時所從事的工作，既有物質建設，又有精神建設，對於中國抗戰的勝利與文化建設事業的發展都做出了卓越的貢獻。這是學界在研究抗日戰爭史和抗戰思想文化史所得出的普遍共識。但若僅從這一角度出發來觀察戰時的知識分子，不免只關注到其中一個側面，而無法深入到當時知識分子的心靈世界。

實際上，知識分子一個關鍵的精神特質，就在於他們具有不可壓制的、對任何社會現象永不停歇的批判精神；而這種批判精神，往往作用於其自身，表現為對自己所居的知識階級的自我批判。自清末開始，從士大夫階級發展而來的中國現代知識分子，從中國古代與近代西方的思想資源中同時吸取其批判精神，並開始了對其自身的自貶與自省。而全面抗戰的開始，正成為這種自我批判現象大爆發的重要誘因。隨著抗戰的持續，戰爭所暴露出中國的社會問題不斷增多，並且因抗戰的不利而放大；其中，知識分子應對當前抗戰被動的局面負極大的責任，成為當時流行於思想界的一種觀點。「中國的智識階級是沒有希望的了！」〔註3〕這種言論雖只是一時的激憤之辭，但也體現出戰時知識分子對其自身階級所顯露出缺陷的認知與批判。全面抗戰爆發之後，類似觀點的言論盛行於當時的報章輿論界。

一、「智識階級知道罪麼！」

1938 年 1 月，在一篇題為《知識分子的責任》的文章中，作者認為：

知識分子在群眾中是「得天獨厚」，社會一般的敬重「讀書人」，知識分子也承認本身「勞心者役人」的特殊地位，社會從本身抽取許多血汗去培養知識分子。倘若知識分子不明白己身的責任，只利用自己智力的優勢去愚弄群眾，役使群眾，剝削群眾，那麼社會又何貴乎知識分子呢？進一步講，那般「潔身自好」的隱士般的知識分子，我們也不能認為滿意，因為知識被他們荒棄，暴殄，同樣使社會受遭一種損失。用知識作用「勢利之門」的「敲門磚」的人，

〔註2〕 對此，可參考李侃在《抗日戰爭與知識分子》（《抗日戰爭研究》1993 年第 1 期）一文中的概述。

〔註3〕 鄭振鐸：《中國的出路在那裡》，《廣播週報》1937 年 7 月 10 日，第 145 期。

我們不能饒恕他。〔註4〕

又有人稱：

> 從前的知識分子們，大半都藏在「象牙之塔」裏面的，大家都
> 諷刺他們不到「十字街頭」來。現在，可都到十字街頭來了，但是，
> 到了十字街頭做什麼呢？有的浮沉廊署，有的到處徬徨，有的卻擠
> 入了「熙熙攘攘」的一群「做生意」去了，「與民爭利」去了。戰時
> 環境的艱難，戰時生活的壓迫，當然是值得十二萬分的同情，但是
> 繩之以「士不可以不弘毅」之義，卻又不能不認為這是白璧的微瑕
> 而又可以為「清議」所自的原因的！〔註5〕

這兩段話在總體上批判了戰時知識分子的三種弊病：第一，與民眾疏離，
並利用自身地位壓迫民眾；第二，以知識作為追逐名利、做官的工具；第三，
逃避責任，不問戰局。這兩段文字概括了知識分子自我批判的三個角度。

戰時的許多新聞報導揭露出知識分子與民眾之間的緊張關係。曹聚仁在
抗戰初期觀察到，許多知識分子一面向民眾鼓吹「抗戰到底，不要怕死」的
犧牲精神，一面則利用其特權侵佔民眾利益、間接破壞抗戰。他們有的強行
徵用本已緊缺的交通工具，而不顧逃難中民眾的生死；有的身為公務人員，
卻在國難之際擅自辭掉在前線的工作，往後方安全地帶轉移。知識分子自以
為高人一等，「自己的性命比老百姓的值錢」，從思想和行動上都已遠離了民
眾。這樣的知識分子，如何發動民眾抗日？而他們成為「民眾咒詛的對象」
也不足為奇了。〔註6〕研習法政學出身、在戰時供職於國民政府的樓桐蓀也
稱，戰時「智識階級」對民眾的壓迫，較之古代士大夫有過之而無不及。他
說：「從前的『士』是『治人』而『食於人』，現在的『智識階級』是『救國』
而『食於國』——反正彼此都一樣不從事於直接的生產。尤其最大多數『不
知不識』的農民，反正都看我們——所謂『智識階級』——是和從前的『士』
一般無二的成為特殊階級。——尤其很有不少已經『出仕』的『新士』，對
於這些『治於人』的農民的觀念，比較從前的『士』，反而格外缺乏仁愛和
同情！反而格外來得殘酷和貪污！」在民眾看來，知識分子「已經慢慢的變

〔註4〕念慈：《知識分子的責任》，《建群雜誌》1938 年 1 月 1 日，創刊號。
〔註5〕汪嘯凡：《中國知識分子的一簡舊傳統一個新使命》，《新使命》1944 年 1 月，
　　　第一卷第一期。
〔註6〕曹聚仁：《知識分子也離開了民眾》，《抗戰三日刊》1938 年 3 月 3 日，第 50
　　　號。

成了一種殺人不見血的惡魔」。〔註7〕抗戰期間，全國的將士、勞苦大眾都為國家流血流汗，「而社會上顯示太平、享樂、縱慾、荒淫的多半是智識階層裏孕化的一般人們」。〔註8〕「抗戰開始，大家高叫著全國總動員；到現在，民眾是動員了，金融和財政也都動員了，可是輪到智識階級的精神動員，為什麼非但不動，反而更悲觀消極，更萎靡頹喪起來？抗戰以前，大家呼號著新生活運動，節約運動；可是到現在，一般的都市生活，為什麼反而變本加厲的奢侈佚蕩起來？打牌喝酒的是公務員，是智識分子；滿腹牢騷，紛呶靡已的是公務員，是智識分子；以至於戲館妓院裏熙熙攘攘的，也多半是公務員和智識分子。」〔註9〕在知識分子的客觀描述與主觀建構下，知識階級與普通民眾在抗戰中呈現出如此截然相反的生活狀態與精神面貌，不能不使他們既痛且愧。

「學而優則仕」，這種傳統士大夫的心理，一直影響到戰時的知識分子。他們中的一些人參與政治，其目的並不是經世濟民，而是為了個人名利。鄭振鐸說：「中國智識階級向來就是『幫閒階級』，沒有領導民眾的力量，只知用最取巧的方法，專心替皇上做走狗，幫同統治階級壓迫榨取民眾。」〔註10〕這句話剖析了中國知識分子自古以來便以知識作為仕途的「敲門磚」，在入仕後與統治者一同壓榨百姓的情狀。戰時知識分子在自我批判中，往往將今日的缺點歸咎於歷史，而對於知識分子自古形成的「做官癮」進行重點批判。戰時擔任廣東省立文理學院院長的教育家林礪儒宣稱，「中國知識分子，受了歷史的社會的條件所規定，向來在統治者與民眾底中間討生活。他們底生活路線是『獲於上而治民』。既然是『治民』的，當然要爬上民眾頭頂，而其所倚仗的便是統治者底勢力。要這樣，他們才能夠分潤統治者聚斂剝削所得的餘瀝而『不以為泰』。」在這一歷史限定下，「一切學問、才華、信用、名譽都是換得『獲於上』的工具」，而中國的學問、藝術、政治、道德各方面的發展，也因此大受影響。〔註11〕聞一多亦稱，自古以來中國知識分子的指導思想─

〔註7〕樓桐蓀：《「智識階級」與「士」》，《青年嚮導》1938年9月3日，第九期。

〔註8〕珊：《智識階層知道罪麼》，《前哨·徹七札聯合旬刊》1937年12月30日，第3卷第12期。

〔註9〕董大閎：《改造風氣的責任在知識分子》，《民意》1939年1月14日，第57期。

〔註10〕鄭振鐸：《中國的出路在那裡》，《廣播週報》1937年7月10日，第145期。

〔註11〕林礪儒：《今後我國知識分子之命運》，《文理月刊》1940年4月15日，第二期。

一儒學，既是奴隸社會的產物，又是維護上層統治者壓榨下層民眾的兩千年「變相的奴隸社會」的意識形態。這是一套平撫統治者與奴隸的矛盾、溫和中庸的統治術。而加入政府的士大夫正是秉著這種中庸之道，作為一個「緩衝階層」，起著居中「緩和主奴間的矛盾」、幫助統治者「緩和」地榨取下層民眾、聚斂財富的作用。〔註12〕

據曾受過大學教育的國民政府官員陶滌亞觀察，戰時一些知識分子將民眾動員等具體的抗戰工作當作是獲取官位的「墊腳石」，這表明他們頭腦中仍殘存著古代士大夫「學而優則仕」的思想。他評論這些知識分子「都是以愛國救國自負自命的」，但做任何工作都要以做官、升官為最終目的，「以個人利欲為基點，以政治權位作目標」，「過於看重了自己在社會中的優越身分，忽略了整個國家的機構」，這無疑嚴重減損了統一禦侮的大業。

陶滌亞將戰時熱衷於參與政治活動的知識分子分為三類。第一類是在政界活動的知識分子。他們是想改造政治，但卻過於迷信學問而不願正視現實。他們或者照搬國外政治思想理論，或者主張恢復中國傳統政治，造成中國政治思想的混亂。他們的政治建議，往往不是基於切實體驗，而是憑空提出，不切實際，對人力財力都造成嚴重浪費。第二類是向政界活動的知識分子。他們中有的是失意的前官員，有的是初出茅廬的求官者，總之都想在官場有所斬獲。因此他們往往依附於一些政治或軍事勢力，為其主子搖旗吶喊。只求做官的目的，而不擇手段，甚至分裂了國家抗戰的力量。第三類是過問政治的知識分子。他們喜好公開發表政治批評或主張，其中確實有公正熱誠的言論，但也有許多空談，甚至還有為批評而批評的沽名釣譽的言論存在。由於知識分子這種對從政、對做官的癡迷，導致他們將大量的聰明才智浪費在在政府機關內爭權奪利的人事鬥爭上，「自然不會奮其聰明才智，在科學，生產，及其他種種有利於抗戰建國的建設工作上去努力，而只以參加政治活動或過問國家大事為能事為出路。」〔註13〕

作為戰時知識分子從政的典型，陳克文在其私人日記中對他接觸與觀察到的知識分子的戰時表現多有記錄，其中不滿之辭隨處可見。例如他轉錄友

〔註12〕聞一多：《什麼是儒家——中國士大夫研究之一》，孫黨伯、袁謇正主編：《聞一多全集》（2），武漢：湖北人民出版社，1993年，第397～401頁。原文刊登在《民主週刊》1945年1月13日，第一卷第五期。

〔註13〕陶滌亞：《知識分子罪言》，《雍言》1942年6月，第二卷第六期。

人描述，稱一些知識分子在抗戰之初逃亡到香港，在那裡過著「醉生夢死」的生活；又如在戰爭中死亡的知識分子少之又少，「無怪乎一般人對於公務員和智識分子之不滿也」。他記錄了一些戰時加入政府的知識分子的所作所為，恰可為陶滌亞上文的概述提供個案。1939 年初，為建設西南邊疆，國民參政會的一些議員組成川康視察團，承擔起考察四川、西康等地的任務。成員中包括了若干名知識分子。對於這一視察團的成果，陳克文評論道：「他們平日批評政府的施政和議論時事，未嘗不頭頭是道，振振有詞。一到他們自己做起實際的工作來，便左支右絀，破綻立見了。視察團的組織弄得一塌糊塗，將來不見得有甚麼好成績，恐怕還要鬧笑話的。」可見，他對這些從政知識分子的實際政治能力非常不滿，嘲笑其眼高手低，只會空談。他還舉羅隆基為例，指稱這些「文人政治家」四處邀利的嘴臉：「（抗戰前）羅到桂林時，歡迎會上，主席的介紹詞第一句便說『這是反蔣最力的羅先生』。羅見白崇禧，對白說了許多恭維話，並且說『白先生你不應該是一省的領袖』，於是白送他二千元。後到南京見蔣委員長，又說了許多恭維話，並且說『蔣先生你不應該是一黨的領袖』，於是蔣委員長又送他二千元，這便是現在一般所謂文人政治家的做法。」此時雖發生在抗戰前，但在陳克文的記錄中，也能代表戰時一批知識分子的從政心態。對於政府內一些知識分子官員的行政效率，陳克文在日記中，指名批評了在耶魯大學獲博士學位、在行政院任秘書的張純明以敷衍態度對待公務，且抱著金錢至上的評價標準，時常抱怨公務員「待遇太薄」。〔註14〕以上這些私人記錄，都在一定程度上反映出知識分子在戰時從政的不良表現。

對於那些逃避自身對國家的責任，在戰時不問時局、耽於安逸生活的知識分子，輿論界也多有自省。文學研究者沈達材在一篇文章中分析稱，知識分子往往自視甚高，「動不動就是致君堯舜，救民水火」；但當政壇失意之時，便以「窮則獨善其身」自我安慰，歸隱山林，不問世事。「知識分子善於做官，不善於做人，一旦沒了官做，就只好逃避現實，追求幻想。」在脫離現實的同時也脫離了群眾，將被現實所淘汰，被群眾所拋棄。〔註15〕汪嘯凡認為，知識分子應對「中國戰時社會的風氣之所以未能嚴正，未能篤

〔註14〕陳方正編：《陳克文日記》（1937～1952）（上冊），北京：社會科學文獻出版
　　　　社，2014 年，第 232、334、363、619、633 頁。
〔註15〕沈達材：《論知識分子》，《號角》1938 年 5 月 15 日，第二期。

實」負最大責任。「我們的知識分子，大多數（當然不是全體）還在『旁觀』甚至於還在所謂『後觀』。大多數還沒有自己站到前面來，還沒有敢於正視這一次的鬥爭。」〔註16〕

戰時文化民族主義風潮湧起，許多知識分子都將中國傳統思想精神作為培樹國人信心、振奮抗戰精神的工具。例如馮友蘭在其戰時出版的《新事論》一書中，專就儒、墨、道三家思想的現代意義進行解說，稱「儒家墨家教人能負責，道家使人能外物」，「有儒家墨家的嚴肅，又有道家的超脫，才真正是從中國的國風養出來底人，才真正是『中國人』。」〔註17〕然而沈從文卻對中國當今的「讀書人」受到這種偉大思想影響的程度表示懷疑。儒家墨家的「嚴肅」，在今日成了知識分子的「門戶之見」；道家的「瀟灑」，則成了「對事馬虎」的藉口。更為甚者，「儒家最美麗的認真為公精神，在讀書人中且有日趨萎縮之勢。好些名分上應屬於『公』的，這些人作起來更容易假公濟『私』。……至於老莊思想而來的滿不在乎好處，讀書人……倒反是容易把生活觀念粘滯在人我小小瑣碎得失上，施展不開。」〔註18〕沈從文強調戰時知識分子行事時，為國為民考慮得少，而對個人利害得失錙銖必較。這種觀點，在戰時非常普遍。語言學家、翻譯家吳澤炎在其《知識分子應有的反省》一文中，分析了戰時知識分子輕信輕疑、易於受日本宣傳蠱惑的思想原因，認為除了缺乏對抗戰的理性認知與堅強意志外，對於他們在抗戰中所扮演的角色，也沒有明晰的定位。他說：「（知識分子）雖則在民族解放運動的潮流之中，卻並沒有放棄個己的私人的利害打算；他們固然感到大時代的到來，贊頌著犧牲的偉大，但在事實上，他們仍站在好像是第三者的地位。抗戰已經有十四個月了，前線靠百萬的將士，在飛機巨炮坦克毒氣的威脅之下，浴血苦鬥；近千萬的戰區難民，妻離子散，輾轉流離，不能找到一個安身之所，然而知識分子，起碼是處於比較安全地帶的知識分子，仍舊是處於好像局外的地位。甚至還有人在慨歎格於環境，英雄無用武之地。」「由於知識分子的站於局外，用時行的話說，就是落在時代的後頭，他們就不能親自體會這個時代的核心問題：包括行動的意義，當前的困難，和應有的努力等等。他有的是局外人

〔註16〕汪嘯凡：《中國知識分子的一箇舊傳統一個新使命》，《新使命》1944年1月，第一卷第一期。

〔註17〕馮友蘭：《新事論》，載氏著《三松堂全集》（第四卷），鄭州：河南人民出版社，2001年，第331頁。

〔註18〕沈從文：《一種態度》，《今日評論》1939年6月25日，第二卷第一期。

的閑暇：一切看不上眼，批評這個不行，批評那個不行，雖則他們自己未必一定有更好的辦法。」〔註19〕總而言之，戰時知識分子由於重私利而輕國家，不但不能對抗戰做出應有的貢獻，反而抱著「第三者」的心態冷眼旁觀。

應該注意到的是，並不是所有知識分子都對這些自我批判之辭表示贊同。例如，有人認為，知識分子在戰時是進步了的，其中「更值得我們大書特書的，就是普遍地喚醒了知識分子的迷夢，不能僅做一個『能說不能行，動口不動手』的紳士，不能安於一個『不知兵，不習武』的文人。在平時，學有專攻，技有特長，各能密切適合社會的需要，發展我們的生產，提高我們的文化；在戰時，都能『拔劍而起，挺身而鬥』，做一個最勇敢的武士，這才是新知識分子的分內事；而這種新知識分子已經大量地興起，毅然接受國家所界予的使命，響應偉大的號召了，這是在這一次大戰的血火中所煥發的劃時代的光輝！」〔註20〕在這類知識分子眼中，他們這一群體經過抗戰而脫胎換骨。還有人指出，戰時指責知識分子以局外人自居，抱「中立態度」、「騎牆主義」的同時，社會也當反省其深層原因。智識階級對於中國現狀的不滿意，是他們不願全身心奉獻於抗戰建國的根由。「智識階級先天的就是敏感的，他們是民眾最初的覺醒分子。而中國的智識階級，由於最近數十年來時代的動盪，社會關係的劇烈變化，他們的眼光看得比一切人更遠。要使一個清楚地認識了未來歷史動向的人滿意於現狀本來是不容易的，何況此時此地的現狀距離他們的理想之遠又不啻南轅而北轍？」尤其不容忽視的是，自由思想與批判精神是他們無法割捨的特質，「他們在平常比較可以滿意的時期，尚且要興風作浪，企求獲得更使他們滿意的狀態，無怪乎在目前愈加要堅持他們的要求，拒絕和他人合作了。他們的自由主義的立場是無法可以干涉的，除非你能逐漸改變他們的不滿意為滿意，使他們心悅誠服的來參加。」戰時中國社會固然有了一些進步，「例如收回租界，撤廢治外法權，就是近百年來所不曾有過的足以使人滿意的現狀。」但是在法律制度、民意機關等方面的建設仍不能令人滿意；況且，戰時氛圍不歡迎批判、暴露社會現實的文章也壓制了知識分子的積極性。「總之，徒然只知從事掩飾，是瞞不過智識階級銳利的目光的。要爭取民眾的同情，必須先爭取智識階級的同情。而要爭取智識階級的同情，

〔註19〕吳澤炎：《知識分子應有的反省》，《東方雜誌》1938 年 11 月 16 日，第 35 卷第 22 號。
〔註20〕許世英：《新知識分子總崛起》，《中外春秋》1944 年 2 月，第三卷第一期。

最好讓他們先呼吸一些比較新鮮自由的空氣，諸如憲政的實施，民意機關的設立，生命財產的保障，言論出版集會居住營業的完全自由，都是一般民眾和智識階級所迫切要求實現的願望，比較一千萬句美麗的言辭更為有力的。倘若不此之圖，而徒然責備他們不來協力，甚或以為他們都是中了英美宣傳的毒，那就永遠休想得到他們的真誠合作。」〔註21〕

　　然而不容否認的是，抗戰確實暴露出知識分子的不少缺點，上文所述的思想界對知識分子三種角度的批判即是實證。除此以外，當時知識界還重點對知識分子長久以來的「文人氣」予以斥責。關於此點，雷海宗在戰前的相關研究中即有所論及。〔註22〕到了抗戰時期，他的這一觀點更有深化，並得到一班知識分子的認同。雷海宗在戰時刊登在《今日評論》的《君子與偽君子——一個史的觀察》一文中，回溯了中國歷史上「士君子」的演化，稱春秋以前的貴族精神與文武雙全的能力，在戰國後兩千年的中國歷史中消失殆盡，「流於文弱，寒酸，與虛偽」，「士君子」成了「偽君子」。作者稱：「物質的血氣不足的人，精神的血氣也不易發達。遇到危難，他們即或不畏縮失節，也只能顧影自憐的悲痛歎息，此外一籌莫展。」「這一切的虛偽，雖可由種種方面解釋，但與武德完全離脫關係的訓練是要負最大的責任的。純文之士，既無自衛的能力也難有悲壯的精神，不知不覺中只知使用心計，因而自然生出一種虛偽與陰險的空氣。」雷海宗警告這種「偽君子」之風在現在依然存在，且危害於抗戰。「今日的智識階級，雖受的是西洋傳來的新式教育，但也只限於西洋的文教，西洋的尚武精神並未學得。此次抗戰把這種情形暴露無遺。一般人民，雖因二千年來的募兵制度，一向是順民，但經過日本侵略的刺激之後，多數都能挺身抵抗，成為英勇的鬥士。正式士兵的勇往直前，更是平民未曾腐化的明證。至於智識階級，仍照舊是偽君子。……在後方略受威脅時，能不增加社會秩序的混亂，已是很難得了。新君子也與舊君子同樣的沒有臨難不苟的氣魄。後方的情形一旦略為和緩，大家就又從事雞蟲之爭；一個彈炸就又驚得都作鳥獸散。這是如何可恥的行徑！但嚴格講來，這並不是個人的錯誤，而是根本訓練的不妥。未來的中國非恢復春秋以上文武兼備的

〔註21〕何烈：《論中國的智識階級》，《國報週刊》1943年7月10日，第二期。
〔註22〕參見《中國的兵》、《無兵的文化》等文章，分別刊於1935、1936年的《社會科學》雜誌，後收入1940年商務印書館出版的《中國文化與中國的兵》一書。

理想不可。」〔註23〕此外，林同濟在戰時就雷海宗的這一論點加以發展，先後發表了《士的蛻變——文化再造中的核心問題》、《大夫士與士大夫——國史上的兩種人格型》、《論文人》、《論文人（續）》、《論官僚傳統——一個史的看法》等文，其核心觀點是春秋時的「大夫士」是貴族武士，戰國及其後的「士大夫」是文人官僚，因失掉了武的精神，導致了中國文化的文弱。〔註24〕

　　社會學家李樹青在其從社會學角度分析古代士大夫與今日知識分子的文章中，也沿用了雷海宗、林同濟等人的這一觀點。他認為，中國現代知識分子與古代士大夫最大的差別，除思想知識與教育背景不同外，在於其由農村走進都市，成為一個城市的人。正因如此，這批新知識分子失去了「進退的依據」，「只能出仕，沒法歸耕」，因此失去了與統治者抗爭的底氣。「在這種進退維谷的情勢下，他們就只有因循苟且，阿諛取容。所以當代知識分子所表現的囁嚅畏葸，闒茸猥屑，到也是環境所逼成的必然結果。」社會環境的影響下，他們過多地繼承了古代士大夫「文」的傳統：「他們還是『動口不動手』的『君子』，還是一些不知兵與不習武的文人。事情到了緊急關頭，這些人既不敢拔劍而起與挺身而鬥，那就失掉了最後決勝的能力。於是這群讀書人就不得不利用種種陰謀手段，去設法取得不戰而勝的地位。有時他們得趨炎附勢，甚至要助紂為虐，這都是因為缺乏武德所造成的性格。」與這種行事風格相配合，現代知識分子發展出一套犬儒主義的人生哲學，其特點在於：

　　　　在實際生活裏面，這般文人既無力抑強扶弱，當然更談不到除暴安良，於是創造出一種「自掃門前雪」的哲學，卻把這些事業留給梁山泊上的綠林俠客。然而正義感總歸每人都有的。在正面既不敢發揮，於是就只有訴諸幽默諷刺與冷嘲熱罵。中國社會的沒有正當輿論，這也是主要原因之一。這是一。現在的知識分子既然喪失了向上犯顏直諫的勇氣，同時遇事又要有所表白，藉以顯示一己的超群出眾。因此，他們全成了茶杯裏鬧風波的能手。留心的人可以

〔註23〕雷海宗：《君子與偽君子——一個史的觀察》，《今日評論》1939年1月22日，第一卷第四期。

〔註24〕均載於江沛、劉忠良編：《中國近代思想家文庫·雷海宗、林同濟卷》，北京：中國人民大學出版社，2014年，第589～594、609～614、623～635、653～658頁。

見到在一個無關痛癢的小題目上，竟有許多知識分子在那裡逞辭鋒，鬥口舌，爭執不休；但對於關係國家民族的興亡大計，卻偏會噤若寒蟬，無人肯公開討論。此其二。缺乏武德的人，也即是最怯懦的人。因為怯懦，所以在內心裏總懷著一副鬼胎，唯恐被別人利用。知識分子的不能組成有力的團體，就是由於這種爾虞我詐的心理從中作祟。俗話說：「秀才造反，三年不成」這句話，不能不謂為真理。此其三。還有，中國的知識分子既與歐美的白領階級不同。沒有廣大工商企業用作退路，而進路又並未放寬了多少。因而多數成為胸襟狹仄的人物。他們不但不肯提攜同類，有時甚至要壓抑它人，藉以避免自己的位置，遭受威脅。從這個心理出發，於是妒才嫉能，陰險詭詐，以及「文人相輕」等種種傳統的惡德，又被徹底的發揮一番。〔註25〕

知識分子骨子裏既文弱怯懦，不能為抗戰發揮實際作用，卻又好言高調，常產生意見紛爭。因此，「力少而非多」的知識分子在戰時存在的必要性也受到強烈質疑。身為讀書人的錢基博，在抗戰時期借研究焚書坑儒這一中國古代壓制士大夫力量的歷史事件，警示當今知識分子，切勿自視過高、目無國家民族，否則恐將再次招來滅頂之災。他說：

一時代之大動盪，必先之以思想之動盪，議論之動盪。及紛紜之既久，民心厭亂，不得不求「定於一」。而我們知識階級，意見橫生，依然故我，自然會遭到人民厭棄。因為知識階級養尊處優，需要思想自由，言論自由。而一般大眾，在水火刀兵之中，只需要一個「治」，能在國家安定之下，安居樂業，以事生產。「動員農工，打倒知識」，共產黨呼為口號，而我默觀情勢，應時勢之要求，已形成一種社會意識。加以極權國家，右傾如希特勒之於德，左傾如史丹林之在俄，統制思想自由，摧毀知識階級，而對內能治，對外能強，更普遍地形成一種國際意識，予列國政治當局以一種新刺激，新欣慕。那末焚書坑儒的悲劇，在中國重演一番，也未可知。而今日我們或許躬逢其盛，在我們知識階級自然是一種厄運，而就整個民族立場，是否也是同樣厄運，須看他以後演變如何。

〔註25〕李樹青：《論知識分子》，《東方雜誌》1944 年 9 月 15 日，第四十卷第十七號。

中國抗戰，必定勝利，而勝利之後，國家對知識階級決不會如以前縱容，知識階級之放言高論，國家必加以統制，好比財富階級之非法盈利，國家必予以制裁一樣。我們知識階級，當得早日覺悟，細自檢討，現在我們的知識，是否如孔子所說「言不及義，好行小慧」，我們的生活是否如荀子所說「學者之嵬容，偷儒息事，無廉恥而事飲食」，我們的行動，是否如孔子所說：「色取仁而行違，居之不疑」，如孟子所說「處士橫議」。知識力求實際，生活切戒惰廢，議論勿唱高調，言行必相一致，「博學而篤志，切問而近思」，創造自我的人格，挽回社會的信心，這是我們知識階級挽救自己厄運的惟一方法。〔註26〕

在錢基博看來，由於知識分子戰時的糟糕表現，若捨棄他們，再來一次「焚書坑儒」，對於國家民族的利益竟未必是一件壞事。而知識分子為求自保，即便思想與言論自由這種最基本的精神訴求，也應當予以收斂、甚而放棄。可見在一部分知識分子眼中，戰時「士氣」低落之程度，可謂極矣。

知識分子常以追求知識和領導思想自命。但經過抗戰洗禮，他們在教育、宣傳、思想指導、學術研究各方面，都沒有盡到對於國家民族的責任：「以教育論，其所培植之青年，其囂張，魯莽，昏愚，墮落之氣象，依然如故也。以宣傳論，國民思想依然未能激發，作漢奸的也未必一天比一天少。以指導思想論，今日人民思想之龐雜與行動之乖張，竟開歷史上未有之奇觀。以研究學術論，中國之學術依然落後，追趕不上時代；說一句更喪氣的話，連中國自身的學問，還等待人家來整理呢！」〔註27〕甚至還因其自身劣根性，對抗戰建國事業造成不小的損害。曾昭掄分析當下培育知識分子的教育體系，稱與古代士大夫相比，今日知識分子在混跡政壇、不屑生產方面並無二致，甚至更會享樂、更加沒有氣節。這樣的知識分子，甚至有已墮落為「社會贅疣」的跡象。〔註28〕然而，絕大多數知識分子對其自身進行批判，都是抱著「恨鐵不成鋼」的心態；他們仍舊懷著與古代士大夫相類似的「覺民行道」心理，將自己視為救國救民的領導力量。

〔註26〕錢基博：《論焚書坑儒並勖知識階級》，《正氣月刊》1942 年 1 月 1 日，第五卷第一期。

〔註27〕系佳：《今日之知識階級》，《經世戰時特刊》1938 年 5 月 1 日，第十四期。

〔註28〕曾昭掄：《對大學教育的一個希望》，《戰時青年》1940 年 11 月 16 日，第五期。

二、知識分子的責任

　　與知識分子在抗戰時期的自我反省相伴隨的，是他們對於作為國家社會的「領袖人才」所應負有的重任的高度認同。上文所引許多批評知識分子的文章中，作者並沒有因其糟糕的戰時表現而否定他們在戰時所扮演的領導者角色。例如，在上文所引的《今日之知識階級》一文中，作者雖批評知識分子在戰時的表現，並歷數其弱點，但對於這一群體在戰時的重要性也有如此正面評價：「國家作育人才，其目的在樹百年之基礎，而被培植之知識階級，亦當自愛自重，發揮其偉大之使命。國家建立之大業，樹立於知識階級之肩頭；知識階級有向上自拔之精神，則國家之建立亦必隨之而向上；反之，知識階級如頹敗墮落，則國家必因之而衰微，甚而至於滅亡。此證之古今中外驗不爽者也。」〔註 29〕這種意見實際上延續了古代士大夫階級根深蒂固的政治與文化精英主義的理念，並在戰時的思想界受到部分地認同。自近代以來知識分子在四民社會解體、平等觀念盛行的時代背景下進行自我批判、自我邊緣化的同時，也保留著將自己視作社會重心和領導階級、作為救國建國大業的帶路人這種濃厚的精英意識。上述戰時的這種意見，正可作為證明之一例。

　　那麼，知識分子既然作為戰時領導中國抗戰建國的核心群體，他們該如何實施領導呢？當時思想界所重點強調的一面，在於知識分子應勇於肩負起發動民眾的責任。關於抗戰的長期性特點，在全面抗戰爆發之初便已成為許多知識分子的共識。如何確保抗戰能夠長期持續下去，使國家不被日本侵略者處於絕對優勢的軍事力量所擊垮，這就需要發動全民抗戰。在許多知識分子眼中，發動民眾正是他們首要的抗戰任務。抗戰之初，胡愈之之弟、著名報人胡仲持便思考過這一問題。他說：「我們須知目前的抗戰所需要的民眾力量比軍事力量還大。而在一般民眾的文化水準低下的中國，知識分子就有著發動民眾力量的極大的責任。」知識分子應該意識到，發動、組織、教育民眾，其責任並不在國民黨一身所獨佔，而急需借助知識分子的力量。〔註 30〕一位署名「毅之」的知識分子也稱，知識分子戰時應做的工作，不在於投筆從戎，而在於「在後方切實地喚起民眾，提高民眾的知識，灌輸民族意識」，

〔註 29〕系佳：《今日之知識階級》，《經世戰時特刊》1938 年 5 月 1 日，第十四期。
〔註 30〕仲持：《知識分子當前的責任》，《抵抗三日刊》1937 年 9 月 9 日，第七號。

使群眾避免受敵人的愚弄，從而導致國家抵抗力量的減弱。〔註 31〕編譯家陸殿揚在戰時也著文表達了類似的觀點，強調應實施知識分子的總動員，使他們貢獻於社會教育的工作，增強民眾智識與抗日力量，而不能再將推行社會教育的責任「完全諉之於政府和極少數的社教人員」。「全國知識分子除了有錢出錢之外，還要出其智力為國服務，以盡抗戰建國的責任。」〔註 32〕在戰時將知識分子動員起來，使他們擔負起開民智、增強全民抗戰力量的責任，這是輿論界的呼聲，也是知識分子對自身角色的認知。而從上文可見，他們對知識分子批評的一個主要方面，也在於不滿知識分子與民眾的脫節。在戰時，也確有無數知識分子回應著這種批評的聲音。他們除了在思想上努力打破以「特殊者」〔註 33〕自居的心態，還在實際的群眾動員工作上親力親為。顧頡剛可謂這一類知識分子的代表。他在抗戰爆發之初，便遠赴甘肅、內蒙等西北邊疆之地，考察當地民族民俗、社會組織等實況。同時，他還繼續發展著戰前便已開展的通俗讀物編刊的工作。而從思想上對知識分子與民眾隔離的批判，他在戰時更是不遺餘力。他說，中國古代的士大夫瞧不起下層民眾，不屑對他們進行教化，這種狀況一直持續至今。知識分子對民眾「望望然而去之」的冷漠態度，導致各地的民眾教育徒有其表，民眾接觸不到新的知識，國家的根基也因此不能穩固。抗戰使知識界認識到民眾宣傳的重要性，通俗讀物的刊印成為教導民眾「成為中華民國的健全公民」的工具。顧頡剛呼籲，「有覺悟的人都能用了自己的力量來引起無數人的力量，共同挽回我們的國運」，即是要求知識分子「與一般民眾聯合奮鬥」。〔註 34〕

顧頡剛上引文的最後一句，反映出另外一個問題，即知識分子與民眾是何關係？按照顧頡剛的意思，知識分子與一般民眾是平等的。知識分子需要為喚醒民眾而貢獻自己的知識與力量，但這並不意味著他們就高於民眾一等。實際上，從其青年時代所寫的文字中即可看出，顧頡剛對於自身所處的知識

〔註 31〕毅之：《抗戰期中知識分子應有的使命》，《抗敵呼聲》1937 年 11 月 16 日，第二期。

〔註 32〕陸殿揚：《全國知識分子總動員》，《教與學》1938 年 12 月 31 日，第三卷第十期。

〔註 33〕沈達材：《論知識分子》，《號角》1938 年 5 月 15 日，第二期。

〔註 34〕顧頡剛：《通俗讀物的重要性》，載氏著：《寶樹園文存》（卷三），北京：中華書局，2011 年，第 280～283 頁。原文載 1939 年 1 月 8 日《雲南日報‧星期論文》。

階級，有深重的「原罪」感和自我邊緣化傾向。他在為王國維投湖而寫作的悼文中，便曾指責王國維在國民革命期間的「義無再辱」心態，有著一種「士大夫階級的架子」。「他覺得自己讀書多，聞見廣，自視甚高，就不願和民眾們接近了。」並稱他是「不肯自居於民眾，故意立異，裝腔作勢，以鳴其高傲，以維持其士大夫階級的尊嚴」。顧頡剛在文中呼籲，「把學者們脫離士大夫階級而歸入工人階級」，「我們應該打倒士大夫階級！我們不是士大夫！我們都是民眾！」〔註 35〕這樣的呼聲，實際就是為了將讀書做學問這一被古代士大夫神聖化的事業「祛魅」化，使之成為與農工商一般的普通職業。他的這種知識分子與民眾的平等觀念，始自戰前，而繼續發揚於抗戰之中。

　　然而對於知識分子與民眾關係這一問題，在當時不只有顧頡剛這一種答案。一部分知識分子認為，他們仍應肩負起領導民眾的責任。上文曾引過的署名「念慈」的《知識分子的責任》一文中，作者雖對知識分子剝削群眾予以嚴厲批評，但他還認為，在戰時中國，一切問題的解決，都需要依靠知識；而作為知識擁有者的知識分子，更不能在戰時被「停放」或「埋沒」。因此，知識分子便有著居於上位、領導民眾的責任：「全部知識分子的總動員，使群眾和知識分子成為不可分離，使大大小小一切事務被領導著向『真善美』變動，救亡和復興的大業由此必可獲得成功。」〔註 36〕羅家倫強調，作為掌握著知識這一「人類最高智慧發展的結晶」的知識分子，應在戰時負起「知識的責任」：

　　　　知識分子既然得天獨厚，受了人間的特惠，就應該對於國家民族社會人群，負起更重大的責任來。世間亦唯有知識分子才有機會去發掘人類文化的寶藏，才有特權去承受過去時代留下最好的精神遺產。知識分子是民族最優秀的分子，同時也是國家最幸運的寵兒。如果不比常人負更重更大的責任，如何對得起自己天然的稟賦？如何對得起國家民族的賜予？又如何對得起歷代先哲的偉大遺留？……身為知識分子，就應該抱一種捨我其誰至死無悔的態度，去擔當領導群倫繼往開來的責任。當民族身死存亡的緊急關頭，知識分子的責任尤為重大。

〔註 35〕顧頡剛：《悼王靜安先生》，載氏著：《寶樹園文存》（卷一），北京：中華書局，2011 年，第 273～275 頁。原文載 1928 年《文學週報》，第 276 期。
〔註 36〕念慈：《知識分子的責任》，《建群雜誌》1938 年 1 月 1 日，創刊號。

抱著這種心理，羅家倫希望知識分子能在戰時克服其思想上的若干弱點，而發揮起「在學術方面要有創作，有貢獻，在事業方面要有改革，有建樹」、領導國家民族渡過當前抗戰難關的使命感。〔註 37〕知識分子的精英意識，在這些文章中顯露無疑。而稱呼民眾為「無知愚民」、他們知識水平低下為「可憐」，這種對民眾的貶義稱呼，更得見於當時的輿論界。〔註 38〕

還有人聲稱，知識分子具有移風易俗的使命，因而對於民眾思想與社會習氣的轉變，更應起到引導的作用。歷史學家徐文珊便稱，士大夫救國是中國歷朝歷代遭遇危亡之際時的常態。士大夫救國在於「正氣」的弘揚。對於抗戰中的中國，「士大夫能負起責任，緊張起來，則前方後方可以打成一片，舉國上下可以拉成一氣，販夫販婦，一草一木，都可以發揮其最大力量以貢獻於國家民族。」「士大夫是正氣之所託，國魂之所寄，國家存亡之所繫。」〔註 39〕竺可楨在戰時也抱有類似觀點，稱國家在戰時努力支撐大學教育，正是為了培養一批具有知識的社會領袖。「在這國難嚴重的時候，我們更希望有百折不撓、堅強剛果的大學生來領導民眾，做社會的砥柱。」〔註 40〕而雷海宗雖然批判當今知識分子具有文弱、虛偽等「偽君子」特性，但他還是承認，「民眾的力量無論如何偉大，社會文化的風氣卻大半是由少數領導分子所造成的。」知識分子尚武、勇敢的「真君子」精神的養成，是全社會大眾風氣改變的前提。〔註 41〕以上類似的言論，在戰時還有許多。總之，知識分子將自身階級視為民眾的領導；為實現有效領導、或為了保住其領導地位，他們時時不忘批評當今知識分子的缺陷。但他們作為知識分子的優越感，在其文章中多有顯露。

與之相對的，還有一些知識分子更傾向於贊同顧頡剛的意見，即知識分子與民眾是平等的；甚而言之，知識分子是應被民眾所領導的。這一類意見，

〔註 37〕羅家倫：《知識的責任》，《新民族》1938 年 6 月 27 日，第一卷第十八期。

〔註 38〕董大閎：《改造風氣的責任在知識分子》，《民意》1939 年 1 月 14 日，第 57 期。毅之：《抗戰期中知識分子應有的使命》，《抗敵呼聲》1937 年 11 月 16 日，第二期。

〔註 39〕徐文珊：《士大夫救國》，《國魂》1938 年 12 月 30 日，第 28 期。

〔註 40〕竺可楨：《當今大學生的責任》，載氏著《竺可楨全集》（第 23 卷），上海：上海科技教育出版社，2013 年，第 518 頁。原文刊登在 1937 年 11 月 30 日《國聞週報》，第 14 卷第 47 期。

〔註 41〕雷海宗：《君子與偽君子——一個史的觀察》，《今日評論》1939 年 1 月 22 日，第一卷第四期。

是戰時許多受中共思想理論指導的報刊經常宣傳的觀念。這類文章經常聲稱，知識分子不要做妄圖領導群眾的美夢，而應成為群眾的一分子、代表群眾的意志與利益，這才能獲得群眾的歡迎。〔註 42〕在抗戰後期受到左翼思想影響的聞一多，也表達了類似的觀點。他在 1945 年歡迎參與知識青年從軍運動的西南聯大學生回校的儀式上，提醒青年知識分子「不要以為有了知識分子就有力量，真正的力量在人民。我們應該把自己的知識配合他們的力量。沒有知識是不成的，但是知識不配合人民的力量，決無用處！」〔註 43〕然而，知識分子的這種態度趨向，並不能完全歸因於中共的影響。晚清以來興起的平民主義思想，持續地改變著士大夫階級、以及後來新興的知識分子對自我形象的認知。〔註 44〕影響及於戰時，就是他們不再自認為是一個特殊階級。因此有知識分子意識到，不能再自以為是「國家的撐天柱」，不能只高談動員群眾而不動員自己；實際上，知識分子是「構成國家的無數國民中的一分子」，在抗戰期中，民眾與知識分子發揮著同等重要的作用。〔註 45〕

知識作為知識分子一向引以為傲的獨佔資源、以及區別於普通民眾的重要標誌，在抗戰這個需要更加現實工作的時代，其光芒也漸漸褪色。戰時思想界之所以強調「學術建國」，呼籲在戰時不能忘記學術與知識的積累，恐怕正是為了回應當時社會中那種重宣傳不重教育、甚而鄙視知識的「反智主義」。而一部分知識分子，則強調他們所掌握的知識應與服務民眾、貢獻於抗戰建國事業相結合；除此之外，知識與知識階級並無其特殊的優越之處。例如，林勵儒表達了知識分子應以僕從的姿態領導民眾的複雜心態。他一方面強調，「中國民眾大多數是知識極簡單的農民，要沒有知識分子給他們效勞，就很難擔起復興的偉大工作。如果能夠領導民眾的知識分子人數較多，則民眾與知識分子交受其利。」另一方面，他又指出，「我們知識分子比較民眾只多了一點知識，而原來不在民眾之列，向來對民眾又欠老實。現在要能革面洗心，把自己的知識才能去效忠於民眾，才可得好結果。」作為戰時高等教育的實

〔註 42〕 逸：《知識分子與時代》，《讀書月報》1939 年 4 月 1 日，第一卷第三期。
〔註 43〕 聞一多：《給西南聯大的從軍回校同學講話》，孫黨伯、袁謇正主編：《聞 多全集》（2），武漢：湖北人民出版社，1993 年，第 421 頁。講話時間大約在1945 年 7 月。
〔註 44〕 參見王汎森：《近代知識分子自我形象的轉變》，載氏著：《中國近代思想與學術的系譜》，長春：吉林出版集團責任有限公司，2011 年，第 277～304 頁。
〔註 45〕 陶滌亞：《知識分子罪言》，《雍言》1942 年 6 月，第二卷第六期。

踐者，他呼籲戰時教育工作，應以「培養較多數的真正覺悟的知識分子做民眾的忠僕」作為職志。〔註 46〕蔣廷黻也在戰時呼籲，知識分子應更加積極地參與到國防建設中，這樣才有其作為一階級之價值。「當國家爭取生存的關頭，社會上最寶貴的階級是前線抗戰的將士，其次是在後方生產的分子。知識階級，除非參加抗戰或生產，並沒有什麼特殊可寶貴的地方。我們不可以自存一種優越感。就是在承平的時候，士為四民之首的觀念恐怕是士大夫階級為本身的私利傳播的，並無科學的根據，值不得維持。」〔註 47〕錢端升在抗戰行將結束時發表演說，聲稱：「二十世紀應該是平民的世紀。」〔註 48〕蔣廷黻在抗戰結束後回顧戰時知識分子的演化，稱他們之中，「除少數市儈化以外，大多數概普羅化了」。〔註 49〕這些言論都反映出知識分子在戰時的平民化心態，從而與羅家倫等人的精英心態相對立。

戰時知識分子除了在與民眾的比較中找尋其自身階級的適當定位外，還試圖從政治參與的角度出發，思考他們在戰時的責任。戰時輿論界固然對當前知識分子思想中殘餘的「學而優則仕」這種觀念予以批判，但對於學人參政的合理性，仍有許多知識分子對此進行辯護。在一篇題為《士大夫與政治》的文章中，作者「慰慈」甚至表達了對知識分子不願從政心態的不滿。他認為中國自秦漢以後的兩千年歷史，表面上雖尊崇儒家思想，但實際上已丟失了儒家「修齊治平」的真精神；取而代之的，是「守舊」、「狂狷」、「萎縮」，「泥古不化，囿於短見，而竟意氣用事」。在這種精神下形成的士大夫階級，自然無法推動中國學術與政治走向進步。而當下中國的知識分子，仍沾染有過去「士大夫的氣味」，概括說來，便是「既不能令，又不受命」。「天生成一種似乎異常高貴的性格，凡事不願問，或者不願問，其實亦是不能問不會問。然而如果拘住他去幹，他又覺得冒犯了他的尊嚴與清高。」作者在這裡特指參政一事，稱知識分子「認為政治這件事最不適合他們的身分，入了這個漩

〔註 46〕林礪儒：《今後我國知識分子之命運》，《文理月刊》1940 年 4 月 15 日，第二期。

〔註 47〕蔣廷黻：《知識階級與國防建設》，《新經濟》1942 年 2 月 16 日，第六卷第十期。

〔註 48〕錢端升：《僵局如何打開——論中國政治的前途》，《民主週刊》1945 年 9 月 1 日，第二卷第七期。

〔註 49〕蔣廷黻：《漫談知識分子的時代使命》，《世紀評論》1947 年 6 月 14 日，第一卷第二十四期。

渦，他們所不復能清高了。為的是政治上最多見的，一切都是他們見不慣的
現象，所以一般自命清高的人，往往對此是不屑談，往往對政治大有洗耳不
聞掩鼻而過的樣子。」尤其對於學術界人士的從政，社會上往往有一種為之
而惋惜的心態；而從政知識分子，也多以此為慮，認為做官是走向墮落。對
此，作者批評稱，知識分子若不能實際參與政治，僅靠在政府外發表些空談，
是不能改變當前政治的腐敗風氣的。尤其在抗戰建國期中的中國，「使中國政
治上合理的途徑，速成一個現代化的國家」，這是第一要務；而這正是需要知
識分子丟棄「虛偽的士大夫清高出世的態度」、挺身而干政的時刻。〔註50〕

　　「吾曹不出，如蒼生何！」抗戰期間，的確有一批傑出的知識分子，從
象牙塔中走出，加入政府，將自己一生所學貢獻於實際的抗戰建國事業。社
會風氣的轉移，也促使更多知識分子認識到其自身所肩負的改良政治的使命，
以及學人干政的重要意義。尤其到了抗戰中後期，窳劣腐敗的政治局面，更
加喚起知識分子參與政治的責任心。憲政運動浪潮的此起彼伏，正反映出他
們的議政從政熱情。學術研究的成就感，竟於此時落後於改良政治的事業心。
1944年潘光旦發表《說學人論政》一文，對於有學者認為當前知識分子應孜
孜砣砣於學術研究的事業、不該旁顧政治等學術以外的事物這種觀點進行反
駁。他舉出中國歷史傳統的例子，稱自古以來的士大夫便有「要教化來輔導
以至於督責政治」的精神，學人論政是中國的政治傳統。在現代社會，一個
人的身分與權責是多重的。知識分子既有其「專業的身分」，對於發展學術有
不可推卸的權責；同時他還具有「國民的身分」，因而也有參與政治的權責。
而後者的身分與權責，更比前者「更要先決，更要基本」。〔註51〕王贛愚也認
為，「當今國人似乎有個失常的觀念，就是以為士不應從政，一入仕途，便是
大開其倒車，社會人應加以輕視。這種觀念是亟應糾正的。『學而優則仕』，
本是中國士出身的直徑，不過在過去的時代，政界幾乎全是『學而不優』的
人，所以把政治弄得一團糟。……如果他們（代指『學而優』的人——引者
注）果具有政治才能，在上者抑之斥之，而不保育之獎進之，那種危險比什
麼都大。」當前的政治是「論黨不論才」，導致「仕途龐雜」。因此，他呼籲當
前政府在選拔人才從政，並使得人盡其才方面加以改善，必須要「泯除黨的
畛域」，設立文官制度，以此使得各黨派、無黨無派的知識分子都能參與政事，

〔註50〕慰慈：《士大夫與政治》，《青年嚮導》1938年10月29日，第17期。
〔註51〕潘光旦：《說學人論政》，《自由論壇》1944年8月1日，第二卷第六期。

且不會有黨同伐異的現象，個人在政府中工作也不會受黨派浮沉的影響。另外，他還呼籲政府不能只專注於吸納「有技術有專門知識」的「專家」，還當包括「能文善辯」的「通人」，因為從他國的經驗來看，後者是推動政治進步、完成民治建設所不可或缺的。〔註52〕

由上綜合可見，抗戰時期知識分子的自我認知呈現出多面性，既有對其自身階級揮之不去的痼疾、對戰時拙劣表現的檢討與反思，又有領袖群倫、帶領中國實現抗戰建國、文化建國勝利的偉大魄力。他們遊走於傳統與現代之間，而又試圖在學術與政治兩面逢緣。從下節聚焦於錢穆戰時思想與行動的個案研究中，可以深化我們對知識分子戰時表現出的複雜性的理解。

第二節　錢穆：「做一個現代中國的士」

在其逝世前三年，錢穆在臺北素書樓課堂上向學生自述平生志向，可以看作是其一生的總結。他說：「我哪裏是要當什麼大師，其實我只是一個讀書人；心裏真正想做的，只是一個現代中國的士。」〔註53〕「士」，作為一個在古代中國居於領導地位的階層，二十世紀以來逐漸被一個新的稱謂——「知識分子」所取代。其內涵也隨著現代性因素在中國的傳播而發生了巨大轉變。然而近百年來，甚至直至今日，許多中國知識分子（包括海外華人知識分子）雖然表面上包裹著一層「現代知識分子」的外衣，但其內心深處仍有著濃重的「士大夫」情結。錢穆就是典型一例。

抗戰八年將錢穆的人生大約等分為兩個時期。其生命的前四十年，聚焦於學術研究領域，尤長於史實考辨式的專題研究，所撰《先秦諸子繫年》、《劉向歆父子年譜》等著作奠定了他在二十世紀上半葉中國史學界的地位。而抗戰結束後的四十餘年裏，錢穆將其治學視野轉向對中國歷史文化特性的整體性闡釋以及中西文化之比較研究，治學風格亦由考據轉為義理闡發，以收教化人心之效。對於現實政治，戰後錢穆仍然只有「遙遠的興趣」〔註54〕，並未親身投入政治活動；但他對政治的關注度較之戰前有了明顯提高，不僅發

〔註52〕王贛愚：《養士與政治》，《今日評論》1940年3月31日，第三卷第十三期。
〔註53〕韓復智：《我所認識的錢賓四先生》，韓復智編著：《錢穆先生學術年譜》（一），臺北：國立編譯館，2005年，第90頁。
〔註54〕此處借用錢穆弟子余英時自評之語。見李懷宇：《家國萬里：訪問旅美十二學人》，北京：中華書局，2013年，第26頁。

表了許多評論政治的文字，還在大陸鼎革之際於國共兩黨之間做出了自己主
動的選擇。那麼，受抗戰影響，錢穆思想的哪些方面發生了變化，以至改變
了他對學術與政治的取向？他「做一個現代中國的士」的理想又如何隨著抗
戰的發展而調試呢？

一、「士大夫之學」

　　錢穆晚年回憶其先父，稱之為「一兩千五百年來四民之首之『士』傳統
之一典型」〔註 55〕。之所以有如此斷語，在於其父既能讀書以應科舉，又
能持平處理鄉里糾紛，參與地方自治，「雖未預聞治國平天下之大端，而與
修身齊家則大有相關。」〔註 56〕受其影響，錢穆在讀書、研究之餘，始終沒
有忘記對家國天下的關懷，並暗自以做「士大夫之學」而不做「博士之學」
自律。

　　1935 年，錢穆著《近百年來之讀書運動》一文，借晚清學者陳澧之語，
分辨「士大夫之學」與「博士之學」的內涵。他在文中稱：

　　　「博士」最多能知道了些人家所不知道的，卻與做人辦事一
　　切世道仍無關。「士大夫」則須從讀書中明義理，來做社會上一個
　　有用人物。陳氏說：「有士大夫之學，有博士之學。近人幾無士大
　　夫之學。士大夫之學，更要於博士之學。士大夫無學，則博士之
　　學亦難自立，此所以近數十年學問頹廢也。」……陳氏此一分辨
　　極關重要。若在學術界昧失了大義，則訓詁考據亦將無所麗以自
　　存。〔註57〕

　　陳澧發此議論，緣起於道光、咸豐年間兩次鴉片戰爭以及太平天國運動
等時代巨變。在這些驚心動魄之中，他覺悟到乾嘉樸學非但毫無裨益於國
家，這種崇尚考據的學風反而使得士人治學趨於瑣碎，心態愈益驕矜，以致
世道愈加衰敗。此種「博士之學」既於身無益，又於世無用。錢穆重提陳澧

〔註55〕錢穆：《懷念我的父親》，載氏著《八十憶雙親師友雜憶合刊》，收入《錢賓四
　　　　先生全集》（第 51 冊），臺北：聯經出版事業公司，1998 年，第 404 頁。
〔註56〕錢穆：《懷念我的父親》，載氏著《八十憶雙親師友雜憶合刊》，收入《錢賓四
　　　　先生全集》（第 51 冊），臺北：聯經出版事業公司，1998 年，第 402 頁。
〔註57〕錢穆：《近百年來諸儒論讀書》，載氏著《學籥》，收入《錢賓四先生全集》（第
　　　　24 冊），臺北：聯經出版事業公司，1998 年，第 84～85 頁。原文發表於《益
　　　　世報·讀書週刊》1935 年 11 月，原題名《近百年來之讀書運動》。

這一觀點，是因為他認為自己所處時代所面臨的問題，與一百年前如出一轍。新文化運動後期，胡適等人提倡「整理國故」運動，號召以科學的方法整理國故、再造文明。由此帶來的影響，是以中央研究院歷史語言研究所為代表的一批研究型機構在各地各大學紛紛興起，這是中國學術現代轉型的關鍵一步。然而錢穆所關注的，卻是這一類專精型的研究，是否會回到乾嘉學界以賣弄知識自炫、限於雕蟲考據而於時勢、經世濟用一無所知的窠臼。錢穆借評述百年來五位讀書人（從陳澧、曾國藩，到張之洞、康有為、梁啟超）的讀書選擇與人生經歷，提倡一種新的讀書運動，即「有益於身，有用於世」的「士大夫之學」。其矛頭所指，即針對當時學界有重蹈乾嘉覆轍之傾向所言：

> 似乎現在一般的讀書風氣，也還脫不了極狹的門戶之見，也還看重在小節目上的訓詁考據之類，而看輕從學問大體上來求大義之融會與貫通。也還只像是多數走在博士之學的路上，以「為學術而學術」之語調為護符，而實際則學術未必有裨於身世。……就種種方面看，今天學術界的風氣與路徑，卻還是乾嘉舊轍。大體上，陳澧所謂「懶與躁」的心病，似乎仍是深深埋在我們的身裏。而世道衰亂，我們學術界也還不得不負相當的責任。〔註58〕

> 似乎領導學術者，其存心多只看重了博士之學，而不看重士大夫之學。因為有此趨向，所以我們當前的學術空氣，漸漸和一般社會分離，而形成為一種特殊環境裏的一種特殊生活。一個有志讀書的青年，他們的最要條件，便是盼望能走進像樣的大學，浩博的圖書館，完備的研究所。而論其學問之所成就，則只是一種近乎博士論文式的著作。我們並不說學術界不該如此，卻不能認為學術界只該如此。若我們放大眼光，為一般社會著想，便見學問並不全是關門而做的事。有一種是專門博士之學，為少數人所專攻；另有一種則是普通的士大夫之學，為社會多數智識分子所應領解。〔註59〕

〔註58〕錢穆：《近百年來諸儒論讀書》，載氏著《學籥》，收入《錢賓四先生全集》（第24冊），臺北：聯經出版事業公司，1998年，第91～92頁。

〔註59〕錢穆：《近百年來諸儒論讀書》，載氏著《學籥》，收入《錢賓四先生全集》（第24冊），臺北：聯經出版事業公司，1998年，第102頁。

　　本文發表後兩年，在《中國近三百年學術史》一書中，錢穆又一次詳細探討了陳澧的「士大夫之學」，對其學說「尤拳拳深致其嚮往之意」，其原因也在於陳氏當年所點出的「士情之懶且躁，不肯讀一部書，而好以勝古人」這種「足以亂天下」的學風，在抗戰爆發前夕的中國學界依然存在。〔註60〕

　　「世道衰亂，我們學術界也還不得不負相當的責任。」前一段引文的最後一句，點出「學風引導世風」這一錢穆治學論世所一貫秉持的觀點。陳澧所表達的「士大夫之學」的核心內容，即「有益於身，有用於世」，其根本在於曾國藩所說「義理、考據、辭章、經濟」四門之學中的義理、經濟二門。錢穆借評論梁啟超《國學入門書要目及其讀法》一文，道出「士大夫之學」在二十世紀三十年代的時代含義，即「脫去教人做一專家⋯⋯只為一般中國人介紹一批標準的有意義有價值的中國書，使從此認識瞭解中國文化的大義和理想，而可能在目前中國的政治、社會各方面都有其效益和影響。」〔註61〕

　　因此，錢穆提倡「士大夫之學」的目的，就是通過改變學風，影響一批知識分子走出專精的學術研究，關注現實，並肩負起教育和改造社會的責任。這實際上是錢穆試圖在現代學術分科化、專門化背景下重新復活古代士大夫「修齊治平」的傳統理想的嘗試。抗戰爆發前幾月，錢穆在梳理完中國歷史發展脈絡之後，談到中國當前所面臨的局勢及如何脫困時，便將知識分子所當扮演的角色放在至高無上的位置。他說：「中國最近將來，其果能得救與否，責任仍是在一輩社會的中層知識分子，即是歷史上一脈相傳的所謂『士人』身上。中國的將來，要望他們先覺醒，能負責，慢慢喚起民眾。」〔註62〕知識的最終落腳點，即在於對國家、社會、民眾有用。在二十世紀中國新舊勢力劇烈碰撞、民族危機日甚一日的時代大背景下，像錢穆這種以傳統四部之學為知識根柢的知識分子，其經世致用的最佳途徑便是從中國傳統思想資源中找出一條擺脫危機、復興國家的道路。他所選擇的救國道路，是恢復宋明

〔註60〕錢穆：《中國近三百年學術史》（二），收入《錢賓四先生全集》（第17冊），臺北：聯經出版事業公司，1998年，第811～812頁。

〔註61〕錢穆：《近百年來諸儒論讀書》，載氏著《學龠》，收入《錢賓四先生全集》（第24冊），臺北：聯經出版事業公司，1998年，第150頁。

〔註62〕錢穆：《如何研究中國史》，載氏著《中國歷史研究法》，收入《錢賓四先生全集》（第31冊），臺北：聯經出版事業公司，1998年，第175頁。原文發表於北師大《歷史教育》季刊第一期，1937年2月。錢穆這種將知識分子視為中國社會進步最大動力的看法，影響到其中國古代歷史研究，下詳。

兩代的講學精神。〔註63〕

　　錢穆一生，尤好義理之學，對自孔、孟以來的儒生，尤其對朱熹、王陽明等宋明儒者的人生與思想更保持了貫穿一生的興趣，自 1930 年出版《王守仁》（臺灣再版時易名為《陽明學述要》）以來，他撰寫與宋明學術有關文章十數篇，並於七十歲高齡開始撰寫《朱子新學案》，歷時八年方完成這一部一百五十餘萬字的巨著。〔註64〕錢穆晚年回憶 1943 年秋與蔣介石會面時，也曾說到宋明理學是他「內心平日最看重、最愛研究的一項學問」。〔註65〕然而，錢穆未滿四十便能以高中學歷立足於大學講臺，並受到胡適、顧頡剛、傅斯年等新派學者的認可，其原因不在早年對儒學義理的闡發，而在於他能寫出諸如《劉向歆父子年譜》、《先秦諸子繫年》等考據嚴密的文章，以致當時學界認為他「主古文家言」〔註66〕。錢穆晚年回憶 1930 年代在北京高校的教書歲月時，亦曾無可奈何地表示：「余本好宋明理學家言，而不喜清代乾嘉諸儒之為學。及余在大學任教，專談學術，少涉人事，幾乎絕無宋明書院精神，人又疑余喜治乾嘉學。」〔註67〕

　　然而隨著「九一八」事變後國難日殷，錢穆愈加認識到需要用宋明儒家的講學精神挽救目下敗壞的學風，培植新的知識分子，以此帶動民眾，挽救國運。1931 年秋，錢穆在北京大學開設「中國近三百年學術史」一課，並在 1937 年出版本課程講義，即《中國近三百年學術史》一書。書中錢穆將清代學術源流追溯至宋明之學，將之概括為「宋學重經世明道，其極必推之於議

〔註63〕有著不同知識背景的知識分子群體，他們在國難之際選擇的救國途徑也不盡相同。左翼知識分子對社會現實的高度關注與強大的行動能力自不用說。多數自由派知識分子如胡適、顧頡剛、傅斯年等人，亦隨國家時勢的不斷惡化而走出書齋，或加入政府，或改造社會。而錢穆所選擇的救國方法，則是一條「為帝王師」、「為天下師」的道路。與錢選擇相類的學者，尚有馮友蘭，而其事業心尤勝於錢。

〔註64〕據戴景賢研究，錢穆 1925 年寫作《論語要略》一書時，便採用了理學的觀點對《論語》中部分觀點進行解讀。參見戴景賢：《錢賓四先生與現代中國學術》，香港：香港中文大學出版社，2014 年，第 24 頁。

〔註65〕錢穆：《屢蒙蔣公召見之回憶》，載氏著《中國學術思想史論叢》（一〇），收入《錢賓四先生全集》（第 23 冊），臺北：聯經出版事業公司，1998 年，第 83 頁。原文發表於 1975 年 4 月 16 日《中央日報》。

〔註66〕錢穆：《八十憶雙親師友雜憶合刊》，收入《錢賓四先生全集》（第 51 冊），臺北：聯經出版事業公司，1998 年，第 163 頁。

〔註67〕錢穆：《八十憶雙親師友雜憶合刊》，收入《錢賓四先生全集》（第 51 冊），臺北：聯經出版事業公司，1998 年，第 159～160 頁。

政，故繼之以東林。」〔註 68〕又稱「宋學精神，厥有兩端：一曰革新政令，二曰創通經義，而精神之所寄則在書院。……書院講學，則其風至明末之東林而始竭。東林者，亦本經義推之政事，則仍北宋學術真源之所灌注也。」〔註 69〕在若干大儒的帶動下，宋明兩代的書院講學制度，將「坐而論道」與「起而行之」牢固地結合在一起，使士大夫群體既能在學問上互相砥礪，又能在政治上形成一股不容忽視的力量。但在明亡之後，繼之而起的清廷對此視若大敵，「雖外尊程、朱，而於北宋以來書院講學精神，本人心之義理，以推之在上之政治者，則摧壓不遺餘力……往昔宋、元、明以來書院講學之遺規盡墮。」〔註 70〕講學之風到此為止，清代士大夫在清廷的誘導下墮入「博士之學」的陷阱。直到康有為開辦萬木草堂，撰《長興學記》，這一宋元書院精神才得以在清末復活。

　　錢穆將康有為的長興講學視為「近代的新讀書運動」的開端。其原因在於，陳澧、曾國藩、張之洞等人只是為後人讀書開一書目，僅為一種「經籍書本」之學；而康有為長興講學則要恢復宋明講學之精神，以「激勵氣節，發揚精神，廣求智慧」為教旨，建立一種「人文知行」之學。錢穆說：「康氏要在讀書之上先安一個『講學』，即此一點，已可說是兩百年來未有之卓識。」〔註 71〕然而康有為的講學精神並未堅持始終，清末以來新成立的大學亦未對此加以發揚，以致當前學校學風，僅停留在「廣求智慧」一層，而於「激勵氣節」、「發揚精神」均無矚意：「即以最近二三十年的大學教育言，能做到廣求智慧一項，已遠不易。不僅講文史的只是紙篇字面之學，脫不掉乾、嘉以來訓詁、考據、記誦之積習；即治科學的，亦還不免如此。在課堂上稗販，豈不仍等如在紙篇上搬弄，至於激勵氣節，發揚精神，此兩項，在主政者固無此意提倡，即掌教者亦少見及其重要。」〔註 72〕學校、社會不僅

〔註 68〕錢穆：《自序》，載氏著《中國近三百年學術史》（一），收入《錢賓四先生全集》（第 16 冊），臺北：聯經出版事業公司，1998 年，第 15 頁。

〔註 69〕錢穆：《中國近三百年學術史》（一），收入《錢賓四先生全集》（第 16 冊），臺北：聯經出版事業公司，1998 年，第 7～8 頁。

〔註 70〕錢穆：《中國近三百年學術史》（一），收入《錢賓四先生全集》（第 16 冊），臺北：聯經出版事業公司，1998 年，第 24 頁。

〔註 71〕錢穆：《近百年來諸儒論讀書》，載氏著《學籥》，收入《錢賓四先生全集》（第 24 冊），臺北：聯經出版事業公司，1998 年，第 122～126 頁。

〔註 72〕錢穆：《近百年來諸儒論讀書》，載氏著《學籥》，收入《錢賓四先生全集》（第 24 冊），臺北：聯經出版事業公司，1998 年，第 124 頁。

不察宋明講學精神之重要，反而對其提倡者不無諷刺之言。對此，錢穆亦極憤懣：「苟有唱風教，崇師化，辨心術，核人才，不忘我故以求通之人倫政事，持論稍稍近宋明，則側目卻步，指為非類，其不詆訶而揶揄之，為賢矣！」〔註73〕及至1950年錢穆於香港創辦新亞書院時，所擬定的招生簡章中仍體現了他對宋明書院制度與精神的繼承：

> 本書院……旨在上溯宋明書院講學精神，旁採西歐大學導師制度，以人文主義之教育宗旨，溝通世界中西文化，為人類和平社會幸福謀前途。本此旨趣，一切教育方針，務使學者切實了知為學做人同屬一事，在私的方面應知一切學問智識，全以如何對國家社會人類前途有切實之貢獻為目標。惟有人文主義教育，可以藥救近來教育風氣，專為謀個人職業而求智識，以及博士式學究式的專為智識而求智識之狹義的目標之流弊。〔註74〕

任職北大期間，張君勱曾拜訪錢穆，勸他勿作考據工作，改行從事政治活動。錢穆以「余非專一從事考據工作者，但於政治活動非性所長」為由拒之。〔註75〕的確，錢穆絕非一「專一從事考據工作者」。對於一名以「士大夫之學」為治學誌向、以恢復宋明講學精神為目標的學者而言，他在冷靜的學術研究之餘也對現實保持著敏銳的關注。幼時錢穆受其師錢伯圭影響，便有了初步的民族觀念，以及考察東西文化優劣的自覺。〔註76〕五四時期，面對西方文化大量湧入的局面，錢穆決意「重溫古書」，「不為時代潮流挾卷而去」〔註77〕，並在1921年的《時事新報‧學燈副刊》上發表了第一篇中西文化比較研究的文章。〔註78〕1930年代的國難之際，錢穆在進行清代學術

〔註73〕錢穆：《自序》，載氏著《中國近三百年學術史》（一），收入《錢賓四先生全集》（第16冊），臺北：聯經出版事業公司，1998年，第18頁。

〔註74〕錢穆：《招生簡章節錄》，載氏著《新亞遺鐸》，收入《錢賓四先生全集》（第50冊），臺北：聯經出版事業公司，1998年，第3頁。

〔註75〕錢穆：《八十憶雙親師友雜憶合刊》，收入《錢賓四先生全集》（第51冊），臺北：聯經出版事業公司，1998年，第188頁。

〔註76〕錢穆：《八十憶雙親師友雜憶合刊》，收入《錢賓四先生全集》（第51冊），臺北：聯經出版事業公司，1998年，第36頁。

〔註77〕錢穆：《八十憶雙親師友雜憶合刊》，收入《錢賓四先生全集》（第51冊），臺北：聯經出版事業公司，1998年，第91頁。

〔註78〕錢穆：《愛與欲》，載氏著《素書樓餘瀋》，收入《錢賓四先生全集》（第53冊），臺北：聯經出版事業公司，1998年，第134頁。原文發表於1921年1月21日《時事新報‧學燈副刊》。

史研究時，極關注儒家學術文化的傳承以及異族（滿族）、異邦（歐美列強）侵入對漢民族文化之影響；對於清代學人，則不只從純學術出發，還以「是否有志經世，是否心在天下治亂」作為評價其學術成就的準繩。〔註79〕1936年，他甚至還走出書齋，與顧頡剛、徐炳昶、錢玄同等百餘名大學教師一道，聯名上書國民政府，促其早定抗日計劃。〔註80〕這些事蹟都表明，錢穆在學術研究背後，有著深深的基於民族情感而生的現實關懷。而他與三民主義的結緣，可謂這一思想傾向的必然結果，也是影響其後人生道路選擇的重要思想動因。

　　1926年春，錢穆任職於無錫縣省立第三師範時，原後宅鎮初級小學同事趙某攜《三民主義》一書訪錢，並邀其加入國民黨。與前段所述張君勱來訪一事之結果相同，錢穆並沒有接受友人的邀請，但他對於孫中山的三民主義學說倍加讚揚。他說：「余讀此書，震動佩服，迥出讀其他現代人一切著作之上。」又表示「他日余學有進，當對此書致力闡揚。」〔註81〕錢穆接觸現代政治學說，並非始於此。他在新文化運動時期任教於無錫縣立第四高等小學時，便曾與其同事、友人朱懷天就共產主義學說展開激辯，並寫有《闢〈宥言〉》、《續闢〈宥言〉》等文，對朱懷天之師吳在所作《宥言》一書中所述之馬克思主義加以駁斥。〔註82〕錢穆所著二文今已佚，難以得知他當年反對共產主義的理由。〔註83〕但從他留下的研究三民主義的文章可推知，錢穆認為思想的中國性是判定一種政治主張是否適用於中國的關鍵因素。

　　在1931年出版的《國學概論》一書中，錢穆將孫中山三民主義學說及戴季陶的釋義作為本書的殿軍。這一安排並不被當時一部分知識分子所認可。有人譏諷道：「《三民主義》乃國民黨之黨義，何得編入《國學概論》中，不倫

〔註79〕酈家駒：《追憶錢賓四師往事數則》，中國人民政治協商會議江蘇省無錫縣委員會編：《錢穆紀念文集》，上海：上海人民出版社，1992年，第25頁。
〔註80〕顧頡剛：《顧頡剛日記》（卷三），北京：中華書局，2011年，第550～554頁。
〔註81〕錢穆：《八十憶雙親師友雜憶合刊》，收入《錢賓四先生全集》（第51冊），臺北：聯經出版事業公司，1998年，第135頁。
〔註82〕錢穆：《八十憶雙親師友雜憶合刊》，收入《錢賓四先生全集》（第51冊），臺北：聯經出版事業公司，1998年，第93頁。
〔註83〕吳在所著《宥言》一書，於北京國家圖書館有藏。朱懷天為駁錢穆而作《廣〈宥言〉》，收入錢穆所編《松江朱懷天先生遺稿》，北京師範大學圖書館有藏。這兩種著作可視為馬克思主義在華傳播的早期文獻。

不類，君將作何意圖。」〔註84〕他們或許因本書成於國民革命期間〔註85〕，故懷疑錢穆在書中對國民黨曲意逢迎，別有所圖；但實不知錢穆接觸三民主義早在國民革命成功之前。況且，錢穆將三民主義作為「國學」之一部分，有其理論的自洽性。

錢穆所論「國學」，並未沿著稍早章太炎同名著作中的路徑，將「國學」作經史子集之劃分而分別研究；而是更接近於梁啟超《清代學術概論》，以歷史的眼光，「於每一時代學術思想主要潮流所在，略加闡發。其用意在使學者得識二千年來本國學術思想界流轉變遷之大勢，以培養其適應啟新的機運之能力。」〔註86〕梁啟超認為先秦之後，「漢之經學，隋唐之佛學，宋及明之理學，清之考證學」可稱得上「時代思潮」。〔註87〕錢穆在《國學概論》中，對於各時代之思潮有更明確、更體現其時代精神的解釋：「先秦諸子為『階級之覺醒』，魏晉清談為『個人之發現』，宋明理學為『大我之尋證』」；而對於民國成立以來「世變日亟，國難方殷」情勢下的思想所趨，錢穆將之概括為「民族精神之發揚」和「物質科學之認識」。〔註88〕在最後一章《最近期之學術思想》中，錢穆認為近年來「諸子學之發明，龜甲文之考釋，與古史之懷疑」等學術研究領域都有大的進展，但只是「承清儒窮經考古之遺，而稍變其面目者也」〔註89〕；而新文化運動以及隨之而生的東西文化論戰雖因吸收了大量西方文化而有異於前人，卻最終走入了政治與文藝兩途，不能繼續引領國人精神。當此時代，真正能「有深閎博大之思，足以鼓動全國，以開未來學術思想之新機運者」，惟有孫中山之三民主義。〔註90〕

〔註84〕錢穆：《八十憶雙親師友雜憶合刊》，收入《錢賓四先生全集》（第51冊），臺北：聯經出版事業公司，1998年，第135頁。

〔註85〕錢穆在《國學概論》一書《弁言》中自述其成書過程，前七章完成於1926～1927年間，後三章完成於國民革命第一階段結束後的1928年春。見錢穆：《弁言》，載氏著《國學概論》，收入《錢賓四先生全集》（第1冊），臺北：聯經出版事業公司，1998年，第3頁。

〔註86〕錢穆：《弁言》，載氏著《國學概論》，收入《錢賓四先生全集》（第1冊），臺北：聯經出版事業公司，1998年，第3頁。

〔註87〕梁啟超：《清代學術概論》，上海：上海古籍出版社，1998年，第1頁。

〔註88〕錢穆：《國學概論》，收入《錢賓四先生全集》（第1冊），臺北：聯經出版事業公司，1998年，第411頁。

〔註89〕錢穆：《國學概論》，收入《錢賓四先生全集》（第1冊），臺北：聯經出版事業公司，1998年，第359頁。

〔註90〕錢穆：《國學概論》，收入《錢賓四先生全集》（第1冊），臺北：聯經出版事

近代國人在「救國保種」的危機感下求新求變，最終卻走向極端，「惟求一變故常以為快」〔註91〕，因而有失掉民族精神的危險。錢穆推崇三民主義，正在於它對恢復民族固有精神的強調。他說：

> 「三民主義」之精神，始終在於救國，而尤以「民族主義」為之綱領。民權、民生，皆為吾中華民族而言。使民族精神既失，則民權、民生，皆無可附麗以自存。所謂民有、民治、民享者，亦惟為吾民族自身而要求，亦惟在吾民族自身之努力。捨吾中華民族自身之意識，則一切無可言者。此中山先生革命精神之所在，不可不深切認明者也。〔註92〕

戴季陶對三民主義的解釋重點，亦在於強調三民主義最原始的目的即「恢復民族的自信力」，以此「復興中國之民族」；而要達到此目的，必須在「恢復民族的道德」和「努力學習西洋的科學」兩方面用力。〔註93〕這即是錢穆論當代精神在於「民族精神之發揚」和「物質科學之認識」一說的來歷。

孫中山的三民主義學說以其高揚的民族主義精神而受錢穆青睞，進而被納入其國學系譜之中。孫中山本人也被他認定為中國幾千年文化傳統的傳承者與新時代思想的引領者。抗戰期間，他將三民主義思想和辛亥革命視為「唯一的能從積極正面樂觀而進一步的方向來指導中國前途」的內部力量，而當前的抗戰精神正是直接受孫中山思想的影響，體現的是「從中國傳統五千年生命本源裏面產生的新力量」，是「復興中國一大火種」。〔註94〕晚年錢穆對孫中山及其思想有一番蓋棺論定：「要不違背自己民族舊傳統，才能立。要不違背當前時代新潮流，才能達。能把新時代與舊傳統相配合，此是中山先生立言不朽之所在。只有中山先生，是近代一百年來，在中國的新時代裏，能

業公司，1998 年，第 397 頁。

〔註91〕錢穆：《國學概論》，收入《錢賓四先生全集》（第 1 冊），臺北：聯經出版事業公司，1998 年，第 399 頁。

〔註92〕錢穆：《國學概論》，收入《錢賓四先生全集》（第 1 冊），臺北：聯經出版事業公司，1998 年，第 402 頁。

〔註93〕錢穆：《國學概論》，收入《錢賓四先生全集》（第 1 冊），臺北：聯經出版事業公司，1998 年，第 404～408 頁。

〔註94〕錢穆：《五十年來中國之時代病》，載氏著《歷史與文化論叢》，收入《錢賓四先生全集》（第 42 冊），臺北：聯經出版事業公司，1998 年，第 248 頁。原文載於《思想與時代》1943 年 4 月第 21 期。

作為一箇舊傳統之代表人物之惟一最傑出榜樣。」〔註95〕而對其事業即開創民國，不僅是「治統更新」，更是「道統之復興」。〔註96〕由此錢穆不僅將孫中山看作一單純政治人物，更認為他接續了以追求道統為己任的士大夫傳統。由此亦可見，錢穆對孫中山與三民主義的推崇，是由其自身治學精神與學術觀點決定的。

抗戰時期錢穆稍稍走出書齋，通過著書立說，以學術引導政治，從一象牙塔內的學者轉而成為足以影響一時抗戰之風氣的「覺民行道」的民族導師。這種變化的內在動因，即是其戰前已形成的講求致用之「士大夫之學」的思想傾向。

二、古為今用──戰時錢穆的士大夫研究

抗戰爆發後，錢穆隨北京高校師生南遷，在此後半年多時間裏陷於顛沛流離之中。1938 年初，西南聯合大學文學院在雲南蒙自重新開課（下半年遷往昆明），錢穆前往任教，生活稍得安定，隨即受同事兼好友陳夢家所勸，開始撰寫一部中國通史教科書，即《國史大綱》。〔註97〕寫作自 1938 年 5 月始，至 1939 年 6 月完成初稿，期間為避敵機轟炸及開課之故，往返於蒙自、宜良、昆明三地之間。初稿寫作歷時十三月，而內容之構思、材料之收集，始自北大任教之時。〔註98〕當時及後世學者對《國史大綱》一書的評論，多從抗

〔註95〕錢穆：《孫中山先生之人與學》，載氏著《中國學術思想史論叢》（一〇），收入《錢賓四先生全集》（第 23 冊），臺北：聯經出版事業公司，1998 年，第 9～10 頁。原文發表於 1974 年 11 月 12 日《聯合報》，原題《孫中山先生之人與事》。

〔註96〕錢穆：《治統與道統》，載氏著《中國學術思想史論叢》（九），收入《錢賓四先生全集》（第 23 冊），臺北：聯經出版事業公司，1998 年，第 61 頁。本文為 1977 年 4 月 2 日在臺北中央研究院所作演講辭，後刊發於是年 5 月中央研究院三民主義研究所專刊。

〔註97〕錢穆：《八十憶雙親師友雜憶合刊》，收入《錢賓四先生全集》（第 51 冊），臺北：聯經出版事業公司，1998 年，第 224～225 頁。

〔註98〕錢穆：《書成自記》，《國史大綱》（上冊），上海：國立編譯館，1947 年，第 1～4 頁。注：據臺灣聯經出版事業公司《錢賓四先生全集》所收《國史大綱》之《出版說明》，《大綱》一書的最初版本有 1940 年 6 月滬版，1943 年 8 月蓉版，1944 年 1 月渝版，1947 年 5 月滬版等；1974 年 9 月在臺灣出版修訂版，即聯經《全集》所收《大綱》之底本。據劉巍比照，1944 年渝版與 1947 年滬版並無差異（參見氏著《中國學術之近代命運》，北京：北京師範大學出版社，2013 年，第 308 頁）。鑒於筆者所掌握資源有限，本文採用 1947 年滬版《國史大綱》為史料來源。

戰大背景出發，對其致用精神加以褒揚。茲舉兩例：

翟宗沛：「我們對國史懷抱著神聖觀念，矢志終身從事於歷史教育，讀了錢先生這樣的議論，沒有不同聲讚美的——尤其站在研史致用及此時此地的觀點上說。」〔註99〕

戴景賢：「錢先生此書之出版，適當抗戰期間，北方諸校隨政府遷西南，局勢動盪，而群情亦皆擾攘。萬千學子細心求學有不能，而愛國情操則不可抑，得此一書，告之以中國已往之歷史有足珍愛，告之以中國日後之前程有可光昌，遂產生極大之激勵作用。」〔註100〕

然而僅作此理解，恐不能體會到錢穆著此書的更深層用意。在抗戰中鼓舞民族主義情感固然重要，但錢穆自己在《國史大綱‧引論》中所懸新通史之標的，更在於教育國民在歷史中獲取改造現實的知識：

> 一者必能將我國家民族，已往文化演進之真相，明白示人，為一般有志認識中國已往政治社會文化思想種種演變者所必要之智識，二者應能於舊史統貫中映照出現中國種種複雜難解之問題，為一般有志革新現實者所必備之參考。前者在積極的求出國家民族永久生命之泉源，為全部歷史所由推動之精神所寄，後者在消極的指出國家民族最近病痛之證候，為改進當前之方案所本。〔註101〕

這一原則，也是1930年代後史學界在國難危機下，以編纂中國通史從而實現「書生報國」理想的史界潮流之產物。〔註102〕

錢穆一生雖未真正涉足政壇，但出於自身治學特點的影響，對於現實社會始終不乏關注，尤其希望能通過研究中國古代歷史，「為進而治本國政治、社會、文化、學術種種學問樹其基礎，尤當為解決當前種種問題提供以活潑新鮮之刺激。」〔註103〕甚而宣稱歷史學「即謂之乃研究如何改進現在人事之

〔註99〕 翟宗沛：《評錢穆先生〈國史大綱〉》，《文史雜誌》1942年，第二卷第四期，第101頁。

〔註100〕 戴景賢：《錢賓四先生與現代中國學術》，香港：香港中文大學出版社，2014年，第23頁。

〔註101〕 錢穆：《引論》，《國史大綱》（上冊），上海：國立編譯館，1947年，第7頁。

〔註102〕 參見王汎森：《民國的新史學及其批評者》，羅志田主編：《20世紀的中國：學術與社會》（上），濟南：山東人民出版社，2001年。

〔註103〕 錢穆：《評夏曾佑〈中國古代史〉》，載氏著《中國學術思想史論叢》（九），收入《錢賓四先生全集》（第23冊），臺北：聯經出版事業公司，1998年，第280頁。原文發表於1934年3月31日《大公報‧圖書副刊》。

一種學問，亦無不可。」〔註104〕戰時錢穆在成都受蔣介石召見時，亦以明末顧炎武、黃宗羲為榜樣，向蔣表露自己對現實政治問題的關注：「我治歷史，絕不會對政治不發生興趣。即如當年顧、黃諸人，他們盡不出仕，但對歷史上的傳統政治都有大興趣。其對現實政治乃至此下可能的理想政治亦都極大關心。」〔註105〕他晚年亦有如此夫子自道：「我一生愛民族，愛國家，雖然從不涉及政治，但是，沒有一天忘記注意指出歷史上治學者對天下治亂用心的所在及關鍵。」〔註106〕由對傳統政治的研究，發生對現實政治的關注與批判，將之向其心中的理想政治的方向推動，這即是錢著《國史大綱》「經世致用」精神的深層意涵，也是他在抗戰期間開始熱衷於「書生論政」的思想和學術背景。〔註107〕由《國史大綱》的寫作所引發的對中國古代士大夫政治活動的研究，既是自抗戰以降錢穆史學研究的重心之一，又成為他對現實政治進行批判與改造的思想資源。〔註108〕

〔註104〕 錢穆：《中國今日所需的新史學與新史學家》，載氏著《中國歷史研究法》，收入《錢賓四先生全集》（第 31 冊），臺北：聯經出版事業公司，1998 年，第 204 頁。原文刊發於《思想與時代》，第 18 期，1943 年 1 月。

〔註105〕 錢穆：《屢蒙蔣公召見之回憶》，載氏著《中國學術思想史論叢》（一〇），收入《錢賓四先生全集》（第 23 冊），臺北：聯經出版事業公司，1998 年，第 83 頁。

〔註106〕 邱秀文：《富貴白頭皆作身外看——坦蕩淡泊的錢賓四先生》，載朱傳譽主編：《錢穆傳記資料》（二），臺北：天一出版社，1981 年，第 23 頁。

〔註107〕 此一見解，何茲全在回憶其師時曾明確點明。參見何茲全：《錢穆先生的史學思想——讀〈國史大綱〉、〈中國文化史導論〉箚記》，載李振聲編：《錢穆印象》，上海：學林出版社，1997 年，第 158～161 頁。余英時也認為，錢穆「早年為三民主義的設計所吸引，晚年甚至對『中國社會主義』的提法也發生過興趣，都是因為他希望看到某些傳統的價值能夠通過現代化而落實在政治社會制度之中。」見其《錢穆與新儒家》，載氏著《錢穆與現代中國學術》，桂林：廣西師範大學出版社，2006 年，第 35 頁。黃克武在研究錢穆思想時，亦曾指出錢穆思想中既有經學重理想的一面，又有史學重現實的一面，因此得出其思想既有「承認現實的部分，但亦有批判現實以及以理想提升現實的一面」的結論。見其《錢穆的學術思想與政治見解》，載氏著《近代中國的思潮與人物》，北京：九州出版社，2013 年，第 345～351 頁。

〔註108〕 劉巍認為，錢穆《國史大綱》一書著重解決了三個時代提出的問題，即中國自秦朝以來的古代政治是否是專制政治、學術思想是否要全部拋棄以及古代社會是否是封建社會，其主線則在於弘揚民族精神。但他也指出，錢穆在書中根本上認為士大夫是唯一能承擔與發揚中華民族精神的階層，是社會的領導力量。（參見氏著《中國學術之近代命運》，北京：北京師範大學出版社，2013 年，第 321～333 頁。）

　　如上節所述，錢穆年輕時即崇拜古代傑出的儒者，尤其看重他們改造政治、社會的事蹟，並以之作為本人立身、行事的楷模。還是在《國學概論》中，錢穆不只考察了各個歷史時期重要儒生之行誼、思想，更對他們以思想行世的事蹟並及於整個時代的影響予以突出。以春秋戰國時期為例，他讚揚孔子「以平民儒士，出而批評貴族君大夫之生活」，希望用「禮」來「矯世」。雖因時勢所致，其理想無法實現，但「自此開平民講學議政之風，相推相蕩，至於戰國之末」，直接導致了「平民階級之覺醒」這一時代潮流的形成。〔註109〕對於孟子其人其說的意義，錢穆將之放入當時的思想背景下加以申說，稱其行誼是為矯正蘇秦、張儀「專騖仕進，獵祿利」，許行、陳仲「苦行不仕……未足拯斯民於水火」，以及稷下書生「逞談辯，溺富貴，名實兼營，而實無心於世局」等三種時代病症，因而「志切救世，又不願屈節枉尺以求合，其志行殆庶幾於孔子之所謂中道。用行捨藏，知我者誰。故於士之出處進退之禮，獨詳哉其言之。」〔註110〕至於墨、莊、老、荀、韓，錢穆亦從其學說中道出同樣的時代關懷——即「人類政治與生活」〔註111〕這兩大問題。然而本書中對古代士大夫的研究，雖不純是思想文本的解讀，但對思想家與其所處時代背景的結合程度仍嫌不足。

　　這裡便要談到錢穆一生治史風格的轉變。錢穆晚年曾自評這一問題，稱「余自《國史大綱》以前所為，乃屬歷史性論文。僅為古人伸冤，作不平鳴，如是而已。此後造論著書，多屬文化性，提倡復興中國文化，或作中西文化比較」〔註112〕。後來學者也多據此將錢穆學術生涯以《國史大綱》為界，分為前後兩期。〔註113〕嚴耕望對其師學術研究的轉向有更詳盡的說明：「綜觀先生生治學，少年時代，廣泛習讀中國古籍，尤愛唐宋韓歐至桐城派古文，後始漸趨向學術研究。壯年以後乃集中向史學方面發展，故史學根基特為廣闊，亦極深厚。

〔註109〕錢穆：《國學概論》，收入《錢賓四先生全集》（第1冊），臺北：聯經出版事業公司，1998年，第43～45頁。

〔註110〕錢穆：《國學概論》，收入《錢賓四先生全集》（第1冊），臺北：聯經出版事業公司，1998年，第55～56頁。

〔註111〕錢穆：《國學概論》，收入《錢賓四先生全集》（第1冊），臺北：聯經出版事業公司，1998年，第67頁。

〔註112〕錢穆：《紀念張曉峰吾友》，載氏著《八十憶雙親師友雜憶合刊》，收入《錢賓四先生全集》（第51冊），臺北：聯經出版事業公司，1998年，第412頁。原文刊於臺北《中央日報》1985年11月11日。

〔註113〕如陳勇：「錢穆的學術研究就其研究的重點言，可以1940年《國史大綱》的出版為界劃為兩個時期。此前以歷史研究為主，此後即轉入文化研究，以弘揚民族文化為職志。」見氏著：《錢穆傳》，北京：人民出版社，2001年，第143頁。

再就先生治學途徑發展程序言，先由子學入門，壯年時代，最顯著成績偏在考證工夫，中年以後，以通識性論著為重。但不論考證或通識論著，涉及範圍皆甚廣泛，如政治、如地理，亦涉及社會與經濟，惟重心觀點仍在學術思想，此仍植基於青年時代之子學愛好，是以常強調『學術領導政治，學統超越政統』。」〔註114〕其論更為允當。錢穆治史風格的第一次轉變，即在1930年代任職北大時期。1931年錢穆在北大開設中國上古史和秦漢史兩門課程，後又開中國政治制度史一門；1933年後開始以一人之力講授中國通史。〔註115〕教學之中，錢穆的治學眼界不斷擴大，由思想學術擴展到歷代政治、制度、經濟、社會等各個方面，並能融會貫通，最終形成一整套對中國歷史的體系化理解，並借《國史大綱》之編纂噴薄而出，呈現於世。錢穆晚年就修訂《國史大綱》一事致書嚴耕望時，曾自評本書特色：「拙著側重上面政治，更重制度方面；下面社會，更重經濟方面；中間注重士人參政，於歷代選舉考試制度及時代士風，頗亦注意。」〔註116〕書成之後，當時著名史家對此書亦多有揄揚，如呂思勉稱書中對歷代財政賦稅制度之梳理「誠千載隻眼」〔註117〕，顧頡剛亦稱此書「最後出而創見最多」〔註118〕。學界對《國史大綱》的認可，也意味著錢穆學術轉型的成功。再加上1930年代後民族危機的加深，錢穆對於古代士大夫的考察又加入了現實的體悟。因此錢穆這一時期的士大夫研究，較之《國學概論》及之前的作品更加深入一步，突破了原來就學術論學術、就思想論思想的偏向，而對於思想與政治、與時代的結合更為注意。

1936年底至1937年「七七事變」前，錢穆陸續公開發表了數篇討論中國史研究方法論的文章。〔註119〕這些文章可視為錢穆對中國通史系統性解

〔註114〕嚴耕望：《錢穆賓四先生與我》，載氏著《治史三書》，上海：上海人民出版社，2011年，第233頁。

〔註115〕錢穆：《八十憶雙親師友雜憶合刊》，收入《錢賓四先生全集》（第51冊），臺北：聯經出版事業公司，1998年，第166、173、175頁。

〔註116〕錢穆：《素書樓餘瀋》，收入《錢賓四先生全集》（第53冊），臺北：聯經出版事業公司，1998年，第391頁。

〔註117〕錢穆：《八十憶雙親師友雜憶合刊》，收入《錢賓四先生全集》（第51冊），臺北：聯經出版事業公司，1998年，第53頁。

〔註118〕顧頡剛：《當代中國史學》，上海：上海古籍出版社，2002年，第81頁。

〔註119〕包括：《讀史隨筆》之一、二、三，連載於《中央日報·文史副刊》1936年11月至12月；《論近代中國新史學之創造》，《中央日報·文史副刊》1937年1月；《如何研究中國史》，《歷史教育季刊》第一期，1937年2月；《歷史與教育》，《歷史教育季刊》第二期，1937年5月。

釋的最初文本。其中形成的許多觀點，可視為《國史大綱》書中論點的雛形。如《歷史與教育》一文中將當下史學界劃為「文化的自遣主義者」、「瑣碎的考訂主義者」和「唯物的社會主義者」三類，在《國史大綱‧引論》中被重新組合、劃分為「傳統派」、「革新派」、「科學派」；〔註120〕而《大綱》中對中國史當懷有「溫情與敬意」的態度這一觀點，在本文中亦已完備。〔註121〕對於中國史的總體特徵，錢穆也在此時提出一系統觀點，即「王室與政府逐步分離」和「平民與政府逐步接近」是中國古代政治的總趨向，其表現在於「由封建到統一」、「由軍人政府到士人政府」和「由士族門第到科舉競選」這三種承續的進步。〔註122〕這些觀點後來成為《國史大綱》一書的「文眼」之一。

　　「士人政府」這一觀點的提出，在本文中尤其引人注意。它代表著錢穆對秦漢史認識的轉變，並直接導出「中國古代政治非專制說」這一錢穆后半生最受學界爭議、卻始終堅持如一的論斷。〔註123〕錢穆在文中如此論述西漢「士人政府」的形成：

　　　　故漢初政府，一面固可說是一個「平民政府」，其實亦是一個
　　　　「軍人政府」。直到漢武帝用董仲舒、公孫弘，設立五經博士，又
　　　　為博士置弟子員，每年考課，得補郎吏，又定地方守相逐年舉屬
　　　　吏之制度，而公孫弘徑以士人為丞相封侯，打破漢代以前非封侯
　　　　不拜相、非軍功不封侯之慣例。此為漢代政制上一大轉變。直至

〔註120〕錢穆：《歷史與教育》，載氏著《中國歷史研究法》，收入《錢賓四先生全集》（第31冊），臺北：聯經出版事業公司，1998年，第179～180頁。錢穆：《引論》，《國史大綱》（上冊），上海：國立編譯館，1947年，第3～6頁。
〔註121〕錢穆：《凡讀本書請先具下列諸信念》，《國史大綱》（上冊），上海：國立編譯館，1947年，第1頁。錢穆：《歷史與教育》，載氏著《中國歷史研究法》，收入《錢賓四先生全集》（第31冊），臺北：聯經出版事業公司，1998年，第181～182頁。
〔註122〕錢穆：《如何研究中國史》，載氏著《中國歷史研究法》，收入《錢賓四先生全集》（第31冊），臺北：聯經出版事業公司，1998年，第168～170頁。
〔註123〕最著名的批判文章，為張若勤《中國專制君主政制之評議》（臺北：弘文館出版社，1986年。原書名《錢著〈中國傳統政治〉商榷》，連載於1965～1969《自由鐘》雜誌。）及徐復觀《良知的迷惘——錢穆先生的史學》（原載《華僑日報》1978年12月16～20日，後收入徐復觀：《論智識分子》，北京：九州出版社，2014年。）此外，對這一問題進行研究的學者還有余英時、甘懷真、侯旭東、黃敏蘭、張昭軍等，此不贅述。

漢宣以下，朝廷大臣，幾乎全屬儒生，非通經即不能拜相，即拜
相亦不安其位而即去；軍人政府漸漸轉移為「士人政府」。從此以
下，組織中國政府之主要分子，即以屬於士人者為常態，以屬於
軍人者為變態。至以宗族組織政府如西周封建制度者，則再難出
現。此刻謂是中國史上之第二大轉變，亦不妨謂是中國史上之第
二大進步。〔註124〕

　　這一觀點被《國史大綱》幾乎原封不動地繼承。《引論》中對此即已點
明〔註125〕，而正文第八章「統一政府文治之演進」，全以「士人政府之形
成」為線索書寫。漢初政府官員出身大致分為四類：宗室、武人、富人和雜
途。前三者可統稱為「貴族」。以文學、儒術入仕，在漢初僅為「雜途」的
一種情況。〔註126〕然時移世易，文帝、景帝時，儒學便因治國需要而重新
興起；後武帝即位，走上「大興儒術」、「復古更化」之路。〔註127〕其措施
包括：「罷黜百家，只立五經博士」，從而將「博士」一職「漸漸從方技神怪
旁門雜流中解放出來，純化為專門研治歷史和政治的學者」；「為博士設立
弟子員」，使得「文學入仕」漸成正途，「士人政府由此造成」；設察舉制，
擴大了博士弟子入仕門徑；打擊官營商業，減弱商人對政府的影響；「打破
封侯拜相之慣例」，升公孫宏（弘）為相，「以布衣儒術進，既拜相乃封侯」，
及至「昭宣以下，非儒者乃絕不能居相位」，這也代表著過往由軍人、商人
壟斷的政治勢力「一易以士人」。〔註128〕昭帝、宣帝時，一方面由於武帝時
創設的種種制度，另一面因儒生在政治上的不俗表現，「自此漢高祖以來一
個代表一般平民社會的素樸的農民政府，現在轉變為代表一般平民社會的
有教育有智識的士人政府」。〔註129〕錢穆在本章中多次褒贊儒生在西漢政

〔註124〕錢穆：《如何研究中國史》，載氏著《中國歷史研究法》，收入《錢賓四先
　　　　生全集》（第31冊），臺北：聯經出版事業公司，1998年，第169～170
　　　　頁。
〔註125〕「故公孫宏（弘）以布衣為相封侯，遂破以軍功封侯拜相之成例，而變相之
　　　　貴族擅權制，終以告歇。博士弟子，補郎補吏，為入仕正軌。而世襲任蔭之
　　　　恩亦替。自此以往，入仕得官，遂有一公開客觀之標準。」錢穆：《引論》，
　　　　《國史大綱》（上冊），上海：國立編譯館，1947年，第12頁。
〔註126〕錢穆：《國史大綱》（上冊），上海：國立編譯館，1947年，第96～97頁。
〔註127〕錢穆：《國史大綱》（上冊），上海：國立編譯館，1947年，第100～101頁。
〔註128〕錢穆：《國史大綱》（上冊），上海：國立編譯館，1947年，第101～103頁。
〔註129〕錢穆：《國史大綱》（上冊），上海：國立編譯館，1947年，第104～105頁。

治中的卓越貢獻，如認為「董仲舒天人三策，與賈誼政事疏，兩篇大文，奠定了西漢一代政治之規模」〔註130〕；又認為五經博士逐漸預聞政事，改變了秦代至漢初「以吏為師，以法為教」的政治傳統，從此「政治漸受學術指導」〔註131〕。對於王莽改革，錢穆亦將之評價為一種儒家理想化的改革，其失敗是「中國史演進過程中的一個大失敗」。〔註132〕

總觀錢穆在《國史大綱》中對西漢政治活動的評述，以儒生政治地位的升降為明線，以儒學與其他學說的抗衡為暗流。「士人政府」的形成，經錢穆對這一段史實的精心梳理之後，也就呼之欲出了。若讀者以錢穆此處敘述為本，自然會對其結論心悅誠服，對於史實背後「學術指導政治，政治轉移社會」〔註133〕這一中國史之理想精神亦會加以留意。然而若考察錢穆戰前在北大講授秦漢史的講義，其「士人政府」的結論，恐怕難以成立。此處的錢穆亦如梁啟超，陷入了「今日之我」與「昨日之我」的矛盾之中。

《秦漢史》一書，最初是錢穆在北大始授秦漢史一課時，用一年左右時間所撰講義。此後他將精力灌注於通史和清代學術史的寫作上，秦漢史講義遂寫至王莽而止，也未動出版的念頭。直至1950年代，方尋獲舊時稿本，略加校正，「一仍其內容舊貫」，予以付梓。〔註134〕

從1932年寫作完成，至1957年方獲出版，《秦漢史》一書的出版經歷了如此長的時間跨度，這在錢穆的所有著作中可謂絕無僅有。更讓人訝異的是，對其文字向來珍視的錢穆，非但於「七七事變」後未攜此稿一起逃亡，1949年離開大陸後因緣巧合兩次獲此書油印本，居然都沒動修訂出版的念頭。〔註135〕

〔註130〕錢穆：《國史大綱》（上冊），上海：國立編譯館，1947年，第101頁。
〔註131〕錢穆：《國史大綱》（上冊），上海：國立編譯館，1947年，第102頁。
〔註132〕錢穆：《國史大綱》（上冊），上海：國立編譯館，1947年，第108頁。
〔註133〕錢穆：《國史大綱》（上冊），上海：國立編譯館，1947年，第103頁。
〔註134〕錢穆：《序》，《秦漢史》，收入《錢賓四先生全集》（第26冊），臺北：聯經出版事業公司，1998年，第9～11頁。
〔註135〕可將《湖上閒思錄》一書的出版過程與《秦漢史》作一對比。《湖上閒思錄》寫於1948年，後因大陸鼎革，錢穆亦未能將之帶去香港。1958年重獲舊稿後，錢穆「欣喜無限」，於次年交付香港《人生雜誌》陸續刊布，並於1960年正式出版。（參見《出版說明》、錢穆：《跋》，《湖上閒思錄》，收入《錢賓四先生全集》（第39冊），臺北：聯經出版事業公司，1998年。）《秦漢史》一書油印本，錢穆於1950年再次得見，但僅應攜書拜訪的舊日學生所請，在書上略題數字，未動再度批閱、修改的念頭。1951年，另一學生將此講義贈予錢穆，囑其出版。但錢穆當時正集中精力寫作《宋明理學概述》。此書

或許，錢穆在本書序言中所說的「視同敝帚，不屑以自珍」、「編寫匆促，殆不足復存」〔註136〕等語，並不完全是謙詞。錢穆寫作此書的 1931 至 1932 年間，正處在他學術轉型的前夜。1932 年錢穆開設中國政治制度史一課時，內心即已存為「秦以下政治，只是君主專制」這一說法辯誣之心。〔註137〕此後幾年，在教授中國通史時，這一論斷逐步成熟，於是形成了上文所述「士人政府」之說。錢穆之所以在重讀這一舊稿時，發覺其內容「不能一一盡如我意」〔註138〕，其主要原因恐怕就在於此稿非但沒有明確點出「士人政府」這一「點睛」之筆，其中諸多論述反而與這一觀點產生衝突。

綜觀《國史大綱》中對西漢士人政府形成的論述，其論證主要包括兩方面：儒生復古改制思想成為官方意識形態，以及士大夫成為政府官員的重要組成部分，並對於政策決定、執行發生重要影響。這兩項歷史進程的發生，都是在漢武帝時期奠定基調。然而《秦漢史》一書對這些問題卻有不同的解讀。武帝即位之初，受其幼時所受儒家教育影響，便頒布詔書，表明「薄秦制，慕古昔，欲更化習俗而反之上古三代」的意圖。〔註 139〕但其所欲復之「古」，實質內容為何？錢穆認為，從這一詔書所見，武帝所歆羨的三代之治，不在政治與社會等實際問題；他所關注的，是諸如天命、祥瑞、運勢、仙術等時人所附麗於三代之上的傳說。「武帝所以欲復古更化之動機，似不免為上此諸說所歆動。故武帝意中所欲復之古，亦似為此等景象之古也。」而對於國內、外的現實問題，武帝則恃漢初休養生息所積攢下的國力，不以為意，更非復古更化之所重。錢穆總結說：「武帝一朝政治，如封禪巡狩、明堂郊祀、改正朔、易服色制度、外征四夷，種種所謂復古更化者，皆已於此詔冊中及之。而社會經濟之貧富不平，為刑不輕、奸不改、風化不流、政

稿遂束之高閣，後被友人借取，不知所蹤。直至 1956 年三度獲此書稿時方加以修訂，於次年出版。（參見錢穆：《序》，《秦漢史》，收入《錢賓四先生全集》（第 26 冊），臺北：聯經出版事業公司，1998 年。）

〔註136〕 錢穆：《序》，《秦漢史》，收入《錢賓四先生全集》（第 26 冊），臺北：聯經出版事業公司，1998 年，第 9、10 頁。

〔註137〕 錢穆：《八十憶雙親師友雜憶合刊》，收入《錢賓四先生全集》（第 51 冊），臺北：聯經出版事業公司，1998 年，第 173～174 頁。

〔註138〕 錢穆：《序》，《秦漢史》，收入《錢賓四先生全集》（第 26 冊），臺北：聯經出版事業公司，1998 年，第 11 頁。

〔註139〕 錢穆：《秦漢史》，收入《錢賓四先生全集》（第 26 冊），臺北：聯經出版事業公司，1998 年，第 97 頁。

令不行之根源，乃當時政治上惟一真實之問題所在，則武帝不徒未經注意，抑且以其種種之復古更化，而促其現象之加甚焉。」〔註140〕對於《國史大綱》中所說的設五經博士及博士弟子等復古更化及「士人政府」興起的關鍵措施，錢穆在撰寫《秦漢史》時顯然未將之視為武帝一朝政治的重點。

　　《國史大綱》中將董仲舒及其思想作為武帝一朝復古更化的指導思想，而在《秦漢史》中又有另一番論述。武帝時董仲舒陸續進三策，縱言時事，主張針對現存弊病加以改革。其改革措施，重在興教化、選賢才、尊儒學，「求以學術文化領導政治，以政治控制經濟，而進企於風化之美，治道之隆。」錢穆贊之為「先秦儒家論政一正統」。〔註141〕然而武帝採納董仲舒尊儒興教建議並不是基於對儒學的真正信仰。「仲舒之主罷百家、尊孔子，獨為武帝所取者，以其時言封禪、明堂、巡狩種種所謂受命之符、太平之治，以及德施方外而受天之祜、享鬼神之靈者，其言皆附會於詩書六藝而託尊於孔子故也。故武帝用仲舒之議，而疏仲舒之身。仲舒終其生未見大用。」〔註142〕「不問蒼生問鬼神」，與漢文帝對賈誼的態度相比，董仲舒亦未能真正得到武帝賞識。因此，對於漢武帝一朝的政治，其儒術教化只是作為實現帝王雄心的手段而已，並未達到意識形態的高度。

　　《國史大綱》中又特拈出公孫弘以平民拜相封侯之事，說明「宰相遂不為一階級所獨佔」〔註143〕；士人參政局面的形成，此為一關鍵點。而錢穆在《秦漢史》中對公孫弘的才智為人，直以「曲學阿世」四字評之。〔註144〕公孫弘「習文法吏事，緣飾以儒術」，並非真正的儒生。其對策善以堯舜禹湯聖王之事比附當下，做歌功頌德之諛辭，以此迎合武帝心思，並因此被拔擢為丞相。錢穆評其對策「空洞敷衍，隨文緣飾，空言仁義禮智，不及民生疾苦」。〔註145〕承續

〔註140〕錢穆：《秦漢史》，收入《錢賓四先生全集》（第26冊），臺北：聯經出版事業公司，1998年，第98～99頁。

〔註141〕錢穆：《秦漢史》，收入《錢賓四先生全集》（第26冊），臺北：聯經出版事業公司，1998年，第103～104頁。

〔註142〕錢穆：《秦漢史》，收入《錢賓四先生全集》（第26冊），臺北：聯經出版事業公司，1998年，第104頁。

〔註143〕錢穆：《國史大綱》（上冊），上海：國立編譯館，1947年，第103頁。

〔註144〕錢穆：《秦漢史》，收入《錢賓四先生全集》（第26冊），臺北：聯經出版事業公司，1998年，第96頁。

〔註145〕錢穆：《秦漢史》，收入《錢賓四先生全集》（第26冊），臺北：聯經出版事業公司，1998年，第106頁。

了先秦儒家傳統的董仲舒終生未見大用，而像公孫弘這樣的「偽」儒生卻備受恩寵。其拜相封侯一事對於「士人政府」的產生究竟有何意義，尚可打一問號。

武帝時，中央權力機構分為外廷與內廷。外廷雖新設五經博士參與政治，但內廷官員的思想並不統於儒術一尊。他們「或誦詩書，通儒術。或習申商，近刑名。或法縱橫，效蘇張。雖學術有不同，要皆駁雜不醇，而盡長於辭賦。蓋皆文學之士也。」這些人大半不能稱之為儒生士人，而亦能對朝政施以重大影響。但無論經術抑或辭賦，皆被武帝玩弄於股掌；而這些書生文人，亦甘於為之效命。正如錢穆所說：「武帝內中於辭客之侈張，而外以經術為附會。興明堂，建封禪，修郊祀，改正朔。內定制度，外攘四夷。凡所謂正禮樂、致太平者，皆導源於辭賦，而緣飾以經術。」〔註146〕對於漢武帝本人追求奢靡虛榮的品性，以及各類學人爭相阿諛逢迎的醜態，錢穆在《秦漢史》一書中加以嚴厲指責：「漢武一朝之所謂改制，有儒生之言禮樂，而不免於拘。有方士之推陰陽，求神仙，而不免於誣。有辭賦文學之士頌功德，而不免於誇。至於帝王之縱其私欲，群下之爭與迎合，而為之主張取捨，則豈能有當！」〔註147〕綜上可見，國家政策的變動，全出於武帝一人之喜好；而儒生士大夫只能與方士、辭客等知識團體共同分享不具實質權力的權力。讀完本書的有關論述，再回看《國史大綱》中錢穆試圖為武帝和儒生開脫責任之語，其辯白不可謂不蒼白：「如郊祀巡狩封禪等，皆虛文無實際，此則漢武誤於方士神仙家言，以及文學辭賦之士之務為鋪張誇大，然亦因當時儒生，自不能與此兩派劃分清楚之界線。」〔註148〕。

僅依據《國史大綱》，讀者容易對漢武帝本人產生很大好感。據錢穆的描述，武帝少年即位時便心向儒家政治理想，謀求復興禮樂教化；尊重知識，對於董仲舒、公孫弘等當代大儒的建議，均能加以察納；擴大了平民的政治參與度，減弱了權貴階層對權力的把持；掃除外患，使邊境得以安寧⋯⋯但若讀過《秦漢史》一書對漢武帝的描寫後，這一良好形象不免大打折扣。錢穆在本書中甚至將秦始皇與之作一對比，稱「漢武之立五經博士，特為欲復古者王官之學之舊，以更易秦廷末世之所建。惟深推其用意，實亦不出秦廷

〔註146〕錢穆：《秦漢史》，收入《錢賓四先生全集》（第26冊），臺北：聯經出版事業公司，1998年，第95頁。

〔註147〕錢穆：《秦漢史》，收入《錢賓四先生全集》（第26冊），臺北：聯經出版事業公司，1998年，第134頁。

〔註148〕錢穆：《國史大綱》（上冊），上海：國立編譯館，1947年，第103頁。

統私學於王官而『以吏為師』之故智耳。故其採六藝而罷百家，若專就朝廷設官之用意言，則亦未見有所大勝於秦之泯詩書而守家言也。」〔註149〕至於求仙、封禪、征戰等事，與秦始皇時政事也如出一轍。因此，錢穆評價武帝為政，雖「鄙薄始皇」，「自以為唐虞三代」，但不知其政「仍為亡秦之續」；而當時的儒生學者，亦「無不高談唐虞三代，而深斥亡秦者。然不知其所高談深斥，要亦未出亡秦之牢籠。」〔註150〕在寫作此書稿的 1931 至 1932 年，仍對漢武帝和儒生持這樣一種批判態度的錢穆，自然無法將之與「士人政府」之開創相聯繫。〔註151〕

　　如上所述，錢穆寫作《國史大綱》時，在史料選擇和解讀上有著高度的傾向性，其目的就是為了建構一個他在七、八年前教授秦漢史一課時已明知不合史實的西漢「士人政府」。〔註152〕史學家求真求實的職業素養，在這裡被錢穆試圖表達的更宏大的意旨所沖淡。這種宏大意旨包括兩方面。一方面，錢穆認定中國歷史有其光明與理性的精神，足以作為當下國家、民族走向現代化、走向新生的助力。錢穆認為，「寫國史者，必確切曉了其國家民族文化發展個性之所在，而後能把握其特殊之環境與事業而寫出其特殊之精神與面相。然反言之，亦惟於其特殊之環境與事業中，乃可識其個性之特殊點。」〔註153〕然而近代以來國人率求「革新」，急功近利之下，不能認識到中國特殊的「精神」與「面相」，反而對「已往歷史抱一種革命的蔑視」〔註154〕。近代史家又推波助瀾，輕率地用西方歷史模式類比中國歷史，以與西方相異者為落後、黑暗，遂致得出自秦以來的中國歷史「皆專制黑暗之歷史」、「皆束

〔註149〕錢穆：《秦漢史》，收入《錢賓四先生全集》（第 26 冊），臺北：聯經出版事業公司，1998 年，第 92 頁。

〔註150〕錢穆：《秦漢史》，收入《錢賓四先生全集》（第 26 冊），臺北：聯經出版事業公司，1998 年，第 82～83 頁。

〔註151〕關於《秦漢史》與《國史大綱》有關「士人政府」問題更全面的比較，可參見張耕華：《解構歷史書寫的一種嘗試——以錢穆「士人政府」為例》，《史學史研究》2014 年第 3 期。

〔註152〕當代秦漢史學者的研究證實，兩漢時期的政治趨勢，是儒與法、士與吏的合流。士大夫政治地位提升的同時，其政治批判力卻逐漸下降。士大夫參政、議政，雖在兩漢時成為常態，並融入到後兩千年的政治文化之中，但這並不說明士人的意見成為政治決策的關鍵，也沒有否定中國古代政治的專制本質。參見閻步克：《士大夫政治演生史稿》，北京：北京大學出版社，2015 年。

〔註153〕錢穆：《引論》，《國史大綱》（上冊），上海：國立編譯館，1947 年，第 8 頁。

〔註154〕錢穆：《引論》，《國史大綱》（上冊），上海：國立編譯館，1947 年，第 2 頁。

縛於一家思想之下」、「皆沉眠於封建社會之下」〔註155〕這三大結論。錢穆的整本通史，有破有立，其欲破之論點就是以上三點。秦漢之後「士人政府」的出現，意味著士大夫以學術引導政治、進而影響政治進程這一代表著中國歷史精神的現象產生，同時還是能夠反駁上述前兩項結論的有力論據。因此即使將史料削足適履，錢穆亦不以為意。

　　另一方面的意旨，則在於從歷史中提取解決現實問題的資源。胡繩在1944年便著文對錢穆《國史大綱‧引論》中的史觀與史論予以批判，稱其文誤將「前時代的生力」與「病態」當作「現在的生力」，但認為錢穆所自稱的著史目的，即歷史知識與革新現實的聯繫，與馬克思主義史學精神相符。〔註156〕的確，如上文所述，錢穆在研究歷史時始終不能忘情於現實政治。他在《引論》中曾借司馬光著《資治通鑒》一事自明心曲：「昔有司馬光，以名世傑出之才，當神宗、王安石銳意變法之際，獨愀然以為未當，退而著史。既獲劉、范諸君子相扶翼，又得政府之資助，晏居洛陽，設局從事，先後垂二十年而書成。以為可以資治，故名曰《資治通鑒》。其書衣被沾溉於後世，至今不能廢。」〔註157〕他所認為國史知識中足以「資治」的一個重要內容，就是自西漢以來因政治制度創革而形成的「學術地位，常超然於政治勢力之外，而享有其自由，亦復常盡其指導政治之責任」的政治文化。他還將漢武帝時所稱「通經致用」，明確解釋為「會通古代歷史知識，在現實政治下應用」。〔註158〕以先賢為榜樣，錢穆在抗戰時期漸為時事發聲，以盡「學術領導政治」的責任；尤其對於當下政治制度與社會問題，強調吸取古代「士人政府」的合理內容（下詳）。因此，為表達抽象的歷史精神，並為具體的現實事務提供歷史依據，「士人政府」這一解釋中國古代政治與學術文化的模式，在錢穆1930年代著通史的過程中不斷醞釀、完善，最終在《國史大綱》中形成一套完整的解釋體系。儘管自其發布之日起，這一學說便不斷遭學界詬病，但錢穆卻不

〔註155〕錢穆：《引論》，《國史大綱》（上冊），上海：國立編譯館，1947年，第9頁。

〔註156〕胡繩：《論歷史研究與現實問題的關聯——從錢穆先生的〈國史大綱引論〉中評歷史研究中的復古傾向》，載氏著《胡繩文集》（1935～1948），重慶：重慶出版社，1990年，第252、250頁。

〔註157〕錢穆：《引論》，《國史大綱》（上冊），上海：國立編譯館，1947年，第28頁。

〔註158〕錢穆：《引論》，《國史大綱》（上冊），上海：國立編譯館，1947年，第15頁。

為所動，並在細節方面繼續修補、闡發。〔註159〕學術原則在理想與現實面前的主動妥協，在錢穆身上體現得尤為明顯，但在抗戰時期又絕非僅此一例。循著理想與現實兩種角度，對於錢穆在《國史大綱》中如此強調士大夫階級在中國史上的作用，便不難理解了。

除西漢一朝外，《國史大綱》中對士大夫的「深描」，幾乎涉及歷朝歷代。僅從全書目錄便可看出錢穆對士大夫對其時代影響的重視程度，如第六章「民間自由學術之興起（先秦諸子）」、第十章「士族之新地位（東漢門第之興起）」、第三十二章「士大夫的自覺與政治革新運動（慶曆、熙寧之變法）」、第三十三章「新舊黨爭與南北人才（元祐以下）」、第四十一章「社會自由講學之再興起（宋元明三代之學術）」、第四十四章「狹義的部族政權下之士氣（清代乾嘉以前之學術）」，至於其餘各章下屬各節中涉及士大夫階級的內容仍有許多。與西漢一章類似，他對士大夫階級對世運的影響，看得極重。其著眼點，不純是分析學術、思想之發展，更著重士大夫的思想、行為對政治、對時局變遷的助力。以宋明兩代為例。錢穆認為，北宋時期，隨著國事一天天變壞，士大夫階級逐漸興起讀書之外的一種「自覺精神」，即「覺到他們應該起來擔負著天下的重任」，而范仲淹所說「先天下之憂而憂，後天下之樂而樂」，就是「那時士大夫社會中一種自覺精神之最好的榜樣」。〔註160〕然而，他們並沒有忘記讀書的重要，「雖則終於要發揮到政治社會的實現問題上來，而他們的精神，要不失為含有一種哲理的或純學術的意味。……把事功消融於學術之裏，說成一種義理。此乃平民學者之精神。彼輩要出來轉移世道，而不為世道所轉移，雖亦不離事功，卻不純從事功出發。」〔註161〕以學術引導政治變革，是慶曆、熙寧兩次變法的核心精神。而在范仲淹、王安石改革失敗後，北宋士大夫意識到「要改革現實，更重要的工夫應先從教育上下手」。〔註162〕由是，講學之風興起，一直持續到明末。但其講學的目的，始終是發展學術與改革政治並重：「他們熱心講學的目的，固在開發民智，陶育人才，而其最終目的，則仍在改進政治，創造理想的世界。」〔註163〕錢穆甚至認為，宋明

〔註159〕可參見錢穆於 1950 年代後著《中國歷代政治得失》、《國史新論》、《中國歷史精神》等書（均收入聯經 1998 年版《錢賓四先生全集》）。
〔註160〕錢穆：《國史大綱》（下冊），上海：國立編譯館，1947 年，第 396～397 頁。
〔註161〕錢穆：《國史大綱》（下冊），上海：國立編譯館，1947 年，第 398～399 頁。
〔註162〕錢穆：《國史大綱》（下冊），上海：國立編譯館，1947 年，第 572 頁。
〔註163〕錢穆：《國史大綱》（下冊），上海：國立編譯館，1947 年，第 580 頁。

儒者對於「學術引導政治」這一觀念如此執著，已帶有一種宗教的精神；這一精神通過書院講學制度，傳播給大量同時代的讀書人，形成了足以與朝廷相制約的一種「秀才教」。〔註164〕

三、士大夫研究影響下的學人論政

錢穆曾自述其研究中國政治制度心得，稱：「我們要研究政治制度，不可不連帶注意到其背後的政治理想；我們要研究某一時代的政治理想，又不得不牽連注意到其時一般學術思想之大體。」〔註165〕若將這句定論應用於分析錢穆本人，他在戰時提出並堅持「士人政府」這一學術觀點以及刻意拔高士大夫在古代政治、社會中的地位，亦未嘗不是錢穆自身政治理想的體現。〔註166〕結合其政治理想與《國史大綱》中對中國古代士大夫的研究，對於錢穆在戰時的政治建言和文化主張，或可加深一層理解。

其一，錢穆認為當下知識分子負有領導社會的責任。

中國古代時局世風的升降，士大夫階級在其中影響甚巨。戰國後期，遊仕氣焰的高揚，意味著貴族地位的墮落與平民學者的提升。老子、荀子、韓非三家的思想，為秦漢統治者所用，「為秦、漢統一政府開先路」。〔註167〕漢代則依照董仲舒、公孫弘等儒生建議，開創了「士人政府」的政治模式，此說前已詳。至於宋明兩代學者，在當時社會中也起著中堅作用：「宋明以

〔註164〕錢穆：《國史大綱》（下冊），上海：國立編譯館，1947年，第580頁。

〔註165〕錢穆：《如何研究中國史》，載氏著《中國歷史研究法》，收入《錢賓四先生全集》（第31冊），臺北：聯經出版事業公司，1998年，第175頁。

〔註166〕五四運動後，柳詒徵寫作《中國文化史》一書，禮讚中國文化優長之處，試圖扭轉當時一味崇西的社會風氣。書中如此描繪西周政治中士大夫的中堅作用：「君主與人民對待，而公卿大夫，則介乎二者之間。周之盛時，公卿大夫固恒以勤恤民隱詔其君主；即至衰世，亦時時代表民意，作為詩歌，以刺其上。是屬行階級制度之時，雖作貴族平民之區別，而貴族之賢者，率知為民請命，初非一律阿附君主。……西周之末世，雖曰暴君代作，讒佞迭興，人民之窮困顛連，已達極點，而學士大夫直言無諱，指陳民瘼，大聲疾呼，猶為先世教澤綿延未已之徵。其言論之自由，或尚過於後世之民主時代也。」（柳詒徵：《中國文化史》（上），臺北：正中書局，1985年，第265～266頁。轉引自閻步克：《士大夫政治演生史稿》，北京：北京大學出版社，2015年，第92～93頁。）較錢穆西漢「士人政府」形成的論斷，柳氏之觀點，更為激進，但其學術研究所體現的政治理想則與錢相類。在柳詒徵與錢穆二人身上，均可見傳統文化濡染下學術與現實密切結合之一斑。

〔註167〕錢穆：《國史大綱》（上冊），上海：國立編譯館，1947年，第76～78頁。

下之社會，與隋唐以前不同，士族門第消滅，社會間日趨平等，而散漫無組織。社會一切公共事業，均須有主持領導之人。若讀書人不管社會事，專務應科舉，做官，謀身家富貴，則政治社會事業，勢必日趨腐敗。其所以猶能支撐造成小康之局者，正惟賴此輩講學之人來做一個中堅。」〔註168〕明末遺民「堅貞之志節，篤實之學風」甚而影響到清末革命者。〔註169〕這些均是士大夫對世運進步的影響。至於魏晉及清代士人，前者思想上由儒家轉為法家再轉為道家，「思想逐步狹窄，逐步消沉」〔註170〕，後者則在清代統治者鉗制下，「學者精神，遂完全與現實脫離。應科舉覓仕宦的，全只為的是做官，更沒有絲毫以天下為己任的觀念存在胸中。」〔註171〕這兩個時期的士大夫，其思想、學術對於世運起到的是消極的影響。清代士人的「病症」甚至影響清末民初的國運。錢穆稱近代以來「政治中心勢力之不易產生」，國家難得安定發展之局面，其原因便在於知識分子「於前清末葉，既力阻開新之運，又於民國初年，加倍搗亂之功。此蓋滿清長期部族統治之智識階級，日愚日腐，而驟遇政治中心大動搖之後所應有之紛擾。」他進而將近代中國遇到的最大問題歸結於「士大夫無識」，以「全變故常」作為解救時弊的藥方。〔註172〕

因對士大夫在古代中國國運升降中所飾演的關鍵角色的認知，錢穆在抗戰時期所作時論中，也將知識分子作為抗戰建國的領導力量。抗戰爆發前數月，錢穆曾著文分析近百年來中國之病源，在於滿清異族壓迫所致士大夫「惡化腐化」，失卻了四五千年來養成的「立身處世之綱領節目」。「新中國的創興」、「政治上軌道」，這一重任，仍需要依靠「中層階級智識分子對於國家責任觀念之覺醒與努力」，而不能指望民眾或軍人的力量。〔註173〕發表於1939年1月昆明《益世報》的《建國三路線》一文，是錢穆戰時「書

〔註168〕錢穆：《國史大綱》（下冊），上海：國立編譯館，1947年，第583頁。

〔註169〕錢穆：《國史大綱》（下冊），上海：國立編譯館，1947年，第613頁。

〔註170〕錢穆：《國史大綱》（上冊），上海：國立編譯館，1947年，第164頁。

〔註171〕錢穆：《國史大綱》（下冊），上海：國立編譯館，1947年，第620頁。

〔註172〕錢穆：《引論》，《國史大綱》（上冊），上海：國立編譯館，1947年，第25～26頁。

〔註173〕錢穆：《中國史上最近幾個病源》，載氏著《歷史與文化論叢》，收入《錢賓四先生全集》（第42冊），臺北：聯經出版事業公司，1998年，第116、119、120頁。

生議政」所發表的最早的兩篇時論之一。〔註174〕本文繼承了上述引文的觀點，明確指出，當下流行的「民眾建國論」和「領袖建國論」兩種建國方略，因違背中國歷史經驗，經過辛亥革命以後三十年的政治實踐後，已被證明失敗。目前最為要緊的，是當前的中層階級，即知識分子，能在「高呼民眾建國和領袖建國之際」，覺悟到自己的力量與責任，起而在上層領袖與底層民眾之間「協調融合」，「擁護出全國一致的真領袖」，「領導全國民眾以從事建國的真路向」。〔註175〕錢穆提出讓知識分子擔綱建國重任，其針對的目標雖未在文中點出，但很明顯，是共產黨與國民黨以及分別擁護兩黨的知識分子在戰時鼓吹的兩種對立的組織政權形式。對於前者，錢穆批評稱，依據歷史經驗，由社會下層發起的革命，往往會造成難以收拾的惡果，導致國家向消極的方向滑落；對於後者，他則認定偌大的中國無法僅靠一黨一派擁出的領袖進行統治。〔註176〕至於建國工作的具體方面，亦應有知識分子參與領導。在發展民族經濟時，應以知識分子為「主持領導之中堅」，在其傳統的「從政」與「善俗」的社會功能之外，加入「興業」與「厚生」，籍此突破小民逐利之狹隘，達到通過「民族集體造產」抵抗資本主義侵略、擺脫次殖民地地位的目的。〔註177〕談到如何訓練地方自治時，錢穆將「智識分子之領導」置於警衛、經濟兩大必要條件之上，稱知識分子應「回到農

〔註174〕 本月稍早，錢穆在《今日評論》第一卷第三期發表《病與艾》一文，可視為戰時錢穆所作時論文章的第一篇。本文以孟子「七年之病，求三年之艾」一語為引，含蓄地建議戰時國策應考慮到國家長遠的發展。（見氏著《文化與教育》，收入《錢賓四先生全集》（第41冊），臺北：聯經出版事業公司，1998年，第179～182頁。）相較之下，《建國三路線》文意更為顯白。另，上引文《中國史上最近幾個病源》作於1937年，但未曾發表，且不能通過內容確定具體日期，故暫將之列於全面抗戰爆發前所作文章。

〔註175〕 錢穆：《建國三路線》，載氏著《文化與教育》，收入《錢賓四先生全集》（第41冊），臺北：聯經出版事業公司，1998年，第29～30頁。「中層階級」一詞，在錢穆戰時論中，在中國古代特指士大夫階級，即「不憑藉資產與富力，而一視其道德與文藝」者。見錢穆：《中國民主精神》，載氏著《文化與教育》，收入《錢賓四先生全集》（第41冊），臺北：聯經出版事業公司，1998年，第116頁。

〔註176〕 錢穆：《建國三路線》，載氏著《文化與教育》，收入《錢賓四先生全集》（第41冊），臺北：聯經出版事業公司，1998年，第23～28頁。

〔註177〕 錢穆：《中國社會之剖視及其展望》，載氏著《政學私言》，收入《錢賓四先生全集》（第40冊），臺北：聯經出版事業公司，1998年，第166頁。原文刊載於《思想與時代》雜誌，1941年11月第四期。

村，普及教育，掃除文盲」，擔負起提高農村文化水平的領導責任。〔註178〕
錢穆還提出，鑒於近代以來士大夫教育「急功而趨利，裸外而偽中」所導致
的「士大夫服官從政者，上無所畏，下無所忌，中無所主」的惡劣政治生態，
政府應培養一批具有古代「國士」精神、即「新官僚精神」的新型公務人員，
發揮「學治」傳統，承擔起「為天地立心，為生民立命，為往聖繼絕學，為
萬世開太平」的儒家理想，「一切仍當以道義植基，而不當以權利為本」，實
際上就是復活儒家理想中的士人參政。〔註179〕

　　值得注意的是，隨著國民黨的敗退臺灣，1949年後國內外知識界對國民
黨失敗的原因都展開了激烈討論。錢穆在離開大陸後也對此加以反思，其結
論在當時的眾多聲音中獨樹一幟。他認為作為「中國社會中心的『智識分子』」，
應當為「最近期中國社會之一切亂象」負最大的責任。百年來中國知識分子
不能從「傳統歷史文化所形成的國民性中，獲得一種精神上之支撐與鼓勵，
領導與推進」，反而一味「從外面如法泡製，依樣葫蘆地模仿抄襲」，在歐美、
蘇聯之間爭論不休，最終「綿歷幾十年，流了幾千萬民眾的血，憑藉武力勝
敗，作為此一項理論是非的判定」。這正是「中國現代殖民地化的智識分子，
所該擔當的莫大錯誤與罪惡」。〔註180〕1960年錢穆與張君勱爭辯組黨一事時，
亦曾說出「大陸之失，我輩知識分子應付絕大責任」一語，其依據仍在於近
代以來的知識分子捨棄傳統、盲目學習外國。〔註181〕學術觀點影響到政治認
識，反之亦然。錢穆不僅在1949年後對知識分子作了數篇專題性研究〔註182〕，

〔註178〕錢穆：《地方自治》，載氏著《政學私言》，收入《錢賓四先生全集》（第40
　　　　冊），臺北：聯經出版事業公司，1998年，第57頁。原文刊載於《東方雜
　　　　誌》1944年第41卷第11期。

〔註179〕錢穆：《中國民主精神》，載氏著《文化與教育》，收入《錢賓四先生全集》
　　　　（第41冊），臺北：聯經出版事業公司，1998年，第119～120頁。本文為
　　　　1942年2月錢穆在成都中英中美文化協會上所作演講辭。

〔註180〕錢穆：《中國社會演變》，載氏著《國史新論》，收入《錢賓四先生全集》（第
　　　　30冊），臺北：聯經出版事業公司，1998年，第38～40頁。原文刊於1950
　　　　年香港《民主評論》，第二卷第八、九期。

〔註181〕錢胡美琦：《也談現代新儒家》，載新亞學術期刊編輯委員會編：《錢賓四先
　　　　生百齡紀念會學術論文集》，香港・香港中文大學新亞書院，2003年，第xiii
　　　　頁。

〔註182〕例如《中國智識分子》、《中國文化傳統中之士》、《再論中國文化傳統中之士》
　　　　等，均收入《國史新論》，《錢賓四先生全集》（第30冊），臺北：聯經出版
　　　　事業公司，1998年。又，錢穆治學的這一動向，還影響到其學生余英時一生
　　　　的治學思路。

還在 1974 年修訂《國史大綱》時，增加了數則評論士大夫的批註。例如他總結了中國歷史士階層活動的四個階段，並明確提出「中國史之演進，乃由士之一階層為之主持與領導」這一觀點；又如對宋明講學事業的評價，稱之為「自宋以下一千年來中國歷史一種安定與指導之力量」，而近代以來仍「亟待有再度興起的新的士階層之領導與主持，此則為開出此下中國新曆史的主要契機所在」。〔註183〕與上一版本相比，新修訂的《國史大綱》對於知識分子在中國古代的領導作用作了更明確的表達。時代雖已發生巨變，但錢穆對於中國知識分子在歷史與現實中作用的認識不斷加深。

其二，錢穆在思考當下學術與政治關係時，充分借鑒了中國古代政學傳統。

學術獨立於政治，並負領導政治之責任。這一觀點，是錢穆為反駁所謂中國古代學術思想一概為專制政治之「幫兇」這一自清末譚嗣同以來流行於社會之論斷，而於中國歷史中梳理出的一條線索。「治學治事宜分兩途」，以嚴復為代表的近代知識分子曾對政學不分的傳統予以批判。〔註184〕「獨立之精神，自由之思想」也成為民國以來大量知識分子所標榜的精神追求。但錢穆認為，一方面，學術獨立於政治是學術發展必不可缺的條件；另一方面，學術又必須與現實政治發生聯繫，以實現它對於國家、民族的價值。這兩點是並行不悖的。

錢穆將中國古代政治的基本特點概括為「學治」。中國古代因有考試取士的制度，可稱為一種「無貴族，無庶民，亦無貧富之別，惟擇其有學與賢者」的「學人政治」，簡稱「學治」。「學治」的核心精神可概括為：「能以學術指導政治，運用政治，以達學術之所蘄向。為求躋此，故學術必先獨立於政治之外，不受政治之干預與支配。學術有自由，而後政治有嚮導。學術者，乃政治之靈魂而非其工具，惟其如此，乃有當於學治之精義。」〔註185〕錢穆在《國史大綱》中已論證稱，春秋時期貴族學開始消解，平民學術興起，宗教、政

〔註183〕錢穆：《國史大綱》（下），收入《錢賓四先生全集》（第28冊），臺北：聯經出版事業公司，1998年，第627～628、913頁。

〔註184〕嚴復：《論治學治事宜分兩途》，載王栻主編：《嚴復集》（第一冊），北京：中華書局，1986年，第88～90頁。原載於《國聞報》1898年7月28、29日。

〔註185〕錢穆：《道統與治統》，載氏著《政學私言》，收入《錢賓四先生全集》（第40冊），臺北：聯經出版事業公司，1998年，第87～88頁。原題名《學統與治統》，載《東方雜誌》1945年8月，第41卷第15期。

治、學術三者亦由混而不分轉為漸漸分離。在這一過程中，孔子以其學術上崇高之追求，以及自由講學之先聲，成為轉折時期的最關鍵人物。〔註186〕錢穆后來將孔子的思想贊為「中國民族傳統文化相融洽相凝結而為二千年來中國人文教育之宗師」，起到「超出乎政治勢力之上而求有以領導支配政治」的作用。〔註187〕孔子之後，「道統於師，不統於君」的局面已成。錢穆甚至誇張地說，清代以前，「中國傳統政治，於學術文化事業，雖盡力寶護而扶翼之，然於教育則一任社會自由，抑且尊師崇道，王統自紲於道統，未嘗以政府而專擅教育之大權。」〔註188〕

　　學術要求其發展，必須獨立於政治；而學術要實現其價值，不得不依靠士大夫實現對政治的指導。對於中國古代學術與政治的關係，錢穆亦曾作一斷語：「學術與政治之離合，遂成中國史上世運隆污之一個最好標準。」〔註189〕西漢、北宋、明朝，政學相合，世風、政風也優於其他朝代。士大夫在朝廷中有政治地位，也有以學術指導政治的勇氣。這一點，前引《國史大綱》相關章節已明確予以闡發。在《學統與治統》一文中，錢穆特別指出一個國人習焉不察的政治現象：「於政治機構中，有不少專屬學術文化事業之部門，不僅為學人占仕途，乃謂於政途幹學業。政府中多設專官，不問政事，而主持一切學術文化事業之保存擴大與流傳。」〔註190〕如漢代博士官、明代翰林院等，歷代士大夫入職後，能專騖於學術而不受政治干預，朝廷多事時又能挺身而出、以學術議

〔註186〕錢穆：《國史大綱》（上冊），上海：國立編譯館，1947年，第63～68頁。

〔註187〕錢穆：《中國傳統教育精神與教育制度》，載氏著《政學私言》，收入《錢賓四先生全集》（第40冊），臺北：聯經出版事業公司，1998年，第207頁。原文載於《思想與時代》1942年2月第7期。

〔註188〕錢穆：《道統與治統》，載氏著《政學私言》，收入《錢賓四先生全集》（第40冊），臺北：聯經出版事業公司，1998年，第88～89頁。注：此處說法與1942年所作《中國傳統教育精神與教育制度》一文中的觀點已有明顯不同。錢穆在上文明確認定，漢、明兩代的教育為國家主辦。漢代「儒術漸變而為利祿之途」，「教育漸不為政治之領導，而為其隨屬」；明代「屢禁社會自由教育，而國家教育亦腐敗不可名狀」。（錢穆：《政學私言》，收入《錢賓四先生全集》（第40冊），臺北：聯經出版事業公司，1998年，第209、214頁。）此處可反映錢穆美化中國傳統文化的階段性特徵。

〔註189〕錢穆：《中國固有哲學與革命哲學》，載氏著《文化與教育》，收入《錢賓四先生全集》（第41冊），臺北：聯經出版事業公司，1998年，第131頁。此文為1944年2月錢穆在重慶中央訓練團的講演綱要。

〔註190〕錢穆：《道統與治統》，載氏著《政學私言》，收入《錢賓四先生全集》（第40冊），臺北：聯經出版事業公司，1998年，第81頁。

論時政，既有興學養才的職能，又兼培育政治人才的作用。綜合以上兩方面，錢穆在本文中總結中國傳統政制特點，稱其「一面雖注重政學之密切相融洽，而另一面則尤注重於政學之各盡厥職。」〔註191〕

　　錢穆論當下學術與政治的關係，便以他對中國古代政治文化的理解為認識基礎。民國成立以來，政府數次修正大學教育宗旨，以此控制學校發展。錢穆對這一現象極力反對，稱此為「以政發教，不僅為教不肅，抑且為政無源」。政府所應做的教育工作，是「廣牖民智，普及學校」、「獎勵科學，宏興實業」，而不能干預「正學術，作人才」這類應循教育規律而發展之事。只有使學校「超然獨立於政治之外，常得自由之發展」，才能實現「民氣借之舒宣，政論於此取裁」的目的。〔註192〕1936 年 5 月 5 日國民政府頒布《中華民國憲法草案》（即五五憲草），在教育一章中，規定第 131 條：「中華民國之教育宗旨，在發揚民族精神，培養國民道德，訓練自治能力，增進生活智慧，以造成健全國民。」及第 133 條：「全國公私立之教育機關，一律受國家之監督，並負推行國家所定教育政策之義務。」〔註193〕錢穆認為這兩條均違背了中國古代學統高於政統、教權尊於治權的政治文化傳統。他說：「教育乃百年樹人大計，政策則貴乎因勢推移……若以政策辦教育，未嘗不可收目前一日之速效，然終將貽後來無窮之隱禍。」政府對於各級學校，只應負籌辦之責，「當自居為護法，不當自居為主教，學校尊嚴，當超然於政治之上……政府當儘量尊重學校之自由，又當儘量提倡社會私立學校，自由講學，不依政府意見為意見，不隨政府轉動而轉動，教育之權應在家言，不在官學。」「教權尊於治權，道統尊於政統」，在錢穆眼中，這甚至是實現政治民主、個人自由的必要條件。〔註194〕

　　以上錢穆專就政治不得干預學術而論。在當代學風問題上，錢穆延續了

〔註191〕錢穆：《道統與治統》，載氏著《政學私言》，收入《錢賓四先生全集》（第 40 冊），臺北：聯經出版事業公司，1998 年，第 88 頁。

〔註192〕錢穆：《中國傳統教育精神與教育制度》，載氏著《政學私言》，收入《錢賓四先生全集》（第 40 冊），臺北：聯經出版事業公司，1998 年，第 221～222 頁。

〔註193〕繆全吉編著：《中國制憲史資料彙編》（憲法篇），臺北：國史館，1991 年，第 561 頁。

〔註194〕錢穆：《道統與治統》，載氏著《政學私言》，收入《錢賓四先生全集》（第 40 冊），臺北：聯經出版事業公司，1998 年，第 93～94、92、91 頁。注：錢穆文中誤將第一百三十三條憲法條文標為第一百三十六條。

自己在戰前區別「士大夫之學」與「博士之學」的態度。他認為當下學界不能在新時代開出新學問，所追求的「為學問而學問」，精神源自乾嘉與歐美的「治世」之學，不適宜於國家目前所逢之「亂世」。其後果是致使「學問與人生」、「學問與時代」皆失去應有的聯繫，「學問絕不見為時代之反映，僅前人學問之傳襲而已。學問亦絕不見為人格之結晶，僅私人在社會博名聲佔地位之憑藉而已。」〔註195〕學術發展的關鍵在大學，大學教育尤應重視培養能夠推動各項社會、政治事業的「中堅領袖人才」。然而戰時大學教育，「僅僅注重於智識之傳授，無當於人格之鍛鍊品性之陶冶」；即論智識傳授，又往往只限於一特定專業，無法造就有通識的人才，無法「相互從事於國家社會共通之事業」。〔註196〕「理想的大學」所應培養的理想的學生，應能「指導」並「駕御」社會，而不是「供社會之用」；應追求「智慧」與「事業」，而不僅僅是「智識」與「職業」。為此，「理想的大學」，應以通識性質的文理學院為主幹，以職業學院為輔，務求「學者皆得廣泛通曉人生基本而緊要之已往經驗，以長養其智慧，培育其理想，而不僅僅於謀一職業，求一智識，自成為一部門之機件與工具，以供現實社會之應用而止。」〔註197〕在改善大學教育、使其負起指導國家社會的責任的同時，錢穆還提議設立國家文化學院、最高國防研究院及中央科學院三大聯繫政府與學校的機構，「不負實際行政責任，而對全國政治應有建議與參謀之責。國家大政令應先分別諮詢此三院之同意，俟逐漸演進，全國政事，由此三院會議發號施令」，「以學術關係代替官僚組織」，最終實現學術對國家政事的直接領導。〔註198〕

其三，錢穆極重視中國古代考試與銓選制度，認為戰時及戰後政治改革應充分吸收其優長之處。

〔註195〕錢穆：《新時代與新學術》，載氏著《文化與教育》，收入《錢賓四先生全集》（第41冊），臺北：聯經出版事業公司，1998年，第100～101頁。本文為1941年5月在金陵大學所作演講之演講辭，刊於是年6月1日《大公報·星期論文》。
〔註196〕錢穆：《改革大學制度議》，載氏著《文化與教育》，收入《錢賓四先生全集》（第41冊），臺北：聯經出版事業公司，1998年，第195～197頁。原文載於1940年12月1日《人公報·星期論文》。
〔註197〕錢穆：《理想的大學》，載氏著《文化與教育》，收入《錢賓四先生全集》（第41冊），臺北：聯經出版事業公司，1998年，第210～213頁。原文載於《思想與時代》1943年3月第20期。
〔註198〕錢穆：《地方自治》，載氏著《政學私言》，收入《錢賓四先生全集》（第40冊），臺北：聯經出版事業公司，1998年，第65～66頁。

錢穆曾自稱其《國史大綱》一書對「歷代選舉考試制度」極為關注。〔註199〕從本書內容看，確乎如此。他在《引論》中便將隋唐時期「由士族門第再變而為科舉競選」總結為中國古代政治制度演變的最後一大變。〔註200〕自此之後，「考試與銓選遂為維持中國歷代政府綱紀之兩大骨幹」。正因這兩項制度的形成，錢穆才能夠理直氣壯地反駁中國古代政治專制說。他將二者視為中國古代政制中理性精神的體現：「全國政事付之官吏，而官吏之選拔與任用，則一惟禮部之考試與吏部之銓選是問。此二者，皆有客觀之法規，為公開之準繩。有皇帝所不能搖，宰相所不能動者。若於此等政制後面推尋其意義，此即《禮運》所謂天下為公，選賢與能之旨。就全國民眾施以一種合理的教育，復於此種教育下選拔人才，以服務於國家。再就其服務成績，而定官職之崇卑與大小。」錢穆進一步從中西文化比較的角度，認為中國自古廣土眾民的現實，使得西歐式的「民選代議士制度」無法在此實施；而考試與銓選制度的出現，在中國古代扮演了與之相似的角色。〔註201〕《國史大綱》正文對各斷代政治制度的優劣著重加以評點，對於秦漢以後歷代選官、監察等制度多置褒辭。〔註202〕錢穆尤為重視唐代形成並一直延續至清末的科舉制度，將它對中國社會的貢獻概括為六點，即「用一個客觀的考試標準，來不斷的挑選社會上優秀分子，使之參與國家的政治」；「使應試者懷牒自舉，公開競選」；「根本消融社會階級之存在」；「促使全社會文化之向上」；「培植全國人民對政治之興味而提高其愛國心」；「團結全國地域於一個中央之統治」。〔註203〕可見，錢穆對科舉制度的評價，已超出政治制度的範圍，延伸到社會結構、學術文化、民族精神等各個方面。而他對中國古代政治制度的高度認可，在此也可見一斑。

抗戰時期，錢穆對於戰時及戰後中國政府組織模式的建言，其思想動因即始自他對中國古代考試、銓選等制度所作歷史考察後得出的正面評價。在錢穆戰時所作政論文章中，宣揚考試、銓選等中國古代優秀政治制度，賦予它們現實合理性與必要性，成為一大論說重點。

〔註199〕 錢穆：《素書樓餘瀋》，收入《錢賓四先生全集》（第 53 冊），臺北：聯經出版事業公司，1998 年，第 391 頁。
〔註200〕 前兩大變分別為：秦漢時期完成「由封建而躋統一」，西漢中葉至東漢完成「由宗室外戚軍人所組之政府，漸變而為士人政府」。
〔註201〕 錢穆：《引論》，《國史大綱》（上冊），上海：國立編譯館，1947 年，第 13 頁。
〔註202〕 1952 年初版的《中國歷代政治得失》，其基本觀點第一次以書面的形式呈現，便始於《國史大綱》一書。
〔註203〕 錢穆：《國史大綱》（上冊），上海：國立編譯館，1947 年，第 292 頁。

　　錢穆在對中國古代政治制度與西方近代政治制度加以悉心對比後，得出一總體評價，即二者均為民主政治。其不同處在於，西方民主政治是以政黨政治為核心，常造成在朝黨與在野黨相互敵對的「政民對立」局面；而中國民主政治則是「超派超黨、無派無黨，或雖有黨派而黨派活動在整個政制中不占重要地位」的一種「公忠不黨之民主政治」，較西方民主政治的優勢在於其「政民一體」、「直接民權」的「全民政治」特徵。〔註204〕之所以有如此差別，其原因就在於中國很早便有一套成熟的考試、銓選制度。錢穆坦率地稱之為中國之「選舉」，甚至與西方選舉相比更有其優長之處。〔註205〕其優點在於，中國式「選舉」能選拔真正的人才從政，也就是以優秀士大夫的選拔、任用、考核作為國家治理之基石的政治體系。從兩漢察舉制，到魏晉以下的九品中正制，再到隋唐之後形成的科舉制度，以及自周代以後逐漸完善的官員考核、銓選制度，其遵循的精神是共通的，即從社會中廣泛地選拔人才加入政府，「使賢者在位，能者在職」〔註206〕。「因有考試制，故能妙選全國人才，開其從政之路；因有銓敘制，故吏途之進退遷轉，皆憑公開客觀之資歷，不以一人一時之好惡與私見而升黜。」〔註207〕因這兩項制度的存在，「凡屬政府官職，其出身大抵皆先經一番公開客觀之選試，其升降則皆憑實際服務成績之考課。故政府人員來源，與王室關係，殊不深密」〔註208〕，所以中國古代國家治理自非君主所能專制。進而言之，考試、銓選制度的存在，保證了政府官員來源的底層性和流動性，更無須疊床架屋，再設一民選之國會。〔註209〕與西方靠選票選出的「統計代表」

〔註204〕錢穆：《中國傳統政治與五權憲法》，載氏著《政學私言》，收入《錢賓四先生全集》（第40冊），臺北：聯經出版事業公司，1998年，第4～7頁。原文載於《東方雜誌》1945年3月第41卷第6期。

〔註205〕錢穆：《選舉與考試》，載氏著《政學私言》，收入《錢賓四先生全集》（第40冊），臺北：聯經出版事業公司，1998年，第23～24頁。原題名《考試與選舉》，載《東方雜誌》1945年4月第41卷第8期。

〔註206〕錢穆：《中國傳統政治與儒家思想》，載氏著《政學私言》，收入《錢賓四先生全集》（第40冊），臺北：聯經出版事業公司，1998年，第134頁。原文刊載於《思想與時代》1941年10月第3期。

〔註207〕錢穆：《中國民主精神》，載氏著《文化與教育》，收入《錢賓四先生全集》（第41冊），臺北：聯經出版事業公司，1998年，第112～113頁。

〔註208〕錢穆：《中國傳統政治與儒家思想》，載氏著《政學私言》，收入《錢賓四先生全集》（第40冊），臺北：聯經出版事業公司，1998年，第134～135頁。

〔註209〕錢穆：《中國民主精神》，載氏著《文化與教育》，收入《錢賓四先生全集》（第41冊），臺北：聯經出版事業公司，1998年，第114頁。

相比，中國的人才選拔制度更加公平，且能更加注重「代表」的賢能與否。中國古代政治「不需自結黨派以事鬥爭」，因為每一位熱心政治且有才能者，均能借考試、銓選制度實現自己的政治理想。〔註210〕制度進而影響到從政心理。正因「政治上之出身與進階，在考試與課績，待之公評」，是故中國古代士大夫「既不好結黨，因亦不樂從事於宣傳」，對於政黨政治有一種天然的輕視。〔註211〕

通過以考試、銓選制度為中心的中西政制對比，錢穆對中國近百年來的政治思想與政治實踐加以反思。還在《國史大綱》及稍早的《如何研究中國史》等文中，他便認為近代政治「腐敗混亂」、「政府用人絕無客觀的標準」的原因，在於政界、學界盲目崇拜西方，以「專制黑暗」之說否定中國傳統政制，而將「歷古相傳考試與銓選制度」全加捨棄。〔註212〕在其政論文中，這樣的批評更加深廣。錢穆斷定，中國未來的政治發展，必須基於中國傳統政治文化與民族精神之上，即「政治乃社會人生事業之一支，斷不能脫離全部社會人生而孤立，故任何一國之政治，必與其國家自己傳統文化民族哲學相訢合，始可達於深根寧極長治久安之境地。」〔註213〕得出這一結論，源於他對二十世紀以來中國政治變遷慘痛教訓的反省。他說：

> 我國自辛亥革命前後，一輩淺薄躁進者流，誤解革命真義，妄謂中國傳統政治全無是處，盛誇西國政法，謂中西政治之不同，乃一種文野明暗之分，不啻如霄壤之懸絕。彼輩既對傳統政治一意蔑棄，勢必枝蔓牽引及於國家民族傳統文化之全部。於是有「打倒孔家店」、「廢止漢字」、「全盤西化」諸口號，相隨俱起。然使其國家民族數千年傳統文化，果能快意毀滅，掃地無存，則國家民族之政治事業亦將何所憑依而建樹？辛亥以來之政論，先猶限於一院制、兩院制；總統制、內閣制；中央集權、地方分權諸問題，大率不外美國、法國之兩派。及第一次歐洲大戰以後，西方政情劇變，銅山

〔註210〕 錢穆：《中國傳統政治與五權憲法》，載氏著《政學私言》，收入《錢賓四先生全集》（第40冊），臺北：聯經出版事業公司，1998年，第7、9頁。

〔註211〕 錢穆：《中國民主精神》，載氏著《文化與教育》，收入《錢賓四先生全集》（第41冊），臺北：聯經出版事業公司，1998年，第117頁。

〔註212〕 錢穆：《引論》，《國史大綱》（上冊），上海：國立編譯館，1947年，第13頁。錢穆：《如何研究中國史》，載氏著《中國歷史研究法》，收入《錢賓四先生全集》（第31冊），臺北：聯經出版事業公司，1998年，第176頁。

〔註213〕 錢穆：《中國傳統政治與五權憲法》，載氏著《政學私言》，收入《錢賓四先生全集》（第40冊），臺北：聯經出版事業公司，1998年，第1頁。

西崩，洛鐘東應，國內政治理論，亦軒波時起。於共和政體外，有別唱法西斯「獨裁」與蘇維埃「共產」之說者。於是主英、美政體之外，又別有主德意與主蘇聯政體之兩派，不僅見之言論，抑且發之行動。並至於劫脅屠殺，不恤賭國命以爭必勝。〔註214〕

在這種盲目西化氛圍下，考試、銓選制度這種在中國古代政治中發揮巨大作用、甚而影響到中華民族精神，並在孫中山五權分立政治理論中也被視作五權之一的政治制度，一再被民國政治制度設計者所忽視。這種忽視帶來的後果是極其嚴重的。錢穆稱民國初年的建國理論，「幾乎全集中於國會選舉及其法理的職任上。中國歷來相傳的考試制度與銓選制度可以放棄，民選議會之立法權則不肯不爭。就事實論，民選制度一時殊難推行，而考試與銓選制度廢棄後，政府用人漫無標準，無論政府的機構與組織如何改造，只要用人沒有公開的標準，必然仍趨於腐化。」〔註215〕錢穆以民國初年黨爭之惡果警醒世人，提出重新評價官員任免、考核的歷史經驗及在國家治理中所扮演的角色。而孫中山的五權憲法理論，作為當時唯一一種「能於舊機構中發現新生命，再澆沃以當前世界之新潮流，注射以當前世界之新精神」〔註216〕的政治理論，理應得到更深入的探討與應用。

基於此，錢穆對於戰時及戰後政治制度的建設提出意見。錢穆並不認同抗戰後期社會輿論所鼓吹的召開國會、開放政府的憲政運動，他認為這會重蹈民初黨爭的覆轍；同時他又不認同國民黨將「五權隸於一黨」的專政統治。他所認同的政治模式，是循著傳統政制演化而成的現代「賢能代表與直接民權之全民政治」，為此應「進一步要求五權憲法之確定與實施，當要求考試、監察、立法、司法四權各各獨立，使此四權先能超然於政黨政治之外，而容許在野少數黨之賢傑，以及無黨無派之優秀分子以儘量之參加。」〔註217〕在充分行使五權憲法、尤其是重視考試、監察制度建設的前提下，

〔註214〕錢穆：《中國傳統政治與儒家思想》，載氏著《政學私言》，收入《錢賓四先生全集》（第40冊），臺北：聯經出版事業公司，1998年，第123～124頁。

〔註215〕錢穆：《建國三路線》，載氏著《文化與教育》，收入《錢賓四先生全集》（第41冊），臺北：聯經出版事業公司，1998年，第25頁。

〔註216〕錢穆：《中國傳統政治與五權憲法》，載氏著《政學私言》，收入《錢賓四先生全集》（第40冊），臺北：聯經出版事業公司，1998年，第12頁。

〔註217〕錢穆：《中國傳統政治與五權憲法》，載氏著《政學私言》，收入《錢賓四先生全集》（第40冊），臺北：聯經出版事業公司，1998年，第15～17頁。

國會的意義，不再如西方一樣作為政府的對立面與監督者，而是與政府一道「代表民意」、「行使民權」，使「全部政治機構內部自身之意見與權力之益臻衡平而協調」。而選舉國會，也不能簡單傚仿西方的普選體制，而是應一方面「採用考試制度以限制被選舉人之資格」，另一方面政府可借助「區域選舉」、「職業選舉」、「學術選舉」與「名譽選舉」等方式提名候選人，以此「減輕政黨活動之依賴」，如此則既能避免西方普選制背後的資本操控，又能兼顧中國古代士人政治的精神。〔註218〕尤其對於前者，即考試制度，錢穆將之視為「中國新政治之基石」之一以及「中國傳統政治精義所在」，是「完成將來新中國的新政治」的關鍵。〔註219〕

　　總而論之，錢穆戰時所著《國史大綱》一書，雖不失為中國通史著述的一個里程碑，但限於篇幅及作者本身強烈的史學經世精神，書中許多歷史敘述，尤其是關於士大夫的研究，傾注了過多個人的士大夫情懷與所關注現實問題的投射，而在客觀性上略有欠缺。他帶著「溫情與敬意」觀察中國古代政治制度，從中截取出士大夫參加政治的幾個方面，作為傳統政治精神的精華，用以匡正現代政治一味學習西方的闕失。書生論政的終極目的，在於道出政治與文化之關係：「凡政制必與其民族哲學文化傳統相訢合，必與其社會背景歷史沿革相調和，惟當於不違其民族哲學、文化傳統、社會背景、歷史沿革下求不斷之改良與進步，以期不斷的推陳而出新。苟捨此而空論是非優劣，則實無是非優劣可言。」〔註220〕錢穆雖自稱西方政制並非一無中國所取法之處，對於中國古代政制的某些方面也加以批判，但統觀其政論，為傳統政制辯誣並賦予其現代應用價值的意圖極為明顯。

四、從中西文化比較中探求建國之路

　　上節提及，錢穆將中西政治制度加以對比，並討論西方政制不適宜於中國本土之處。實際上，不止在制度層面，錢穆於抗戰時期進行了廣泛的中西

〔註218〕錢穆：《選舉與考試》，載氏著《政學私言》，收入《錢賓四先生全集》（第40冊），臺北：聯經出版事業公司，1998年，第27～28、29～36頁。

〔註219〕錢穆：《建國信望》，載氏著《政學私言》，收入《錢賓四先生全集》（第40冊），臺北：聯經出版事業公司，1998年，第285頁。原文載於昆明《中央週刊》1945年9月第7卷第37期。

〔註220〕錢穆：《選舉與考試》，載氏著《政學私言》，收入《錢賓四先生全集》（第40冊），臺北：聯經出版事業公司，1998年，第26頁。

文化比較研究，並試圖借西方文化更準確地把握中華文化的特殊性，找尋出一條真正適合國情的建國之路。

　　錢穆自幼便對中西歷史之差異發生興趣，稱「中西文化孰得孰失，孰優孰劣，此一問題圍困住近一百年來之全中國人，余之一生亦被困在此一問題內。」〔註221〕1921 年發表的《愛與欲》一文，以「東亞之人多愛，西歐之人多欲」為文眼，就中西民族性問題做一宏觀考察，可看作是其中西文化比較研究領域發表的第一篇論文。〔註222〕1923 年，錢穆在《時事新報·學燈副刊》上發表的三篇思想史論文，即《王船山學說》、《斯多噶派與中庸》、《伊壁鳩魯與莊子》，均將中國與西方思想作一類比（第一篇將王夫之與杜威、柏格森的學說加以比照）。〔註223〕然而這四篇論文所作的文化比較，按照錢穆 1950 年代所劃分的文化三階層，都屬於「精神的人生」一層，尚未涉及物質（經濟）與社會（政治）層面的比較。〔註224〕直到抗戰爆發前後，錢穆的學術研究發生由考據性史學向貫通的文化研究的轉向之後，他對於中西文化的異同才有了更為全面、深入的思考。這方面的代表作便是《中國文化史導論》一書。

　　《中國文化史導論》在錢穆的整個學術體系中佔據著極為重要的位置，是他撰寫的第一部運用中西文化比較研究方法，系統論述中國古代文化的論著。他在晚年概括其始於抗戰、及於此後近四十年的文化研究，便將《中國文化史導論》一書視為起點：

〔註221〕錢穆：《八十憶雙親師友雜憶合刊》，收入《錢賓四先生全集》（第 51 冊），臺北：聯經出版事業公司，1998 年，第 36 頁。

〔註222〕錢穆：《愛與欲》，載氏著《素書樓餘瀋》，收入《錢賓四先生全集》（第 53 冊），臺北：聯經出版事業公司，1998 年，第 134 頁。

〔註223〕錢穆：《王船山學說》，載氏著《中國學術思想史論叢》（八），收入《錢賓四先生全集》（第 22 冊），臺北：聯經出版事業公司，1998 年。錢穆：《斯多噶派與中庸》、《伊壁鳩魯與莊子》，載氏著《中國學術思想史論叢》（二），收入《錢賓四先生全集》（第 18 冊），臺北：聯經出版事業公司，1998 年。

〔註224〕錢穆：《文化學大義》，收入《錢賓四先生全集》（第 37 冊），臺北：聯經出版事業公司，1998 年，第 11～14 頁。附注：對於歷史，錢穆同樣將之劃為三層：「社會經濟為其最下層之基礎，政治制度為其最上層之結頂，而學術思想為其中層之幹柱。」（錢穆：《引論》，《國史大綱》（上冊），上海：國立編譯館，1947 年，第 4～5 頁。）這兩種分類法基本一致，都將精神思想置於歷史與文化的核心位置。參見徐國利：《錢穆的歷史文化構成論及其中西歷史文化比較觀——對錢穆歷史文化哲學的一個審視》，《中國社會科學院研究生院學報》2003 年第 2 期。

余於抗戰前期，即寫了一部《國史大綱》，用意即在從歷史求國人對自我之認識。其後越兩年，又繼續寫了一部《中國文化史導論》，即求從政治史轉向文化史，來求國人能對自我作更深一層之認識。自避共禍，逃亡香港，又在臺北有《文化學大義》一講演集。繼此後有《文化與教育》、《民族與文化》、《中華文化十二講》、《中國文化精神》，及《中國文化叢談》、《世界局勢與中國文化》諸書之編集。最近又有《歷史文化論叢》一書。自有《文化史導論》以來，迄今亦閱三十餘年矣，然求對中國文化能有一深切之認識與夫一概括之敘述，其事實不易；亦惟盡心力以求之而已。〔註 225〕

在去世前三年，錢穆仍在重讀、修改《中國文化史導論》一書，稱書內所示之問題為此後的中西文化比較研究建構起了框架：「本書雖主要在專論中國方面，實亦兼論及中西文化異同問題。迄今四十六年來，余對中西文化問題之商榷討論屢有著作，而大體論點並無越出本書所提主要綱宗之外。」〔註 226〕其夫人錢胡美琦在錢穆過世後亦曾回憶說，本書為「賓四有系統地談中西文化比較的第一本書」，但出版後「由於種種因素，數十年來一直未受讀者的注意，賓四對此深以為憾」，直到去世前仍在修訂此書，計劃重新發排。〔註 227〕若將本書置於錢穆后半生長達半個世紀的文化研究脈絡之中，本書雖有篳路藍縷之功，但論及研究的體系化與理論化，則不及 1950年代之後出版的《文化學大義》等書。今日論者研究錢穆的文化思想，亦多以其成熟期之著作為本，而對其文化體系草創之初的若干論著有所忽視。但對比錢穆本人對於《中國文化史導論》一書長達半個世紀的心心念念，學者若不能對本書及其成書時代的錢穆思想悉心探求，恐難符合「知人論世」的治史精神。

〔註 225〕 錢穆：《序二》，載氏著《從中國歷史來看中國民族性及中國文化》，收入《錢賓四先生全集》（第 40 冊），臺北：聯經出版事業公司，1998 年，第 9 頁。《文化與教育》一書初版於 1942 年，再版於 1975 年。錢穆晚年回憶或對其著作出版時間有所混淆。

〔註 226〕 錢穆：《修訂版序》，載氏著《中國文化史導論》，收入《錢賓四先生全集》（第 29 冊），臺北：聯經出版事業公司，1998 年，第 11 頁。

〔註 227〕 錢胡美琦：《也談現代新儒家》，載新亞學術期刊編輯委員會編：《錢賓四先生百齡紀念會學術論文集》，香港：香港中文大學新亞書院，2003 年，第 x 頁。

　　此一期的中西文化比較研究，可以看作是錢穆著中國通史、「重明中華史學」〔註228〕的一個「副產品」。錢穆的通史研究，其一大目的便在於為中華文化辯誣。錢穆曾將當時中國史學界劃為「文化的自遣主義者」、「瑣碎的考訂主義者」和「唯物的社會主義者」三派。對瑣碎考據的批判，錢穆僅止於治史方法一層；而對於第一與第三類歷史研究者的批判，則不僅在史法上，更著重在於史觀層面。概括言之，錢穆認為這兩類史學家均未能正確認清中西歷史之差別，而妄自將不真實的西方歷史作為中國歷史之比照物，以致對中國古代文化、古代社會經濟均產生錯誤的認識。〔註229〕這兩派在《國史大綱‧引論》中被合稱為「革新派」〔註230〕，從更大意義上說，屬於中國近代思想光譜中的「西化派」。錢穆並不反對運用中西比較的方法加深對中國歷史的認識，但對於將西方歷史規律套用於中國歷史之解釋、甚至以西方歷史精神貶低中國文化之傳統，則深惡痛絕。他曾有一妙喻，稱「如有一網球家與足球家，兩人興趣不同，成績亦殊。今為網球家作傳，自應著眼於其網球技術之進展上；而與為足球家作傳的應有節目，斷難肖似。近人好以西洋史學家講論西洋史的節目來移用到中國史上，則殆如以足球家傳中之節目移用於網球家。」〔註231〕在《國史大綱‧引論》中，錢穆將中西歷史分別比作「音樂家」與「網球家」，「西洋史正如幾幕精彩的硬地網球賽，中國史則直是一片琴韻悠揚也」。以上譬喻正是為了巧妙地說明「寫國史者，必確切曉了其國家民族文化發展個性之所在，而後能把握其特殊之環境與事業，而寫出其特殊之精神與面相」這一原則。〔註232〕因之，為批駁「革新派」的史學觀點，錢穆在準備並寫作《國史大綱》期間，對西方歷史細加尋繹，並自覺與中國歷史加以比照。其中西文化比較之論斷，在《國史大綱》中俯拾皆是，而總其大成於

〔註228〕錢穆：《素書樓餘瀋》，收入《錢賓四先生全集》（第53冊），臺北：聯經出版事業公司，1998年，第378頁。

〔註229〕錢穆：《歷史與教育》，載氏著《中國歷史研究法》，收入《錢賓四先生全集》（第31冊），臺北：聯經出版事業公司，1998年，第179～180頁。

〔註230〕錢穆：《引論》，《國史大綱》（上冊），上海：國立編譯館，1947年，第4～5頁。

〔註231〕錢穆：《如何研究中國史》，載氏著《中國歷史研究法》，收入《錢賓四先生全集》（第31冊），臺北：聯經出版事業公司，1998年，第167頁。

〔註232〕錢穆：《引論》，《國史大綱》（上冊），上海：國立編譯館，1947年，第11、8頁。

《中國文化史導論》一書。〔註 233〕

　　除了從學術研究的角度匡正當時社會對中國歷史文化與中西文化比較的認識這一層動因之外，錢穆進行相關文化研究的目的，還在於為抗戰時期的建國路徑選擇問題提供自己的思索。據錢穆晚年敘述，第二次世界大戰的爆發，使他愈發確信「歐西文化亦多病痛」，「國家民族前途，斷不當一意慕傚，無所批評抉擇」。再加之「歷史限於事實，可以專就本己，真相即明。而文化則寓有價值觀，必雙方比較，乃知得失」〔註 234〕，錢穆此時專注於文化比較，也是為了糾正將西方文化視為「神明」與「靈藥」的世風，並為中國未來走何種建國之路提出一種基於理性的中西比較研究的建議。雖然在《國史大綱》中，錢穆已有「書生議政」的自覺，並已在政治、經濟等方面的歷史研究之外，對於民族文化發展的過程及其如何影響到國家前途這一現實問題加以論述，但限於通史體例，不能暢發。此書出版後，全面而系統的文化研究成為了錢穆學術研究的「第一順位」。一方面，他寫作了數篇從不同角度專論中國文化精神的論文，作為介入社會問題探討的學術基礎。這些專論組成了後來出版的《中國文化史導論》的主要部分。〔註 235〕另一方面，他在演講和發表

〔註 233〕傅斯年曾譏錢穆未曾踏出國門求學，其所曉曉不休之西方知識，「盡從讀《東方雜誌》得來」。（錢穆：《八十憶雙親師友雜憶合刊》，收入《錢賓四先生全集》（第 51 冊），臺北：聯經出版事業公司，1998 年，第 237 頁。）錢穆前半生浸染於中國文化之中，對於西方僅能從文字、圖片乃至影像中作一間接的理解，而無親身經驗的實在感。但借助於對中國歷史文化的體察與研究，加以足量的世界知識為參照，錢穆對中西差異的理解，頗能從其根源處入手，自有其獨具慧眼之處。傅斯年之言，概可視作因對傳統文化態度迥異而偶發的意氣之語，不能用以否定錢穆的中西比較成果。

〔註 234〕錢穆：《再跋》，載氏著《湖上閒思錄》，收入《錢賓四先生全集》（第 39 冊），臺北：聯經出版事業公司，1998 年，第 11 頁。

〔註 235〕關於《中國文化史導論》一書，需作進一步說明。本書初版於 1948 年，由上海正中書局印行。1987 年錢穆對此書略加修訂，即 1993 年臺灣商務印書館和 1994 年北京商務印書館所出版的修訂本。本書所引《中國文化史導論》內容，以 1948 年版為藍本，而參考後出之修訂本。又，本書雖出版於抗戰之後，但反映的是作者戰時的思考。錢穆曾自述本書正文十章的寫作「是民國三十年事」，出版前一直將此書稿「攜行篋中東西奔跑」，倍加珍視，唯恐散失。（錢穆：《弁言》，載氏著《中國文化史導論》，上海：正中書局，1948 年，第 6 頁）此後錢穆所書序、跋及《師友雜憶》中，亦一直將本書視為其戰時學術成果。本書十章中之八章，均發表於 1943～1944 年《思想與時代》雜誌，唯獨第一、二章，未曾在本書出版前單獨發表。下面結合陳勇《錢穆傳》（北京：人民出版社，2001 年，第 196 頁）與筆者之考證，將本書諸章

政論時也強調文化因素在中國歷史與現實中的重要作用，並試圖分析中西文化類型之異同，為中國尋找一條同時符合民族傳統精神與世界潮流的建國之路。這些演說辭和政論，亦大多收錄於戰時出版的《文化與教育》和《政學私言》二書。據嚴耕望回憶，《國史大綱》出版後，錢穆「復在重慶等地親作多次講演，一以中華文化民族意識為中心論旨」，影響「遍及軍政社會各階層，非復僅為黌宇講壇一學人」〔註236〕。他在戰時「施教的範圍」，確實更廣大了。〔註237〕就如何建設一個既不割棄傳統文化、又能立足於當今世界的新中國這一時代問題，錢穆煞費苦心，提出了相當全面的一套從「文化」到「文明」、從精神世界到現實世界的建國路線。其思考之深度與廣度，在抗戰時期的知識分子之中都極為少見。

自近代中西文化接觸之初，知識界便開始就中西文化之異同與優劣展開無窮無盡的辯論，並一直延續至今。僅就二十世紀二三十年代而論，大規模

與發表於《思想與時代》雜誌的論文的對應關係匯成一表，以備詳查。

《中國文化史導論》中篇章名	論文發表於《思想與時代》時的題名	發表期數	發表年份
第三章古代觀念與古代生活	古代觀念與古代生活	23	1943
第四章古代學術與古代文字	古代學術和古代文化	26	1943
第五章文治政府之創建（部分）	從秦始皇到漢武帝	27	1943
第六章社會主義與經濟政策	新社會與新經濟	28	1943
第七章新民族與新宗教之再融合	新民族與新宗教之再融合	29	1943
第八章文藝美術與個性伸展	個性伸展與文藝高潮	30	1944
第九章宗教再澄清民族再融合與社會文化之再普及與再深入	宋以下中國文化之趨勢	31	1944
第十章東西接觸與文化更新	東西接觸與中國文化之新趨向	32	1944

〔註236〕嚴耕望：《錢穆賓四先生與我》，載氏著《治史三書》，上海：上海人民出版社，2011年，第226頁。
〔註237〕朱海濤：《北大與北大人·錢穆先生》，載陳平原、夏曉虹編：《北大舊事》，北京：生活·讀書·新知三聯書店，1998年，第353頁。原文刊於《東方雜誌》1944年2月，第40卷第2號。

的文化論戰，便至少有新文化運動時期「西化派」與「東方文化派」的東西文化論戰以及全面抗戰爆發前夕的「全盤西化」與「本位文化」論戰兩次。錢穆戰時的文化比較研究，從情感與結論上更接近於「東方文化派」與「本位文化派」，即肯定傳統文化有其現代價值；而在研究方法上則更接近於「西化派」，試圖用歷史的眼光看待中西文化之別。胡適曾批評梁漱溟《東西文化及其哲學》一書對三大文化類型的分析有「公式化」之嫌，而沒有顧及「時代的變遷」與「環境的不同」對不同民族文化發展的影響。〔註238〕從這一點上看，錢穆因其史學家的素養，在中西文化比較研究中能夠熟練地運用歷史學的方法，避免陷入主觀臆斷的陷阱；與此同時，他又能對中西文化發展的主要特點做出精闢的概括，尤其關注各自文化的核心精神，其中一些觀點明顯繼承了梁漱溟等文化保守主義者的思想。〔註239〕錢穆的弟子曾將其學術研究概括為「思想文化史學」，其特點為「以歷史為基礎，文化為視野，思想為核心」〔註240〕，此說不為無當。今日歷史學者對於「歷史比較研究」有如下定義，即「比較研究的基本功能不外乎明同異。橫向的共時性（synchronic）的比較說明不同的國家、民族、社會集團等等之間在同一歷史時期的同異，縱向的歷時性（diachronic）的比較說明同一個國家、民族、社會集團等等在不同歷史時期中的同異。前者說明歷史的時代特點，後者說明歷史的發展趨勢。歷史的比較研究，從總體來說，就包括這兩種取向。」〔註241〕錢穆在戰時所作的中西文化比較研究，雖不乏主觀、片面之見，但仍稱得上本領域在1949年前少數具有學術意義的成果。

〔註238〕胡適：《讀梁漱冥先生的〈東西文化及其哲學〉》，載歐陽哲生編：《胡適文集》（3），北京：北京大學出版社，1998年，第182～197頁。原文載於《讀書雜志》1923年4月1日第8期。

〔註239〕例如，在1941年發表的《中國文化與中國青年》一文中，錢穆便接納了梁漱溟在《東西文化及其哲學》的觀點，稱其「謂中印歐三方文化各有個性，則其論殆無以易也」。錢穆：《中國文化與中國青年》，載氏著《文化與教育》，收入《錢賓四先生全集》（第41冊），臺北：聯經出版事業公司，1998年，第2頁。本文為1941年10月錢穆在華西大學演講辭，刊於1941年11月《大公報·星期論文》。

〔註240〕陳啟云：《錢穆師之「思想文化史學」》，載新亞學術期刊編輯委員會編：《錢賓四先生百齡紀念會學術論文集》，香港：香港中文大學新亞書院，2003年，第27頁。

〔註241〕劉家和：《歷史的比較研究與世界歷史》，《北京師範大學學報》（社會科學版），1996年第5期。

　　明瞭中西「立國精神」的不同，是錢穆文化比較研究的一大核心，也是更加深入地認識中西文化差異的前提。他在 1939 年初寫就的《國史大綱·引論》中便對這一問題做了概述。文中將世界文化分為兩大類型，一為起於地中海四周，並逐漸波及整個歐洲大陸的西方文化，一為以黃河、長江流域為中心，影響達於今日中國邊疆與鄰國的東方文化。兩種文化類型，因其所含地域的歷史進程迥異，相應的文化發展也走向兩條不同道路。西方歷史上，不同國家、民族間征伐不斷，「此力代彼力而起，而社會遂為變形」，其文化發展也相應地以「力量」之「轉換」為特徵，故而表現出「層次明析」、「使人常有一種強力之感覺」。東方之歷史，以中國大一統文明為中心，「一脈相沿，繩繩不絕」，對於四周之影響不靠武力，而是以文化與之「相融合而同化」。因此東方文化的發展，用「情感」將「力量」消融於內部，其精神所繫，「不在一種力之向外衝擊，而在一種情之內在融合也」。〔註 242〕具體言之，將中國秦漢兩朝與羅馬帝國相比較，可見二者立國精神的不同。「羅馬乃以一中心而伸展其勢力於四圍。歐亞非三洲之疆土，特為一中心強力所征服而被統治。僅此中心，尚復有貴族平民之別。一旦此中心上層貴族，漸趨腐化，蠻族侵入，如以利刃刺其心窩，而帝國全部，即告瓦解。此羅馬立國形態也。秦漢統一政府，並不以一中心地點之勢力，征服四圍，實乃由四圍之優秀力量，共同參加，以造成一中央。且此四圍，亦更無階級之分。所謂優秀力量者，乃常從社會整體中，自由透露，活潑轉換。因此其建國工作，在中央之締構，而非四圍之征服。」〔註 243〕正因這一不同，羅馬帝國「以貴族與軍人之向外征服立國，及貴族軍人腐敗墮落，則其建國精神已根本不存在」，因此在被北方蠻族攻佔首都後隨即土崩瓦解，其文化也隨之中斷，歐洲因而陷入一段黑暗時期；而漢代政府是以「當時全中國之文化演進所醞釀所締構而成」，東漢末年開始的內部動亂與大規模的異族入侵，只是在表層摧毀了一個統治集團，但作為建國基礎的民族與文化仍有其生命力，並能通過文化感召異族、重建秩序。因此中華民族得以走出困境，於隋唐時期重現盛世景象。〔註 244〕

　　在《中國文化史導論》中，錢穆進一步發展了上述觀點。他認為，西方

〔註 242〕錢穆：《引論》，《國史大綱》（上冊），上海：國立編譯館，1947 年，第 20～21 頁。

〔註 243〕錢穆：《引論》，《國史大綱》（上冊），上海：國立編譯館，1947 年，第 12 頁。

〔註 244〕錢穆：《引論》，《國史大綱》（上冊），上海：國立編譯館，1947 年，第 16～17 頁。

文化是一個不斷「革命」的過程。由希臘到羅馬，再到中世紀封建王國，再到近代新興的民族國家，國家政權的每一次變化，都伴隨著文化傳統的大變革。而中國史上的朝代更迭並沒有改變自商周時期便已形成的「民族與國家的大傳統」，「中國歷史只有層層團結和步步展擴的一種綿延，很少徹底推翻與重新建立的所謂革命」。中國的國家組成形式，也因內部民族的融合，早早形成「國家（Nation）」，與西方因存在征服者與被征服者的對立，多採用羅馬式的「帝國（Empire）」國家體制迥異。中西歷史形態的不同導致了歷史觀念的分歧，進而產生文化意識的差異。〔註 245〕值得注意的是，他還將地理環境視為影響中西文化差異的變量。他認為，與埃及、巴比倫和印度相比，中華文明的核心生發區，即中原地區，有著複雜水系所形成的廣大流域，足以保障早期先民既能獨立地發展其灌溉農業與各有特色的社會文化，又能與鄰近水系的文明體發生密切交流，從而促使中國走向大一統國家的局面。由統一國家帶來的內部文化的生機與抵禦外敵的活力，以及溫帶氣候所培植的勤奮樸素的美德，成為中華文明於和平中求發展的保障，並進而影響到文化的發展。〔註 246〕另外，廣袤的可耕種土地面積決定了中國以農業立國的基礎與潛力，形成了綿延數千年的農耕文化，與地中海沿岸國家因土地狹小而轉向商業發展、並進一步形成以商業文化為特徵的文化傳統形成鮮明對比。〔註 247〕

　　基於以上歷史考察，錢穆對抗戰時期學界、政界所熱議的建國問題，提出自己的看法。他認為，由於立國精神的迥異，當前思想界應對西方立國精神下所產生的物質與精神文化加以省察，不能輕易將之移植而使用。他批判了新文化運動以來流行的「文化無分中外，惟別古今」的文化態度，認為這一態度「蔑視文化之『個性』」〔註 248〕，並進而導致對中國特有的歷史與地理條件下形成的文化成果的一概捨棄。他對於建國問題的總看法可表述為「我民族國家之前途，仍將於我先民文化所貽自身內部獲得其生機」〔註 249〕，具體言之，即「一獨立之民族，創建一獨立之國家，必有其獨立之文化業績，尤其如政治、法律、教育制度、文學藝術、宗教信仰、社會禮俗等。必然以獨立

〔註 245〕錢穆：《中國文化史導論》，上海：正中書局，1948 年，第 8～12 頁。
〔註 246〕錢穆：《中國文化史導論》，上海：正中書局，1948 年，第 4～6、12 頁。
〔註 247〕錢穆：《中國文化史導論》，上海：正中書局，1948 年，第 13 頁。
〔註 248〕錢穆：《中國文化與中國青年》，載氏著《文化與教育》，收入《錢賓四先生全集》（第 41 冊），臺北：聯經出版事業公司，1998 年，第 1 頁。
〔註 249〕錢穆：《引論》，《國史大綱》（上冊），上海：國立編譯館，1947 年，第 28 頁。

之姿態而出現。科學工業，可以取法他邦，迎頭趕上。上條所述之諸端，則必
自本自根，有民族傳統文化之積業中醞苗其新生。……將來新中國建國完成
以後之政治、法律、教育、倫理等，無疑仍是接續中國已往的歷史文化而生
根，決非抹殺中國已往，橫插上西方的歷史傳統而出現。」〔註250〕對於建國
各方面問題的展開探討，也一以這一總的精神而展開。

　　戰時所討論的建國問題，千頭萬緒，時人大多選擇其中一二面向展開討
論。相比之下，錢穆所探討的範圍極為廣大，涉及政治、經濟、國防、文教等
各個方面。後人曾評價錢穆《政學私言》一書為「五十年來中國學人唯一一
本為建立未來新中國作全面考量而設計的藍圖」〔註251〕。「唯一」一詞雖過
於絕對，但不可否認，錢穆在抗戰時期對於國家前途命運的關懷是全面而系
統的。他對於國家建設方方面面的建言，無一不是從歷史中汲取經驗，在中
西比較中指明適合中國發展的道路。例如在政治制度建設上，錢穆認為不應
過度崇信西方立憲與國會等政治制度，因為這種制度是由歐洲歷史上的軍事
征服與封建制度所造成的社會對立的政治局面而造成的，將之移植到數千年
來依賴宗法精神而確立起上下一體的立國精神的中國社會，只會方枘圓鑿，
難以適用。〔註252〕又如在人生觀方面，西方歷史上常呈現出於希臘式的自由
享樂與希伯來式的嚴肅虔誠兩種極端之間相交替的景象，這又與中國人善於
結合兩種人生觀、取其中道的民族精神絕不相符，故而近代中國刻意追求西
方式的小我自由，最終卻帶來了人慾橫流的惡果。〔註253〕這些思考中，最能
體現錢穆對中國未來前途的全盤性建議的，是其「以農立國」的主張。

　　將農業發展作為國家建設的重心，即「以農立國」思想，是二十世紀上
半葉中國思想界盛行的一套建國理論。近代的以農立國思想，是在晚清以來

〔註250〕錢穆：《建國信望》，載氏著《政學私言》，收入《錢賓四先生全集》（第 40
　　　　冊），臺北：聯經出版事業公司，1998 年，第 279～281 頁。

〔註251〕錢胡美琦：《也談現代新儒家》，載新亞學術期刊編輯委員會編：《錢賓四先
　　　　生百齡紀念會學術論文集》，香港：香港中文大學新亞書院，2003 年，第 xxvii
　　　　頁。

〔註252〕參見錢穆：《東西政治精神之基本歧異》，載氏著《文化與教育》，收入《錢
　　　　賓四先生全集》（第 41 冊），臺北：聯經出版事業公司，1998 年，第 31～46
　　　　頁。原文載於《文化先鋒》1942 年 12 月一卷十七期。

〔註253〕參見錢穆：《東西人生觀之對照》，載氏著《文化與教育》，收入《錢賓四先
　　　　生全集》（第 41 冊），臺北：聯經出版事業公司，1998 年，第 51～64 頁。
　　　　原文刊於《思想與時代》1941 年 8 月第一期。

西方傳入的重商主義和傳統的農本思想交織影響下發源的。在 1920 至 1940 年代，其表述漸趨系統化、理論化。其中「發思古之幽情」式的對中國古代農耕社會的理想化表述越來越少，而基於西方學術訓練、尤其是經濟學知識的學理性探討不斷增加，從而使得以農立國思想真正成為一種學術意義上的研究。〔註 254〕錢穆在戰時所闡述的「以農立國」論，既在一定程度上吸收了此前關於這一問題的研究成果，又用自己擅長的中西文化比較的方法為它增添了不少新的內容。

　　錢穆認為，人類文化可簡單分為兩大類型，即農業文化與商業文化。〔註 255〕中國和歐洲分別是兩類文化的代表。這兩種文化各有其優缺點，但並不像近代一般意見所謂的「商業文化在本質上即較農業文化為高級為進步」。錢穆通過比較兩類文化，認為商業文化是基於城市之「點」與商路之「線」的文化，更有創新之活力，但不及以「面」與「體」為表徵的農業文化「深厚穩定」。商業文化依賴於外界，如沒有新的市場與商路，則難以為繼；況且其文化精神基於財富觀念，容易造成經濟壓迫與社會對立。商業文化的這些缺點，反過來都是農業文化的優勢。然而農業文化也有其根本缺點，即若文化之載體過小，無法發展起足以承受成熟的農業文化所需的經濟力量。古代的巴比倫、埃及就是因為國土狹小，而不得不轉向發展商業文化。人類歷史上，只有中國因其得天獨厚的自然環境，得以發展出高度發達的農業文化。〔註 256〕在農業文化影響下，中國歷史發展道路也與西方產生差異。錢穆對此加以概括，稱：「城市社會之文化，常以個人之自由樂利為結合，而以商業資本之向外流通為憑藉，內之則尚契約而有憲政，外之則尚侵略而有武裝。鄉村社會則以氏族之天然聚落為結合，以勤生產而儉消費為經濟之保障，以忠孝誠實

〔註 254〕關於二十世紀上半葉的以農立國思想的研究，可參考王先明、熊亞平：《鄉村建設思想的歷史起點——20 世紀之初「以農立國」論的孕生（1901～1920）》，《天津社會科學》2012 年第 3 期；莊俊舉：《「以農立國」還是「以工立國」——對 1920～1940 年代關於農村建設爭論的評析》，《經濟社會體制比較》2007 年第 2 期；鍾祥財：《對 20 世紀上半期「以農立國」思想的再審視》，《中國農史》2004 年第 1 期。

〔註 255〕此後錢穆又在此二種文化類型之外，又加入一游牧文化。但就其精神而言，游牧文化可與商業文化劃為一類。見錢穆：《弁言》，《中國文化史導論》，上海：正中書局，1948 年，第 2 頁。

〔註 256〕錢穆：《世界文化之明日與新中國》，載氏著《文化與教育》，收入《錢賓四先生全集》（第 41 冊），臺北：聯經出版事業公司，1998 年，第 81～87 頁。原文載於 1942 年 12 月《三民主義半月刊》第一卷第十二期。

相互信託為政治之基礎，以和平自足為對外之信條。」〔註257〕具體言之，中國古代政治的領導者，不在於商人，而在於扎根於鄉村的鄉紳和讀書人。與商人相比，中國的士大夫能夠效忠於他們所信奉的儒家信條，不會因「營營為身家謀財利」而忽視了其政治上的責任。〔註258〕而隋唐以來形成的科舉制度，又保證了「把傳統文化種子始終保留在全國各地的農村」，使得「全國各地農村文化水準，永遠維持而又逐步向上」。農村作為「中國文化之發酵地」的地位，此後一千餘年未曾動搖。〔註259〕在民族精神方面，自給自足的農業文化養成了中國人「只求安足」、愛好和平的性格。這又與歐洲人因其商業文化的高度對外依賴性而產生的「富而不足，強而不安」、「常要變動，常望進步」的緊張感相差甚遠。〔註260〕

中國在適宜的自然環境下發展出高度發達的農業文化，這一傳統不應當被國人所拋棄。錢穆多次批判了近代以來社會流行的商業文化優於農業文化的進化論，認為依賴於城市的商業文化會導致資本的集中化，進而產生社會矛盾與腐敗；而農業文化之中，資本散佈於廣大的農村，其社會愈加「悠久而安定」。〔註261〕尤其在二十世紀短短二十年間，兩次世界大戰均由歐洲與亞洲的資本主義國家肇始，更可見商業文化因過度逐利、求富求強而帶給世界的災難。因此，錢穆斷言，當前的戰爭，是一種「『開闢世界新文化』的戰爭」〔註262〕，而世界文化的明日，「一定是一種農業文化，一種受過新科學洗禮的新的農業文化」〔註263〕。

從上引文可以知曉，錢穆所提倡的「以農立國」，並不是對傳統農業文化

〔註257〕 錢穆：《中國社會之剖視及其展望》，載氏著《政學私言》，收入《錢賓四先生全集》（第40冊），臺北：聯經出版事業公司，1998年，第165頁。
〔註258〕 錢穆：《中國社會之剖視及其展望》，載氏著《政學私言》，收入《錢賓四先生全集》（第40冊），臺北：聯經出版事業公司，1998年，第158～159頁。
〔註259〕 錢穆：《中國文化史導論》，上海：正中書局，1948年，第129頁。
〔註260〕 錢穆：《中國文化史導論》，上海：正中書局，1948年，第13～14頁。
〔註261〕 錢穆：《農業國防芻議》，載氏著《政學私言》，收入《錢賓四先生全集》（第40冊），臺北：聯經出版事業公司，1998年，第177～178頁。原文載於1943年8月《思想與時代》第25期。
〔註262〕 錢穆：《戰後新世界》，載氏著《文化與教育》，收入《錢賓四先生全集》（第41冊），臺北：聯經出版事業公司，1998年，第71頁。原文載於《學思》1942年5月，第一卷第十期。
〔註263〕 錢穆：《世界文化之明日與新中國》，載氏著《文化與教育》，收入《錢賓四先生全集》（第41冊），臺北：聯經出版事業公司，1998年，第95頁。

單純的眷戀與信仰，不是要回到近代以前封閉、停滯的農業社會，而是要在吸收現代科學知識的基礎上建設一種新型的農業文化。這種新型的農業文化，走的是一條「以新工業來救濟舊農業之衰微」〔註264〕的工農結合的發展模式。錢穆呼籲，應當首先貫徹平均地權的政策，在農民獲得土地後引導農村走向「公耕互助」的集體化合作道路。在此前提下，引進新式機械，採用現代灌溉與施肥技術，以此提高生產力，獲得更多農產品和富餘勞動力。於是各類新興工業遂能就近在農村扎根發展。工業、農業互相配合，國力也隨之充盈，地方自治與國防事業也得以同時解決。〔註265〕西方的工商配合模式，因仰仗於國外的原材料與市場，故而其發展往往伴隨著對外侵略。而工農配合的發展道路，「庶可自給自足，國內日趨繁榮，國外可保和平，富強僅求自保，不為侵略」。〔註266〕未來世界若想取得長久和平，也必須依靠工農結合的發展模式。

　　錢穆的中西文化比較研究，在一定程度上修補了此前思想界討論中西文化時的粗疏之處，並啟發了後人更為學術化的探討。但於學術發展之外，他在戰時做這一研究的更加現實、迫切的目的，更在於在中西文化與國情比較中，探索出一條真正適合中國的未來發展道路，即在保留中國傳統文化中合理之處的同時，吸收西方以科學為核心的技術與文化。這一探討，不僅對戰時及戰後中國有著迫切意義，甚而對整個人類文明未來走向都有參考價值。正如錢穆所言，「戰後的中國，一面固當虛心學習歐美文化之一切，尤其在他一時特缺的科學方面，而中國自身所有古文化之淵深博大，如其在政治制度上，教育思想上，及社會倫理上，種種可寶貴的經驗與教訓，實為對未來新世界更進一步之新文化有其極偉大極珍貴之價值。此則中國民族雖在今日艱苦奮鬥之歷程中，不應不急急早有其誠懇之自覺與自負。」〔註267〕

　　中國古代士大夫講求「學而優則仕」，錢穆在戰時雖不曾實際參與政治實

〔註264〕錢穆：《世界文化之明日與新中國》，載氏著《文化與教育》，收入《錢賓四先生全集》（第41冊），臺北：聯經出版事業公司，1998年，第95頁。

〔註265〕錢穆：《地方自治》、《農業國防芻議》，載氏著《政學私言》，收入《錢賓四先生全集》（第40冊），臺北：聯經出版事業公司，1998年，第58～61、171～177頁。

〔註266〕錢穆：《地方自治》，載氏著《政學私言》，收入《錢賓四先生全集》（第40冊），臺北：聯經出版事業公司，1998年，第56頁。

〔註267〕錢穆：《戰後新世界》，載氏著《文化與教育》，收入《錢賓四先生全集》（第41冊），臺北：聯經出版事業公司，1998年，第79～80頁。

踐，但他對於現實政治的關注度，卻似乎並不亞於那些親身加入政府的知識
分子，在對政治問題思考的深度與廣度上甚至還有超越之處。概而論之，錢
穆在戰時的中西文化比較研究，以至其國史研究，都是為了從歷史經驗中，
為中國的未來、甚至為戰後世界的發展找出一條合適的道路。他對於中國傳
統文化合理性的解釋，對於西方文化的批判，在戰時不僅起到了激發民族精
神的作用，還啟發國人能更為理性地思考中國與西方的歷史文化的優缺點。
就其個人而言，錢穆雖自少年時期，便對現實問題有自覺的關注，但在全面
抗戰爆發前，其精力幾乎全部都用在治學之上。經過戰火的洗禮，錢穆的學
術與人生路向發生了重大轉變，由一名象牙塔中的純粹學者，成為頻頻在政
論刊物及各種講座上暢談時政的國民導師。

第四章　文化建國的道路選擇——
戰時的中西文化之爭

　　知識界關於中西文化的論爭，是貫穿整個中國近代文化史的一大主題。自鴉片戰爭之後，西方文化借列強武力侵略之便強勢進入中國，直至 1949 年中國獲得政治與文化上的獨立，這一百年間，有關中西文化孰優孰劣、中國未來發展應以何種文化為基等問題，在知識界不斷地被提起、討論，卻始終沒有達成基本的共識。中國近代的知識分子，也因對這一問題的態度之別，而被劃分為西化派、中體西用派、國粹派、東方文化派、本位文化派等派別。1935 年初爆發的全盤西化與中國本位文化論戰，更將這一問題重新推到思想界關注的焦點。然而，全面抗戰的爆發使得知識分子的目光發生轉移。這一場討論從表面上看，似乎未得到充分展開便悄然中止。但仔細考察抗戰時期的思想界，對中西文化的思考，如同抗戰這一大浪潮下的一條潛流，雖未在戰時引發大範圍的集中討論，但仍是知識分子討論抗戰建國問題時繞不開的一個主題。

第一節　文化民族主義之高漲

　　抗日戰爭作為一場抗擊強敵侵略、長達八年的全民族抵抗戰爭，深深影響到整個中華民族的民族主義思想與民族國家認同的最終定型。及至抗戰勝利七十年後的今日，時人言論中所表現出的民族主義思想，還多半直接或間接地源於這場曠日持久的血戰。抗戰期間高漲的民族主義思潮，大致

上可分為政治民族主義與文化民族主義兩類。〔註1〕雖然在戰時，由於政治危機的急劇加深，社會關注的重心更聚焦於具體的政治、軍事等方面的問題，民族主義更多地表現為爭求國家獨立與領土完整的政治民族主義；但對於文化上如何保持並發揚民族性的問題，始終縈繞在一部分知識分子心中。作為本節重點討論的文化民族主義，筆者採用如下定義，即「所謂文化民族主義，實為民族主義在文化問題上的集中表現。它堅信民族固有文化的優越性，認同文化傳統，並要求從文化上將民族統一起來。」中國近代的文化民族主義發展至成熟期後，它所包含的主要內容，為「極力維護民族的自信力，反對妄自菲薄的民族虛無主義」，以及「主張提倡民族精神，高揚愛國主義，以加強民族的凝聚力」，以達到謀求「復興中國文化」且「使之助益世界」的目的。〔註2〕

將抗戰時期的文化民族主義放在整個中國近代文化民族主義發展的脈絡中考察，可見其最顯著特點在於，當時知識界對於文化的民族性的強調，是全方面的、居於壓倒性優勢地位的。〔註3〕抗戰既是中國近代民族危機的頂峰，又是1949年前民族團結的頂峰。基於提高民族凝聚力、增強民族自信心與認同感，以及反擊日本文化侵略的因由，大力提倡民族文化、鼓吹中國傳統文化的現代意義並使之助益於世界，成為知識分子的普遍選擇，也似乎是符合理智與情感的唯一選擇。與戰前相比，戰時對於文化問題的討論，呈現出觀點的高度一致性，沒有出現類似科學與玄學、全盤西化與中國本位文化之類的大規模文化論戰。尤其在抗戰初期，觀點各異的知識分子群體，因對

〔註1〕 參見阮煒：《政治民族主義與文化民族主義》，李世濤主編：《知識分子立場：民族主義與轉型期中國的命運》，長春：時代文藝出版社，2000年，第116～121頁。今日中國的民族主義思想，尚可加入經濟民族主義、環保民族主義及網絡民族主義等類型。

〔註2〕 鄭師渠：《近代中國的文化民族主義》，《歷史研究》1995年第5期。有學者將凡是「認為只有從思想文化入手才能解決民族問題」的知識分子，無論他們對傳統文化態度如何，都可劃入「文化民族主義者」的範疇。（曹躍明、徐錦中：《中國近現代民族主義之路》，《天津社會科學》1996年第5期，第73頁。）這種說法雖有一定合理性，但因其概念外延過大，於本書分析問題頗有不便，故仍採用正文所述之定義。另外關於中國近代文化民族主義研究的學術史回顧，可參考暨愛民：《民族國家的建構——20世紀上半期中國民族主義思潮研究》，北京：社會科學文獻出版社，2013年，第21～24、138～140頁。

〔註3〕 關於中國近代文化民族主義的整體性研究，可參考楊思信：《文化民族主義與近代中國》，北京：人民出版社，2003年。

本民族文化前途命運的共同關注而暫時擱置了爭議。「形勢比人強」，民族危機的急劇加深不僅凝聚了知識分子的觀點，也制約了他們自由思考的空間。文化民族主義的大旗，張揚在戰時中國的思想文化界。

考察抗戰時期的文化民族主義，必須注意到其時國民黨的文化建設理念。作為執政黨的國民黨文化思想，直接體現了國家意志在文化領域的影響，並在一定程度上引導著知識界對文化問題的思考方向。作為國民黨領袖的蔣介石，在抗戰之前便注重借用中國傳統文化作為實施統治的思想資源。他明確將作為國民黨指導思想的三民主義列入中國古代道統之譜系，稱其繼承了自堯舜禹湯文武周孔之後形成的中華民族立國精神，體現了正統文化中深邃的政治、倫理、哲學思想，由此將黨義推高為指導國家前進的根本信仰。〔註4〕1934年，蔣介石又發起新生活運動，提出以「中華民族固有之德性——『禮義廉恥』」作為國民生活合理化的基準，並由生活之合理達至民族與文化復興的終極目的。〔註5〕抗戰爆發後，為對抗日本壓倒性的物質力量優勢，蔣介石更加看重精神力量的作用。國民黨臨時全國代表大會宣言批判了戰前盛行的「世界主義」與「國際主義」思想，強調「本於民族主義，以發揚民族之固有道德，恢復民族之自信力」對於喚起與團結民眾、抗戰與復興民族的重要性。這裡的「固有道德」，仍是以「仁愛」精神與「禮義廉恥」為綱。〔註6〕抗戰進入相持階段後，國民政府所遇困難不斷凸顯，民眾抗敵熱情有所回落，而其時又發生了日本近衛內閣兩次誘降聲明及汪精衛叛國投敵事件。為重新振奮抗戰精神，打破日偽「和平運動」、「精神致勝」的妄想，蔣介石在1939年初發起國民精神總動員運動，以「先民所固有」的「忠孝仁愛信義和平之八德」作為「救國道德」的基本內容，尤其強調為國家盡忠、為民族盡孝，使之成為戰時精神動員及堅定建國信仰的武器。〔註7〕陳布雷後來回憶，蔣介石

〔註4〕參見蔣介石：《中國教育的思想問題》、《進德修業與革命之途徑》、《中國魂》等文章，載秦孝儀主編：《先總統蔣公思想言論總集》（卷十、十一、十二），臺北：中國國民黨中央委員會黨史委員會，1984年。

〔註5〕《新生活運動綱要》，中國第二歷史檔案館編：《中華民國史檔案資料彙編》（第五輯，第一編，政治，五），南京：江蘇古籍出版社，1994年，第762～771頁。

〔註6〕《臨時全國代表大會宣言》，載榮孟源主編：《中國國民黨歷次代表大會及中央全會資料》（下冊），北京：光明日報出版社，1985年，第467、474頁。

〔註7〕《國民精神總動員綱領》，載孟廣涵主編：《國民參政會紀實》（上卷），重慶：重慶出版社，1985年，第445～460頁。

對戰時精神建設的作用有如下表述：「吾人正宜提倡精神致勝之重要，發揮我固有道德與民族精神，以奠立千秋萬世之精神國防，即在目前亦應倡導創造物質，愛惜物質，集中精神力量，克服物質困難為先務，故此一運動必須提倡。」〔註8〕直至抗戰後期，在其《中國之命運》一書中，蔣介石仍強調在「心理建設」與「倫理建設」過程中，分別將樹立民族文化自信與以「四維八德」為核心的中國傳統文化精神作為建設之綱領。〔註9〕抗戰前後蔣介石對儒家道德的看重，除了將其作為鉗制自由思想、打擊政敵的專制工具外，還蘊涵著對中國傳統道德文化之於抗戰、之於現代化國家建設的重要作用的強烈信仰。〔註10〕

在蔣介石的影響下，戰時國民政府所制定的一系列文化建設政策，都帶有濃厚的文化民族主義色彩。從抗戰之初建設「民族國家本位之文化」、「發揚民族精神，恢復民族自信」〔註11〕，到後期的「為發揚中華民族固有的德性，挽救近百年來的頹風」而建立一種既「保存中華民族固有文化的優點」，又「吸收西洋文化的精髓」的「新的中華民族文化」的號召〔註12〕，這一精神貫徹於抗戰始終。一批文化協會也本著文化民族主義的精神而建立起來。戰時最有影響力、彙集了左中右各派文藝界精英的協會——中華全國文藝界抗敵協會，在其章程的總則中便明確指出：「本會以聯合全國文藝界作家共同反對日本帝國主義的侵略，完成中華民族自由解放，建設中華民族革命的文藝，並保障作家權益為宗旨。」〔註13〕在編輯出版《抗戰文藝》及各類宣傳抗戰文藝作品外，文

〔註8〕 陳布雷：《陳布雷回憶錄》，臺北：傳記文學出版社，1967年，第128頁。

〔註9〕 蔣介石：《中國之命運》，載秦孝儀主編：《先總統蔣公思想言論總集》（卷四），臺北：中國國民黨中央委員會黨史委員會，1984年。

〔註10〕 近代以降，面對外來強敵時，中國政治家往往傾向於拔高精神力、尤其是民族傳統精神之於救國建國的作用。這既是作為弱者的自我保護，又在一定程度上反映出民族的虛驕習氣。又，關於蔣介石所受儒家思想的影響，可參考黃道炫、陳鐵健：《蔣介石：一個力行者的思想資源》，太原：山西人民出版社，2012年。

〔註11〕《國民黨臨時全國代表會議通過陳果夫等關於確定文化建設原則綱領的提案》，中國第二歷史檔案館編：《中華民國史檔案資料彙編》（第五輯，第二編，文化，一），南京：江蘇古籍出版社，1998年，第1頁。

〔註12〕《文化運動綱領案》，中國第二歷史檔案館編：《中華民國史檔案資料彙編》（第五輯，第二編，文化，一），南京：江蘇古籍出版社，1998年，第28頁。

〔註13〕《中華全國文藝界抗敵協會簡章》，中國第二歷史檔案館編：《中華民國史檔案資料彙編》（第五輯，第二編，文化，一），南京：江蘇古籍出版社，1998年，第189～190頁。

協還組織了作家戰地訪問團，以「鼓勵士氣，提高戰鬥精神，灌輸民族意識」為目的，向前線士兵及民眾進行普及民族文化、對抗文化侵略等方面的宣傳教育。〔註14〕其他戰時成立的文化團體，如中國青年文化工作者協會、中國大眾文化社、中國邊疆文化促進會、中國邊疆學會等，也都以研究並宣傳民族傳統文化、實現民族文化復興為目標。〔註15〕同時，國民黨為確保其民族主義文化宗旨的貫徹實施，還對戰時文化社團的發展加以規訓。對於文協等文化團體，國民黨適時發出指令，要求重視「指導並鼓勵文化作家從事民族文藝基礎之建立及抗戰文藝作品之寫作」〔註16〕這一方面的工作。在高等教育領域，國民政府教育部又發出指令，要求高校研究者「整理與發揚吾國固有文化，以民族立場與科學方法研究吾國之文哲史地，並擬先事編撰本國歷史」〔註17〕，以此宗旨誘導文科學界知識分子進行有關中國文化的精深研究。另外，國民黨還在戰時實施一系列獎勵措施，對研究與宣傳民族文化的成果加以扶植。如在 1940 年下發的《文藝獎助金條例》和《徵求抗戰文藝作品辦法》，公開徵求利於弘揚民族意識的文藝作品，並對符合「發揚中華民族精神，鼓勵抗戰建國事業」、「表揚中國歷史上之偉大事蹟」、「激勵民族意識」等內容的作品予以獎勵。〔註18〕1943 年國民黨中央圖書雜誌審查委員會又頒布了《獎勵優良書刊劇本辦法》，對於圖書、雜誌、劇本中能夠「對本國歷史文化學術思想為精密純正之闡揚而

〔註14〕《組織全國文化界戰地訪問團辦法草案》、《作家戰地訪問團活動情況的報告》，中國第二歷史檔案館編：《中華民國史檔案資料彙編》（第五輯，第二編，文化，一），南京：江蘇古籍出版社，1998 年，第 216、228～229 頁。關於「文協」在抗戰時期具體的民族主義文藝活動，可參考段從學著《「文協」與抗戰時期文藝運動》（北京：北京大學出版社，2012 年）一書。

〔註15〕如中國大眾文化社便規定其宗旨為「輔助社會教育、推進大眾文化、提高中國民族革命精神」，「以期中國大眾努力抗戰而建國，改善生活而復興民族」。中國第二歷史檔案館編：《中華民國史檔案資料彙編》（第五輯，第二編，文化，二），南京：江蘇古籍出版社，1998 年，第 325～326 頁。其他相關社團資料亦見本冊。

〔註16〕《國民黨中央社會部關於中華全國文藝界抗敵協會今後工作要點指令》，中國第二歷史檔案館編：《中華民國史檔案資料彙編》（第五輯，第二編，文化，一），南京：江蘇古籍出版社，1998 年，第 211 頁。

〔註17〕《教育部第二期戰時教育行政計劃》，中國第二歷史檔案館編：《中華民國史檔案資料彙編》（第五輯，第二編，教育，一），南京：江蘇古籍出版社，1997 年，第 115 頁。

〔註18〕中國第二歷史檔案館編：《中華民國史檔案資料彙編》（第五輯，第二編，文化，一），南京：江蘇古籍出版社，1998 年，第 73、76～77 頁。

有益抗戰建國者」給予榮譽及現金獎勵。〔註19〕以上措施，均是國民黨為控制戰時文化發展方向而進行的政策性引導。

抗戰時期的知識分子，一方面受到國民黨文化政策的影響，一方面也因其內心燃起的民族主義情感，對中國文化普遍採取一種「溫情與敬意」的態度。馮友蘭晚年回憶抗戰時期寫作《新理學》以及金岳霖寫作《論道》一書的心路歷程，稱：「從表面上看，我們好像是不顧困難，躲入了『象牙之塔』。其實我們都是懷著滿腔悲憤無處發洩。那個悲憤是我們那樣做的動力。金先生的書名為《論道》，有人問他為什麼要用這個陳舊的名字。金先生說，要使它有中國味。那時我們想，那怕只是一點中國味，對抗戰也可能是有利的。」〔註20〕有論者稱：「當戰場上充滿了血與火時，民族認同感的需要得到凸顯。『中國性』這一主題本是一個先於戰爭的學術問題，卻被轉化成為動員人民為民族生存而戰鬥的武器。」〔註21〕無論「中國味」抑或「中國性」的提倡，都明確反映出戰時知識分子的文化民族主義心態，並體現在這一時期的學術研究與時論中。〔註22〕

以梁漱溟、馮友蘭、錢穆、熊十力、張君勱、賀麟等人為代表的文化保守主義者，以及陳銓、雷海宗、林同濟等人組成的「戰國策派」，近二十年來一直被學術界作為抗戰時期文化民族主義思想、乃至戰時思想界的典型案例，加以個人及群體的重點研究。〔註23〕由於現有成果已非常豐富，在此筆者不

〔註19〕中國第二歷史檔案館編：《中華民國史檔案資料彙編》（第五輯，第二編，文化，一），南京：江蘇古籍出版社，1998 年，第 565～566 頁。

〔註20〕馮友蘭：《懷念金岳霖先生》，載氏著《三松堂全集》（第 13 卷），鄭州：河南人民出版社，2001 年，第 439 頁。

〔註21〕王汎森：《傅斯年：中國近代歷史與政治中的個體生命》，王曉冰譯，北京：生活·讀書·新知三聯書店，2012 年，第 198 頁。

〔註22〕戰時馬克思主義者提出的「學術中國化」口號，同樣是在當時中國傳統文化精神被重新高舉的時代精神下流行起來的。他們在找尋傳統文化的現代價值的同時，也沒有忘記對五四的文化批判精神與世界化眼光的繼承。參見嵇文甫：《漫談學術中國化問題》、《中國民族文化的發揚》，載嵇文甫著，鄭州大學嵇文甫文集編輯組編：《嵇文甫文集》（中），鄭州：河南人民出版社，1990 年，第 42～53、69～77 頁。

〔註23〕早期關於兩群體的比較研究，可參考黃嶺峻：《試論抗戰時期兩種非理性的民族主義思潮———保守主義與「戰國策派」》，《抗日戰爭研究》1995 年第 2 期；陳廷湘：《論抗戰時期的民族主義思想》，《抗日戰爭研究》1996 年第 3 期。其他關於這兩個群體及相關個人的文化思想的經典性研究成果，目前已積累了許多，在此恕不一一列舉。

打算就其具體問題進行過多闡發，僅就以下兩問題略作說明。

第一，這兩類知識分子在尋求中國文化出路時，內心都有著一個西方文化的「藍圖」。無論是張君勱、賀麟、林同濟等在青年求學時代親身在歐美國家感受過中西文化之異同，還是如梁漱溟、熊十力、錢穆那樣當時未曾踏出國門，只從書本報章上瞭解西方，他們在戰時的議論，都不能不受到西方文化思想的影響。馮友蘭的「新理學」、賀麟的「新心學」以及張君勱、戰國策派的文化思想，無不是直接吸收了西方哲學思想，藉以指示中國文化未來發展之路。而梁漱溟、熊十力、錢穆等人著作，亦多從中西文化比較之中，探尋中國文化所應保存之處，及西方文化所應吸納之點。借用馮友蘭「接著講」與「照著講」的說法，經過了近百年西方文化在華傳播、中西文化交流不斷深入的歷史，戰時一輩知識分子在思考中國文化問題時，儘管重點仍放在為中國文化尋求出路、強調文化的中國性與民族性上，但卻很難再僅僅從中國單方面地吸取思想資源，而是懷有將中國文化「接著講」下去的思路，在中西思想會通的語境下上接續中華文化之傳統，下開出世界文化之新路。錢穆在晚年曾回憶戰時梁漱溟與馮友蘭的言行，稱梁漱溟「語不忘國」，而馮友蘭則以做「世界人」、不拘於做「中國人」為號召，「每語必為世界人類而發」〔註 24〕。實際上，無論梁漱溟、馮友蘭，還是錢穆本人，雖對西方文化理解深淺不一、側重各異，但他們在戰時的文化思想，無一不是著力於中國而放眼於世界，懷有對中西文化互補其優長、并積極思考戰後世界新文化建設的「世界人」之心態。

第二，從其文化思想的細節上看，他們均試圖為民族文化加入新的時代精神。文化保守主義者強調在抗戰時期復興民族文化，其文化思想大多取材於自孔、孟至朱、陸以來延續兩千年的儒家「道統」；尤其對以三綱五常為核心的儒家倫理觀，他們多對之加以時代的新解釋，賦予其在民族文化復興和抗日戰爭中的新意義。例如馮友蘭稱：「一個能行仁義禮智信底人，在以家為本位底社會裏，自然能事君以忠，事父以孝，在以社會為本位底社會裏，自然能為國家盡忠，為民族盡孝。」〔註 25〕熊十力亦發揮了君臣與

〔註 24〕錢穆：《八十憶雙親師友雜憶合刊》，收入《錢賓四先生全集》（第 51 冊），臺北：聯經出版事業公司，1998 年，第 265 頁。

〔註 25〕馮友蘭：《新事論》，載氏著《三松堂全集》（第四卷），鄭州：河南人民出版社，2001 年，第 328 頁。

朋友之倫，賦予它們「忠國家忠民族」與「領袖以誠信導群眾，群眾以誠信戴領袖」的時代意義。〔註 26〕錢穆更超出思想史的討論範圍，在《國史大綱》中詳述中國古代政治中以「士人政府」為中心的制度精神及以「學術領導政治」為中心的政治文化精神，用以顯示中國傳統文化的生命力，並反駁學界流行的對中國古代專制政治的批判。張君勱亦在戰時為君主專制的政治制度進行辯護，他說：「譚嗣同以來，痛恨吾國之君主專制，為其束縛人民心思才力，使不得發揮，然使苟無秦始皇漢武帝唐太宗，則中國民族能否統一如今日，大是問題，即證之抗日戰爭，所以能退至西南諸省，而絕無阻礙者，何莫非二千年來語言風俗早已一統之效乎？」〔註 27〕其用心，在於提高國人在戰時對中國傳統文化的自信力。〔註 28〕至於戰國策派知識分子，他們只是對以儒家文化為主幹的傳統文化加以激烈批判與反思，而宣揚重建戰國時代盛行一時、卻被後世儒家刻意掩蓋、被大一統皇權所壓制的「力」的精神與「兵」的文化。「上古競於道德，中古逐於智謀，當今爭於氣力」，林同濟試圖復活戰國韓非所極力提倡的鬥爭精神，打破儒家式的中庸、懶散和文弱氣，在當今「戰國時代重演」的世界格局中為中國爭得一席之地，「我們必須要倒走二千年，再建起戰國時代的立場，一方面來重新策定我們內在外在的各種方針，一方面來重新估量我們二千多年來的祖傳文化！」〔註 29〕這一派知識分子的文化理想，其唯意志論的外表之下，仍是基於對中國傳統文化精神的實用性思考，提倡時代所需之戰國精神，而捨棄當下已趨於衰微的儒家文化。

　　除以上兩類知識分子群體之外，尤其值得注意的，是一批曾鼓吹西化、激烈批判傳統的知識分子，在抗戰時期部分地改變了過往的文化主張，轉而對中國傳統表示一定程度的理解與尊重。以「全盤西化論」揚名的陳序經，在抗戰時期雖未完全放棄其全盤西化主張，甚至將「民族至上、國家至上」

〔註26〕熊十力：《中國歷史講話》，載蕭萐父主編：《熊十力全集》（第二卷），武漢：湖北教育出版社，2001 年，第 663 頁。

〔註27〕張君勱：《胡適思想界路線評論》，載氏著，程文熙編：《中西印哲學文集》（下冊），臺北：臺灣學生書局，1981 年，第 1037 頁。原文載於《再生》1940 年第 51 期。

〔註28〕對比之下，張君勱在 1960 年代寫作多篇文章，激烈批判錢穆「中國古代政治非專制說」，其現實用意則與戰時不同，乃是為了弘揚憲政精神，反對蔣介石與錢穆借傳統之名為專制辯護。

〔註29〕林同濟：《戰國時代的重演》，《戰國策》1940 年 4 月 1 日，第一期。

的口號也歸為「西化的結果」〔註30〕，但他也稍稍承認了民族文化在戰時的
正面價值。在《廣東與中國》一文中，他分析稱，歷史上廣東人口多由北方遷
來，正是在兩千年漢民族南遷的過程中，孕育出廣東人不屈於外族統治、不
怕冒險、敢於抗爭與革命的「極端的民族性」與濃厚的民族思想。正由於這
種原生的民族精神，近代以來的廣東既是「舊文化的保留所」，又是「新文化
的策源地」，因而成為「抵抗外侮復興民族的根據地」。〔註31〕這顯然與他之
前鼓吹的文化的全盤西化論有所不同。一批「五四老將」，都曾就中國傳統文
化中某些特質的不合現代性加以申斥。但在戰時，他們都減弱了對傳統的反
思，默認或回應著當時以文化民族主義為標誌的愛國情緒。如張申府在抗戰
爆發之初，便喊出了「我相信中國」的口號。他用嘲諷的語調表達了對部分
知識分子將中國文明看得「一錢不值」、并故意曲解中國本位文化運動的不滿。
他誇張地聲稱要「迷信中國」，列舉了十條中國文化特優之處，並對世人所否
定的中國文化無科學、好靜不好動、以家為本位的社會組織及農業文化主體
等四點劣處，予以「否定之否定」。他說：「我們的祖宗，雖也有其時代的限
制，雖也具有人類或畜生的共同劣點，但大體上決不能說差。中國所以弄到
今日，大部分是由於後世子孫的不肖！這只有對不起祖宗，怎怪得祖宗？」
〔註32〕這種論調，雖有因抗戰而鼓舞民族精神的實際考慮，但從其思想內容
來看，竟比數年前的「本位文化派」更為保守。同時身為新文化運動時期及
1937年前後兩場啟蒙運動的主將，張申府在抗戰時期所欲「啟」之「蒙」，不
再是新文化運動時期的理性主義與批判精神，以及對世界文化的大規模吸納，
而是對民族精神的喚起、對民族文化的重評、對團結抗戰的呼籲。然而缺失
了獨立思考精神的張申府，雖盡力支撐「新啟蒙運動」的進展，但最終還是
消弭於中共的文化思想之中，未能全面展現「啟蒙」所應有的意義。〔註33〕
像羅家倫、傅斯年等人，也收斂了對傳統文化的批判，轉而對戰時國民政府

〔註30〕陳序經：《抗戰時期的西化問題》，《今日評論》1941年1月26日，第五卷第
　　　　三期。
〔註31〕陳序經：《廣東與中國》，《民族文化》1941年5月31日，第二期。
〔註32〕張申府：《我相信中國》，載氏著《我相信中國》，武漢：上海雜誌公司，1938
　　　　年，第54～58頁。原文刊於《金陵日報》1937年10月4日。
〔註33〕進入1940年代後，張申府所發出的「新啟蒙運動」聲音便已呈式微趨勢。這
　　　　與他接受毛澤東的「中國化」理論，幾乎是同步的。參見其《論中國化》（《戰
　　　　時文化》1939年2月10日，第二卷第二期）及《科學運動與新啟蒙運動》
　　　　（《中國教育》1940年7月10日，第一卷第二期）等文章。

的文化民族主義政策表示有限度的支持。其中更具代表性的，是胡適在戰時文化思想的轉變。

胡適是近代以來「西化派」最重要的代表人，是民國史上兩次大規模西化運動——新文化運動與全盤西化思潮的領導者。他在 1910 至 1930 年代寫作了大量批判傳統文化、反思國民性的文章，並以此確立了他在中國近代思想史上的底色。然而在激烈反傳統的同時，胡適又是一位民族主義者。尤其在全面抗戰爆發前、民族危機不斷加深的 1930 年代，政治上迫切追求民族獨立、國家富強的民族主義傾向，影響到胡適在中西文化觀上的立場。從「全盤西化」到「充分世界化」的折衷，到對近二十年來民族道德與智力進步的認可，再到英文著述中對中國傳統與現代化建設的褒揚，這三方面變化都體現出胡適在戰前萌發的文化民族主義思想。〔註 34〕1938 年 9 月，胡適接受蔣介石委任，出任駐美大使，直至 1942 年 8 月卸任。在此期間，胡適在美國發表了大量演講與著論，作為其外交使命中最重要的工作。這些文字反映了胡適此時受民族主義影響下的文化觀。〔註 35〕

抗戰時期胡適的文化民族主義觀，主要體現在他對中國傳統文化的以下三方面新認識。

第一，肯定中國傳統文化中蘊含著豐富的現代民主精神。早在抗戰爆發

〔註 34〕相關研究可參考鄭大華：《胡適是「全盤西化論者」？》，《浙江學刊》2006 年第 4 期；陸發春：《抗戰時期胡適對中日現代化進程的歷史反思》，《抗日戰爭研究》2006 年第 3 期；歐陽哲生：《中國的文藝復興——胡適以中國文化為題材的英文作品解析》，載氏著《探尋胡適的精神世界》，北京：北京大學出版社，2012 年，第 261～313 頁；周質平：《胡適英文著作中的中國文化》，載氏著《胡適與中國現代思潮》，南京：南京大學出版社，2002 年，第 250～286 頁。

〔註 35〕有學者認為，胡適的這種文化觀，是為了「一方面是向西洋人說法時的權宜之計——如此，可使西洋人易於瞭解中國文化；另一方面，則多少是出於為中國文化『裝點門面』的心理。」（周質平：《胡適英文著作中的中國文化》，載氏著《胡適與中國現代思潮》，南京：南京大學出版社，2002 年，第 253 頁。令人費解的是，作者在本書第 263 頁又評價道，胡適戰時在美國談「中國文化中的民主與自由」「絕不只是在作政治宣傳，基本上，還是嚴肅的學術研究」。雖然作者下文未就胡適論點的學術性與否進行討論，但從本句內容而論，與前引文論點明顯產生歧異。）這一說法將胡適的文化觀表述為一種功利性與非理性主張，未免看輕了胡適作為一名學者、尤其是歷史研究者的學術素養。「有一分證據，說一分話」，胡適的學人身分決定了其言論的客觀性；然而個人關懷因所處歷史時期的不同而有偏重，這勢必會導致其人在表達觀點時帶有一定傾向性。這正體現了歷史研究的複雜性與歷史認識的多面性。

前的 1933 年，胡適在芝加哥大學所做的「中國的文藝復興」系列演講中，便已指出近代以來中國與日本追求西化的結果之所以不同，中國傳統社會的「平等化」、「民主化」導致無法產生「一個得力的領導階層」是原因之一。〔註36〕1939 年 12 月，胡適在美國歷史學會做了《中國與日本的現代化運動——文化衝突的比較研究》（The Modernization of China and Japan - A Comparative Study in Conflict）的演講。演講中胡適提出了「中國在二十一個世紀以前就脫離了封建制度；社會制度變成完全民主化」的觀點。〔註37〕1941 年 3 月，胡適為回答美國民眾關於「中國是否為民主國家」的疑問，提出了三種中國古代形成的、「使中國人民有了發展現代民主制度的傳統與準備」的制度，以此解釋中國近代民主制度的發展：「徹底民主化的社會結構」；「2000 年客觀的、競爭性的官吏考試甄選制度」；「政府創立其自身『反對面』的制度和監察制度」。〔註38〕1942 年 3 月，在題為《中國抗戰也是要保衛一種文化方式》（China, too, Is Fighting to Defend a Way of Life）的演講中，胡適進一步指出，中國在春秋戰國時期便已形成了民主思想的哲學基礎，概括為以下六點：「以『無為而治』的黃老治術為最高政治形態」；「墨家的兼愛精神」；「本著『人皆可教』的原則，產生了社會不分階級的理想」；「中國具有言論自由，及政治上採納坦誠諫奏的悠久傳統」；「人民在國家中，占極重要地位」；「均產的社會思想」。這些民主思想，在之後中國歷史的演進中，衍生出諸如文人政治、地方自治、財富平均、科舉制度、監察制度、學術與思想自由等能夠反映現代民主精神的中國古代歷史文化特色。〔註39〕胡適對傳統民主精神的探討，隨著時間推移，其內容不斷豐富，終於形成一套從歷史主義出發、涵蓋上層哲學基礎與下層制度運作的中國傳統民主認識體系。從上述梳理可見，胡適對中國古代民主精神的關注，始自戰前，符合其戰前生發的文化民族主義思想脈絡；抗戰爆發後，出於將中國之民主自由與日本之專制保守進行對比、以此贏得美

〔註36〕胡適著，歐陽哲生、劉紅中編：《中國的文藝復興》，北京：外語教學與研究出版社，2001 年，第 157 頁。

〔註37〕胡頌平編著：《胡適之先生年譜長編初稿》（第五冊），臺北：聯經出版事業公司，1984 年，第 1696、1699 頁。

〔註38〕《民主中國的歷史基礎》（Historical Foundations for a Democratic China），載胡適著，歐陽哲生、劉紅中編：《中國的文藝復興》，北京：外語教學與研究出版社，2001 年，第 315 頁。

〔註39〕胡頌平編著：《胡適之先生年譜長編初稿》（第五冊），臺北：聯經出版事業公司，1984 年，第 1767～1772 頁。

國民眾對中國抗戰的同情與支持的目的，同時也為了捍衛中國作為一個民主國家的國際形象，胡適加速完成了這一論題的研究。這體現出戰時文化民族主義影響下胡適傳統文化觀的發展。〔註40〕

第二，肯定中國歷史中有豐富的自由基因。胡適在戰時專門就中國古代的自由精神做過兩次英文演講，對於古代士大夫追求知識自由、宗教自由及政治批評自由的歷史過程加以論述，並著重描述了先秦諸子、王充、韓愈及清代考據學者追求自由思想的事蹟。〔註41〕在《中國抗戰也是要保衛一種文化方式》的演講中，胡適稱中國古代既有在「和平與無為政風下」產生的「天高皇帝遠」的人身自由，又有著對政治、學術等各方面「獨立思想與大膽懷疑」的思想自由。相形之下，日本對人身與思想自由進行極權主義的壓制。〔註42〕這是中日文化間的根本不同。在 1942 年 10 月刊出的《中國人的思想》（Chinese Thought）一文中，胡適繼續闡述了上文所提及的中國古代的自由思想。他將先秦的思想遺產概括為人文主義、理性主義和自由精神三點。他說：「人文主義者的興趣，與理性和唯智識主義者的方法論結合，就賦予了古代中國思想以自由的精神。而對於真理的追求，又使中國思想本身得以自由。」這種自由思想所體現的懷疑精神，經過千年傳遞，在清代成為考據學興起的思想動力，並在現代中國繼續發揮其解放思想的作用，「使中國的思想家們，在這個新世界上，新時代中，還覺得完全的自如而無拘無束。」〔註43〕

〔註40〕有學者認為，不應過度解讀胡適戰時文化觀所受文化民族主義的影響。應從其一生思想脈絡出發，注意到戰時胡適對西方文明的認識，開始將英美的「民主模式」與蘇聯社會主義模式兩種西方現代化模式相區別，並做出了支持「民主」反對「極權」的選擇。從這一角度理解胡適戰時對中國古代民主精神的熱衷更為恰當。（歐陽哲生：《探尋胡適的精神世界》，北京：北京大學出版社，2012 年，第 297～299 頁。）然而從本文可見，胡適對中國傳統民主精神的關注，早在戰前便已開始；當時他尚未在英美與蘇聯模式之間作出選擇。另外，胡適選擇從傳統文化入手，強調中國民主的歷史淵源，這種宣傳策略，在效果上要比直接證明國民政府的民主性質差得多。文化民族主義固然不是改變胡適戰時文化觀的唯一原因，但應是最直接的原因。

〔註41〕The Fight for Freedom in Chinese History, The Struggle for Intellectual Freedom in Historic China，收入季羨林主編：《胡適全集》（第 38 卷），合肥：安徽教育出版社，2003 年，第 354～374、603～610 頁。

〔註42〕胡頌平編著：《胡適之先生年譜長編初稿》（第五冊），臺北：聯經出版事業公司，1984 年，第 1770～1773 頁。

〔註43〕胡適著，歐陽哲生、劉紅中編：《中國的文藝復興》，北京：外語教學與研究出版社，2001 年，第 378～379、382～383 頁。

在他看來，正因這種自古流傳下來的自由基因，中國在現代化道路上，能夠走得比日本更遠。胡適將日本的現代化稱為「在一個中央集權的控制下實施的」，用軍事力量保衛其「中古文化」的民族精神。而中國的現代化走的是一條自由發展的道路，這種「自由和不必畏懼的批判精神」「促成了各種文化改革的實現」，也使中國達成「社會、政治、文化和宗教等生活的現代化」，比日本的現代化運動更為深遠，更貼近現代化的本質。〔註44〕

第三，肯定中國有著歷史悠久的民族團結精神。抗戰之前胡適激烈批評中國傳統的一個論點，就是認為中國社會是「一盤散沙」，沒有現代的社會組織能力。〔註45〕而在目睹了中國政府與民眾幾年來團結一致、艱苦抗戰的實例後，胡適改變了以上看法。珍珠港事件後，胡適發表了一系列演說，向美國民眾介紹中國獨力抗戰四年來的成果，並藉此提高中國作為同盟國在美國人心中的地位。他在演說中將中國社會的團結作為支持中國抗戰的重要力量，稱：「在『九一八』之後，我們的敵人向世界宣傳說，中國不是一個現代的國家，中國人民只是一盤散沙，沒有組織，也沒有團結力的。可是奇怪得很，敵人越打進來，這一大盤散沙團結的也越堅固……十年的苦戰……促進了，加強了，我們政治的團結，建設的努力，作戰的勇氣。」〔註46〕他還進一步聲稱，中華民族早在兩千多年前便已形成了一個團結的國家，而且這種團結的程度是世界任何國家無法比擬的：

> 你們常聽到人家說中國是因為日本侵略和這些年來的戰爭才團結起來的，這句話是不確實的。這樣一個奇蹟是沒有辦法用這麼短的時間來促其實現的。我們可以堅決的說，中國全國團結是二十一個世紀的努力所達成的。中國在公元前二〇〇年團結成為一個帝

〔註44〕《中國與日本的現代化運動——文化衝突的比較研究》，胡頌平編著：《胡適之先生年譜長編初稿》（第五冊），臺北：聯經出版事業公司，1984年，第1697～1698、1700頁。

〔註45〕此類觀點可參看《慘痛的回憶與反省》、《三論信心與反省》等文，收入季羨林主編：《胡適全集》（第4卷），合肥：安徽教育出版社，2003年。

〔註46〕胡適：《抗戰五週年紀念廣播詞》，收入季羨林主編：《胡適全集》（第22卷），合肥：安徽教育出版社，2003年，第656～657頁。而在「九一八事變」一週年之時，胡適面對日本「公開的譏笑我們是一個沒有現代組織的國家」時，卻沒有底氣反駁，而是號召國人反省如何建立現代國家的組織，如何培育社會重心。見《慘痛的回憶與反省》，收入季羨林主編：《胡適全集》（第4卷），合肥：安徽教育出版社，2003年，第496頁。

國，在最近二十一個世紀半的時間中有幾個短時期的分裂局面，和
遭受外來的侵略。但是大體上說起來，中國曾在一個帝國，同一個
政府，同一個法律制度，同用一種文字，同一個教育形式，和同一
個歷史文化之下繼續不斷的生存二十一個世紀以上的時間。這個團
結著的國民生活之延續是任何其他種族、國家、或洲陸所無可與之
比擬的。外國觀察家寫的往往是關於中華民國建立後的二十年，而
他們不能瞭解中國的內部雖然有政治糾紛，但其背後仍有國家團結
基本的感情，更不能瞭解此種團結的一貫性，現在把全國連起來的
就是這種長久歷史性的團結感，一個力量激動起人民為抵抗侵略拯
救國家而英勇的作戰下去，在他們逆境與苦難中安慰他們，使千千
萬萬人有耐性的忍受著非常大的屈辱與痛苦，使他們相信最後勝利
必定屬於他們具有長久歷史的祖國的，使他們永遠不灰心氣餒的，
正就是這個歷史性的團結感。〔註47〕

考察戰時胡適對中國古代民主、自由思想與制度以及民族團結精神的論
述，不難發現，其觀點與表述方式都與同時期錢穆的《國史大綱》等論著極
為相似。一為自由主義信徒，一為堅定的文化保守主義者，二人在抗戰時期
受民族主義刺激而進行的歷史敘述，竟能如此殊途同歸！〔註48〕

國難時期的胡適，調整了自己觀察中國歷史文化的視角，強調中國擁有
歷史悠久的民主、自由和團結的文化基因。而這三點精神，正是西方近代以
來實現現代化的歷程中不可缺少的要素，也是日本「片面」的現代化所嚴重
缺失的要素。因此，作為自古便有著上述三點精神、并延續至今的中國，其
正在進行中的抗日戰爭，便被胡適賦予了「保衛一種西方式的生活方式」、「為
實現西方式的現代化而作戰」的現實意義。由是可見，胡適在戰時的文化觀，
並沒有放棄其「西方本位」，仍用西方文化中的若干要素作為評判中國傳統文
化的標準。但他也畢竟找到了民主、自由、團結這三點中國文化中的優長之

〔註47〕 胡適：《中國為一個作戰的盟邦》（China As a Fighting Ally），胡頌平編著：《胡
適之先生年譜長編初稿》（第五冊），臺北：聯經出版事業公司，1984年，第
1760～1761頁。同樣的言論也出現在其1941年9月所作題為China's Fight
for Freedom的演講中，見季羨林主編：《胡適全集》（第38卷），合肥：安徽
教育出版社，2003年，第282～283頁。
〔註48〕 這也間接說明了胡適戰時關於中國傳統民主精神的演說，並非應景的宣傳之
作，而有其學術意涵與理性思考。

處，這與他在戰前鼓吹對中國文化全盤性地打倒與重建的態度是截然不同的。戰前胡適曾著力強調五四新文化運動並非「狹義的民族主義運動」，並評價「九一八事變」後「擁護舊文化的喊聲又四面八方的熱鬧起來」，是「保藏守舊開倒車的趨勢」，是「很不幸的」。〔註49〕但在抗戰爆發後，胡適也隨著國內高漲的民族主義浪潮，對中國文化做出正面的評價，暫時放棄了作為一名思想啟蒙者、作為國家民族的「諍臣」「諍友」的角色定位。胡適戰時回首五四新文化運動時，罕見地沒有批評政府與傳統文化，而是提出：「我們不但要從多年抗戰裏出來建立一個新的國家，新的文明，我們還得盡我們的能力，幫助全人類維持全世界的和平公道，增進全世界的繁榮，提高全世界的共同文化。」〔註50〕這番話裏便包含著對中國文化復興及使之助益於世界的雙重期許。

　　與胡適相類似，錢端升作為中國近代自由知識分子的代表，其前半生思想軌跡的變化，也直接反映出愈發強烈的民族主義情感對知識分子思想的重大影響力。錢端升在美國留學時所受的專業教育為政治學。當前研究者對其思想的研究也多從政治思想入手，考察他在國難之際為尋求國家建設的出路，糾結於民主與獨裁、多黨制與一黨制之間的思想困境。〔註51〕對於其人在時代影響之下的文化觀念變動，則尚未引人注意。實際上，同許多留洋歸來的知識分子一樣，錢端升在回國之初，也曾主張重視中國傳統學問與道德。他在 1925 年專作一文，討論清華大學未來發展的路徑，從而參與到 1920 年代清華大學改制這一近代教育史與學術史上的重要事件之中。他要求傚仿美歐大學制度，重視文科發展，樹立人文主義教育之宗旨。但他在論述中並未使用「人文教育」一詞，而是用中國傳統的「士人教育」類比 Humanistic Education 這一近代西方教育精神。他重新搬出「讀書知禮」的古訓，將其範圍規定為「經，史，文章，致知，格物之書」，使之與農、工、商等技術型學問相區別。國家應以培養「讀書知禮」的「士人」為第一要務，「士愈多，則世愈盛，而國愈治。」士人代表了「禮義

〔註49〕《個人自由與社會進步——再談五四運動》，收入季羨林主編：《胡適全集》（第 22 卷），合肥：安徽教育出版社，2003 年，第 286～287 頁。原文載於《獨立評論》1935 年 5 月 12 日，第 150 號。
〔註50〕胡適：《「五四」廣播詞》，收入季羨林主編：《胡適全集》（第 22 卷），合肥：安徽教育出版社，2003 年，第 653～654 頁。
〔註51〕較為詳盡的研究成果，可參考潘惠祥：《在政治與學術之間：錢端升思想研究（1900～1949）》，博士學位論文，北京大學，2012 年；范亞伶：《追夢的旅程——錢端升生平與思想研究》，碩士學位論文，華東師範大學，2007 年。

廉恥」的傳統道德，並能發揚「以禮義為本，以技術為用」的建國精神。〔註52〕

　　到了「九一八事變」之後的國難時代，錢端升對中國文化傳統的態度有所轉移。他不再願意談論「禮義廉恥，國之四維」、「忠孝仁義，親愛和平」一類「陳腐的老話」、「八股文章」，而是更直接地去討論民族意識的培養與國民經濟的積累等能直接提升國力、與中國近代化緊密相關的論題。他用更加功利化的態度看待中國傳統，尤其不再理想化地看待傳統道德精神的效用：「我們相信中國有些固有的倫理觀念是極好的，而且也是永久真實的。但是，只提倡舊道德決不足以救國。不特不足救國，且老是提倡舊道德的人們不是冬烘氣，便帶虛偽氣。」「我們要近代化，我們不必再戀古。遺傳習慣中如有合於近代需要的，我們老老實實地採納就得；八股文章卻不必再做。」〔註53〕他同時批評中國傳統文化中科舉制度導致的科學基因的缺乏和冷漠自私的民族性，前者致使中國無法造成現代西方的「工業文化」，不能建設成發達的物質文明，後者則使中華民族成為「少進取心，缺乏勇氣，且缺乏團結力的民族」。〔註54〕

　　然而到了全面抗戰爆發後，錢端升的文化觀發生了第三次轉變。抗戰之初錢端升加入了國民黨，並受其委任出國參與外交工作。他對傳統文化的態度也隨之向國民黨官方意見靠攏。他鼓吹通過抗戰建國，「建樹一種新的偉大秩序或制度或文化」〔註55〕，而這種新文化的基石便是傳統儒家的道德文化。他說：「中國人的舊道德即是中國民族固有的精神。古聖賢所垂的教訓往往即中國數千年來賴以維持久遠的大道。孫中山先生在民族主義中所舉的忠孝仁愛信義和平八德實是中國民族的美德，一點沒有可以非議之處。……不但過去是如此，即今後將使我中國民族重光，將使我中國民族在世界史上放一不同於西洋文化的異彩，而使世界秩序一新者，也必是這八德。」他批判了當下社會認為儒家道德是「反動」、「與新時代不相容」的看法，但其文化觀並不是復古的、中國本位的。錢端升同時也承認舊道德中缺乏培養民族觀念的內容，要求今後的教育應在發揚傳統八德和吸收民族觀念兩方面著

〔註52〕錢端升：《清華改辦大學之商榷》，《清華週刊》1925年1月2日，第333期。
〔註53〕錢端升：《怎樣可以促進我們國家的近代化》，孫宏雲編：《中國近代思想家文庫‧錢端升卷》，北京：中國人民大學出版社，2014年，第96頁。原文載於《益世報》1934年2月18日。
〔註54〕錢端升：《怎樣做一個現代中國的青年》，《中國學生》1936年1月1日，第二卷一至四期合刊。
〔註55〕錢端升：《抗戰的目的》，《今日評論》1939年6月25日，第二卷第一期。

力。〔註56〕但其內心，並不完全認同近代民族主義的觀念。他始終認為民族主義只是戰時中國進行建國工作的工具；戰後中國文化對於世界的真正貢獻，在於重新樹立起「世界大同」的理想。〔註57〕他在1943年寫成《戰後世界之改造》一書，深刻反省了近代西方發展起來的「極端的瘋狂的民族主義」與「未能以人民福利為重的工業文化」，是導致近代以來無數次戰爭爆發的根源。「此次大戰結束而後，人類最神聖的責任自然無過於改變無限制的民族主義，使各民族能和平相處，並注射一種人道的精神於工業文化，使之能為人類造福，而不復為戰爭推波助瀾。」錢端升所構想的戰後「大同社會」，是一個既承認各民族文化差異性、又強調民主化政治與社會主義經濟制度等普世價值的世界。〔註58〕他的這種大同理想，既汲取了儒家思想以至康有為、孫中山大同思想中的現代性成分，又夾雜著他本人對戰後世界局勢的思索。

通過對1920年代至抗戰時期二十年間錢端升文化觀念的「一波三折」的考察，對於中國近代知識分子、尤其是深受西方文化薰陶的留學生對待傳統文化的複雜情感，或可有更深一層「同情之理解」。西方文化之於中國文化之優勢，他們十分清楚，並往往以「哀其不幸，怒其不爭」的姿態對中國文化有「忠言逆耳」之諫言。然而到了民族主義盛行的戰時，他們在成年以前所經受的傳統文化的薰陶，又一次在其頭腦中復活，成為他們鼓吹文化民族主義的動力與思想資源，並對國民黨保守的文化政策起到了間接的推波助瀾。但其西化思想的底色，又不時地影響到他們民族主義思想的表達。關注戰後中國與世界文化之重建，正是他們這種緊張而豐富的思想世界的向外體現。戰時知識分子的這種複雜的文化心態，胡適和錢端升都是典型。

第二節　文化民族主義的批評者

抗戰時期的文化民族主義，勃興於深重的國難危機之中；而對這一思潮

〔註56〕錢端升：《我們需要的教育政策》，《今日評論》1940年11月24日，第四卷第二十一期。
〔註57〕錢端升：《國家今後的工作與責任》，《今日評論》1940年9月29日，第四卷第十三期。
〔註58〕錢端升：《戰後世界之改造》，上海：商務印書館，1947年，第2、5、132～139頁。

的批評聲音，也因抗戰局面及國際局勢的轉移而漸起。聞一多在戰後回憶稱，1943 年出版的《中國之命運》一書所反映的「義和團精神」，即全面否定五四時期的傳統批判與世界主義精神、回歸對儒家文化的無限頌揚的文化民族主義精神，是致使其思想轉變，起而為「五四精神」辯護的直接誘因。〔註 59〕另據潘光旦在戰時直觀的觀察，隨著 1942 年《聯合國家宣言》的簽訂、中英美蘇「四強」局面的形成等事件標誌著中國國際地位的提升，外人對中國「恭維」的聲音也顯著增多，而國人的心態也隨之改變。「我們既當仁不讓的自居，別人更見賢思齊的歌頌，別人歌頌得愈熱烈，我們的自信與自恃的情緒便愈高漲。」「臨深履薄的戒懼心理」、對民族弱點的反省精神，在此時都有所削弱。〔註 60〕由自卑到自大的心態改變，導致國人難以接受批評的聲音。潘光旦因此呼籲，「在人格或國格的發展中，我們一面要尊信自我，一面更要批評自我。」〔註 61〕聞一多與潘光旦的記錄，分別從國內與國際局勢的角度解讀了戰時思想界心態的微妙變化。然而，對知識分子思想的考察，固應將之與現實事件緊密聯繫，但亦不能忘記關注其個體思想內在的邏輯一致性。戰時擔綱思想界領袖的一部分知識分子在青年時期所接受的西式自由主義教育、以及所繼承的「重新估定一切價值」的五四遺產，都導致他們始終保有對思想權威與主流的批判與反思精神。如同古希臘哲學家蘇格拉底一樣，他們願做國家與社會的「牛虻」，保持理性的正直，始終準備為漸趨僵直的思想界注入一支清醒劑。

抗戰時期，出於鼓舞民族精神、團結抗戰的實際需要，以及國民政府的刻意提倡，知識分子中普遍存在著向傳統文化回歸的文化思想趨勢。戰前即持保守文化態度的知識分子不斷調高讚美傳統的音調，而一批富有文化批判

〔註 59〕聞一多：《八年的回憶與感想》，載孫黨伯、袁謇正主編：《聞一多全集》（2），武漢：湖北人民出版社，1993 年，第 431 頁。過往研究常引用此文，作為戰時知識分子思想變動的例證。但由於聞一多在抗戰後期由「象牙塔」走向「十字街頭」，其思想不斷激進化，導致文中的回憶多少滲入「倒放電影」式的主觀剪裁，不盡客觀。例如他在文中對戰時大學教授對於抗戰責任的認識、對戰時教育政策的討論，從整個抗戰時期知識界的思考來看，具有一定的片面性。（同上書，第 427～429 頁。）

〔註 60〕潘光旦：《又一度測驗》，載氏著《優生與抗戰》，上海：商務印書館，1947 年，第 76～77 頁。原文作於 1942 年。

〔註 61〕潘光旦：《外人評論與我之自省》，載氏著《自由之路》，上海：商務印書館，1946 年，第 64 頁。原文作於 1944 年。

精神與啟蒙理想的知識分子，在戰時也減弱了其思想批判的鋒芒，甚而轉為傳統文化的弘揚而吶喊。文化上的民族主義在思想界居於絕對的統治地位，對傳統文化稍持反對態度者，更有被詆為「新式漢奸」、「第五縱隊」的危險。〔註62〕持保守主義態度的知識分子，對戰時「僵而不死」的西化論不能容忍，並大張旗鼓地將其抬出來批判。錢穆就是一個典型。他在戰時著文分析自甲午中日之戰以來「五十年來中國之時代病」，認為國人在外敵侵略的重壓之下，沒有一種作為擁有五千年輝煌歷史國家的國民所應有的積極奮發、重振國威的氣魄，反而只有「一口罵倒傳統五千年」的「急躁」與「淺見」，以「中國不亡，是無天理」為至理名言的民族虛無主義與自卑情結。「他們似乎用的自我批評的理智的成分太多了，而自我尊重的情感的成分則太嫌稀薄了。他們並不想做第一等人與第一等事。至少在世界的場圍裏面，他們是謙讓不遑的。救亡與謀生，是這一時代最高的想望。模仿與鈔襲，是這一時代最高的理論。」這就是近代中國的「時代病」。在武漢淪陷、抗戰已呈持久態勢後，國人意識到最後勝利已有把握，但仍沒有一種為建設新的國家與未來而應有的活躍向上的心態。〔註63〕在這裡，錢穆雖未明言，但他對西化派盲目引進西方文化從而導致民族精神低落的責備是很明顯的。他在本文中的論調，恰與上文中潘光旦所論戰時思想界不重視自我批評的論點呈截然對立之勢。因先行立場不同，所得結論亦言人人殊。

　　文化保守主義者在戰時對西化論的批判，還可舉張君勱為例。他在 1940 年專作一篇長文，將西化派「領軍人物」胡適在戰前的文化觀進行全面批判。他認為胡適對儒學的批判，「以歐洲文藝復興為出發點，尤富於歐洲啟智時期

〔註62〕胡風在 1941 年借紀念魯迅逝世五週年之際，對戰時文化界過度推崇傳統，而忽視了魯迅精神中勇於批判社會與傳統的一面表達不滿。他說：「而現在又如何？只准許歌頌勝利，只准許歌頌中國文化又古又好，中國人民又自由又幸福，只准許對於敵人底弱點和沒有出路『加以嗤笑，聊快一時的人心』，……而他卻在十幾年以前就已經說過了，『中國倘不徹底地改革，運命總還是日本長久，這是我所相信的。……』那麼，照現在的一些『君子』底戰法，看來好像新奇但其實是『古已有之』的國粹戰法，他怎樣能夠不被歸到『新式漢奸』或『第五縱隊』一類裏面去呢？說不定還是這一類底首領，也就是首犯罷。」（胡風：《如果現在他還活著》，載《胡風評論集》（中），北京：人民文學出版社，1984 年，第 169～170 頁。）

〔註63〕錢穆：《五十年來中國之時代病》，載氏著《歷史與文化論叢》，收入《錢賓四先生全集》（第 42 冊），臺北：聯經出版事業公司，1998 年，第 241～247 頁。原文載於《思想與時代》1943 年 4 月，第 21 期。

理性主義之彩色」。但是今日之思想界，「非僅僅重知識非懷疑非批評非證真偽或高唱打倒所能濟事」，而應以文化建設為要務，即「西方思想輸入後，吾國學術建立時期獨立自主時期」。「對於西方科學學說之各異者，不應如適之挾啟智時期之觀點而多所排斥，以妨礙自己之取精用宏。尤不應忘卻自己傳統，以自陷於蔑視數千年之歷史根據，而自毀其特色自忘其根本。必如是，而後吾國學術之建立，乃有基礎矣。」基於此，張君勱以十八世紀以來西方興起的非理性主義與新宗教精神，批駁胡適依據理性主義對中國傳統、尤其是儒家思想的批判，試圖趁胡適身在國外之時，廓清其思想學說在戰時思想界的影響。〔註 64〕從本文內容來看，張君勱雖欲以西方現代精神，將被胡適等西化派批判、打倒的中國文化傳統，重作一番合理化之解釋，但觀其對胡適論傳統觀點的具體批駁，可發現作者行文頗多粗糙、不合邏輯之處，不合其一貫之文風。〔註 65〕這或許能在側面反映出張君勱本人在戰時急欲借擊破西化論之觀點而建立民族本位文化體系的迫切心態。

借否定新文化運動以來反思傳統的成果，重樹以中國傳統文化為本位的文化建設方針，此種思想風氣，在戰時知識分子中盛行一時，錢穆、張君勱均是其推波助瀾者。然而，靠提倡與保衛「國粹」，便能實現抗戰建國、以及文化建國的時代要求嗎？對於傳統文化的反思，果真不能與戰時鼓舞民族精神的任務並行不悖嗎？從上節內容可知，一部分知識分子在現實的需求下，放棄了其批判精神與啟蒙立場；但是在戰時，仍有一些人頂著被「救亡」所主導的社會輿論誤解的危險，繼續向著傳統文化中的弱點猛烈進攻，作為對文化民族主義者的回應。在他們看來，「啟蒙」顯然不與「救亡」的總目標相矛盾；事實上，「啟蒙」正是「救亡」運動不可缺的一部分。

1944 年 5 月 4 日，傅斯年在《大公報》上發表《「五四」二十五年》一文，借紀念五四運動之機，試圖喚起社會對「五四」精神，即重估傳統文化價

〔註 64〕 張君勱：《胡適思想界路線評論》，載張君勱著，程文熙編：《中西印哲學文集》（下冊），臺北：臺灣學生書局，1981 年，第 1014～1040 頁。原文載於《再生》1940 年 12 月，第 51 期。

〔註 65〕 如文中以各國皆有專制君主為理由，反駁胡適所稱「孔子君臣之大義，為後世專制君主之憑藉」之意見；又稱「孔子有尊君之說，亦猶今日服從政府之說，安見學說之有害於國民？」此類似是而非之駁議，舉不勝舉。行文之陋，由是可見。張君勱文中自稱中國人之短處在名學，從其自身觀之，果如其所言。

值的重新關注。〔註 66〕他在文中回應了部分知識分子在戰時對五四運動「破壞多而建設少」的貶責〔註 67〕，毫不諱言其「消極方面的成就比積極方面的多」；但傅斯年認為，正是這「消極」的破壞工作，是值得今日警醒並珍視的。他依舊堅持過往的歷史觀，認為中國文明史上內政與外交諸方面，值得後人驕傲的長處遠少於應當反省的缺點。他承認「恢復民族的固有道德，誠為必要」，但是，

> 滌蕩傳統的瑕穢，亦為必要，這也是不容懷疑的。假如我們必須頭上肩上背上拖著一個四千年的垃圾箱，我們如何還有氣力做一個抗敵勞動的近代國民？如何還有精神去對西洋文明「迎頭趕上去」？試問明哲保身的哲學、「紅老哲學」（紅樓夢、老子，世故之極之哲學）、虛文哲學、樣子主義、面子主義、八股主義、官僚主義、封閉五官主義，這樣一切一切的哲學和主義，哪一件不是建設近代國家的障礙物？在洗刷這些哲學和主義，自須對於傳統的物事重新估價一番。……今人頗有以為五四當年的這樣重新估價有傷民族的自信心；不錯，民族的自信心是必須樹立的，但是，與其自信過去，而造些未曾有的歷史奇蹟，以掩護著誇大狂，何如自信將來，而一步一步的作我們建國的努力？

如果說，在公開發表的論文中，傅斯年對於「國粹」的語氣還稍顯平和，只稱戰時的「國粹運動」「在頗小限度內，有他的用處，然若無節制的發揮起來，只是妨礙我們國家民族的近代化，其流弊無窮」〔註 68〕；那麼，在其私人信函中可以看到他對於戰時興起的文化民族主義更加不留情面的苛責。他在致朱家驊的信中，稱「年來復古運動，橫流狂奔」，以致「國術」、「國學」、「國醫」等「廢物復活」。當時的「國學」提倡者，向中英庚款董事會提請設立國學一科，並對研究者加以資助。對此傅斯年根本反對，認為治國學者多是「冬烘頭腦」，「反對近代化」，於學問、於國家都無貢獻；況且「國學」的內容在近代本已被割裂，分入史學、語言學、哲學等科，若再設「國學」一科，則與學術分科之精神（即文中所稱 Wissenschaftliche Disziplin）完全違背。

〔註 66〕1943 年 5 月 4 日，傅斯年曾在《中央日報》上發表《「五四」偶談》一文，其宗旨亦為回應當時社會對五四運動的批評。
〔註 67〕如黃文山在《民族文化建設綱領》一文中便有此語。載《戰時文化》1939 年 1 月 10 日，第二卷第一期。
〔註 68〕傅斯年：《「五四」二十五年》，《大公報》（重慶），1944 年 5 月 4 日。

〔註 69〕可見，無論從實用性抑或現代學術體系兩方面考量，傅斯年都認為戰時所倡「國學」實無必要。

實際上，在「中國本位文化建設運動」興起的 1935 年，傅斯年便曾公開發文，指責國民黨與思想界所鼓吹的保守、復古思想，實際上是走回了「中體西用」的老路。〔註 70〕然而，身兼啟蒙思想家與民族主義者雙重角色的他，在抗戰爆發之後，也如同許多自由知識分子一樣，收斂起對傳統的反思，轉而鼓吹民族精神的發揚。〔註 71〕直到抗戰勝利已成定勢、各種戰後建國規劃盛行的抗戰後期，傅斯年才又在輿論界發聲，提醒國民注意吸取五四遺產，不忘在文化建設中對傳統文化予以客觀的評價。

傅斯年所說「造些未曾有的歷史奇蹟」、對於民族文化的「誇大狂」，可謂戰時文化民族主義者的一種典型心態。潘光旦亦從同情的角度，稱此種心態為「一顆愛國心與一顆衛道心的混合體」，「就固有的民族文化加以烘托絢染」。〔註 72〕這種方式，一方面可作為增強民族自信力與團結精神的「興奮劑」，但另一方面，也造成不能客觀認識本國國情的後果。尤其在經受了此次大戰的洗禮後，民族精神已達到幾千年來的巔峰，國家的國際地位也從受壓迫的屈辱狀態一躍成為世界「四強」之一。隨之而來的國民心理的轉變，在帶給國家建設以自信的動力之外，亦容易引發對未來的盲目樂觀、對國家民族現存問題的視而不見，忽視了我國仍處在「前現代化」時期這一歷史事實。反映在文化層面，就是在對待民族文化遺產和外來優秀文化的態度上表現出不應有的自大。這是中國思想界在戰時的文化民族主義的病態體現。聞一多對此有明確批判：

> 我得強調的表明，民族主義我們是要的，而且深信是我們復興
> 的根本。但民族主義不該是文化的閉關主義。我甚至相信正因我們
> 要民族主義，才不應該復古。老實說，民族主義是西洋的產物，我

〔註 69〕傅斯年致朱家驊（1940 年 7 月 8 日），王汎森、潘光哲、吳政上主編：《傅斯年遺札》（第二卷），北京：社會科學文獻出版社，2014 年，第 821～822 頁。
〔註 70〕傅斯年：《一夕雜感》，《大公報》（天津），1935 年 8 月 11 日。
〔註 71〕例如，他在 1938～1939 年受國民黨委託寫作的《中國民族革命史稿》一書中，寫到中國民族「其強而有力之潛伏性自在也」。轉引自王汎森：《傅斯年：中國近代歷史與政治中的個體生命》，王曉冰譯，北京：生活·讀書·新知三聯書店，2012 年，第 199 頁。
〔註 72〕潘光旦：《從一個考題說起》，載氏著《自由之路》，上海：商務印書館，1946 年，第 132 頁。原文作於 1944 年。

們的所謂「古」裏，並沒有這東西。談談孔學，做做歪詩，結果只
有把今天這點民族主義的萌芽整個毀掉完事。其實一個民族的「古」
是在他們的血液裏，像中國這樣一個有悠久歷史的民族，要取消它
的「古」的成分，並不太容易。難的倒是怎樣學習新的，因為我們
在上文已經提過，文化是有惰性的，而愈老的文化，惰性也愈大。
克服惰性是一件難事啊！〔註73〕

　　聞一多的這種態度，同戰前胡適的「文化惰性」說如出一轍。〔註74〕思
想已急劇左傾的他，在思考文化問題時仍自動使用胡適所建構的概念。然而
戰時的文化民族主義者，則從相反的角度解釋「文化惰性」：「文化之復興，
應以民族復興為其目的。否則，只取歐西文化，忘卻自己民族精神寶藏，則
文化本身，陷於惰性，出主入奴，必為西洋文化所征服，文化失去獨立性。」
〔註75〕兩派觀點對於學習西方文化與弘揚民族文化，孰難孰易、孰重孰輕，
都呈現出兩極性的態度。

　　聞一多重點對中國的民族性深入反思。他的《從宗教論中西風格》一文，
可以說是戰時文化民族主義的批評聲音之中最高亢、最激烈的一種。他在文
中分析了宗教的起源，並比較了中西宗教思想的不同，認為西方民族性中強
烈的「生的意志」，導致真正的宗教只能產生於西方。在宗教的影響下，西
方社會最先出現了愛國思想與科學精神，並為其民族性打上了正面的標籤。
聞一多用這樣的詞語比較了中西民族性之不同，稱西方的民族性「不是對付
的，將就的，馬馬虎虎的，在飢餓與死亡的邊緣上彌留著的活著，而是完整
的，絕對的活著，熱烈的活著——不是彼此都讓步點的委曲求全，所謂『中
庸之道』式的，實在是一種虛偽的活，而是一種不折不扣的，不是你死我活，

〔註73〕聞一多：《復古的空氣》，載孫黨伯、袁謇正主編：《聞一多全集》（2），武漢：
　　　　湖北人民出版社，1993 年，第 355 頁。原文載於《雲南日報》1944 年 2 月 20
　　　　日。
〔註74〕胡適說：「此時沒有別的路可走，只有努力全盤接受這個新世界的新文明。全
　　　　盤接受了，舊文化的『惰性』自然會使他成為一個折衷調和的中國本位新文
　　　　化。……我們不妨拼命走極端，文化的惰性自然會把我們拖向折衷調和上去
　　　　的。」（胡適：《一四二號編輯後記》，收入季羨林主編：《胡適全集》（第 22
　　　　卷），合肥：安徽教育出版社，2003 年，第 255～256 頁。）這一觀點的詳細
　　　　表述，見《試評所謂「中國本位的文化建設」》，收入季羨林主編：《胡適全集》
　　　　（第 4 卷），合肥：安徽教育出版社，2003 年，第 578～583 頁。
〔註75〕周祥光：《戰時產生的民族文化書院》，《民意》1941 年，第 167 期。

便是我活你死的徹底的，認真的活——是一種失敗在今生，成功在來世的永不認輸，永不屈服的精神。」他更進一步對中國民族性直接批判，稱：「儘管有你那一套美麗的名詞，還是掩不住那渺小，平庸，怯懦，虛偽，掩不住你的小算盤，你的偷偷摸摸，自私自利，和一切的醜態。你的孝悌忠信，禮義廉恥，和你古聖先賢的什麼哲學只令人作嘔，我都看透了！你沒有靈魂，沒有上帝的國度，你是沒有國家觀念的一盤散沙，一群不知什麼是愛的天閹（因此也不知什麼是恨），你沒有同情，也沒有真理觀念。」〔註76〕晚年聞一多的思想轉向魯迅，他對國民性的激烈批判，正是繼承魯迅精神的明證。在戰時政府與民間思想界對中國傳統、尤其是儒家思想的齊聲頌揚聲中，聞一多的以上言論，讓人回想起五四時代那種一往無前的批判傳統精神。而與五四諸子相同，他所發出的異類的聲音，仍是為了對中國文化缺陷的徹底推翻與重建。

像聞一多這樣，在抗戰民族主義思想極盛之時，不憚公開發言，表達其對時下流行的文化復古心態的批判的知識分子，還可舉陳獨秀的例子。抗戰爆發後被國民黨釋放的陳獨秀，公開聲明其後的發言「不代表任何人」、「為中國大多數人說話，不願意為任何黨派所拘束」〔註77〕，「由黨派領袖回歸於一個知識分子個人」，恢復其思想的獨立性。〔註78〕他在戰時，仍延續著新文化運動時期對中國傳統文化的基本態度，即一方面承認儒學有其可取之處，另一方面對當時思想界看重儒學而導致的文化保守性大加撻伐。在其出獄後寫作的第一篇時論中，他便重提孔子學說的現代價值問題。他明確指出，孔子對待宗教迷信的理性態度及其創設的禮教體系，在其所處時代都有其價值；然而將其思想置於現代社會來評判，則另有說法。陳獨秀認為，「孔子不言神怪，是近於科學的。孔子的禮教，是反民主的，人們把不言神怪的孔子打入了冷宮，把建立禮教的孔子尊為萬世師表，中國人活該倒楣！」在此，陳獨秀從實行民主的角度，否定了孔學的現代價值，並將民國以來「進步黨人所

〔註76〕聞一多：《從宗教論中西風格》，載孫黨伯、袁謇正主編：《聞一多全集》（2），武漢：湖北人民出版社，1993年，第360～365頁。原文載於《生活導報》1944年4月23日，第65期。

〔註77〕陳獨秀：《致〈新華日報〉》，載任建樹主編：《陳獨秀著作選編》（第5卷），上海：上海人民出版社，2010年，第241頁。原載於《掃蕩報》1938年3月20日。

〔註78〕李書磊：《1942：走向民間》，濟南：山東教育出版社，1998年，第10～11頁。

號召的『賢人政治』,『東方文化』,袁世凱、徐世昌所提倡的『特別國情』,『固有道德』」抬出來,作為禮教思想在現代中國盛行的標誌,一併予以批判。〔註79〕在此,他所欲影射的對象,即政治上法西斯化、文化上保守復古的國民黨政府。

陳獨秀明確宣稱,抗戰暴露出中國在政治、軍事、工業、經濟、文化諸方面「事事不如人」〔註80〕。為奪取抗戰勝利,就必須要堅決地改變當下前資本主義的社會狀況,大力引入適合現階段中國發展的物質、制度與文化等一整套資本主義體系。「我們應該盡力反抗帝國主義危及我們民族生存的侵略,而不應該拒絕它的文化。拒絕外來文化的保守傾向,每每使自己民族的文化由停滯而走向衰落。中國文化誠然有它的優點,惟如果渲染過當,便會使之高踞在形式上的地位,俯視一切,形成偏畸的發展,竟把民生國防所依賴而應該特別重視的物質文明,排除在文化以外」。〔註81〕然而,陳獨秀並沒有特別說明中國文化的優點何在。或許,上述說法只是一種委婉的修辭,而其真正用意,在於鼓吹「全部歐化」。因此,陳獨秀批判共產黨對「唯武器論」的批判,認為這是對中國文化與道德的盲目崇拜。同時他還反對「中學為體,西學為用」這種國民黨及戰時知識界盛行的「半弔子的見解」,「一方面主張採用現代生產制與軍器,一方面主張保存固有的道德與文化,高唱東方的精神文化勝過西歐的物質文明;如此則中國永遠不會歐化,即是近代資本主義的生產制、武器、道德和文化,永遠不會走進中國來」。〔註82〕戰時的陳獨秀,極度強調文化的時代性,按照進化的順序,將文化作了前資本主義(封建)、資本主義與社會主義三階段的劃分,並指出資本主義文化是中國抗戰致勝的必要條件。同時,他又表示,資本主義確有其缺陷,中國發展資本主義時應

〔註79〕陳獨秀:《孔子與中國》,載任建樹主編:《陳獨秀著作選編》(第5卷),上海:上海人民出版社,2010年,第164～173頁。原文載於《東方雜誌》1937年10月1日,第三十四卷第十八、十九號。

〔註80〕陳獨秀:《抗戰一年》,載任建樹主編:《陳獨秀著作選編》(第5卷),上海:上海人民出版社,2010年,第284頁。原文載於陳獨秀:《民族野心》,廣州:亞東圖書館,1938年。

〔註81〕陳獨秀:《戰後世界大勢之輪廓》,載任建樹主編:《陳獨秀著作選編》(第5卷),上海:上海人民出版社,2010年,第386頁。

〔註82〕陳獨秀:《民族野心》,載任建樹主編:《陳獨秀著作選編》(第5卷),上海:上海人民出版社,2010年,第257頁。原文載於陳獨秀:《民族野心》,廣州:亞東圖書館,1938年。

注意其中的改良思想。〔註 83〕但與錢穆、馮友蘭等人不同，陳獨秀並不主張以中國傳統文化之優長，補救西方資本主義文化之缺失。對待傳統，他採取的仍是「整理國故」的精神，認為民族文化有其學術研究與保存的意義，而拒絕討論其現實價值。〔註 84〕

　　晚年陳獨秀的文化思想，實際上走向了全盤西化的道路。較之新文化運動時期，他仍然堅持著對科學與民主的追求、對西方物質文明的倡導；在評判傳統文化上，則採取了更加激進的態度，以其不適應時代需要為由，將之全部拋棄，並更替為資本主義文化。他認為文化具有整體性，一旦中國得以實現資本主義工業化，在物質條件改善的同時，文化方面也會自動更新。然而陳獨秀並沒有具體指出文化更新後所表現出的特質。在對西方資本主義文化的理解深度上，他明顯已落後於同樣提倡全盤西化的陳序經。

　　抗戰時期的陳序經，其大部分精力已轉到對文化學的研究與教學之中。對於全盤西化的主張，他雖未放棄，但也明瞭在戰時民族主義高漲的時代，再公然宣揚全盤西化觀，易於被誤解為消解抗戰精神的民族文化虛無主義。然而面對當時文化界盛行的文化保守主義及折衷論，尤其是「今日許多所謂新文化運動的中堅人物既多只靠過去的聲譽以維持其地位，其甚者更大開倒車而使守舊者張目」〔註 85〕，陳序經也忍不住借批駁張申府、馮友蘭、賀麟，「借靶立論」，重申並宣傳其全盤西化主張。〔註 86〕陳序經堅信文化的整體性與文化各部門的聯繫性，認為文化折衷論者所稱對於西洋文化「取長去短」的態度不足取。科學對於物質文化的顯著影響，這是無人可否認的，也是折衷論者承認現時代中國所亟應吸收的西洋文化。然而由於文化具有整體性，接受了西方文化的物質方面的中國，對其社會與精神方面，也必會受到衝擊，在傳統基礎上發生西化的轉變。正如陳序經所言，「所謂資本主義的社會，或是社會主義的社會，無論是直接上或間接上都與科學有了密切的關係。連了

〔註 83〕陳獨秀：《我們不要害怕資本主義》，載任建樹主編：《陳獨秀著作選編》（第5 卷），上海：上海人民出版社，2010 年，第 278～282 頁。原載《政論》1938年 9 月 15 日第一卷第二十三期。

〔註 84〕陳獨秀：《蔡孑民先生逝世後感言》，《中央日報》1940 年 3 月 24 日。

〔註 85〕陳序經：《紀念五四運動感言》，《中央日報》（昆明），1940 年 5 月 5 日。轉引自劉集林：《陳序經文化思想研究》，天津：天津人民出版社，2003 年，第316 頁。

〔註 86〕關於陳序經對張、馮、賀三人思想批判的具體分析，可參考趙立彬：《抗戰時期的文化論戰》，《學術研究》2002 年第 9 期。

所謂社會的基礎的家庭，也深刻的受科學的影響。」「道德之於智識技術工業是有了密切的關係的，智識發展，技術進步，工業發達，則社會組織的本身也要起了變化，所謂組織社會的道德，也不能不受了影響。」〔註87〕他還借紀念新文化運動之機，號召知識界勇於超越二十多年前以民主與科學為主題的西化主張，用更徹底的西化態度，吸納西方哲學、宗教等一切文化成果。〔註88〕同時應當注意的是，陳序經並不排斥賀麟等知識分子對於西方文化的反思，稱「主張全盤西化的人，並不主張被動的西化，奴隸式模仿，而是主動自覺的吸收，採用，融化，批評與創造的精神。」並稱這種反思精神正是西方文化之所以進步的原因。〔註89〕然而，對於西方文化的缺點，他卻並沒有深入思考。

　　國民黨在戰時推行的這一套復興傳統文化、提倡傳統道德的文化民族主義政策，在一定程度上起到了喚起國民民族與文化認同的作用，有利於持久抗戰的進行。然而這種專制、復古的文化政策，在當時也引起一批受新文化運動「打倒孔家店」思想影響的知識分子的不滿。甚至一些供職於國民政府行政部門的「有機知識分子」，在其私人文字中，也表達了對國民黨文化民族主義政策的批評。

　　翁文灝年輕時既中過秀才，又曾留洋比利時，拿到中國第一個地質學博士學位，對中西文化都有親身經歷。他在戰時擔任國民政府經濟部部長兼資源委員會主任委員，與許多國民黨高層要員交往甚密，但仍保持著知識分子的底色。〔註90〕由於其職務關係，他不便公開表露自己的真實想法；但通過其當時所記日記，仍可窺其內心對國民黨文化政策的不滿。翁文灝認為，國民黨戰時所提倡儒家思想，在歷史上就是政治人物用來「以忠君學說收拾占□人心」的「政治工具」；到民國初年，袁世凱崇尚孔教，引起知識分子反儒學思想興起，並得到知識界的廣泛支持：「北大提倡新說，曾以提倡科學及民治、打倒孔家店，懸為三大目的，一時青年反感之深，可以想

〔註87〕陳序經：《抗戰時期的西化問題》，《今日評論》1941年1月26日，第五卷第三期。

〔註88〕陳序經：《五四文化運動的評估》，《自由論壇》1943年5月15日，第一卷第四期。

〔註89〕陳序經：《抗戰時期的西化問題》，《今日評論》1941年1月26日，第五卷第三期。

〔註90〕參見李學通：《翁文灝年譜》，濟南：山東教育出版社，2005年。

見。」然而，「國民政府治下，對於孔氏學說真實研究者未聞有人，而無聊舉動，往往而是。封孔子遺族為奉祀官，世代相接，其辦法與封建時代無二。定孔子誕辰為教師節，定學術一尊之制，違與時代進步之旨。一言學說，則如謂《易經》（實為古代卜筮之作）為科學奇書，無為荒謬可笑。如此做法而自稱崇孔，甚奇談也。」就《論語》一書內容，翁文灝評論稱，「孔子遺教誠有極多可為模範之處，然較之晚周諸子學說，余實不信有任何理由可以獨尊孔子，而抹殺其他極有精義之言論。孔子絕對的學重古人，不感考證之必要，尤失闕疑求證之精神，而阻思想進步之途徑，揆之近代教育實不相宜。」他還曾引《老子》書中「失道而后德，失德而後仁，失仁而後義，失義而後禮」一句，對國民黨提倡「禮義廉恥」的保守道德觀念予以諷刺。〔註 91〕可見他並不認同國民黨在戰時一味推崇孔子與儒學。另外，他還對當時借「總理紀念周」活動對「四維八德」等傳統道德加以宣傳多有微詞，認為這一類活動形式大於內容，所作演講之文字多為套話，且有諸多不合常識之處。〔註 92〕

　　年輕時就讀於廣東高等師範學校、接受過新式教育，並於戰時在國民政府行政院擔任中層領導職務的陳克文，在其日記中對精神總動員運動及國民黨保守的文化政策多有指謫。精神總動員運動開始後，國民黨要求各地、各單位每月舉行「國民月會」，以宣誓、演講等方式固化國人對精神總動員內容的認識。陳克文在其日記中多次記錄了行政院內舉行的國民月會情況。在 1939 年 6 月 1 日的日記中，時任行政院秘書長的魏道明，在月會演講時大贊精神總動員運動「有關國家興亡」，但在私下卻將這一剛開展兩個月的運動評價為「一件無聊的事」。〔註 93〕本年七月的月會後，陳克文又記錄道：「精神總動員的發動已經三個月了，似乎看不出甚麼效果來，比之新生活運動似乎還要落空。新生活運動因為有具體的工作，許多地方實在收過相當的效果，精神總動員實在太抽象了，即有效果也是不容易看得見的。」〔註 94〕可見這一運

〔註91〕翁文灝著，李學通、劉萍、翁心鈞整理：《翁文灝日記》（下），北京：中華書局，2014 年，第 531～532、599 頁。

〔註92〕翁文灝著，李學通、劉萍、翁心鈞整理：《翁文灝日記》（下），北京：中華書局，2014 年，第 521、599 頁。

〔註93〕陳方正編：《陳克文日記》（1937～1952）（上冊），北京：社會科學文獻出版社，2014 年，第 404 頁。

〔註94〕陳方正編：《陳克文日記》（1937～1952）（上冊），北京：社會科學文獻出版

動開始之初，便有國民黨中、高層官員對其內容及作用持極大的懷疑態度，這一運動在黨內的感召力之弱可見一斑。經過一段時間的宣傳教育後，陳克文私下裏還是認為國民黨黨員對精神總動員的認識水平太低，批評其言論「浮腔濫調，並無新意」〔註95〕，「『賣膏藥』，『做八股』，不暇研究，不知考慮」〔註96〕。鑒於國民精神總動員及戰時國民黨文化政策中「尊中抑西」的傾向，他曾寫《精神總動員必須打破的兩個錯誤觀念》一文，稱「精神戰勝物質」和「東方文明優於西方文明」兩個觀念不打破，「精神總動員不免誤入歧途」。〔註97〕而對國民黨強調以儒家學說中「模範、感化、身體力行」的精神改良社會風氣的做法，陳克文認為經新生活運動及國民精神總動員十年的實踐，已證明該原則的失敗；「今後必須講行政、管理、干涉，講法律，才是可通的道路。」然而他也承認其主張是難以實現的，因為這與「現在國民黨的領導人物的精神相反」。〔註98〕從以上兩位受過現代文化教育、并服務於國民政府部門的知識分子的私人記錄中，可見戰時國民黨推行的民族主義文化政策，在黨內即遭受了許多質疑。另外，還有部分自由主義色彩更濃的「體制內」知識分子，他們對戰時文化民族主義泛濫的局面發出了公開的抨擊。羅家倫、蔣廷黻就是其中的典型。

羅家倫在國民革命時期便已加入國民黨，自那時起，就開始為國民黨文化教育政策在大學的實施而效力。他在 1932 年接任中央大學校長，並在任職之初發出「建立民族有機文化」的號召，與作為民族主義政黨的國民黨的政策相配合。他認為當今中國大學的中心任務，在於建立起學術研究同民族復興的緊密聯繫，並將各部門文化均納入到復興民族文化的共同意識之

社，2014 年，第 419 頁。

〔註95〕陳方正編：《陳克文日記》（1937～1952）（上冊），北京：社會科學文獻出版社，2014 年，第 538 頁。

〔註96〕陳方正編：《陳克文日記》（1937～1952）（下冊），北京：社會科學文獻出版社，2014 年，第 795 頁。

〔註97〕陳方正編：《陳克文日記》（1937～1952）（上冊），北京：社會科學文獻出版社，2014 年，第 376 頁。此文似未公開發表。

〔註98〕陳方正編：《陳克文日記》（1937～1952）（下冊），北京：社會科學文獻出版社，2014 年，第 796 頁。另外，陳克文還曾撰文，對中國古代政治文化中「養士」思想對當下政府行政效率的有害影響提出批評，也可視為他對當時文化民族主義思潮的一種回應。（《談人事制度的一個錯誤觀念》，《中央週刊》1940年 10 月 15 日，第三卷第十四期。）

中，形成一個相互協調、目標一致的有機體。〔註 99〕羅家倫的這一主張，雖呼應了同時期國民政府發起的「民族文化復興運動」，但在其主旨中，並未因此沾染上復古與守舊的色彩。抗戰時期，他一方面鼓吹服從領袖、埋首建國〔註 100〕，並在高校軍事、政治教育上與國民黨保持同步，但另一方面則不忘繼承新文化運動的啟蒙立場，倡導對傳統文化的反思。分析羅家倫在抗戰八年的言與行，他雖一直作為國民政府中的高級官員，服務於高等教育及西北建設等具體部門，但仍保持著五四一代知識分子的文化批判與國民性反思精神。他說：「保留我們對固有文化一切優美之點的十分尊重，我們只覺得我們的過去，至少是最近的過去，不免太鬆懈，太頹唐，太苟安，太脆弱，太無機構，太少豐富進取的生命了。」〔註 101〕「我們的思想不能開倒車」，「我們要揮著慧劍，割去陳腐。我們要擴清因循，頹廢，軟弱，倚賴，卑怯，和一切時代錯誤的思想——生命的毒菌。」〔註 102〕羅家倫因此思考在抗戰的時代背景下重建新的人生態度與道德標準，而不是簡單地走回到傳統儒家四維八德的精神體系。他在戰時創辦《新民族》期刊，出版《新人生觀》、《新民族觀》、《文化教育與青年》等演講辭與論文的合集，就是為了推動戰時民族精神與文化的建設。

羅家倫認為，「在這時代，舊道德標準都已動搖，而新的道德標準尚未確立。」人生哲學的重建，正在其時。他提出要擺脫權威與傳統的思想束縛，用理智重新審定和解釋舊有價值觀念，發現其「合於現代生命的願望」。「舊的是歷史，歷史是潛伏在每人的生命細胞之內，不但不能抹煞，而且想丟也是丟不掉的；但是生命之流前進了，每個時間的階段都有它的特質，鎔鑄過去，使它成為活動的過去，為新生命中的一部分，才能適合併提高現實生存的要求。」他反思了古代文化傳統流傳至今的「主靜主敬」的、保守的、小我的人生觀，號召建立起以「動」、「創造」和「大我」為特質的新人生觀。〔註 103〕以此為總綱，他在戰時做了一系列演講，充實其新人生觀內容。但他並非極

〔註99〕 參見羅家倫：《提高學術創立有機體的民族文化》、《中央大學之使命》，均載於
臺北國民黨中央委員會、國史館主編：《羅家倫先生文存》（第五冊），1989 年。

〔註100〕 參見羅家倫：《五四運動的經過和感想及青年對於國家民族的責任》、《五四
紀念與謁見導師的意義》，均載於臺北國民黨中央委員會、國史館主編：《羅
家倫先生文存》（第五冊），1989 年。

〔註101〕 羅家倫：《「新民族」的前奏曲》，《新民族》1938 年 2 月 23 日，創刊號。

〔註102〕 羅家倫：《自序》，載氏著《新人生觀》，重慶：商務印書館，1942 年，第 1 頁。

〔註103〕 羅家倫：《建立新的人生觀》，《新民族》1938 年 2 月 23 日，創刊號。

端的反傳統者，他試圖通過重新塑造了孔子的時代形象，以「文事武備兼於一身」的孔子作為民族性的代表，以此化解中西文化之間的緊張。〔註104〕羅家倫的上述文化論點，都在一定程度上脫離了國民黨文化政策所設定的範圍，對戰時社會流行的全盤肯定傳統文化的文化民族主義觀點加以反思，並鼓吹一套融合中西、體現現代精神的人生哲學。但總的來看，羅家倫在公開場合的發聲，時時顧及國民黨的顏面，並未直接對其文化政策加以針砭。這是他在知識分子角色之外，作為一名老資格政府官僚的底線。

與羅家倫不同，在戰時先後擔任過國民政府外交與內政官員的蔣廷黻，對於戰時政府保守的文化政策，提出了公開的批評。他借評論雷海宗戰時出版的《中國文化與中國的兵》一書，直言不諱表達了在國民黨支持下史學研究過度強調民族文化優越性以及國民黨欲借復古而復興民族、打擊異黨的政策的不滿。他說：

> 近來還有些人想利用歷史來作復古的工具。他們以為惟一愛國的方法在於相信中國傳統的文物都是至善盡美的。論學制，他們以為中國今日的急務在恢復書院。論武藝，他們認定中國拳術的效力遠在西洋飛機大炮之上。論文字，他們很客觀的評定中文是最科學的文字。談及道德，他們相信惟獨中國文化崇尚孝悌忠信，禮義廉恥。這些人以為這樣的說法可以提高民族的自信和防止異黨的活動。庚子年的義和團十足的表現了這種民族自信，卻不見得是民族的復興之路。對付異黨恐怕也不能靠復古。〔註105〕

蔣廷黻認為抗戰時期國家建設的最高標準，在於發展「國力」。國力的建設包括物質與精神兩方面，而以精神元素為當前急需改變的方面。當前中國精神建設最大的問題在於「近代的文化」的缺乏，而傳統所留下的以「詩詞、書法、風雅、理學漢學」為代表的「重文」的文化，正是阻礙中國學習以科學為基幹的近代文化的阻礙。因此蔣廷黻堅決地說：「倘若道德與國力相衝突，我們應該即刻修改我們的道德觀念。假使某種最古的國粹阻礙我們國力的發展，我們也應該火速割愛，把那種國粹拋棄毀滅。」〔註106〕

〔註104〕羅家倫：《民族與民族性》，《新民族》1938年3月5日，第一卷第二期。

〔註105〕蔣廷黻：《書評：〈中國文化與中國的兵〉》，《新經濟》1940年5月1日，第三卷第九期。

〔註106〕蔣廷黻：《論國力的元素》，《新經濟》1938年11月16日，第一卷第一期。

　　蔣廷黻的這種「唯國力論」主張，實際上是比「戰國策派」更早提出的一種崇尚「力」的文化建國理念。他雖未將中國的戰國時代與當今國際局勢進行類比，但與「戰國策派」得出了類似的結論：「在我們所處的這個歷史階段之中，戰爭就是常態！所謂和平，不過是個備戰時期，政治和經濟鬥爭時期。」他同樣號召國人破除「視文弱為自然」、「為高尚」的傳統觀念，重視國力建設中的「暴力」、「野蠻力」、「戰鬥力」，樹立「以力立國」的標準。〔註 107〕然而與「戰國策派」的文化民族主義思想不同，蔣廷黻的文化觀完全是西化式的。他對於「戰國策派」以歷史發展週期論為核心的「文化形態史觀」、對於建構一種宏大的文化敘事體系、對於將中國古代某一時期或某一思想流派作為歷史在當代的再現和時代精神並無興趣，而是專從中國能否完成包括文化在內的近代化這一核心問題出發，對戰時中國文化問題獻言獻策。〔註 108〕從文化近代化的角度，他提出仿傚歐西各國，重視「力」的精神的培養；他對中國文字在學習和使用上的不便發出指責，並繼續鼓吹新文化運動以來的白話文運動和簡化漢字思潮〔註 109〕；他尤其將近百年來中國近代化運動的失敗，歸結於傳統思維影響下的士大夫階級與底層民眾的守舊與愚昧〔註 110〕。這種文化觀點，尤其是他在戰時出版的《中國近代史》等著論中對以林則徐為代表的士大夫階級不明世界大勢、延誤了中國近代化歷程的批判，更招來了不少政界、知識界的批評聲音。有文章將蔣廷黻為琦善的「辯白」和對主戰的士大夫「清談誤國」的批判，曲解為贊同汪精衛的投降主義。〔註 111〕錢穆還將蔣廷黻的論點認作是喪失民族立場與宣揚歷史虛無主義。他不點名地批評道：「近代的中國人，也有笑林文忠為頑固糊塗，

〔註 107〕蔣廷黻：《論國力的元素》，《新經濟》1938 年 11 月 16 日，第一卷第一期。
〔註 108〕蔣廷黻與雷海宗等「戰國策派」代表人物在文化問題上觀點與認識方法上的不同，從其各自治史特點即有反映。相比之下，蔣顯然更加強調史料搜集與整理，其《中國近代史》一書篇幅雖短，但凝結著其戰前十餘年不斷搜集中國近代史、尤其是外交史方面的資料的心血。（尤以《近代中國外交史資料輯要》一書的出版為標誌。）而雷則更重視在佔有基本史料基礎上，從理論建構與歷史解釋的角度進行史學研究。治史精神反映在戰時政論上，「戰國策派」的文化思想更具鼓動與號召之效，而從蔣廷黻的文章則看出他對時代弊病的冷靜觀察與反思。
〔註 109〕蔣廷黻：《釋「建國」》，《新經濟》1939 年 8 月 1 日，第二卷第四期。
〔註 110〕詳見蔣廷黻：《中國近代史》，〔不詳〕：商務印書館，1938 年。
〔註 111〕鄧公玄：《評蔣廷黻〈百年的外交〉》，《中山半月刊》1939 年 1 月 25 日，第一卷第六期。

反而高捧耆善、伊里布等為漂亮識大體的外交家。這無異站在外國人立場，代外國人說話。中國人自己不知道中國事，如何能愛中國？不愛中國的人，如何算得是一個真正的中國人？事實上是一個真正的中國人，而理論上卻又絕不能算他是一個真正的中國人，如此般的人，到處皆是，豈不可痛，豈不可驚？」因此針對戰時的國史教育，尤當撇清「菲薄民族文化乃至於加以唾棄」的一班知識分子所寫的「空洞淺薄乃至於荒謬」的國史論著，對於本國民族文化之偉大「重新加以一番認識與發揮」。〔註112〕這與主張「全盤西化」的陳序經對蔣著《中國近代史》「很顯明地指出全盤西化的必要」〔註113〕的表揚形成鮮明對照，也體現出文化保守者與西化派在文化觀點上的歧義。

　　戰時文化民族主義的批評者中，蕭公權是很特殊的一例。他在 1939 年發表《政治上的最後勝利》一文，詳細檢討了抗戰兩年來社會上對於建國事業的思想認識。他在文中重申了抗戰與建國的關係：「抗戰是消極的求自存，建國是積極的求自強。不抗戰我們不能取得建國的機會，不建國我們就失去了抗戰的目的。」建國的目標，是「現代國家的完成」。自晚清起，國人便踏上了現代國家建設之路。然而其努力最終歸於失敗，個中最重要原因，在蕭公權看來，是對現代化的真義不能完全瞭解，而陷入了「中西華夷的界限」之中。這種不正確的建國認識，直至抗戰期間，仍遺存於社會中。一方面，「相信中國舊日的道德原則和政治方法可以應付當前建國的需要」。這種對文化的時代性的忽略，其背後有兩種原因，即「沿襲前人內夏外夷的成見，以為我們的物質文明雖然落後，精神文明卻為世界之冠，西洋現代國家的文物制度遠不如我們古昔聖賢所說者高尚優美」，以及「抱定本位文化的信仰，以為一個民族無論如何不應該放棄自己特殊的文化」。蕭公權從功利的角度進行批駁，認為民族文化的發展，必當有利於民族得存於世界；在當前世界局勢下，不接受現代化，僅憑傳統，是無法實現這一目標的。另一方面的錯誤認識，在於「只知道重視物質上的現代化而忽略社會和政治本身的現代化」。蕭公權將其稱之為「中體西用謬見的死灰復燃」，稱體用本不可分，若無現代化的社會與政治建設，只在物質建設上用力，仍會如清季洋務

〔註112〕錢穆：《革命教育與國史教育》，載氏著《文化與教育》，收入《錢賓四先生全集》（第 41 冊），臺北：聯經出版事業公司，1998 年，第 278、280～281頁。原文刊於《大公報》（重慶），1941 年 9 月 7 日。

〔註113〕陳序經：《抗戰時期的西化問題》，《今日評論》1941 年 1 月 26 日，第五卷第三期。

運動一般陷入失敗。〔註114〕

　　在上文中，蕭公權作為西方現代化理論的篤信者，接近於胡適在戰前所述「一心一意的現代化」的思路〔註115〕，對戰時文化民族主義導致的拔高中國精神文化和「中體西用論」持堅決批判態度。然而弔詭的是，僅僅三年後，他的文化思想發生一百八十度轉變，成為「昨日之我」的否定對象。1942年10月，英美兩國政府發表聲明，表示願意與我國進行廢除不平等條約的談判。這不啻於給艱苦抗戰五年之久的國人注入一劑強心針，並增強了知識界對於戰後世界局勢的樂觀期望。蕭公權也加入到當時知識界對這一歷史事件的討論之中。他於是時著文，搬出過往曾極力反對的、反現代化的兩點傳統精神，作為中國文化貢獻於戰後世界的精華。其一為儒家「王道」政治精神補救西方帝國主義與獨裁政治之「霸政」。蕭公權稱之為「以仁愛為宗旨，以寬厚為方法，以和平為條件，以大同為歸宿。施於國內則民安，放之天下則世平。雖未嘗具民權之形式，而有契乎民主之精神。」他並搬出十八世紀啟蒙運動以及一戰結束兩次西方學習中國政治道德之熱潮，說明「中化」運動於史有徵。此次大戰勝利後，西人必對自身文化重有一番反省，「中國之政教學術殆又將三度引起西人之重視」。因此，「吾人斷宜在此期中完成建國之艱巨工作，發揚先民政理，適應現代需求，立寬厚和平之楷範，絕霸政獨裁之根株，開風建制，蔚為太平洋民主大國之重鎮。」其二為「仁智雙修之學風」。「中國注重道德，西人長於科學，此乃一般公認中西文化不同之一要點。」西方用智不用仁，導致「科學發明徒供獨裁政治殺人之利器」；中國雖有仁義道德，但科學不昌，國力不能抵禦外侮。「惟有仁智雙修，中西一貫，合科學於道德，以道德化科學，庶幾人類之文化進步能與世界和平相持而長，兩無妨礙。」〔註116〕客觀地說，蕭公權所指出的西方文化缺憾之處，

〔註114〕蕭公權：《政治上的最後勝利》，《七七紀念特刊》1939年7月。蕭公權的這種批判角度，繼承了胡適在1926年發表的《我們對於西洋近代文明的態度》一文中，對將東西方分別歸為精神文明與物質文明，貶西方為唯物、崇東方為精神這一立論的批評。文章收入季羨林主編：《胡適全集》（第3卷），合肥：安徽教育出版社，2003年，第1～14頁。

〔註115〕參見胡適：《充分世界化與全盤西化》，收入季羨林主編：《胡適全集》（第4卷），合肥：安徽教育出版社，2003年，第584～587頁。

〔註116〕蕭公權：《中國對戰後世界之貢獻》，《中央日報》（昆明），1942年10月20日。轉引自張允起編：《中國近代思想家文庫·蕭公權卷》，北京：中國人民大學出版社，2015年，第283～286頁。

在當時及現在，都是許多西方學者所認同的。然而他在貶低西方文化的同時，卻又不自覺地回到了「中體西用」的老路，對於中國傳統道德文化以及在此基礎上建構的理想化的政治思想，予以重新肯定，並將其認作未來世界文化發展的要訣。從抗戰前期主張中國社會各方面全部地現代化，到後期向著文化保守主義的歸趨，從蕭公權文化思想的轉變中可見，中國近代知識分子難以割捨的傳統情節，稍受政治局勢的誘導，便又從其靈魂深處重生。文化民族主義的批評者，最終卻成為其同路人。

第三節　科學、西學與戰後文化——知識分子的體認

西方文化中的科學方法與科學精神，經由清末嚴復、王國維等先驅的提倡，以及新文化運動先哲的鼓吹頌揚，在二十世紀早期的知識界，漸已成為一套衝破中西文化界線、帶有普世性的強勢話語體系。尤其在 1920 至 1930 年代，隨著越來越多受過西式科學教育的學者的現身說法，科學不僅被視為國家建設之「技」，更被尊奉為指導世界與人生的「道」，成為一種泛化的世界觀與價值體系。〔註117〕抗戰爆發前十多年的科玄論戰中，胡適說過一段話，稱：「這三十年來，有一個名詞在國內幾乎做到了無上尊嚴的地位；無論懂與不懂的人，無論守舊和維新的人，都不敢公然對他表示輕視或戲侮的態度。那名詞就是『科學』。」〔註118〕這種對科學堅定的信仰，隨著抗戰全面爆發後中國科學落後問題的不斷暴露而更為知識分子所認知。潘光旦在檢討抗戰一年以來暴露出的民族弱點時，便將「科學的智慧過於薄弱」列入其中，越來越多的「民族分子」也認識到了這一點。〔註119〕趙晚屏亦稱，五四新文化運動所提倡的「科學與新道德」精神在戰時「瓜熟蒂落」，取得同「聖教與舊道德」鬥爭的全面勝利。〔註120〕而作為戰時西化派的代表，陳獨秀與陳序經都宣稱，經過長期抗戰，國人已不再對國家發展科學、進行以工業為中心的物

〔註117〕關於中國近代科學主義的興起，可參考楊國榮：《科學的形上之維——中國近代科學主義的形成與衍化》，上海．華東師範大學出版社，2009 年。

〔註118〕胡適：《〈科學與人生觀〉序》，收入季羨林主編：《胡適全集》（第 2 卷），合肥：安徽教育出版社，2003 年，第 286～287 頁。

〔註119〕潘光旦：《抗戰的民族意義》，《今日評論》1939 年 1 月 8 日，第一卷第二期。

〔註120〕趙晚屏：《抗戰收穫的一斑》，《今日評論》1939 年 4 月 9 日，第一卷第十五期。

質建設的必要性有任何懷疑。陳序經進而比較了兩次世界大戰期間中國知識界對於西方文化的看法，稱：「我們回想在上一次歐戰的時候，不但有了許多名流沒有條件的歌頌中國精神文化的超越，很不客氣的指謫西洋精神文化的缺點，而且有了不少人士，以為西洋的物質文化，也是一種文化的病態，不久就要趨於崩潰。所以辜鴻銘要重開『孔家店』，梁啟超也大叫『向東轉』。然而，在這次抗戰與歐戰的時期裏，反對西洋物質文化的人們，固已絕跡；指謫西洋精神文化的人們，也已寥寥無幾。」〔註121〕文中所稱「物質文化」，正是指科學發展所生之成果。

上引陳序經文字的最後一句結論，不完全符合事實。無論文化態度上如何復古、如何推崇傳統文化與道德，文化保守主義者確都不再反對學習西方的科學技術。然而西方文化的內容中，只有物質文化以及直接造成物質文化發達的科學有引入中國的價值嗎？作為提倡西化者的陳序經，自然不能同意這一說法：「我們承認科學僅是西洋文化的一部分，然而要西洋的科學，也得要西洋的哲學，因為在西洋的文化裏，這兩種東西是有了密切的關係。……西洋的物質文化，是由西洋的科學產生出來。西洋的精神文化是由西洋的哲學，以至神學產生出來，物質精神兩方面，都要西化。」〔註122〕然而在戰時，這種態度終究為少數。當時的主流意見，是將科學技術從西方文化中割裂出來，作為建設國防、發展國力的必需；而對其精神成果，則持輕視態度。作為執政黨的國民黨，將傳統道德與現代科學相配合作為立國之精神，這很能代表戰時思想界對於科學的整體認識水平：「誠以現代進步科學技術之成果，必須與真正理解仁愛和平之道德精神，配合而為用，然後人生乃能支配科學，利用科學以求人類共同之福祉，而非為科學役使人生，鼓勵人類自私之欲念，以造惡。」〔註123〕科學是一把「雙刃劍」，若脫離了人類道德力量的牽制而無約束地發展，便會成為社會的危害；中國發展科學時，應注意預防西方科學

〔註121〕 陳序經：《抗戰時期的西化問題》，《今日評論》1941 年 1 月 26 日，第五卷第三期。關於陳獨秀的意見，可參考《我們不要害怕資本主義》，載任建樹主編：《陳獨秀著作選編》（第 5 卷），上海：上海人民出版社，2010 年，第196 頁。

〔註122〕 陳序經：《抗戰時期的西化問題》，《今日評論》1941 年 1 月 26 日，第五卷第三期。

〔註123〕 《中國國民黨第五屆中央執行委員會第十次全體會議宣言》，中國第二歷史檔案館編：《中華民國史檔案資料彙編》（第五輯，第二編，政治，一），南京：江蘇古籍出版社，1998 年，第 628 頁。

主義易生之弊害，並以傳統道德精神化解之。戰時許多知識分子亦持近似的意見。錢穆便是其中的典型。

在作於國民革命期間的《國學概論》一書中〔註124〕，懷攜「救國保種」之心的錢穆，便已借戴季陶對孫中山三民主義的解釋，點出民國成立以來「世變日亟，國難方殷」情勢下的思想所趨，即「民族精神之發揚」和「物質科學之認識」兩點。〔註125〕當時的錢穆就已將民族文化作為重建國家的底色，對於西方文化的接受，只重在科學這一方面。這種觀點，在抗戰時期進一步得到發展。在其戰時草成的《中國文化史導論》一書中，錢穆聲稱，此前知識界宣揚的「把中國傳統全部文化機構都徹底放棄」的全盤西化論已被國人厭棄，「現在的中國人，他們漸漸覺得西方文化所最超出於中國，而為中國固有文化機構裏所最感欠缺的，是他們的科學。」「此下的中國，必需急激的西方化。換辭言之，即是急激的科學化。」〔註126〕他認為，由於中西文化的迥異，當前思想界應對西方立國精神下所產生的物質與精神文化加以省察，並以區別的態度對待之。具體言之，即「一獨立之民族，創建一獨立之國家，必有其獨立之文化業績，尤其如政治、法律、教育制度、文學藝術、宗教信仰、社會禮俗等。必然以獨立之姿態而出現。科學工業，可以取法他邦，迎頭趕上。上條所述之諸端，則必自本自根，有民族傳統文化之積業中醞茁其新生。」「將來新中國建國完成以後之政治、法律、教育、倫理等，無疑仍是接續中國已往的歷史文化而生根，決非抹殺中國已往，橫插上西方的歷史傳統而出現。」〔註127〕

以上論調，很容易讓人聯想到流行於晚清的「中體西用」論，錢穆對此也毫不諱言。他說：「梁啟超、張之洞皆主以『中學為體西學為用』，彼輩所謂

〔註124〕錢穆在《國學概論》一書《弁言》中自述其成書過程，前七章完成於1926～1927年間，後三章完成於國民革命第一階段結束後的1928年春。見錢穆：《弁言》，載氏著《國學概論》，收入《錢賓四先生全集》（第1冊），臺北：聯經出版事業公司，1998年，第3頁。

〔註125〕錢穆：《國學概論》，收入《錢賓四先生全集》（第1冊），臺北：聯經出版事業公司，1998年，第411頁。

〔註126〕錢穆：《中國文化史導論》，上海：正中書局，1948年，第168頁。本處所引內容，曾以《東西接觸與中國文化之新趨向》為題，發表於《思想與時代》1944年，第32期。

〔註127〕錢穆：《建國信望》，載氏著《政學私言》，收入《錢賓四先生全集》（第40冊），臺北：聯經出版事業公司，1998年，第279～281頁。原文載於昆明《中央週刊》1945年9月，第7卷第37期。

『中學』，決非乾嘉校勘訓詁考據之遺緒。彼輩之意，殆欲從傳統歷史中求一道路，來創建政治改革社會，自本自根，而副以西方科學興實業圖富強。」〔註 128〕錢穆在分析了西方希臘文化與希伯來文化之不同後，認為中國文化恰居於二者之間，既有物質與科學發展的基因，又不忘重視精神與心靈的信仰。因此對於固有文化，只需正確認識，並合理吸收外來「新質點」，而不必「輕肆破壞」。「道咸以下人所說『中學為體，西學為用』的新格言，到此似還有讓我們再一考慮的價值。」〔註 129〕

　　錢穆的這種「中體西用」式的文化折衷論調，是基於他對西方資本主義文明缺陷的判斷而得出的。他認為，西方的現代工業文明的基石，即科學，只重在「盡物之性」，即對物質世界的認知，而對於如何「盡人之性」則不如中國。〔註 130〕換言之，「西方人的心習，和其慣用的方法，使他在自然科學方面更有成就」；而「中國文化是一向偏重在人文科學的」，並因其「能吸收，能變通」，故而能對西方科學文明「融化」而「開新」。〔註 131〕他對西方畸重科學與物質文化所導致的弊病有很深重的批判，稱「西方文化自十八世紀以來二百年間，以各種新機器之發見，而使社會人生忽然到達一從未前有之境界，而人類內心智慧之發展，以及人群組合，國內國際各方面，均未能與新機器之發明聯繫並進，遂使人類社會同時遭遇創古未有之新難題。最近三十年來，世界大戰爭已兩度激起，實為西方文化亦需要急速有一番去腐生新之努力之強有力之啟示與證明。」〔註 132〕基於此種認識，錢穆明確地呼籲，國人要認識到中國傳統文化對於補救西方文化之闕失、對於戰後世界新文化之發展的深遠意義：「中國自身所有古文化之淵深博大，如其在政治制度上，教育思想

〔註 128〕 錢穆：《新時代與新學術》，載氏著《文化與教育》，收入《錢賓四先生全集》（第 41 冊），臺北：聯經出版事業公司，1998 年，第 101～102 頁。本文原刊於 1941 年 6 月 1 日《大公報‧星期論文》。

〔註 129〕 錢穆：《東西人生觀之對照》，載氏著《文化與教育》，收入《錢賓四先生全集》（第 41 冊），臺北：聯經出版事業公司，1998 年，第 64 頁。原文以《兩種人生觀之交替與中和》，刊於《思想與時代》1941 年 8 月，第一期。

〔註 130〕 錢穆：《中國文化傳統之演進》，載氏著《中國文化史導論》，收入《錢賓四先生全集》（第 29 冊），臺北：聯經出版事業公司，1998 年，第 264 頁。本文為錢穆在 1941 年冬重慶中央訓練團的演講辭。

〔註 131〕 錢穆：《中國文化史導論》，上海：正中書局，1948 年，第 180 頁。

〔註 132〕 錢穆：《東方文化學社緣起》，載氏著《文化與教育》，收入《錢賓四先生全集》（第 41 冊），臺北：聯經出版事業公司，1998 年，第 48 頁。本文為 1941 年 6 月作。

上，及社會倫理上，種種可寶貴的經驗與教訓，實為對未來新世界更進一步之新文化有其極偉大極珍貴之價值。」〔註133〕抗戰勝利之後，錢穆更號召知識界建立一種以儒家思想為核心的中國式「人文科學」，作為「對西方人作一番回敬的禮物」。〔註134〕

需要說明的是，錢穆雖認為中國的西化就是科學化，尤其對西方自然科學應儘量加以吸收；但他對於西方文化的認識，並不只停留在物質與科學文化層面。在《中國文化史導論》以及上引《東西人生觀之對照》等文中，他對西方精神文明的源始及發展，都有一定篇幅的探討。但與同時代曾親赴歐美遊歷的張君勱、賀麟等知識分子相比，他對於西方文化的認識要淺薄得多。對於西方崇高而廣博的精神文化成果，尤其是啟蒙運動之後哲學、宗教以及其他人文、社會科學的新發展，錢穆幾乎沒有涉獵。儘管他在戰時也曾批評近百年來中國因其尋求富強的急躁心態，未能真正認識到西方科學背後的文化真髓〔註135〕，但他對此也無法做出深入的解釋。尤其對於近代西方民主運動的發展所帶來的社會推動作用，錢穆幾乎避而不談。這也致使錢穆陷入對中國古代政制盲目推崇的「良知的迷惘」之中。〔註136〕濃厚的民族主義情感、對中國歷史文化的豐厚知識與對西方文化膚淺而片面的認知，導致錢穆在「西化即科學化」的錯誤認識上愈行愈遠。

錢穆對西學的這種體認，深受第一次世界大戰後梁啟超、梁漱溟對於西方科學主義文化的反思的影響。而在當時，這一論調便已遭受對西學有更深體味的知識分子的批駁。如湯用彤在1922年著文稱，梁啟超所謂「從前西洋文明，總不免將理想實際分為兩橛，（中略）科學一個反動，唯物學派遂席捲

〔註133〕錢穆：《戰後新世界》，載氏著《文化與教育》，收入《錢賓四先生全集》（第41冊），臺北：聯經出版事業公司，1998年，第79～80頁。原文載於《學思》1942年5月，第一卷第十期。

〔註134〕錢穆：《如何建立人文科學》，載氏著《文化與教育》，收入《錢賓四先生全集》（第41冊），臺北：聯經出版事業公司，1998年，第170頁。原文刊於《民意日報・星期論文》1947年2月4日。

〔註135〕錢穆：《中西文化接觸之回顧與前瞻》，載氏著《文化與教育》，收入《錢賓四先生全集》（第41冊），臺北：聯經出版事業公司，1998年，第146～147頁。原題名《東西文化之再探討》，載1942年4月《華文月刊》第一卷第二期。

〔註136〕此處借用徐復觀評錢穆思想之詞語，見其《良知的迷惘——錢穆先生的史學》一文。（原載《華僑日報》1978年12月16～20日，後收入徐復觀：《論智識分子》，北京：九州出版社，2014年。）

天下，把高的理想又丟掉了」的說法，正是未能認清西方科學精神的真相所致，「或以科學全出實用，或以科學理想低下，實混工程機械與理想科學為一，俱未探源立說。」〔註 137〕實際上，在二十世紀二十至四十年代的中國討論科學主義對中國社會的危害，直是虛妄之論。西方社會在一戰後對自身文化的反思，是基於兩次工業革命業已完成、科學與理性已將封建蒙昧掃除殆盡的時代背景下產生的。而中國在當時作為一個處在「走出中世紀」的時期、其文化中迷信與蒙昧的遺存還相當多的國家，不先行著眼於科學精神的普及與生產力的提高，而是盲目自信並推崇其「前現代」的精神文化，這不但影響到中西文化的正常交流，更阻礙了中國的現代化步伐。

錢穆對科學應用的重視、對科學背後所反映的精神文化的忽視，很能代表戰時知識分子的一般認識。對外戰爭必然會引發民族主義情緒的泛濫，並進一步影響到民族文化的表達；而中國的抗戰，還伴隨著一個「老大帝國」由沉淪走向復興之路的期望。歷史的進程，更將這一期望轉化為現實。經過抗戰，中國的國際地位迅速提高，這更加激發起知識分子對於中國傳統文化的自信，以及指點世界文化發展的自覺。然而，自信與自大之間的區隔，往往難以把握。前面所述錢端升與蕭公權等知識分子，便均將中國精神文化視為解救西方科學文化之弊、重建戰後世界文化的「靈丹妙藥」。而像錢穆、馮友蘭等文化思想上更加保守的知識分子，更重新祭出了「中體西用」的「法寶」。錢穆的觀點，已如上文所論；馮友蘭在其《新事論》一書中，就「中體西用」也有這樣一番解釋：「組織社會的道德是中國人所本有底，現在所須添加者是西洋的知識，技術，工業。」在「基本道德」方面，是無所謂現代化或不現代化的。〔註 138〕以上言論，都很自然地讓人聯想到梁啟超、梁漱溟等人在一戰結束後的東方精神文化與西方物質文化的二分論。從一戰到二戰，經過二十餘年的努力，西學輸入的廣度與深度都已今非昔比，但許多知識分子仍未能走出傳統的「道器」、「體用」之分，仍以一種「文明古國」的傲慢看待西方現代化文化中的物質與精神要素。能夠真正客觀地、從宏觀歷史的角度認清中西文化各自特點的人，在戰時仍寥寥無幾。這不能不讓人感慨傳統文

〔註 137〕湯用彤：《評近人之文化研究》，載氏著《湯用彤全集》（第五卷），石家莊：河北人民出版社，2000 年，第 274 頁。原文載於《學衡》1922 年，第 12 期。
〔註 138〕馮友蘭：《新事論》，載氏著《三松堂全集》（第四卷），鄭州：河南人民出版社，2001 年，第 331～332 頁。

化的頑固，以及戰時中國知識分子批判意識的貧困。

　　與錢穆持近似科學觀與文化觀的知識分子，還可舉潘光旦一例。從知識背景上看，潘光旦青年赴美學習生物學，接受的是一套完整的西式科學教育。但他在戰時對文化問題的看法，卻與錢穆有相當多的共通之處。潘光旦的文化思想，可概括為「三才通論」，即以中國文化中的天、地、人三觀念，分別對應現代社會中的宗教與哲學、自然科學和倫理道德，作為一種完整文化所不可缺的三部分。〔註139〕他認為中國傳統文化過度重視「人本主義」，導致天地二才的缺失〔註140〕，並最終導致「不知天高地厚，甚至於不知天地為何物」〔註141〕。因此，他強調中國文化未來發展的進路，應吸收西方「形而上」的「天」與「形而下」的「地」的文化，削弱本身過度發達的以儒家為代表的「唯人論」文化。尤其對於現時急需的「工的文化」，即科學技術的發展與工業建設，更應放置在至為重要的地位。

　　然而西方文化也不是十全十美的。從「三才通論」的觀點看，西方文化在「中古時代蔽於天，而文藝復興以還蔽於物，而蔽天蔽物的結果均是以人為芻狗！」〔註142〕錢穆認為西方文化的來源有二：希臘文化與希伯來文化。二者分別畸重科學（物質）與宗教（精神），兩千餘年的西方文化便在這兩個極端來回擺動。〔註143〕潘光旦也得出了類似的結論。他以鐘擺為喻，其擺動兩極分別為「天」與「地」，而中間一點為「人」。「中國文化蔽於人，就好比鐘擺動得極為微弱，始終離人的一點不遠；西洋文化則好比鐘擺作有力的擺動，所以時常到達極端，而於中間則極少徘徊瞻顧的機會。」從天、地、人三才綜合而統一的視角，潘光旦對當前西方文化中科學文化的畸形發展加以反思：「唯物論產生了思想的禁錮，其所芻狗的是人；唯物論也產生了畸形發展的理工的技術，其所芻狗的也是人；三十年來的西洋史，包括蘇俄的革新運

〔註139〕 詳見呂文浩：《中國現代思想史上的潘光旦》，福州：福建教育出版社，2009年，第263～268頁。
〔註140〕 潘光旦：《說本》，載氏著《優生與抗戰》，上海：商務印書館，1947年，第6～7頁。原文載於1939年《益世報》。
〔註141〕 潘光旦：《工與中國文化》，載潘乃穆、潘乃和編：《潘光旦文集》（第九卷），北京：北京大學出版社，2000年，第560頁。原文載於1943年《雲南日報》。
〔註142〕 潘光旦：《工與中國文化》，載潘乃穆、潘乃和編：《潘光旦文集》（第九卷），北京：北京大學出版社，2000年，第560頁。
〔註143〕 錢穆：《東西人生觀之對照》，載氏著《文化與教育》，收入《錢賓四先生全集》（第41冊），臺北：聯經出版事業公司，1998年，第51～64頁。

動以及第一次與目前第二次的世界大戰在內，可以說是西洋蔽物思想的一個總結算。」〔註 144〕「科學的發展，產生了無限量的力，原是何等有利的事，但從國際的戰爭裏，以及機械工業的種種弊害裏，我們發見這種力已經成為草菅人命的最大的工具，並且已經大到一個程度，教產生它出來的人無法控制。」〔註 145〕為解決這一弊害，他借翻譯美籍法人生物學者卡瑞爾（Alexis Carrel）在 1935 年出版的暢銷書 *Man, The Unknown* 中的一節，來說明戰後「要再造人類的文明，必須先再造人，就是再造我們自己；要再造人，尤須首先改正我們對於人的看法」的觀點。〔註 146〕人文學科的「東山再起」，是潘光旦為戰後世界文化發展開出的「藥方」。他所說的「人文學科」，並不像上文錢穆所指，帶有濃厚的儒學色彩；但在指導人生觀、澆灌因科學過度發展而枯萎的個人心靈方面，其任務則是共同的。〔註 147〕

　　戰時潘光旦對中國文化發展的思考，一方面呼籲工業文化的建設，另一方面則不忘提醒國人吸取西方科學文化過度發達以致生弊的教訓，並提倡戰後人文主義在世界的復興。這兩種思考，一為中國計，一為世界計，總之都體現了他試圖在文化的天、地、人三方面達到平衡發展的期望。潘光旦對於科學以及一切「文化因素的發展」失去了道德與理智的控制而走向「尾大不掉」的後果看得極為深刻。他說：「任何文化因素的發展，如果不受道德與理智的控制，都會造成一種『尾大不掉』的局面，以至於『吃人』的局面，固不僅科學為然。中國南宋以後的『禮教』，西洋中古時代的宗教，都『吃過人』。

〔註 144〕潘光旦：《工與中國文化》，載潘乃穆、潘乃和編：《潘光旦文集》（第九卷），北京：北京大學出版社，2000 年，第 560 頁。注意，潘光旦此處所指的「唯物論」與馬列理論中的唯物主義含義大不同，更接近於機械唯物論的思想。

〔註 145〕潘光旦：《說本》，載氏著《優生與抗戰》，上海：商務印書館，1947 年，第 10 頁。

〔註 146〕潘光旦：《一個思想習慣的改正》，載氏著《自由之路》，上海：商務印書館，1946 年，第 87 頁。原文作於 1943 年。值得留意的是，這位生物學者在本書中表達的政治觀點，是贊同世襲的貴族統治，反對民主。另外，他還與納粹有密切聯繫。他在書中鼓吹從優生學的角度，對所謂優質與劣等人類加以區分；對身心有缺陷的人，他甚而要求將之施以安樂死。這種思路與納粹德國的種族主義極為類似。另外，在二戰時期，他還加入了法國維希政府，並在戰後受到控訴與指責。潘光旦在介紹本書時，特意避開了書中的政治觀點及種族主義的敘述。

〔註 147〕潘光旦：《人文學科必須東山再起》，載氏著《政學罪言》，上海：觀察社，1948 年，第 64～80 頁。

現代的物質主義，無論是俄國的唯物主義，或美國的享樂主義，也都正在『吃人』。……中國文化在科學與技術一方面，向不發達，今後應當迤起直追，固然不成問題，但我們一面用力提倡，一面也應當注意到，提倡科學終究是一個手段，使它永久成為一種人生的工具，而不至於喧賓奪主。『科學是勝利了，人是墮落了。』——這兩句話真值得我們細細的咀嚼。」〔註148〕在這段對譯文的注解中，潘光旦很直接地表達出將科學僅僅作為「工具」的意思，實際上仍片面強調科學致用、厚生的作用。

　　這種從致用的角度強調科學發展的重要性，是戰時思想界科學觀的主流意見，又是國民政府在制訂政策時所著重強調的方面。中國在戰場上的不斷失敗，使國人對中國物質建設、尤其是國防工業的落後狀況有了更加清醒的認識。為迅速提升國力，大規模地引進西方科學技術，特別是與國防直接相關的實用技術，成為政府與許多知識分子所共同認可的當前具有第一優先性的任務。在這種急切心態下，與實用距離稍遠的理論科學已為時人所忽視〔註149〕，更不用說科學所體現的價值觀與科學精神的培植了——而後者，正是西方近代科學能夠繁榮發展的社會基礎。當時輿論界有這樣一種批評聲音，認為五四以來所提倡的科學，只是「概念式」的宣傳，並未能有實際貢獻於厚生與國防。「現代的科學之力，不特征服自然，並且亡人國家。請大家想想！這二十幾年來，我們雖口談科學，實際何嘗有了科學？我們為什麼被日本欺凌？為什麼必得血肉相拼，吃這戰爭之苦？還不是因為我們沒有認真提倡科學因而沒有國防？」〔註150〕這種科學觀，在某種程度上又走回了晚清洋務派崇「技」輕「道」的覆轍。這種思想傾向的出現，

〔註148〕潘光旦：《一個思想習慣的改正》，載氏著《自由之路》，上海：商務印書館，1946年，第92～93頁。

〔註149〕任鴻雋在戰時便觀察到這種病態的科學觀，他說：「應用科學以易收切近之功效常易為人所重視，純粹科學反之，故常易為人忽略。此在平時已然，在戰時及戰後為尤甚。」「凡是真正科學理論，與應用是分不開的。專重理論而忘了當前的需要，固然無以救國家之急。專務應用而忘了科學的本身，也不免再蹈曾（國藩）李（鴻章）的覆轍。」這是他對戰後中國科學發展的建議。（《中國科學之前瞻與回顧》，任鴻雋著，樊洪業、張久春選編：《科學救國之夢——任鴻雋文存》，上海：上海科學教育出版社、上海科學技術出版社，2002年，第567頁。原載《科學》1943年3月，第二十六卷第一期。任鴻雋：《抗戰後的科學》，《東方雜誌》1940年7月1日，第37卷第17期。）

〔註150〕《青年之路》，《大公報》（重慶），1941年5月5日。

戰時嚴峻的局勢雖是直接誘因，但也不能不看到其背後潛藏的原因——超越實用性的科學精神在中國的貧乏。

科學精神的弘揚，雖自清末便為知識分子所矚意，並於新文化運動期間大行於世，但就其傳播效果而言，仍難以令人滿意。1931 年，國聯應中國政府邀請，派出一個由英、法、德等國教育專家組成的教育考察團，前往中國進行調查。在其隨後出版的調查報告書中，對中國只重視吸收歐美科學技術設備，而忽視自文藝復興以來西方社會所培植起來的理性思維多有批評。對於這一觀察，當時即有張佛泉、任鴻雋等知識分子表示贊同。〔註 151〕到抗戰時期，竺可楨仍借用這一論斷，作為矯正國民科學思想的工具：

> 他們說中國一般人士以為歐美的文明，是受近代科學發達之賜，所以中國只要應用歐美的科學技術，就立刻會把中國躋於歐美文明的水平線上，這種觀念是錯誤的。歐美的科學技術，並不能產生現代歐美文明，倒是歐美人的頭腦，才能產生近代科學。換而言之，若是一般國人無科學頭腦，則雖滿街引擎，遍地電氣，科學還是不能發達，好像沙漠裏雖移植新鮮茁壯的果樹，其萎謝可立而待。我們用許多金錢去買飛機、無線電、電機引擎到一個沒有科學頭腦的國家，正好像移植果樹到沙漠而希望其蕃生。〔註 152〕

所謂「科學頭腦」，即「科學精神」，被竺可楨概括為「只問是非，不計利害」，這是歐洲科學之所以發達的原因。〔註 153〕因此，他對於戰時中國科學的發展，除強調自然科學與應用科學同樣具有建設國防力量的功效外〔註 154〕，還尤其重視科學精神在中國社會的育成。他批評知識分子缺少「求是」的科學精

〔註 151〕 可參考張佛泉：《中國教育基本問題——讀國聯教育專家之〈中國教育改造〉書後》，載氏著《自由與權利：憲政的中國言說》，北京：清華大學出版社，2010 年，第 6～8 頁。任鴻雋：《評國聯教育考察團報告》，載氏著，樊洪業、張久春選編：《科學救國之夢——任鴻雋文存》，上海：上海科學教育出版社、上海科學技術出版社，2002 年，第 460～461 頁。

〔註 152〕 竺可楨：《大學畢業生應有的認識與努力》，《竺可楨全集》（第 2 卷），上海：上海科技教育出版社，2004 年，第 448 頁。原文為 1938 年 6 月浙江大學畢業典禮訓辭。

〔註 153〕 竺可楨：《利害與是非》，《竺可楨全集》（第 2 卷），上海：上海科技教育出版社，2004 年，第 239 頁。原文載《科學》1935 年 11 月，第十九卷第十一期。

〔註 154〕 竺可楨：《科學與國防》，《竺可楨全集》（第 2 卷），上海：上海科技教育出版社，2004 年，第 576 頁。原文載《大公報》（重慶），1943 年 6 月 13 日。

神，「只顧利害，不顧是非」〔註 155〕，而要求知識青年在求學期間，養成「清醒而富有理智的頭腦，明辨是非而不徇利害的氣概，深思遠慮，不肯盲從的習慣」〔註 156〕。

　　戰前曾出版《中國新文化運動概觀》一書，對近百年來、尤其是新文化運動以來的文化思潮與論戰進行系統總結的伍啟元，在戰時也未停止對文化建設問題的思考。他在《什麼是中國文化的出路》一文中，分別對復古論、中體西用論和西化論三種主張進行批判。他著重指出，中體西用論者在戰時鼓動的「理工運動」，即工業化建設，認為「只要我們能夠孤立地樹立中國的工業，中國便能自強，中國便可以自主地享有一種『中國文化』或中國本位文化了。」這種見解沒有意識到文化是一個「有機的系統」，其各部門間有著密切的聯繫。更何況工業的發展，絕對離不開高效的管理、健康的金融市場與政治環境。「一個國家建國大業之完成，一種文化之樹立，是要各方面同時並進才能成功的。」因此，中國發展所需要的「科學化」，並不是「只要接受各種科學的發明，各種科學的技術。沒有合理主義的頭腦，沒有適宜於科學發展的社會環境，科學是沒有方法發達的。」也正因對文化統一性的認識，伍啟元反對以錢穆為代表的知識分子對中國固有社會組織與政治制度的留戀心態，強調若要真正實現中國的科學化，必須對這種「不能使中國在這個世界生存」的制度「非加以革新不可」。〔註 157〕

　　與竺可楨、伍啟元有著類似科學觀念的，還可舉任鴻雋為例。他在中國科學社成立三十週年的年會上，回顧了 1914 年他與其他同仁為科學社制訂的一大任務，即：「科學的應用雖然表現於許多物質上的發明，科學的本身卻只是一種學術思想的系統，我們必須把科學的根本移植過來，方能使科學成為我們學術思想的出發點，方能使科學與其應用在我國發榮滋長。」〔註 158〕這

〔註 155〕竺可楨：《王陽明先生與大學生的典範》，《竺可楨全集》（第 2 卷），上海：上海科技教育出版社，2004 年，第 453 頁。刊《國立浙江大學校刊》復刊 1938 年 12 月，第 1～3 期。

〔註 156〕竺可楨：《求是精神與犧牲精神》，《竺可楨全集》（第 2 卷），上海：上海科技教育出版社，2004 年，第 462～463 頁。本文為竺可楨在 1939 年 2 月 4 日浙江大學新生典禮上的演講辭。

〔註 157〕伍啟元：《什麼是中國文化的出路》，《今日評論》1940 年 6 月 23 日，第三卷第二十五期。

〔註 158〕任鴻雋：《中國科學社三十週年紀念暨十科學團體聯合年會開會詞》，載氏著，樊洪業、張久春選編：《科學救國之夢——任鴻雋文存》，上海：上海科學教

種「科學的根本」，自然以科學精神為重中之重。他認為戰時科學教育的任務有三，即「養成科學的精神，教導科學的方法，與充實科學的知識」；科學知識的教授使學生掌握科學方法，而科學方法又能培養出「凡事不輕信，不苟且，求準確，求證實」的科學精神。〔註 159〕另外，張申府在戰時稱：「中國提倡科學本也已有多年。真正懂得科學的卻不多。口口聲聲科學的人常是只知道科學可以造出堅甲利兵，只知道科學可以利用，而不知道科學可以正德，不知道科學也有科學的世界觀，科學更有科學的方法論。」〔註 160〕蔣夢麟在1944 年赴美參加太平洋國際討論會時，亦鼓勵在美留學生多加關注科學化的生活與科學精神的培養。他說：「我國歷來的留美學生對於學術□研究的探討，已經得到了很優良的成績，回國後也曾發生很有效的結果。但是我們對於現代美國科學化的生活方法，還不曾有人多下過工夫。他們的生活方法不僅是羅輯的，並且是客觀的，在這方面我們是應當在課外注意。因為我們目前的一切問題，都需要這種羅輯而客觀的科學精神。」〔註 161〕沈從文也表達過類似的意思：「國家要現代化，就無一事不需要條例明確實事求是的科學精神！」〔註 162〕以上說法，均是從比科學應用更深一層的意味解讀發展科學在當下中國社會的意義。他們對科學精神與科學方法的強調，是對戰時知識界過度放大科學的工具理性的糾偏，試圖將中國的科學化運動引向工具理性與價值理性並重的道路。這是向著五四啟蒙運動精神的回歸。

出於對科學的認知角度的不同，這一類知識分子對於當下西方文化病症及未來世界文化發展的看法，也與錢穆、潘光旦、錢端升、蕭公權等人「以人倫道德補救科學之弊」的思考路徑有所不同。〔註 163〕他們提出的文化改良方

育出版社、上海科學技術出版社，2002 年，第 572 頁。原文發表於《科學》1945 年 1 月，第二十八卷第一期。

〔註 159〕任鴻雋：《科學教育與抗戰建國》，載氏著，樊洪業、張久春選編：《科學救國之夢——任鴻雋文存》，上海：上海科學教育出版社、上海科學技術出版社，2002 年，第 547～548 頁。原文發表於《教育通訊》1939 年 6 月，第二卷第二十二期。

〔註 160〕張申府：《戰時生活・戰時教育・新啟蒙運動・新的青年運動》，《時事類編》（特刊）1937 年 12 月 10 日，第六期，第 33 頁。

〔註 161〕孟治：《新年對留美學界的前望》，《學建通訊》1945 年 1 月，第 22 期。

〔註 162〕沈從文：《讀英雄崇拜》，《沈從文全集》（第 14 卷），太原：北嶽文藝出版社，2002 年，第 145 頁。原文刊於《戰國策》1940 年 6 月，第五期。

〔註 163〕實際上，將當前世界大戰爆發的原因，化約為「科學力量不受人倫道德之控制」，以今人的歷史知識評判這一解釋，無疑是膚淺與錯誤的。

案，是將科學社會化。1937 年，在一班擔憂科學濫用的科學家推動下，國際
科學聯盟評議會設立了科學與社會關係委員會，就「科學應用於社會所發生
之影響」進行評估。任鴻雋對此有高度評價，稱之為「科學的轉機」。通過這
一組織，科學家可明瞭各國科學進展，對科學事業進行統制，阻止科學應用
於「戰爭及殺人器具的製造及改進」；並公開一切科學發明，使「自私自利的
經濟壁壘」和「專事侵略的法西斯主義」不攻自破。「解鈴還須繫鈴人」，任鴻
雋相信，將人類社會從科學的危害中解救出來，只能靠科學本身的力量：「科
學原是社會進化的原動力，今乃幾乎一變而為毀滅文化的惡勢力，其關鍵全
在科學發明的結果為人所誤用與濫用。今要改正其誤，制止其濫，唯科學本
身有此力量。」他還讚揚了科學家「追求真理，主持正義」的精神，「為了主
張人道的正義和文化的前途，也必能不顧一身的利害，勇往直前，以拯救人
類免使回復到野蠻的狀態。」〔註 164〕竺可楨也認為，科學精神未能充分應用
到社會之中，是當下世界危機的原因。近代科學的發展，賦予人類駕馭環境
的能力；而對人類自身的駕馭，仍需借助科學的力量。未來的世界文化，需
將「科學方法和態度」應用於經濟與政治等人類社會的方方面面，發揚追求
真理、辨明是非的科學精神，摒棄為追求個別與眼前利益而不惜危害社會大
眾的舊時代行為規則，將人類的長遠福祉與社會安寧作為科學時代的「新道
德標準」。〔註 165〕二人皆主張以科學之精神補救科學所造之弊害，而無需借
助中國傳統人文思想的力量。

　　基於對近代西方文化、尤其是科學文化的深入認識，抗戰時期一部分知
識分子提出的文化建國主張，能夠超越中體西用的陳舊範式，更加強調中西
文化全面而深入的融通。熊十力與黃文山，一為現代新儒家的代表，一為「十
教授宣言」的簽署人之一，其文化本位無疑都是民族主義的；但考察其戰時
文化觀，都具有強烈的世界主義色彩。他們對西方文化的態度，不止停留在
對西學、尤其是西方實用科學簡單的「拿來主義」層面，而是力圖將西學整
個地融入中國社會，作為中國文化「返本開新」的思想資源。熊十力多次強

〔註 164〕任鴻雋：《一個科學界自覺的運動》，《新經濟》1939 年 3 月 16 日，第一卷
　　　　第九期。
〔註 165〕竺可楨：《科學與社會》，《竺可楨全集》（第 2 卷），上海：上海科技教育出
　　　　版社，2004 年，第 574～575 頁。本文刊於 1943 年 7 月《思想與時代》第
　　　　24 期。

調對於西方的「科學方法及各科常識，尤其於生物學、心理學、名學及西洋哲學與社會政治諸學」，都應「詳加研索」，使之成為學術研究的利器。〔註166〕後在《讀經示要》一書中，他更繼承了嚴復的觀點，就將西方物質文化與中國精神文化截然二分的中體西用說詳加批判，認為張之洞所說，既輕視了中學本有的經濟、考據諸學之用，又未能認識西方「本其科學哲學文藝宗教之見地與信念亦自有其人生觀、宇宙觀」，並非「止限於實用之知識技能」。〔註167〕熊十力同樣注意到西方文化易走極端、過重物慾的缺點，試圖以儒家文化之長補救之；但他並未因此而低看西方文化，尤其是其科學背後的精神文化。基於對近數百年來西方歷史發展的認識，熊十力關注到，科學在「厚生」的同時，也使人的「生命力得以發抒」，使人道的社會改造思想得以發展，使人能擺脫迷信、張揚理性。「西學之長不可掩，吾人儘量吸收，猶恐不及，孰謂可一切拒之而自安固陋哉！」〔註168〕黃文山亦認為，自明末清初以來國人對西方文化，只看到其「形而下的技術」，而「抹煞科學精神和方法的重要」，「忽略了科學技術是與社會習慣、制度、組織相應，而且是這些生活態度的產品」。〔註169〕西洋科學的發展，掀起了工業革命，並因此確立了一套獨特的社會文化，生發出一個現代化的文明體。中國文化若要在現代社會立足，必須加以徹底的改造，從精神層面，需放棄其不合時代的「家族倫理」，轉而採用西方的「經濟倫理」；從物質層面，則應充分吸取西方「實感文化體系」中「科學的方法和成果」，「站在唯生文化本位的立場，博採實感文化的特長，以實學代虛學，以動學代靜學，以生學代死學，充分世界化，以造成唯生的科學的國民或世界公民。」〔註170〕中國當前的文化建國，必須以充分吸取從

〔註166〕熊十力：《復性書院開講示諸生》，收入《十力語要》卷二，載蕭萐父主編：《熊十力全集》（第四卷），武漢：湖北教育出版社，2001年，第243、255～256、258頁。

〔註167〕熊十力：《讀經示要》，載蕭萐父主編：《熊十力全集》（第三卷），武漢：湖北教育出版社，2001年，第562～563頁。本書初版於1945年底。

〔註168〕熊十力：《讀經示要》，載蕭萐父主編：《熊十力全集》（第三卷），武漢：湖北教育出版社，2001年，第725頁。

〔註169〕黃文山：《再論民族復興的幾個基本原則》，趙立彬編：《中國近代思想家文庫·黃文山卷》，北京：中國人民大學出版社，2015年，第364頁。原文載《更生評論》1938年4月，第三卷第一期。

〔註170〕黃文山：《從文化學立場所見的中國文化及其改造》、《世界文化的轉向及其展望——由實感文化體系到唯生文化體系》，趙立彬編：《中國近代思想家文

物質到精神的西方文化各方面優秀成果為前提，這是熊十力和黃文山等知識分子在全面評估西方文化之後得出的最終結論。

　　中西文化之爭這一中國近代文化史上的「古老」命題，借著抗戰硝煙中知識分子對「文化建國」問題的思索，再一次引起思想界的矚目。與戰前對這一問題的討論不同的是，全面抗戰對知識分子民族情結與危機意識的觸發，很大程度上影響到他們對文化問題的思索。戰爭具有兩面性，在展現國家民族的強大力量與蓬勃精神的同時，也暴露出其各方面弱點。知識分子的文化思考，也因此有視角的不同：或以文化民族主義為主旨，強調中國傳統文化的現代價值，以此作為集中民族抗戰意志的手段；或堅持清末以來的啟蒙觀，將民族文化交諸理性批判，對古代傳統與當下的文化復古進行雙重反思。這種文化態度的分歧也體現在對西學的認識上。基於建設國防和守衛傳統的雙重任務，中體西用論再度因時而起；而對它的批判，也在更看重西方科學應用背後的精神文化的一批知識分子中間興起。抗戰八年期間，知識界關於文化建國發展道路的討論，呈現出「中國化」與「世界化」並重的局面。在後人看來，這場文化討論所留下的思想遺產，或許帶有過多的主觀色彩與現實感，缺乏更加高明、中立的理論建樹，但這也正為我們認識戰時知識分子緊張而豐富的心靈世界，提供了一種文化的視角。

庫‧黃文山卷》，北京：中國人民大學出版社，2015 年，第 357、424 頁。分別載於黃文山：《文化學論文集》，廣州：中國文化學學會，1938 年；《中山文化季刊》1943 年 4 月，第一卷第一期。

結　語

　　全面抗戰爆發初期，國民黨一方面在正面戰場上不斷遭遇失利，內部分裂危機逐漸顯現，另一方面在輿論宣傳領域面臨著以「抗日民族統一戰線」和「抗日救國十大綱領」為口號的共產黨的強力挑戰。在這一局勢下，國民黨於 1938 年春召開臨時全國代表大會，通過了《抗戰建國綱領》，以此作為抗戰時期國民黨的施政綱領。此後，「抗戰建國」這一口號成為國民黨官方宣傳的中心。《抗戰建國綱領》得到了中國共產黨、中國青年黨和國家社會黨的一致贊同，同時也因其「一面抗戰，一面建國」的雄心，為國民黨贏得了知識分子的支持。戰時知識分子對於如何在抗戰的同時為建國事業打下基礎這一問題，從政治、經濟、軍事、外交等諸方面進行了廣泛而深入的思考。其中，對文化因素之於建國事業的重要性，他們也有清醒的認識。他們指出，抗戰時期不能忽視文化發展，認為文化發展水平決定了國力的強弱，不但是攸關抗戰勝敗的關鍵，還決定了中國能否在戰後自立於世界。戰時知識分子不但意識到基於宣傳與動員的「文化抗戰」是戰時所亟需，對於看似與抗戰關係不大的若干涉及建國事業的文化問題也有深入探討。對於以下「文化建國」問題的思考，體現了戰時知識界對文化建設的認識深度。

　　「學術建國」，被戰時知識分子視為文化建國的核心。這種思路，既是對中國文化傳統上重視學問精神的傳承，又體現出由現代學術體制孕育而生的現代中國知識分子對於學術發展之於國家建設事業重要性的集體認知。「學術是建立國家的鋼筋水泥」，賀麟的這句話，是知識分子在回顧西方與中國近代以來建國史的基礎上得出的共識。他們還認為，學術建國，不僅反映在學術指導下具體實業的發展建設，更體現在學術研究精神在整個社會的育成以及

以學術精神治國（「學治」）理想的實現。雖然在戰時文科與理科、純粹學術與實用學術的發展重心的認識上，知識分子有所歧異，但對於建立「學術社會」，以學術建國作為文化建國、乃至抗戰建國的基石這一理想的認同是一致的。戰時知識分子一面宣傳學術建國的重要意義，一面在自身研究領域產出了一大批開拓性成果。對於後者，目前關於戰時知識分子與思想文化的研究著作多有論述，而對前者的研究則仍嫌不足。

另外，戰時知識分子還探討了為實現「學術建國」所應有的保障，即學術自由獨立的精神。抗戰爆發後，由於研究條件的惡化及國民政府對大學控制的加強，學術研究的獨立自由精神受到極大的危害。在這種形勢下，許多知識分子公開主張政府尊重學術的自由研究精神，要求取消學術統制。尤其在抗戰後期，學術自由的主張，還成為知識界要求實行憲政、實現思想自由等訴求的論述依據。他們同時還認為，學術獨立是戰後國家自立於世界的必要條件。然而，對於國民黨的學術統制政策，也有部分知識分子表示有限的支持。他們認為學術思想的自由應以國家民族的自由為前提，過於強調學術自由，有分散國家抗戰力量的危險；另外，由於戰時資源的侷限，政府對學術發展因勢利導，優先發展與國防、民生直接相關的學術事業，也有其合理性。

「學術建國」既然是「文化建國」的核心，那麼知識分子在「文化建國」中的主體地位也就隨之凸顯出來。不少知識分子在戰時觀察到其自身所在的知識界不但未能肩負起抗戰建國所應有的責任，反而常有害於抗戰建國的進程，因此多通過輿論公開討伐知識分子的「罪惡」。這些文章認為戰時知識分子的主要「罪名」有三：與民眾疏離、以知識作為追名逐利的工具以及逃避戰局。另外，對於知識分子自古代士大夫傳承而來的「文人氣」與犬儒主義哲學，文章中也多有批判。甚至有人認為，知識分子若再不正視自身弱點，終將墮落為於世無用的「社會贅疣」。

然而仍應認識到，戰時知識分子雖對自身階層有上述嚴厲的批判，但都是抱著「恨鐵不成鋼」的心態，希望知識分子能肩負起領導抗戰建國與文化建國的責任。他們倡導所謂「知識的責任」，要求掌握較多知識的知識分子在學術發展、啟發民智、改變社會風氣、改革政治積弊等諸多方面做出表率，體現出知識分子在自我角色認知中的精英意識與擔當精神。錢穆在戰時的所作所為，便是知識分子這一文化心態的具體體現。他在戰時試圖通過學術研

究，以學術的力量引導政治走向正軌，並為中國未來文化發展尋出一條道路。錢穆在戰時寫作的《國史大綱》中，論證中國自西漢以來逐漸發展出一套成熟的「士人政府」體系，強調了士大夫對中國古代政治與社會的積極作用。在這一學術觀點指導下，錢穆在戰時發表多篇政論性文章，強調知識分子負有領導社會的責任，強調學術獨立於政治、并應領導政治，強調戰時及戰後政治改革應從中國古代考試與銓選制度中汲取養料。另外，錢穆在戰時寫作的《中國文化史導論》一書以及討論中國文化建設的多篇文章，亦從中西文化比較的學術角度，凸顯出相對西方文化的缺憾，中國文化所獨有的優勢，及其持久強大的生命力。在抗戰後期討論建國問題的思潮中，錢穆依據其學術研究成果，為中國戰後建國之路提出自己獨立的見解。錢穆在戰時的這些思考，雖有錯誤之處，但仍體現出身為一名知識分子所應具有的擔當。借用錢穆的表述，相比專而深的「博士之學」，戰時知識分子更青睞於充溢著家國情懷的「士大夫之學」，借學問以經世、以領袖群倫，這是戰時知識分子對自身在「文化建國」中所應扮演角色的主要認識。

最後，具體到「文化建國」的路徑選擇問題，知識分子在戰時的思考顯露出不同以往的特色。抗戰時期是文化民族主義高漲的時代，無論國民黨還是共產黨，其文化政策都被塗上了濃厚的民族主義色彩。在這一時代趨勢之下，部分知識分子對於文化建國道路的思考，也自覺不自覺地回應著文化民族主義的浪潮。文化保守主義者如是，戰國策派如是，即使那些戰前中國自由主義的代表人物，如胡適、錢端升等人，也都在戰時調整了自己的論調，附和著當時的風氣。然而戰時知識界對這一問題的思考，並不是單色的。對文化民族主義思潮的批判、對傳統文化缺陷的反思，仍是戰時思想界所發出的重要聲音。這一類知識分子，反感於國民政府戰時的復古文化政策，並對部分文化保守主義者借「救亡」之機批判五四運動以來的啟蒙思潮的做法表示不滿。他們認真反省著民族文化中亟需改造的內容，號召國民不要忘記繼承珍貴的五四遺產。

第二次世界大戰帶給中國和世界的巨大創痛，使許多知識分子認識到作為「殺人手段」不斷進步的幕後力量——科學之於國家民族的重要性，更意識到科學一旦脫離人類道德力量的制約而造成的嚴重後果。循著這一思路，錢穆、馮友蘭、潘光旦等人走回了「中體西用」的老路，認為西方科學固然是

提升國力的重要工具，但這一工具必須與中國傳統道德相結合，方不至於再次引發像二戰這樣的慘禍。而還有一批知識分子，他們不但看重科學的實用價值，還意識到國民若無科學的思維方法與自覺運用科學的精神，科學仍不能在中國生根；對於科學濫用所造成的弊害，他們提出的解決方案是將科學的方法與態度應用於人類社會的各個方面，而無需借助中國傳統人文思想。在這種認識之下，中國在「文化建國」過程中，除應盡力吸收西方物質科學之外，也不能排斥孕育於科學土壤之中的西方人文科學與文化精神。

抗戰時期的知識分子在亡國滅種的巨大民族危機之中，強調「文化建國」之於抗戰建國的重要意義。這並不是避實就虛、不負責任的空談。從以上三點關於文化建國具體問題的討論中可以看出，知識分子通過多角度的論證，證明了文化問題在抗戰危急時刻，仍有其巨大的實用價值，是獲取抗戰勝利的重要保證。同時，戰時討論文化問題，也反映出知識分子意識到戰爭所喚起的強大民族力量，並堅信抗戰必將勝利的強烈自信。因此，他們的思慮能夠超越抗戰時代，而關注到戰後中國文化發展的總趨勢以及中國文化之於世界的貢獻等宏觀問題。

另外，還應注意到戰時知識分子思考文化建國問題的歷史背景。首先，經過一個世紀的西學輸入，尤其經歷了戊戌變法之後四十年來西學的大規模湧入之後，中國社會對西方文化的接受程度已深。作為文化建設主力的知識分子，一方面受到流行於社會的西方文化的薰染，一方面在國內、國外接受了現代西式高等教育。總體而言，抗戰時期知識分子對於西方文化的認識，無論從深度還是廣度上，較之戊戌一辛亥時期以及新文化運動時期的知識分子都更為豐富。正因有了如此豐厚的知識儲備，戰時的知識分子對於文化問題能夠做出更為綜合而成熟的思考。其次，在抗日戰爭期中，日本侵略者不僅要亡我國家，還要亡我文化。淪陷區殖民教育的鋪張，漢奸文人對民族文化和英美文化的刻意曲解，都逼使大後方知識分子加緊對中國文化建設問題的思考。最後，國民黨在戰時提出「一面抗戰，一面建國」的口號，將建國問題視為抗戰時期的兩大核心工作之一。對於受傳統文化影響、一向有著「借思想文化以解決問題」的思想傾向的知識分子來說，他們所提出的文化建國方案，正是「建國」這一宏大任務的應有之義。

從知識分子在戰時寫就的思考文化建國問題的文字背後，不難發掘出抗

戰時期知識分子「緊張而豐富的心靈世界」。〔註1〕他們一面鋪陳學術自由對於學術進步的重大意義，向國民政府徵求大學學術研究的自由獨立；而另一面則不忘學術的功利一面，強調學術之於抗戰的作用，甚至不惜動用行政手段，壓制可能損害抗戰的學術研究。他們一面反思著自身階級在戰時的不負責任，言語中流露出對國家民族的深深愧疚，甚至認為今日再來一次「焚書坑儒」未必是民族的厄運，而另一面則仍自詡為精英階層，心懷領袖群倫、匡扶國家的大志願，常想以學術領導政治、甚而以「國師」自居。他們一面高呼西方科學文化經歷兩次世界大戰之後已腐爛至極，要求重新估價傳統文化的價值，以儒家精神補救西方文化之失；而另一面則強調當前國家民族所亟需的，還是西方的科學精神與科學成果，至於科學產生的社會弊端，仍需要用科學的手段加以制約。知識分子的思想本就極為複雜，難以統一，再加上戰爭這一外部因素的影響，更造成了知識分子內心的緊張與衝突。

　　抗戰勝利後隨即而起的國共內戰，在將知識分子再一次帶到選擇的岔路口的同時，也將其戰時的「文化建國」思考湮沒於激烈的政治與軍事鬥爭之中。然而，站在抗戰結束七十餘年後的今天，再回看中國知識分子在血與火的洗禮中寫下的關於「文化建國」問題的文字，我們仍能感受到這些思想跨越時代的強勁生命力。學術研究如何關係到一個國家文明的性格、學術發展如何在工具理性與價值理性之間取捨、知識分子如何肩負起改良社會風氣的責任、知識分子與現實政治之間應保持怎樣的距離、今日的中國應如何看待傳統文化、又應以何種原則吸收西方文化……面對以上這些困擾當今中國社會的文化問題，我們或許能從抗戰時期知識分子的思考中，獲取有益的啟發。

〔註1〕此處借用許紀霖在對林同濟進行個案研究時所下的按語。見許紀霖：《中國知識分子十論》，上海：復旦大學出版社，2003年，第129～154頁。

參考文獻

一、史料

（一）報刊

1. 《大公報》
2. 《大學月刊》
3. 《當代評論》
4. 《抵抗三日刊》
5. 《東方雜誌》
6. 《獨立評論》
7. 《讀書通訊》
8. 《讀書月報》
9. 《讀書雜志》
10. 《革命理論》
11. 《廣播週報》
12. 《國報週刊》
13. 《國魂》
14. 《國訊》
15. 《號角》
16. 《建群雜誌》
17. 《教與學》

18. 《教育通訊》

19. 《解放日報》

20. 《今日評論》

21. 《精誠半月刊》

22. 《精神動員》

23. 《經世戰時特刊》

24. 《抗敵呼聲》

25. 《抗戰三日刊》

26. 《民力週刊》

27. 《民意》

28. 《民主週刊》

29. 《民族文化》

30. 《前哨・徹七札聯合旬刊》

31. 《七七紀念特刊》

32. 《清華週刊》

33. 《青年嚮導》

34. 《全民週刊》

35. 《時代精神》

36. 《時事類編》

37. 《世紀評論》

38. 《思想與時代》

39. 《文化先鋒》

40. 《文理月刊》

41. 《文史雜誌》

42. 《新動向》

43. 《新華日報》

44. 《新經濟》

45. 《新民族》

46. 《新使命》

47. 《新政治》

48. 《星期評論》

49. 《學風》

50. 《學建通訊》

51. 《學生月刊》

52. 《益世報》

53. 《雍言》

54. 《戰國策》

55. 《戰時青年》

56. 《戰時文化》

57. 《政論》

58. 《正氣月刊》

59. 《中國教育》

60. 《中國學生》

61. 《中華週刊》

62. 《中山半月刊》

63. 《中外春秋》

64. 《中央日報》

65. 《中央週刊》

66. 《自修》

67. 《自由論壇》

（二）資料彙編

1. 北京大學、清華大學、南開大學、雲南師範大學編：《國立西南聯合大學史料》，昆明：雲南教育出版社，1998 年。

2. 蔡尚思、朱維錚主編：《中國現代思想史資料簡編》，杭州：浙江人民出版社，1982～1983 年。

3. 《近代史資料》編輯部編：《近代史資料》（總 115 號），北京：中國社會科學出版社，2007 年。

4. 李雲漢主編，林泉編輯：《中國國民黨臨時全國代表大會史料專輯》，臺

北：中國國民黨中央委員會黨史委員會，1991 年。

5. 羅榮渠主編：《從「西化」到現代化：五四以來有關中國的文化趨向和發展道路論爭文選》，合肥：黃山書社，2008 年。

6. 孟廣涵主編：《國民參政會紀實》，重慶：重慶出版社，1985 年。

7. 孟廣涵主編：《國民參政會紀實續編（1938～1948）》，重慶：重慶出版社，1987 年。

8. 繆全吉編著：《中國制憲史資料彙編》（憲法篇），臺北：國史館，1991 年。

9. 秦孝儀等：《中華民國重要史料初編：對日抗戰時期》，臺北：中國國民黨中央委員會黨史委員會，1981～2007 年。

10. 秦孝儀主編，中國國民黨中央委員會黨史委員會編輯：《革命文獻·抗戰建國史料》，臺北：中國國民黨中央委員會黨史委員會，1983 年。

11. 榮孟源主編：《中國國民黨歷次代表大會及中央全會資料》，北京：光明日報出版社，1985 年。

12. 孫照海、初小榮選編：《抗戰文獻類編》（經濟卷），北京：國家圖書館出版社，2009 年。

13. 孫照海、初小榮選編：《抗戰文獻類編》（社會卷），北京：國家圖書館出版社，2009 年。

14. 孫照海、初小榮選編：《抗戰文獻類編》（文藝卷），北京：國家圖書館出版社，2010 年。

15. 張勇、蔡樂蘇主編：《中國思想史參考資料集》（晚清至民國卷），北京：清華大學出版社，2005 年。

16. 章伯鋒、莊建平主編：《抗日戰爭》，成都：四川人民出版社，1997 年。

17. 中共成都市委黨史研究室編：《八年抗戰在蓉城》，成都：成都出版社，1994 年。

18. 中共湖北省委黨史資料徵集編研委員會、中共武漢市委黨史資料徵集編研委員會編：《抗戰初期中共中央長江局》，武漢：湖北人民出版社，1991 年。

19. 中共中央文獻研究室、中央檔案館編：《建黨以來重要文獻選編》，北京：中央文獻出版社，2011 年。

20. 中國第二歷史檔案館編：《中國國民黨中央執行委員會常務委員會會議

錄》，桂林：廣西師範大學出版社，2000 年。

21. 中國第二歷史檔案館編：《中國民主社會黨》，北京：檔案出版社，1988 年。

22. 中國第二歷史檔案館編：《中國青年黨》，北京：檔案出版社，1988 年。

23. 中國第二歷史檔案館編：《中華民國史檔案資料彙編》（第五輯，第一編，政治，五），南京：江蘇古籍出版社，1994 年。

24. 中國第二歷史檔案館編：《中華民國史檔案資料彙編》（第五輯，第二編，教育，一），南京：江蘇古籍出版社，1997 年。

25. 中國第二歷史檔案館編：《中華民國史檔案資料彙編》（第五輯，第二編，文化，一），南京：江蘇古籍出版社，1998 年。

26. 中共中央宣傳部辦公廳、中央檔案館編研部編：《中國共產黨宣傳工作文獻選編》，北京：學習出版社，1996 年。

27. 中央檔案館、中共中央文獻研究室編：《中共中央文件選集》，北京：人民出版社，2013 年。

28. 朱傳譽主編：《錢穆傳記資料》（二），臺北：天一出版社，1981 年。

（三）文集、傳記、日記、書信、回憶錄

1. 陳布雷：《陳布雷回憶錄》，臺北：傳記文學出版社，1967 年。

2. 陳誠：《抗戰建國與青年責任》，漢口：青年出版社，1938 年。

3. 陳達：《浪跡十年》，上海：商務印書館，1946 年。

4. 陳獨秀著，任建樹主編：《陳獨秀著作選編》，上海：上海人民出版社，2010 年。

5. 陳方正編：《陳克文日記：1937～1952》，北京：社會科學文獻出版社，2014 年。

6. 陳峰編：《中國近代思想家文庫·陶希聖卷》，北京：中國人民大學出版社，2014 年。

7. 陳福華輯：《蔣介石先生抗戰建國名言鈔》，上海：商務印書館，1947 年。

8. 陳平原、夏曉虹編：《北大舊事》，北京：生活·讀書·新知三聯書店，1998 年。

9. 陳逸園：《抗戰建國綱領淺釋》，漢口：生活書店，1939 年。

10. 陳鍾浩編著：《抗戰建國綱領研究：外交篇》，漢口：藝文出版社，1938 年。

11. 寸喟編著：《抗戰建國第一年》，重慶：七七書局，1938 年。

12. 方秋葦編著：《抗戰建國綱領研究：軍事篇》，重慶：藝文研究會，1938 年。

13. 馮友蘭：《三松堂全集》，鄭州：河南人民出版社，2001 年。

14. 傅斯年：《傅斯年全集》，臺北：聯經出版事業公司，1980 年。

15. 傅斯年著，歐陽哲生主編：《傅斯年全集》，長沙：湖南教育出版社，2003 年。

16. 傅斯年著，王汎森、潘光哲、吳政上主編：《傅斯年遺札》，北京：社會科學文獻出版社，2014 年。

17. 高平叔編：《蔡元培全集》，北京：中華書局，1984 年。

18. 耿雲志、歐陽哲生編：《胡適書信集：1907～1962》，北京：北京大學出版社，1996 年。

19. 顧頡剛：《當代中國史學》，上海：上海古籍出版社，2002 年。

20. 顧頡剛：《寶樹園文存》，北京：中華書局，2011 年。

21. 顧頡剛：《顧頡剛日記》，北京：中華書局，2011 年。

22. 顧頡剛：《顧頡剛書信集》，北京：中華書局，2011 年。

23. 何炳棣：《讀史閱世六十年》，北京：中華書局，2012 年。

24. 何茲全：《愛國一書生：八十五自述》，上海：華東師範大學出版社，1997 年。

25. 何茲全著、寧欣編：《師道師說：何茲全卷》，北京：東方出版社，2013 年。

26. 賀麟：《文化與人生》，上海：上海人民出版社，2010 年。

27. 侯外廬：《抗戰建國論》，重慶：生活書店，1938 年。

28. 侯外廬：《抗戰建國的文化運動》，重慶：中山文化教育館，1938 年。

29. 胡風：《胡風評論集》，北京：人民文學出版社，1984 年。

30. 胡秋原：《抗戰建國之根本問題》，漢口、武昌：時代日報社，1938 年。

31. 胡秋原、李建明編著：《領袖與抗戰建國》，重慶：獨立出版社，1940 年。

32. 胡繩：《胡繩文集》（1935～1948），重慶：重慶出版社，1990 年。

33. 胡適著，季羨林主編：《胡適全集》，合肥：安徽教育出版社，2003 年。

34. 胡適著，歐陽哲生、劉紅中編：《中國的文藝復興》，北京：外語教學與

研究出版社，2001 年。

35. 黃埔出版社編：《抗戰建國之理論與實施》，重慶：黃埔出版社，1940 年。

36. 黃文山：《抗戰建國與復興民族》，廣州：更生評論社，1938 年。

37. 嵇文甫著，鄭州大學嵇文甫文集編輯組編：《嵇文甫文集》，鄭州：河南人民出版社，1990 年。

38. 姜琦：《抗戰建國與民生哲學》，重慶：獨立出版社，1938 年。

39. 江沛、劉忠良編：《中國近代思想家文庫・雷海宗、林同濟卷》，北京：中國人民大學出版社，2014 年。

40. 蔣夢麟：《西潮・新潮》，長沙：嶽麓書社，2000 年。

41. 蔣廷黻：《蔣廷黻回憶錄》，臺北：傳記文學出版社，1984 年。

42. 蔣廷黻：《中國近代史》，〔不詳〕：商務印書館，1938 年。

43. 雷海宗：《中國文化與中國的兵》，重慶：商務印書館，1940 年。

44. 李超英編著：《抗戰建國綱領研究：經濟篇》，重慶：獨立出版社，1939 年。

45. 梁啟超：《梁啟超全集》，北京：北京出版社，1999 年。

46. 梁啟超：《清代學術概論》，上海：上海古籍出版社，1998 年。

47. 梁實秋著，楊迅文主編：《梁實秋文集》，廈門：鷺江出版社，2002 年。

48. 梁漱溟著，中國文化書院學術委員會編：《梁漱溟全集》，濟南：山東人民出版社，2005 年。

49. 劉振東編著：《美國抗戰建國史》，重慶：正中書局，1939 年。

50. 羅家倫：《新人生觀》，重慶：商務印書館，1942 年。

51. 羅家倫著，臺北國民黨中央委員會、國史館主編：《羅家倫先生文存》（第五冊），1989 年。

52. 馬芳若編：《中國文化建設討論集》，上海：經緯書局，1936 年。

53. 馬寅初著，田雪原主編：《馬寅初全集》，杭州：浙江人民出版社，1999 年。

54. 潘大逵：《風雨九十年——潘大逵回憶錄》，成都：成都出版社，1992 年。

55. 潘公展編：《抗戰建國綱領研究：民眾運動篇》，漢口：藝文出版社，1938 年。

56. 潘光旦：《優生與抗戰》，上海：商務印書館，1947 年。

57. 潘光旦：《政學罪言》，上海：觀察社，1948 年。

58. 潘光旦：《自由之路》，上海：商務印書館，1946 年。

59. 潘光旦著，潘乃穆、潘乃和編：《潘光旦文集》，北京：北京大學出版社，2000 年。

60. 浦乃鈞編著：《一面抗戰一面建國》，重慶：獨立出版社，1939 年。

61. 浦薛鳳：《太虛空裏一塵遊：抗戰八年生涯隨筆》，臺北：臺灣商務印書館，1979 年。

62. 浦薛鳳：《萬里家山一夢中》，臺北：臺灣商務印書館，1983 年。

63. 錢端升：《戰後世界之改造》，上海：商務印書館，1947 年。

64. 錢穆：《國史大綱》，上海：國立編譯館，1947 年。

65. 錢穆：《錢賓四先生全集》，臺北：聯經出版事業公司，1998 年。

66. 錢穆：《中國文化史導論》，上海：正中書局，1948 年。

67. 喬光鑒：《抗戰建國綱領釋義》，桂林：文化供應社，1941 年。

68. 秦孝儀主編：《先總統蔣公思想言論總集》，臺北：中國國民黨中央委員會黨史委員會，1984 年。

69. 任鴻雋著，樊洪業、張久春選編：《科學救國之夢——任鴻雋文存》，上海：上海科學教育出版社、上海科學技術出版社，2002 年。

70. 時事問題研究會編：《抗戰中的中國教育與文化》，〔不詳〕：抗戰書店，1940 年。

71. 孫大權、馬大成編注：《馬寅初全集補編》，上海：上海三聯書店，2007 年。

72. 童蒙聖編著：《抗戰建國綱領研究：政治篇》，漢口：藝文研究會，1938 年。

73. 汪奠基編：《抗戰建國綱領研究：教育篇》，漢口：藝文研究會，1938 年。

74. 王錦厚、伍加倫、肖斌如編：《郭沫若佚文集》，成都：四川大學出版社，1988 年。

75. 王栻主編：《嚴復集》，北京：中華書局，1986 年。

76. 王世杰：《王世杰日記》，臺北：中央研究院近代史研究所，2012 年。

77. 聞一多著，孫黨伯、袁謇正主編：《聞一多全集》，武漢：湖北人民出版社，1993 年。

78. 翁文灝著，李學通、劉萍、翁心鈞整理：《翁文灝日記》，北京：中華書局，2014 年。

79. 吳宓：《吳宓日記》，北京：生活・讀書・新知三聯書店，1998 年。

80. 吳繩海編著：《抗戰建國的歷史意義》，重慶：獨立出版社，1939 年。

81. 蕭公權：《問學諫往錄》，臺北：傳記文學出版社，1972 年。

82. 蕭萐父主編：《熊十力全集》，武漢：湖北教育出版社，2001 年。

83. 謝維揚、房鑫亮主編：《王國維全集》（第一卷），杭州：浙江教育出版社、廣州：廣東教育出版社，2009 年。

84. 徐復觀：《論智識分子》，北京：九州出版社，2014 年。

85. 徐益編著：《如何實踐抗戰建國綱領》，漢口：天馬書店，1938 年。

86. 葉溯中編著：《抗戰建國綱領研究：總則篇》，重慶：獨立出版社，1940 年。

87. 于右任：《抗戰建國之精神與訓練》，〔不詳〕：中央訓練團黨政訓練班，1940 年。

88. 宰木：《論抗戰期中的文化運動》，上海：黑白叢書社，1938 年。

89. 張道藩：《中國戰時學術》，上海：正中書局，1946 年

90. 張佛泉：《自由與權利：憲政的中國言說》，北京：清華大學出版社，2010 年。

91. 張九如編著，戴治環校對：《總理遺教與抗戰建國》，重慶：獨立出版社，1941 年。

92. 張君勱：《中國專制君主政制之評議》，臺北：弘文館出版社，1986 年。

93. 張君勱著，程文熙編：《中西印哲學文集》，臺北：臺灣學生書局，1981 年。

94. 張其昀：《黨史概要》，臺北：中央文物供應社，1979 年。

95. 張群：《抗戰建國綱領及其實施》，〔不詳〕：中央訓練團黨政訓練班，1940 年。

96. 張申府：《所憶——張申府憶舊文選》，北京：中國文史出版社，1993 年。

97. 張申府：《我相信中國》，漢口：上海雜誌公司，1938 年。

98. 張申府：《張申府文集》，石家莊：河北人民出版社，2005 年。

99. 張允起編：《中國近代思想家文庫・蕭公權卷》，北京：中國人民大學出版社，2015 年。

100. 張祖英編著：《抗戰建國三字經》，重慶：國民圖書出版社，1942 年。

101. 趙立彬編：《中國近代思想家文庫·黃文山卷》，北京：中國人民大學出版社，2015 年。

102. 趙友培執筆：《文壇先進張道藩》，臺北：重光文藝出版社，1974 年。

103. 中國國民黨中央執行委員會宣傳部編著：《抗戰建國綱領淺說》，重慶：正中書局，1938 年。

104. 中國國民黨中央執行委員會宣傳部編著：《如何使人民堅定抗戰建國的信念》，重慶：中國國民黨中央執行委員會宣傳部，1940 年。

105. 中國社科院近代史所等編：《孫中山全集》，北京：中華書局，2006 年。

106. 中國社會科學院近代史研究所民國史研究室編：《胡適來往書信選》，北京：社會科學文獻出版社，2013 年。

107. 中央黨史研究室張聞天選集傳記組編：《張聞天文集》，北京：中央黨史出版社，2012 年。

108. 中央文獻研究室編：《毛澤東文集》（第 1～5 卷），北京：人民出版社，1993～1996 年。

109. 竺可楨：《竺可楨全集》，上海：上海科技教育出版社，2004 年。

110. 朱子爽編：《中國國民黨與抗戰建國》，重慶：中國文化服務社，1939 年。

111. 朱自清著，朱喬森編：《朱自清全集》，南京：江蘇教育出版社，1988～1997 年。

二、研究論著

（一）著作

1. 蔡仲德編纂：《馮友蘭先生年譜長編》，北京：中華書局，2014 年。

2. 陳平原：《抗戰烽火中的中國大學》，北京：北京大學出版社，2015 年。

3. 陳勇：《錢穆傳》，北京：人民出版社，2001 年。

4. 程雨辰主編：《抗戰時期重慶的科學技術》，重慶：重慶出版社，1995 年。

5. 戴景賢：《錢賓四先生與現代中國學術》，香港：香港中文大學出版社，2014 年。

6. 戴知賢、李良志主編：《抗戰時期的文化教育》，北京：北京出版社，1995 年。

7. 丁偉志：《中國近代文化思潮》，北京：社會科學文獻出版社，2011 年。

8. 鄧元忠：《國民黨核心組織真相：力行社、復興社，暨所謂「藍衣社」的演變與成長》，臺北：聯經出版事業公司，2000 年。

9. 杜運輝：《侯外廬先生學譜》，北京：中國社會科學出版社，2013 年。

10. 段從學：《「文協」與抗戰時期文藝運動》，北京：北京大學出版社，2012 年。

11. 馮崇義：《國魂，在國難中掙扎——抗戰時期的中國文化》，桂林：廣西師範大學出版社，1995 年。

12. 馮峰：《「國難」之際的思想界：1930 年代中國政治出路的思想論爭》，西安：三秦出版社，2007 年。

13. 何炳棣、勞思光等著，劉翠溶主編：《四分溪論學集：慶祝李遠哲先生七十壽辰》，臺北：允晨文化實業股份有限公司，2006 年。

14. 黃道炫、陳鐵健：《蔣介石：一個力行者的思想資源》，太原：山西人民出版社，2012 年。

15. 黃克武：《近代中國的思潮與人物》，北京：九州出版社，2013 年。

16. 高華：《革命年代》，廣州：廣東人民出版社，2010 年。

17. 高華：《紅太陽是怎樣升起的：延安整風的來龍去脈》，香港：中文大學出版社，2000 年。

18. 耿雲志：《胡適年譜》，福州：福建教育出版社，2012 年。

19. 耿雲志：《胡適新論》，北京：中國人民大學出版社，2010 年。

20. 顧潮編著：《顧頡剛年譜》（增訂本），北京：中華書局，2011 年。

21. 顏浩考釋：《聞一多：新文藝和文學遺產》，濟南：山東文藝出版社，2006 年。

22. 郭德宏編：《王明年譜》，北京：社會科學文獻出版社，2014 年。

23. 韓復智編著：《錢穆先生學術年譜》，北京：中央編譯出版社，2012 年。

24. 胡頌平編著：《胡適之先生年譜長編初稿》，臺北：聯經出版事業公司，1984 年。

25. 黃敏蘭：《學術救國——知識分子歷史觀與中國政治》，鄭州：河南人民出版社，1995 年。

26. 暨愛民：《民族國家的建構——20 世紀上半期中國民族主義思潮研究》，

北京：社會科學文獻出版社，2013 年。

27. 金以林：《近代中國大學研究》，北京：中央文獻出版社，2000 年。

28. 李懷宇：《家國萬里：訪問旅美十二學人》，北京：中華書局，2013 年。

29. 李亮：《揚棄「五四」：新啟蒙運動研究》，上海：上海三聯書店，2012 年。

30. 李世濤主編：《知識分子立場》，長春：時代文藝出版社，2000 年。

31. 李書磊：《1942：走向民間》，濟南：山東教育出版社，1998 年。

32. 李新主編，中國社會科學院近代史研究所中華民國史研究室編：《中華民國史》，北京：中華書局，2011 年。

33. 李振聲編：《錢穆印象》，上海：學林出版社，1997 年。

34. 雷頤：《雷頤自選集》，桂林：廣西師範大學出版社，2000 年。

35. 李學通：《翁文灝年譜》，濟南：山東教育出版社，2005 年。

36. 林毓生：《中國傳統的創造性轉化》，北京：生活・讀書・新知三聯書店，2011 年。

37. 林毓生：《中國意識的危機：「五四」時期激烈的反傳統主義》，穆善培譯，貴陽：貴州人民出版社，1986 年。

38. 劉大年、白介夫主編，中國抗日戰爭史學會、中國人民抗日戰爭紀念館編：《中國復興樞紐：抗日戰爭的八年》，北京：北京出版社，1997 年。

39. 劉集林：《陳序經文化思想研究》，天津：天津人民出版社，2003 年。

40. 劉憲閣：《報人張季鸞研究：中日關係的視角》，長春：吉林大學出版社，2011 年。

41. 羅榮渠：《現代化新論——世界與中國的現代化進程》，北京：商務印書館，2009 年。

42. 羅志田：《近代中國史學十論》，上海：復旦大學出版社，2003 年。

43. 羅志田：《亂世潛流：民國主義與民國政治》，北京：中國人民大學出版社，2013 年。

44. 羅志田：《權勢轉移：近代中國的思想與社會》，北京：北京師範大學出版社，2014 年。

45. 羅志田：《再造文明之夢：胡適傳》（修訂本），北京：社會科學文獻出版社，2015 年。

46. 羅志田主編：《20 世紀的中國：學術與社會》，濟南：山東人民出版社，

2001 年。

47. 呂文浩:《中國現代思想史上的潘光旦》,福州:福建教育出版社,2009 年。

48. 馬嘶:《百年冷暖:20 世紀中國知識分子生活狀況》,北京:北京圖書館 出版社,2003 年。

49. 牛大勇、歐陽哲生主編:《五四的歷史與歷史中的五四:北京大學紀念五 四運動 90 週年國際學術研討會論文集》,北京:北京大學出版社,2010 年。

50. 歐陽哲生:《探尋胡適的精神世界》,北京:北京大學出版社,2012 年。

51. 龐樸:《文化的民族性與時代性》,北京:中國和平出版社,1988 年

52. 裴毅然:《中國知識分子的選擇與探索》,鄭州:河南人民出版社,2004 年。

53. 錢行:《思親補讀錄:走近父親錢穆》,北京:九州出版社,2011 年。

54. 任劍濤:《建國之惑:留學精英與現代政治的誤解》,北京:中國政法大 學出版社,2012 年。

55. 帥彥:《亂世浮生:1937－1945 中國知識分子生活實錄》,北京:中華書 局,2007 年。

56. 臺灣軍史研究編纂委員會編:《抗戰勝利四十週年論文集》(上冊),臺北: 黎明文化事業股份有限公司,1986 年。

57. 王東傑:《國家與學術的地方互動:四川大學國立化進程(1925～1939)》, 北京:生活・讀書・新知三聯書店,2005 年。

58. 王爾敏:《中國近代思想史論》,北京:社會科學文獻出版社,2003 年。

59. 王汎森:《傅斯年:中國近代歷史與政治中的個體生命》,王曉冰譯,北 京:生活・讀書・新知三聯書店,2012 年。

60. 王汎森:《近代中國的史家與史學》,上海:復旦大學出版社,2010 年。

61. 王汎森:《中國近代思想與學術的系譜》,長春:吉林出版集團,2010 年。

62. 王鳳青:《黃炎培與國民參政會》,北京:社會科學文獻出版社,2011 年。

63. 王奇生:《黨員、黨權與黨爭:1924～1949 年中國國民黨的組織形態》, 北京:華文出版社,2010 年。

64. 王奇生:《革命與反革命:社會文化視野下的民國政治》,北京:社會科

學文獻出版社，2010 年。

65. 王奇生：《中國留學生的歷史軌跡：1872～1949》，武漢：湖北教育出版社，1992 年。

66. 王康：《聞一多傳》，武漢：湖北人民出版社，1979 年。

67. 王增進：《後現代與知識分子社會位置》，北京：中國社會科學出版社，2003 年。

68. 魏萬磊：《20 世紀 30 年代「再生派」學人的民族復興話語》，北京：中國社會科學出版社，2011 年。

69. 聞黎明：《抗日戰爭與中國知識分子——西南聯合大學的抗戰軌跡》，北京：社會科學文獻出版社，2009 年。

70. 吳錦旗：《抗戰時期大學教授的政治參與研究》，南京：南京大學出版社，2012 年。

71. 吳雁南等主編：《中國近代社會思潮：1840～1949》（第四卷），長沙：湖南教育出版社，1998 年。

72. 肖效欽、鍾興錦主編：《抗日戰爭文化史》，北京：中共黨史出版社，1992 年。

73. 謝慧：《西南聯大與抗戰時期的憲政運動》，北京：社會科學文獻出版社，2010 年。

74. 謝慧：《知識分子的救亡努力：〈今日評論〉與抗戰時期中國政策的抉擇》，北京：社會科學文獻出版社，2010 年。

75. 謝俊：《大學的學術自由及其限度》，重慶：重慶大學出版社，2012 年。

76. 謝泳：《西南聯大與中國現代知識分子》，福州：福建教育出版社，2009 年。

77. 新亞學術期刊編輯委員會編：《錢賓四先生百齡紀念會學術論文集》，香港：香港中文大學新亞書院，2003 年。

78. 許紀霖編：《20 世紀中國知識分子史論》，北京：新星出版社，2005 年。

79. 許紀霖編：《二十世紀中國思想史論》（上、下卷），北京：東方出版中心，2000 年。

80. 許紀霖：《許紀霖自選集》，桂林：廣西師範大學出版社，1999 年。

81. 許紀霖：《中國知識分子十論》，上海：復旦大學出版社，2003 年。

82. 許紀霖：《中國知識分子十論》（修訂版），上海：復旦大學出版社，2015年。

83. 許紀霖、陳達凱主編：《中國現代化史》（第一卷，1800～1949），上海：學林出版社，2006年。

84. 徐秀麗主編：《過去的經驗與未來的可能走向：中國近代史研究三十年（1979～2009）》，北京：社會科學文獻出版社，2010年。

85. 薛毅：《國民政府資源委員會研究》，北京：社會科學文獻出版社，2005年。

86. 閻步克：《士大夫政治演生史稿》，北京：北京大學出版社，1996年。

87. 嚴耕望：《治史三書》，上海：上海人民出版社，2011年。

88. 楊奎松：《抗戰前後國共談判實錄》（修訂版），北京：新星出版社，2013年。

89. 楊奎松：《忍不住的「關懷」：1949年前後的書生與政治》，桂林：廣西師範大學出版社，2013年。

90. 楊念群：《「五四」九十週年祭：一個「問題史」的回溯與反思》，北京：世界圖書出版公司，2009年。

91. 楊念群：《中層理論：東西方思想會通下的中國史研究》，南昌：江蘇教育出版社，2001年。

92. 楊國榮：《科學的形上之維——中國近代科學主義的形成與衍化》，上海：華東師範大學出版社，2009年。

93. 楊紹軍：《戰時思想與學術人物：西南聯大人文學科學術史研究》，北京：社會科學文獻出版社，2012年。

94. 楊勝寬、蔡震總主編：《郭沫若研究文獻匯要（1920～2008）》，上海：上海書店出版社，2012年。

95. 楊思信：《文化民族主義與近代中國》，北京：人民出版社，2003年。

96. 楊天石、黃道炫編：《戰時中國的社會與文化》，北京：社會科學文獻出版社，2009年。

97. 葉雋：《另一種西學：中國現代留德學人及其對德國文化的接受》，北京：北京大學出版社，2005年。

98. 余英時：《重尋胡適歷程：胡適生平與思想再認識》，桂林：廣西師範大

學出版社，2004 年。

99. 余英時：《士與中國文化》，上海：上海人民出版社，2003 年。

100. 余英時：《現代危機與思想人物》，北京：生活・讀書・新知三聯書店，2005 年。

101. 余英時等：《中國歷史轉型時期的知識分子》，臺北：聯經出版事業公司，1992 年。

102. 袁成毅、榮維木等：《抗日戰爭與中國現代化進程研究》，北京：國家圖書館出版社，2008 年。

103. 曾健戎編：《郭沫若在重慶》，西寧：青海人民出版社，1982 年。

104. 曾業英主編：《當代中國近代史研究（1949～2019）》，北京：中國社會科學出版社，2019 年。

105. 張海鵬主編，王建朗、曾景忠著，中國社會科學院近代史研究所編：《中國近代通史・第九卷》抗日戰爭（1937～1945），南京：江蘇人民出版社，2007 年。

106. 張灝：《幽暗意識與民主傳統》，北京：新星出版社，2010 年。

107. 張立文主編，周桂鈿、李祥俊著：《中國學術通史》（秦漢卷），北京：人民出版社，2004 年。

108. 張太原：《〈獨立評論〉與 20 世紀 30 年代的政治思潮》，北京：社會科學文獻出版社，2006 年。

109. 張武軍：《從階級話語到民族話語：抗戰與左翼文學話語轉型》，北京：中華書局，2013 年。

110. 張昭軍、孫燕京主編：《中國近代文化史》，北京：中華書局，2012 年。

111. 章清：《清末民初的「思想界」》，北京：社會科學文獻出版社，2014 年。

112. 趙立彬：《民族立場與現代追求：20 世紀 20～40 年代的全盤西化思潮》，北京：生活・讀書・新知三聯書店，2005 年。

113. 趙祖平：《抗戰時期的政治參與》，北京：中國工人出版社，2011 年。

114. 鄭大華主編：《當代中國近代思想史研究》，北京：中國社會科學出版社，2019 年。

115. 鄭大華：《中國近代思想史學術前沿諸問題》，長沙：湖南師範大學出版社，2012 年。

116. 鄭師渠總主編,黃興濤分冊主編:《中國文化通史》(民國卷),北京:北京師範大學出版社,2009 年。

117. 鄭也夫:《知識分子研究》,北京:中國青年出版社,2004 年。

118. 中共中央黨史研究室:《中國共產黨歷史》,北京:中共黨史出版社,2011 年。

119. 中共中央文獻研究室編:《周恩來年譜》(修訂本),北京:中央文獻出版社,1998 年。

120. 中國郭沫若研究會、郭沫若紀念館編:《文化與抗戰:郭沫若與中國知識分子在民族解放戰爭中的文化選擇》,成都:巴蜀書社,2006 年。

121. 中國抗日戰爭史學會、中國人民抗日戰爭紀念館編:《中華民族的抗爭與復興——第一、二屆海峽兩岸抗日戰爭史學術研討會論文集》,北京:團結出版社,2010 年。

122. 中國人民政治協商會議江蘇省無錫縣委員會編:《錢穆紀念文集》,上海:上海人民出版社,1992 年。

123. 中國社會科學院近代史研究所編:《中華民國史研究三十年:1972～2002》,北京:社會科學文獻出版社,2002 年。

124. 中國社會科學院近代史研究所民國史研究室、四川師範大學歷史文化學院編:《一九三〇年代的中國》,北京:社會科學文獻出版社,2006 年。

125. 中國社會科學院近代史研究所民國史研究室、四川師範大學歷史文化學院編:《一九四〇年代的中國》,北京:社會科學文獻出版社,2009 年。

126. 中華民國教育部主編:《中華民國建國史》(第四篇,抗戰建國),臺北:國立編譯館,1990 年。

127. 周質平:《胡適與中國現代思潮》,南京:南京大學出版社,2002 年

128. 朱華:《近代中國科學救國思潮研究》,北京:人民出版社,2010 年。

129. 左玉河:《張東蓀文化思想研究》,北京:中國社會科學出版社,1998 年。

130. 〔意〕安東尼奧·葛蘭西:《獄中箚記》,葆熙譯,北京:人民出版社,1983 年。

131. 〔美〕艾愷:《最後的儒家:梁漱溟與中國現代化的兩難》,王宗昱、冀建中譯,南京:江蘇人民出版社,2003 年。

132. 〔英〕保羅·約翰遜:《所謂的知識分子》,楊正潤等譯,臺北:究竟出版

社，2002 年。

133. 〔英〕方德萬：《中國的民族主義和戰爭（1925－1945）》，胡允桓譯，北京：生活・讀書・新知三聯書店，2007 年。

134. 〔澳〕馮兆基：《尋求中國民主》，劉悅斌、徐磑譯，南京：江蘇人民出版社，2012 年。

135. 〔波蘭〕弗・茲納涅茨基：《知識人的社會角色》，郟斌祥譯，南京：譯林出版社，2012 年。

136. 〔美〕傅葆石：《灰色上海，1937～1945：中國文人的隱退、反抗與合作》，張霖譯，北京：生活・讀書・新知三聯書店，2012 年。

137. 〔美〕格里德爾：《知識分子與現代中國》，單正平譯，桂林：廣西師範大學出版社，2010 年。

138. 〔美〕胡素珊：《中國的內戰：1945～1949 年的政治鬥爭》，啟蒙編譯所譯，北京：當代中國出版社，2014 年。

139. 〔美〕柯博文：《走向「最後關頭」：中國民族國家建構中的日本因素（1931～1937）》，馬俊亞譯，北京：社會科學文獻出版社，2004 年。

140. 〔美〕孔飛力：《中國現代國家的起源》，陳兼、陳之宏譯，北京：生活・讀書・新知三聯書店，2013 年。

141. 〔美〕易社強：《戰爭與革命中的西南聯大》，饒佳榮譯，臺北：傳記文學出版社，2010 年。

142. 〔法〕雷蒙・阿隆：《知識分子的鴉片》，呂一民、顧杭譯，南京：譯林出版社，2012 年。

143. 〔德〕羅梅君：《政治與科學之間的歷史編纂：30 和 40 年代中國馬克思主義歷史學的形成》，孫立新譯，濟南：山東教育出版社，1997 年。

144. 〔以〕馬丁・范克勒韋爾德：《戰爭的文化》，李陽譯，北京：生活・讀書・新知三聯書店，2010 年。

145. 〔德〕馬克斯・韋伯：《學術與政治：韋伯的兩篇演說》，馮克利譯，北京：生活・讀書・新知三聯書店，2013 年。

146. 〔美〕默頓：《社會理論和社會結構》，唐少傑、齊心等譯，南京：譯林出版社，2006 年。

147. 〔美〕薩義德：《知識分子論》，單德興譯，北京：生活・讀書・新知三聯

書店，2002 年。

148. 〔美〕舒衡哲：《中國啟蒙運動：知識分子與五四遺產》，劉京建譯，北京：新星出版社，2007 年。

149. 〔美〕托馬斯·索維爾：《知識分子與社會》，張亞月、梁興國譯，北京：中信出版社，2013 年。

150. 〔美〕葉文心：《民國時期大學校園文化》，馮夏根、胡少誠、田嵩燕等譯，北京：中國人民大學出版社，2012 年。

151. 〔美〕易勞逸：《1927－1937 年國民黨統治下的中國：流產的革命》，陳謙平、陳紅民等譯，北京：中國青年出版社，1992 年。

152. 〔美〕易勞逸：《毀滅的種子：戰爭與革命中的國民黨中國（1937～1949）》，王建朗、王賢知、賈維譯，南京：江蘇人民出版社，2009 年。

153. 〔美〕易社強：《戰爭與革命中的西南聯大》，饒佳榮譯，臺北：傳記文學出版社，2010 年。

154. 〔美〕周明之：《胡適與中國現代知識分子的選擇》，雷頤譯，桂林：廣西師範大學出版社，2005 年。

155. 〔法〕朱利安·班達：《知識分子的背叛》，佘碧平譯，上海：上海人民出版社，2005 年。

156. Chang-tai Hung, *War and Popular Culture: Resistance in Modern China, 1937-1945*, Berkeley: University of California Press, 1994.

157. Edmund S. K. Fung, *The Intellectual Foundations of Chinese Modernity: Cultural and Political Thought in the Republican Era*, New York: Cambridge University Press, 2010.

（二）論文

1. 曹躍明、徐錦中：《中國近現代民族主義之路》，《天津社會科學》，1996 年第 5 期。

2. 陳廷湘：《論抗戰時期的民族主義思想》，《抗日戰爭研究》，1996 年第 3 期。

3. 鄧野：《蔣介石關於「中國之命運」的命題與國共的兩個口號》，《歷史研究》，2008 年第 4 期。

4. 丁守和：《關於抗戰時期思想文化的若干問題》，《東嶽論叢》，1996 年第

1 期。

5. 丁曉萍：《抗戰語境下的文化重建構想——陳銓與李長之對「五四」的反思之比較》，《中國現代文學研究叢刊》，2012 年第 3 期。

6. 董恩強：《新考據學派：學術與思想（1919～1949～）》，博士學位論文，華中師範大學，2006 年。

7. 杜世偉：《試析國民黨的〈抗戰建國綱領〉》，《史學月刊》，1988 年第 5 期。

8. 范亞伶：《追夢的旅程——錢端升生平與思想研究》，碩士學位論文，華東師範大學，2007 年。

9. 范忠誠：《〈中蘇〉半月刊與文化抗戰》，《抗日戰爭研究》2003 年第 2 期。

10. 方秋葦：《陶希聖與「低調俱樂部」、「藝文研究會」》，《民國檔案》，1992 年第 3 期。

11. 方維規：《「Intellectual」的中文版本》，《中國社會科學》，2006 年第 5 期。

12. 郭金海：《蔣介石〈中國之命運〉與中央研究院的回應》，《自然科學史研究》，2012 年第 2 期。

13. 何雲庵、時廣東：《國民黨〈抗戰建國綱領〉評析》，《西南民族學院學報》（哲學社會科學版），1995 年第 5 期。

14. 侯且岸：《從抗日戰爭時期的學術個案看全民族的思想啟蒙》，《教學與研究》，2005 年第 8 期。

15. 胡文生：《梁啟超、錢穆同名作〈中國近三百年學術史〉之比較》，《中州學刊》，2005 年第 1 期。

16. 黃興濤：《民國各黨派與中華民族復興論》，《近代史研究》，2014 年第 4 期。

17. 黃興濤、胡文生：《論戊戌維新時期中國學術現代轉型的整體萌發——兼談清末民初學術轉型的內涵和動力問題》，《清史研究》，2005 年第 4 期。

18. 黃嶺峻：《試論抗戰時期兩種非理性的民族主義思潮——保守主義與「戰國策派」》，《抗日戰爭研究》，1995 年第 2 期。

19. 金沖及：《從十二月會議到六屆六中全會——抗戰初期中共黨內的一場風波》，《黨的文獻》，2014 年第 4 期

20. 金以林：《戰時大學教育的恢復和發展》，《抗日戰爭研究》，1998 年第 2 期。

21. 李侃：《抗日戰爭與知識分子》，《抗日戰爭研究》，1993 年第 1 期。

22. 李春萍：《學術獨立：現代性與民族性的雙重籲求》，《高等教育研究》，2005 年第 5 期。

23. 李來容：《歐化至本土化：清末民國時期學術獨立觀念的萌發與深化》，《學術研究》，2011 年第 11 期。

24. 李來容：《學術與政治：民國時期學術獨立觀念的歷史考察》，《廣東社會科學》，2010 年第 5 期。

25. 李新宇：《硝煙中的迷失——抗戰時期的知識分子話語》，《中國現代文學研究叢刊》，1999 年第 2 期。

26. 李楊：《蔣介石與〈中國之命運〉》，《開放時代》，2008 年第 6 期。

27. 劉家和：《歷史的比較研究與世界歷史》，《北京師範大學學報》（社會科學版），1996 年第 5 期。

28. 劉浦江：《太平天國史觀的歷史語境解構——兼論國民黨與洪楊、曾胡之間的複雜糾葛》，《近代史研究》，2014 年第 2 期。

29. 陸發春：《抗戰時期胡適對中日現代化進程的歷史反思》，《抗日戰爭研究》，2006 年第 3 期。

30. 盧建軍：《開啟另一種「文本」的閱讀空間——以〈新潮〉雜誌為例》，《江淮論壇》，2006 年第 4 期。

31. 羅玲：《「國難」中的大學與學術：抗戰時期內遷重慶的國立中央大學文學院研究》，博士學位論文，四川大學，2011 年。

32. 馬克鋒、張樹軍：《抗戰時期「學術建國」思想探析》，《甘肅理論學刊》，2012 年第 1 期。

33. 潘惠祥：《在政治與學術之間：錢端升思想研究（1900～1949）》，博士學位論文，北京大學，2012 年。

34. 任劍濤：《為建國立規——孫中山的建國理論與當代中國政治發展》，《武漢大學學報》（哲學社會科學版），2011 年第 5 期。

35. 桑兵：《國民黨在大學校園的派系爭鬥》，《史學月刊》，2010 年第 12 期。

36. 沈海波：《論第二次國共合作的共同綱領問題》，《抗日戰爭研究》，1997 年第 2 期。

37. 史革新：《略論清初的學術史編寫》，《史學史研究》，2003 年第 4 期。

38. 舒文：《論國民黨主要黨派對孫中山建國思想的研究》，《清華大學學報》（哲學社會科學版），2002 年第 4 期。

39. 陶海洋：《〈東方雜誌〉研究（1904～1948）——現代文化的生長點》，博士學位論文，南京大學，2013 年。

40. 田子渝：《抗戰初期中共中央長江局再研究》，《抗日戰爭研究》，2004 年第 1 期。

41. 汪朝光：《抗戰與建國——國民黨臨時全國代表大會研究》，《抗日戰爭研究》，2015 年第 3 期。

42. 汪暉：《預言與危機（上篇）——中國現代歷史中的「五四」啟蒙運動》，《文學評論》1989 年第 3 期。

43. 汪暉：《預言與危機（下篇）——中國現代歷史中的「五四」啟蒙運動》，《文學評論》1989 年第 4 期。

44. 王錦輝：《中蘇文化協會研究》，博士學位論文，中共中央黨校，2010 年。

45. 王鵬：《賀麟學術救國思想研究》，碩士學位論文，湖北大學，2011 年。

46. 王奇生：《戰時大學校園中的國民黨：以西南聯大為中心》，《歷史研究》，2006 年第 4 期。

47. 王晴佳：《學潮與教授：抗戰前後政治與學術互動的一個考察》，《歷史研究》，2005 年第 4 期。

48. 王同起：《論抗日戰爭時期的文化思潮》，博士學位論文，南開大學，2000 年。

49. 王維禮、潘佩孟：《國共合作與抗戰建國》，《史學集刊》，1997 年第 1 期。

50. 王永恆：《媒體的力量：抗戰時期的〈新華日報〉及其影響》，博士學位論文，華中師範大學，2004 年。

51. 王志捷：《賀麟文化觀研究》，博士學位論文，中央民族大學，2005 年。

52. 聞黎明：《論抗日戰爭時期教授群體轉變的幾個因素——以國立西南聯合大學為例的個案研究》，《近代史研究》，1994 年第 5 期。

53. 聞黎明：《西南聯合大學的中國青年遠征軍》，《日本侵華史研究》，2014 年第 1 期。

54. 吳仰湘：《賀麟對中西哲學的融貫創新及其學術建國論》，《湖南師範大學社會科學學報》，2000 年第 4 期。

55. 徐國利:《關於「抗戰時期高校內遷」的幾個問題》,《抗日戰爭研究》, 1998 年第 2 期。

56. 徐國利:《錢穆的歷史文化構成論及其中西歷史文化比較觀——對錢穆歷史文化哲學的一個審視》,《中國社會科學院研究生院學報》,2003 年第 2 期。

57. 許紀霖:《「少數人的責任」:近代中國知識分子的士大夫意識》,《近代史研究》,2010 年第 3 期。

58. 楊士斌:《文化內轉思潮與抗戰文學熱點透視》,博士學位論文,四川大學,2010 年。

59. 張承鳳:《論國民政府抗戰時期的學術建國與國學運動的興盛》,《重慶師範大學學報》(哲學社會科學版),2010 年第 5 期。

60. 張劍:《良知彌補規則　學術超越政治——國民政府教育部學術審議委員會學術評獎活動述評》,《近代史研究》,2014 年第 2 期。

61. 張瑾:《抗戰時期教育部學術審議委員會述論》,《近代史研究》,1998 年第 2 期。

62. 張勁:《國民黨〈抗戰建國綱領〉述評》,《信陽師範學院學報》(哲學社會科學版),1993 年第 2 期。

63. 張勁:《再論國民黨〈抗戰建國綱領〉》,《同濟大學學報》(社會科學版),2015 年第 3 期。

64. 張爽:《現代化背景下的中國知識分子研究》,博士學位論文,黑龍江大學,2008 年。

65. 章清:《「學術社會」的建構與知識分子的「權勢網絡」——〈獨立評論〉群體及其角色與身分》,《歷史研究》,2002 年第 4 期。

66. 趙立彬:《抗戰時期的文化論戰》,《學術研究》,2002 年第 9 期。

67. 鄭大華:《胡適是「全盤西化論者」?》,《浙江學刊》,2006 年第 4 期。

68. 鄭師渠:《近代的文化危機、文化重建與民族復興》,《近代史研究》,2014 年第 4 期。

69. 鄭師渠:《近代中國的文化民族主義》,《歷史研究》,1995 年第 5 期。

70. 周國棟:《兩種不同的學術史範式——梁啟超、錢穆〈中國近三百年學術史〉之比較》,《史學月刊》,2000 年第 4 期。

71. 竹元規人：《1930 年前後中國關於「學術自由」、「學術社會」的思想與制度》,《學術研究》, 2010 年第 3 期。

72. Brian Kai Hin Tsui, *China's Forgotten Revolution: Radical Conservatism in Action, 1927-1949*, Doctoral Dissertation, Columbia University, 2013.

73. Kan Liang, *Chinese Intellectuals in the War: Chongqing, 1937-1945*, Doctoral Dissertation, Yale University, 1995.

74. Yun Xia, *"Traitors to the Chinese Race (Hanjian):" Political and Cultural Campaigns against Collaborators during the Sino-Japanese War of 1937-1945*, Doctoral Dissertation, University of Oregon, 2010.

（三）工具書

1. 丁守和等主編：《抗戰時期期刊介紹》, 北京：社會科學文獻出版社, 2009 年。

2. 李玉、于川主編：《民國四大報紙社論篇名索引》, 北京：國家圖書館出版社, 2011 年。

3. 劉朝輝編著：《民國史料叢刊總目提要》, 鄭州：大象出版社, 2010 年。

4. 劉朝輝編著：《民國史料叢刊續編總目提要》, 鄭州：大象出版社, 2013 年。

5. 周勇、王志昆主編：《抗戰大後方歷史文獻聯合目錄》, 重慶：重慶出版社, 2011 年。

6. 周元正編：《抗日戰爭史參考資料目錄（1937～1945）》, 成都：四川大學出版社, 1985 年。

後　記

　　2016 年 6 月，我從北京師範大學歷史學院畢業，獲歷史學博士學位。在步入社會後，雖然一直從事與中國近代史相關的科研與教學工作，卻總是沒有時間增訂、修改自己的博士論文，也因此常懷有對自己、對師友家人的「負債」心理。本年年初蒙花木蘭文化事業有限公司編委會惠允，我的博士論文被列入出版計劃。然而由於交稿時間緊迫，不得不捨棄這些年我對本書主題更進一步的探索，大致仍以博士論文原貌出版，僅在文字上略作修訂。

　　我深知國內外史學研究日新月異，這篇舊作一定存有諸多不足。但就本人有限的視野範圍觀之，本書仍有一定的學術意義，對於中國近代思想文化史、抗日戰爭史以及知識分子史等領域或能提供一些新的研究視角與觀點。至於本書的缺點不足，歡迎讀者來信指教（本人電子郵箱地址為：hesiyuan1988@126.com），給予本人在無盡的學術研究之路上結識更多師友、收穫更多教益的機會。《論語》有云：「君子以文會友，以友輔仁。」不亦善哉！

　　最後，謹將本書獻給我的家人與關懷我的老師、朋友，以及那些為民主、自由而奮鬥的中國知識分子。

何思源
書於南國北師
2021 年 3 月